1

A1

NUEVO ESPAÑOL EN MARCHA
한국어판

FRANCISCA CASTRO VIÚDEZ

PILAR DÍAZ BALLESTEROS

IGNACIO RODERO DÍEZ

CARMEN SARDINERO FRANCOS

편역 김재선

+ MP3 무료 다운로드

다락원

NUEVO ESPAÑOL EN MARCHA
한국어판 시리즈는

스페인 어학 전문 출판사인 SGEL S.A.의 대표 코스북 Nuevo Español En Marcha 시리즈를 한국인 학습자들에게 유용하도록 번역문과 정답을 추가하여 보다 쉽게 학습할 수 있도록 구성한 종합 코스북이다.

단원별로 말하기, 듣기, 읽기, 쓰기 등 다양한 활동에서 제시된 본문의 핵심 문법 및 어휘를 부록에 별도로 정리하고 한국어 번역을 추가함으로써 학습자들이 혼자서도 내용을 다시 정리하고 복습할 수 있게 하였다.

YOUTUBE의 SGEL 채널에서 제공되는 단원별 영상을 보며, 배운 내용이 실생활에서 어떻게 쓰이는지에 대해서도 직접 보고 이해할 수 있도록 하였다.

편역 김재선

한국외국어대학교 스페인어과 졸업,
동대학원에서 석사 학위를 취득하고
스페인 마드리드 콤플텐세 대학교에서
스페인 문학 전공으로 박사 학위를 취득했다.
현재는 한국외국어대학교에서
스페인어와 문학 강의를 하고 있다.

저서
¡Hola, Español! 1: 스페인어 1
 (공저, 2016, 이화여자대학교출판문화원)
¡Hola, Español! 2: 스페인어 2
 (공저, 2016, 이화여자대학교출판문화원)
세계 속의 한류
 (공저, 2022, 역락)

역서
 – 다윈의 거북이 (2009, 지식을만드는지식)
 – 맨 끝줄 소년 (2014, 지식을만드는지식)
 – 야행성 동물 (2023, 지식을만드는지식) 외 다수

NUEVO ESPAÑOL EN MARCHA

한국어판

1

Nuevo Español En Marcha는 '유럽연합 공통 참조 기준(Marco Común Europeo de Referencia)'에서 제시하는 A1, A2, B1, B2 단계에 적합한 내용을 아우르는 총 4권으로 구성된 스페인어 코스북입니다. 이 첫 번째 교재를 모두 학습하면 학습자는 과거(단순과거), 현재와 미래(voy a + 동사원형) 등 스페인어 기초 문법을 활용하여 의사소통할 수 있으며, 약 1,000개 가량의 스페인어 기초 어휘도 익힐 수 있습니다. 아울러, 실제 상황에서 자주 사용되는 어휘, 표현 등을 연습함으로써 자기 자신과 다른 사람들의 기본적인 정보를 표현할 수 있을 것입니다.

1 단원 도입

해당 단원에서 학습하게 될 내용을 제시합니다.
또한 학습에 필요한 음성 파일을 QR 코드로 제공하였으며, 해당 MP3 파일은 다락원 홈페이지에서도 무료로 다운로드 받을 수 있습니다.

2 A, B, C 섹션

각 섹션의 주제 내용을 소개하고, 각 활동을 진행하며 연습 문제까지 풀어봅니다. 매 섹션은 예시에서부터 응용을 위한 마지막 연습 활동 부분까지 세심하게 조절된 단계가 순차적으로 연결되어 있습니다. 각 단원을 공부하면서 학습자는 읽기, 듣기, 쓰기, 말하기의 능력을 발전시킬 수 있으며, 다양한 과제를 통해 문법, 어휘, 발음을 심도 있게 학습할 수 있습니다.

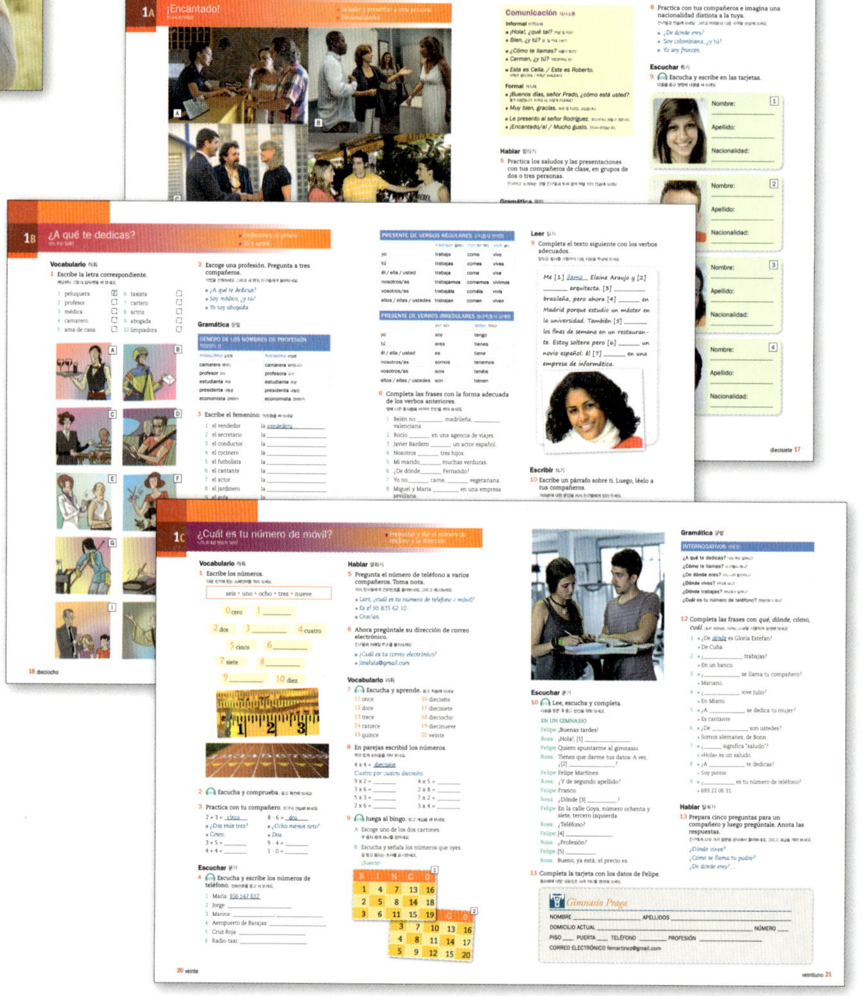

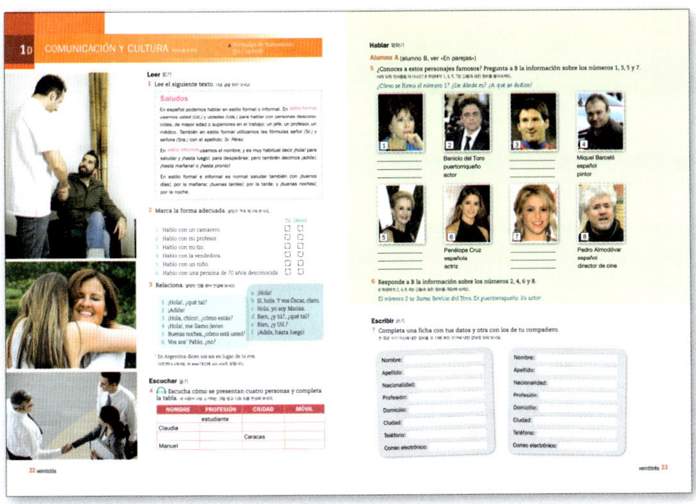

3 D 섹션: 의사소통과 문화

학습자가 의사소통 능력을 향상하고 스페인어권 사회 · 문화에 대해 더 많이 알게 합니다. 학습 활동은 읽기, 듣기, 쓰기와 말하기로 나누어져 있습니다.

4 자기 평가

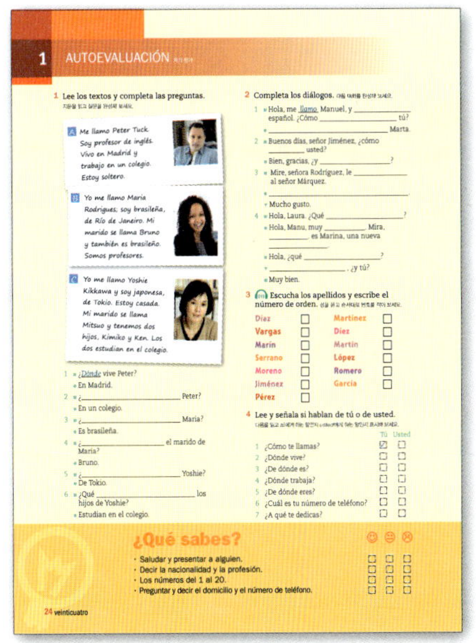

단원의 학습 목표를 요약 · 정리하고 이해했음을 확인하기 위한 활동입니다. '유럽 언어 포트폴리오(Portfolio Europeo de las Lenguas)' 기준에 따라 학습자가 자신의 발전 정도를 평가할 수 있는 테스트가 포함됩니다.

5 활동 및 연습 문제

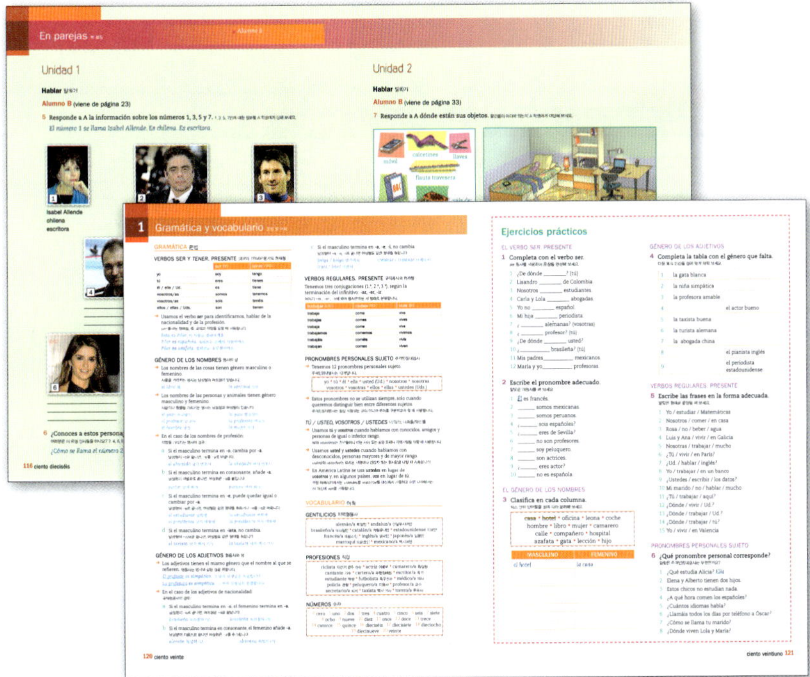

본문의 말하기 활동 중 두 명이 짝을 지어 대화하는 〈En parejas〉에 대한 내용으로, A와 B 학생의 내용을 서로 분리하여 말하기 실전 연습을 할 수 있게 하였습니다. 또한, 앞에 나온 문법 및 어휘를 복습하고 실전 연습 문제를 풀어 보며 확인할 수 있도록 하였습니다.

6 규칙동사·불규칙동사

규칙동사와 불규칙동사의 시제와 인칭에 따른 동사 변화형을 정리하여 학습자들이 헷갈리는 동사 변형을 다시 한 번 확인할 수 있도록 하였습니다.

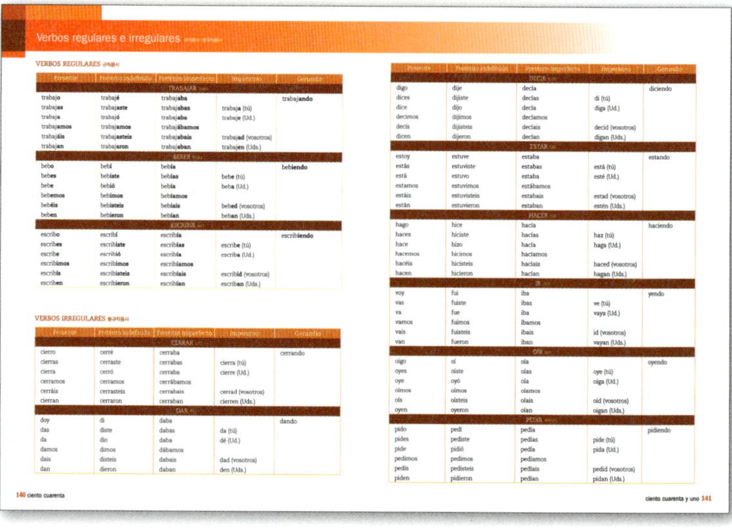

7 듣기 대본·읽기 지문 번역

〈듣기〉 대본만 실려 있던 기존 원서와는 달리 한국어 번역을 추가하고, 본문에 나온 〈읽기〉 지문의 한국어 번역도 수록하여 한국인 학습자들이 문제를 풀고 난 후 정확한 내용을 확인할 수 있도록 하였습니다.

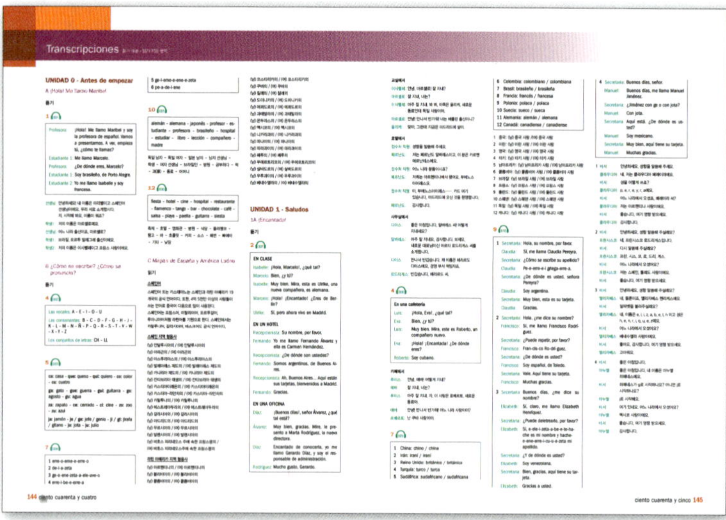

8 정답

앞에 나온 활동들에 대한 답을 추가하여 학습자들이 문제를 풀고 직접 확인할 수 있도록 하였습니다. 더불어 기존에 정답을 확인하기 위해서 교사용 지도서를 따로 구매해야 했던 교수자들의 부담을 덜고자 하였습니다.

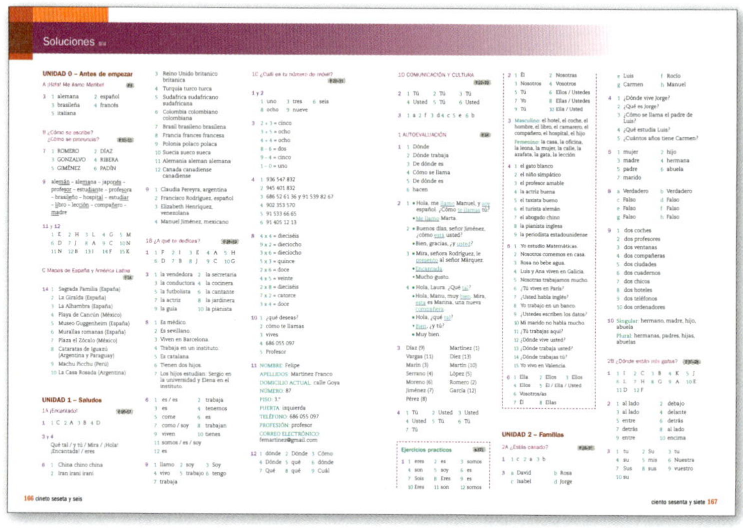

Índice 목차

ANTES DE EMPEZAR 예비과 ⋯⋯⋯⋯⋯⋯⋯⋯ **8**

UNIDAD 1 **Saludos** 인사 ⋯⋯⋯⋯⋯⋯⋯⋯ **15**

UNIDAD 2 **Familias** 가족 ⋯⋯⋯⋯⋯⋯⋯⋯ **25**

UNIDAD 3 **El trabajo** 직업 ⋯⋯⋯⋯⋯⋯⋯ **35**

UNIDAD 4 **La casa** 집 ⋯⋯⋯⋯⋯⋯⋯⋯ **45**

UNIDAD 5 **Comer** 식사하기 ⋯⋯⋯⋯⋯⋯ **55**

UNIDAD 6 **El barrio** 동네 ⋯⋯⋯⋯⋯⋯⋯ **65**

UNIDAD 7 **Salir con los amigos** 친구들과 외출하기 ⋯⋯⋯ **75**

UNIDAD 8 **De vacaciones** 휴가 ⋯⋯⋯⋯⋯ **85**

UNIDAD 9 **Compras** 쇼핑 ⋯⋯⋯⋯⋯⋯ **95**

UNIDAD 10 **Salud y enfermedad** 건강과 질병 ⋯⋯⋯ **105**

ANEXO 부록

En parejas (alumno B) 짝 활동 (B 학생) ⋯⋯⋯⋯ **116**

Gramática, vocabulario y ejercicios prácticos 문법 및 어휘, 실전 연습 문제 ⋯⋯ **120**

Verbos regulares e irregulares 규칙동사·불규칙동사 ⋯⋯ **140**

Transcripciones 듣기 대본·읽기 지문 번역 ⋯⋯ **144**

Soluciones 정답 ⋯⋯⋯⋯⋯⋯⋯⋯⋯ **166**

Contenidos 내용 구성표

TEMA	A	B
Antes de empezar	**¡Hola! Me llamo Maribel** • Saludar y presentarse en clase. 수업에서 인사하고 자기 소개하기 • Decir el nombre. 이름 말하기	**¿Cómo se escribe? ¿Cómo se pronuncia?** • Alfabeto. 알파벳 • Deletrear. 철자 말하기 • Recursos para la clase. 수업 관련 표현
Unidad 1 **Saludos**	**¡Encantado!** • Saludar y presentar a otra persona. 인사하기와 다른 사람 소개하기 • Género de los adjetivos de nacionalidad. 국적형용사의 성	**¿A qué te dedicas?** • Profesiones: el género. 직업: 성 • Presente de verbos regulares. 규칙동사 현재형 • Presente de verbos irregulares: *ser* y *tener*. 불규칙동사 현재형: *ser*와 *tener* • *Tú* y *usted*. 너(2인칭)와 당신(3인칭) **Pronunciación y ortografía**: Entonación interrogativa. 발음과 철자: 의문문 억양
Unidad 2 **Familias**	**¿Estás casado?** • Presentar a la familia. 가족 소개하기 • Dar información personal. 개인 정보 주기 • Plural de los nombres. 명사의 복수형	**¿Dónde están mis gafas?** • Marcadores de lugar: *debajo, encima, al lado, delante, detrás, entre, en, a la derecha, a la izquierda*. 위치 표현: 아래, 위, 옆에, 앞, 뒤, 사이, 안, 오른쪽에, 왼쪽에 • Adjetivos posesivos. 소유형용사 • Pronombres demostrativos. 지시대명사
Unidad 3 **El trabajo**	**Rosa se levanta a las siete** • Hablar de rutinas diarias. 일상생활 말하기 • Verbos reflexivos: *levantarse, acostarse*. 재귀동사 • Presente de verbos irregulares. 불규칙동사 현재형 *empezar, volver, ir, salir*. • Preposiciones de tiempo. 시간을 나타내는 전치사 *a, de, por, desde, hasta*.	**¿Estudias o trabajas?** • Los días de la semana. 요일 • Hablar del trabajo: lugar, profesión y horario. 직장에 대해 말하기: 장소, 직업과 근무 시간
Unidad 4 **La casa**	**¿Dónde vives?** • Describir una casa. 집 묘사하기 • Ordinales: 1.º-10.º. 서수: 첫 번째 ~ 열 번째	**Interiores** • Muebles y cosas de casa. 가구와 집기들 • Artículos determinados *(el / la / los / las)* e indeterminados *(un / una / unos / unas)*. 정관사(*el/la/los/las*)와 부정관사(*un/una/unos/unas*) • *Hay / Está(n)*.
Unidad 5 **Comer**	**Comer fuera de casa** • Pedir la comida en un restaurante. 식당에서 음식 주문하기 • Platos de cocina española. 스페인 요리 • Comer fuera. 외식하기	**¿Te gusta el cine?** • Vocabulario de tiempo libre. 여가와 관련된 어휘 • Verbo *gustar*. *gustar* 동사 • Escribir un anuncio. 광고 쓰기
Unidad 6 **El barrio**	**¿Cómo se va a Goya?** • Comprar un billete de metro. 지하철 표 구입하기 • Instrucciones para ir en metro. 지하철 이용법	**Cierra la ventana, por favor** • Imperativos irregulares afirmativos. 불규칙동사 긍정명령형 • Dar instrucciones. 사용법 알려 주기 • Pedir favores: *¿Puede(s)* + infinitivo? 부탁하기: *¿Puede(s)* + 동사원형?
Unidad 7 **Salir con los amigos**	**¿Dónde quedamos?** • Concertar una cita por teléfono. 전화로 약속 정하기 • Quedar con alguien. 누군가와 만나기 • Aceptar o rechazar una invitación. 초대에 응하거나 거절하기 • Dejar recados. 메시지 남기기	**¿Qué estás haciendo?** • Hablar de acciones en desarrollo: *Estar* + gerundio (+ pronombres reflexivos). 진행 중인 행위 말하기: *Estar* + 현재분사(+재귀대명사) **Pronunciación y ortografía**: Entonación exclamativa. 발음과 철자: 감탄문의 억양
Unidad 8 **De vacaciones**	**Por favor, ¿para ir a la catedral?** • Preguntar e indicar cómo se va a un lugar. 장소 묻고 가르쳐 주기 • Vocabulario de la ciudad: *farmacia, correos...* 도시 관련 어휘: 약국, 우체국 등	**¿Qué hizo Rosa ayer?** • Pretérito indefinido de verbos regulares. 규칙동사의 단순과거형 • Pretérito indefinido de verbos irregulares: *ir, ser, estar*. 불규칙동사의 단순과거형 **Pronunciación y ortografía**: Acentuación. 발음과 철자: 강세
Unidad 9 **Compras**	**¿Cuánto cuestan estos zapatos?** • Recursos para ir de compras. 쇼핑 관련 표현 • Pronombres personales de objeto directo. 직접목적격대명사	**Mi novio lleva corbata** • Los colores. 색 • Describir la ropa. 의상 묘사하기 • Concordancia entre nombres y adjetivos de color. 색깔형용사와 명사의 성·수 일치 **Pronunciación y ortografía**: /x/ y /g/. 발음과 철자: /x/, /g/
Unidad 10 **Salud y enfermedad**	**La salud** • Las partes del cuerpo. 직접목적격대명사 • Hablar de enfermedades y remedios. 질병과 치료에 대해 말하기 • Verbo *doler*. *doler* 동사 • Sugerencias: *¿Por qué no...?* 제안하기: *¿Por qué no...?*	**Antes salíamos con los amigos** • Hablar de hábitos en el pasado. 과거 습관에 대해 말하기 • Pretérito imperfecto de verbos regulares. 규칙동사의 불완료과거형 • Pretérito imperfecto de verbos irregulares: *ir, ser, ver*. 불규칙동사의 불완료과거형

C	D
Mapas de España y América Latina • Mapas y gentilicios. 지도와 지명형용사	
¿Cuál es tu número de móvil? • Preguntar y dar el número de teléfono y la dirección. 전화번호와 주소 묻고 답하기 • Números: 0-20. 숫자: 0~20	**Comunicación y cultura** • Fórmulas de tratamiento (*tú / usted*). 호칭어 (너/당신)
¿Qué hora es? • Preguntar y decir la hora. 시간을 묻고 답하기 • Horarios del mundo. 근무 시간 • Números: 21-5000. 숫자: 21~5000 **Pronunciación y ortografía:** Acentuación. 발음과 철자: 강세	**Comunicación y cultura** • La familia hispana: celebraciones. 히스패닉 가족의 축하 파티
¿Qué desayunas? • Hablar del desayuno. 아침 식사에 대해 말하기 • Desayunos del mundo. 다른 나라들의 아침 식사 **Pronunciación y ortografía:** /g/. 발음과 철자: /g/	**Comunicación y cultura** • Hábitos y horarios de los españoles. 스페인 사람들의 습관과 근무 시간
Visita a Córdoba • Hacer una reserva en un hotel. 호텔 예약하기 • Los patios. 파티오(안뜰) **Pronunciación y ortografía:** /k/. 발음과 철자: /k/	**Comunicación y cultura** • Tipos de vivienda en España. 스페인의 주택 형태
Receta del Caribe • Imperativos afirmativos regulares. 규칙동사의 긍정명령형 • Dar y entender instrucciones. 사용법 알려 주고 이해하기 • ¿Productos de América? 아메리카산(産)인가요? **Pronunciación y ortografía:** /b/. 발음과 철자: /b/	**Comunicación y cultura** • Comidas de España e Hispanoamérica. 스페인과 라틴 아메리카 음식
Mi barrio es tranquilo • Describir el barrio donde vivimos. 우리가 사는 동네 묘사하기 • *Ser* y *estar*. ser와 estar **Pronunciación y ortografía:** /r/ y /rr/. 발음과 철자: /r/, /rr/	**Comunicación y cultura** • Ciudades españolas. 스페인 도시들
¿Cómo es? • Descripciones físicas y de carácter. 신체 및 성격 묘사	**Comunicación y cultura** • El tiempo libre de los jóvenes españoles e hispanoamericanos. 스페인과 라틴 아메리카 젊은이들의 여가
¿Qué tiempo hace hoy? • Hablar del tiempo meteorológico. 날씨에 대해 말하기 • Los meses y las estaciones del año. 일 년의 달과 계절	**Comunicación y cultura** • De vacaciones por España. 스페인으로 휴가
Buenos Aires es más grande que Toledo • Hacer comparaciones. 비교하기 • Adjetivos descriptvos de ciudades. 도시 관련 품질형용사 • Demostrativos (adjetivos y pronombres). 지시형용사, 지시대명사	**Comunicación y cultura** • Ciudades y arte español e hispanoamericano. 도시 및 스페인과 라틴 아메리카 예술
Voy a trabajar en un hotel • Expresar planes e intenciones: *Ir a* + infinitivo. 계획과 의도 표현하기: ir a + 동사원형 **Pronunciación y ortografía:** Reglas de acentuación. 발음과 철자: 강세 규칙	**Comunicación y cultura** • El imperio inca. 잉카 제국 • Escribir un blog sobre un viaje. 여행에 대한 블로그 쓰기

¡Hola! Me llamo Maribel

안녕! 내 이름은 마리벨이야

001-006

2 Practica con tus compañeros.

다른 학생들과 함께 연습해 보세요.

- ¡Hola!
- ¡Hola!
- ¿Cómo te llamas?
- Me llamo ____________.
- ¿De dónde eres?
- Soy (de) ____________.

1 🎧 (001) **Lee y escucha.** 읽고 들어 보세요.

Profesora: ¡Hola! Me llamo Maribel y soy la profesora de español. Vamos a presentarnos. A ver, empieza tú, ¿cómo te llamas?

Estudiante 1: Me llamo Marcelo.

Profesora: ¿De dónde eres, Marcelo?

Estudiante 1: Soy brasileño, de Porto Alegre.

Estudiante 2: Yo me llamo Isabelle y soy francesa.

3 Completa el cuadro. 빈칸을 채워 보세요.

PAÍS 국가	NACIONALIDAD 국적	
	masculino 남성형	femenino 여성형
1 Alemania 독일	alemán	
2 España 스페인		española
3 Brasil 브라질	brasileño	
4 Francia 프랑스		francesa
5 Italia 이탈리아	italiano	

Saludos 인사

안녕.

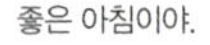

좋은 아침이야.

좋은 오후예요.

좋은 밤이에요.

4 (002) Escucha y repite. 듣고 따라해 보세요.

VOCALES 모음				
A	E	I	O	U
a	e	i	o	u

CONSONANTES 자음

mayúscula 대문자	minúscula 소문자	nombre 명칭	sonido 발음	ejemplos 예
B	b	be	/b/	abuelo 할아버지, bien 잘
C	c	ce	c + a, o, u = /k/ c + e, i = /θ/	casa 집, cosa 물건, cuatro 4, cerrado 닫힌, cine 영화
D	d	de	/d/	día 날(일), dos 2
F	f	efe	/f/	fumar 담배 피우다
G	g	ge	g + a, o, u = /g/ gu + e, i= /g/ g + e, i = /x/	gato 고양이, pago 지불, agua 물, guerrero 전쟁의, guitarra 기타, genio 기질, giro 회전
H	h	hache	–	hotel 호텔, hospital 병원
J	j	jota	/x/	jefe 상사, jirafa 기린
K	k	ka	/k/	kilogramo 킬로그램
L	l	ele	/l/	león 사자, limón 레몬
M	m	eme	/m/	Madrid 마드리드, mira (3인칭) 보다
N	n	ene	/n/	nada 아무것도, no 아니요
Ñ	ñ	eñe	/ɲ/	niña 여자아이, año 년(해)
P	p	pe	/p/	pan 빵, pera 배(과일)
Q	q	cu	qu + e, i = /k/	quince 15, queso 치즈
R	r	erre	/r/ /rr/	pera 배(과일), Corea 한국, rosa 장미, ramo 꽃다발, arroz 쌀
S	s	ese	/s/	casa 집, sol 태양, paseo 산책
T	t	te	/t/	tomate 토마토, tú (2인칭) 너
V	v	uve	/b/	vaca 암소, ven (2인칭 명령형) 오너라, vino 와인
W	w	uve doble (doble u)	/u/ o /gu/ /b/	William 윌리엄, wolframio 볼프람
X	x	equis	/ks/	examen 시험, éxito 성공
Y	y	i griega (ye)	/i/ /j/	(Juan) y (Luis) (후안)과 (루이스), yogur 요구르트, yo (1인칭) 나
Z	z	zeta	z + a, o, u = /θ/	zapato 신발, cazo 냄비 같은 그릇, azul 파란색

Conjuntos de letras 결합 문자

CH	ch	(che)	/tʃ/	chocolate 초콜릿
LL	ll	(elle)	/ʎ/	llave 열쇠, camello 낙타, lluvia 비

5 🎧 (003) Escucha. 들어보세요.

ca casa 집	**que** queso 치즈	**qui** quiero (1인칭) 좋아하다	**co** color 색	**cu** cuatro 4

ca	casa 집	ga	gato 고양이	za	zapato 신발	ja	jamón 햄
que	queso 치즈	gue	guerra 전쟁	ce	cerrado 닫힌	je / ge	jefe 상사 / genio 기질
qui	quiero (1인칭) 좋아하다	gui	guitarra 기타	ci	cine 영화	ji / gi	jirafa 기린 / gitano 집시
co	color 색	go	agosto 8월	zo	zoo 동물원	jo	jota 호타(아라곤 민속춤)
cu	cuatro 4	gu	agua 물	zu	azul 파란색	ju	julio 7월

6 Lee en voz alta las siguientes palabras.
다음 단어들을 큰 소리로 읽어 보세요.

región	paz	quien
gente	chocolate	catorce
joven	ácido	pequeño
ejemplo	cereza	guitarra

¿Con B o con V? B인가요? 아니면 V인가요?

(En Latinoamérica: *b = be larga*; *v = be corta*)
라틴 아메리카에서 b는 긴 b로, v는 짧은 b로 발음

Valencia 발렌시아(스페인 지역명)   *Bilbao* 빌바오(스페인 지역명)
Isabel 이사벨(여자 이름)   *Vicente* 비센테(남자 이름)

¿Con G o con J? G인가요? 아니면 J인가요?

Genio 기질   *rojo* 붉은색   *jirafa* 기린   *gitana* 여자 집시

¿Con H o sin H? H가 있나요? 없나요?

Hotel 호텔   *agua* 물   *huevo* 달걀   *helado* 아이스크림

7 🎧 (004) Escucha y señala la palabra que deletrean.
다음을 듣고 맞는 철자의 단어를 고르세요.

1	ROMERO	☑	RODERO	☐
2	DÍEZ	☐	DÍAZ	☐
3	GONZÁLEZ	☐	GONZALVO	☐
4	RIBERA	☐	RIVERA	☐
5	JIMÉNEZ	☐	GIMÉNEZ	☐
6	PADÍN	☐	BADÍN	☐

8 Pregunta a cinco compañeros su nombre y apellido. Sigue el modelo.
다음 양식을 따라 다섯 명의 친구들에게 이름과 성을 물어보세요.

- ¿Cómo te llamas?
- Fabio.
- ¿Con be o con uve?
- Con be.
- ¿Y de apellido?
- Oliveira.
- ¿Cómo se escribe?
- O-ele-i-uve-e-i-erre-a.
- ¿Así está bien?
- Sí, vale.

SÍLABA TÓNICA 강세 음절

Si la palabra lleva tilde, esta indica la sílaba tónica.
악센트 표시가 있는 단어의 경우에는 표시된 부분을 강하게 발음합니다.

café 커피   *médico* 의사   *árbol* 나무

Si no hay tilde, se pronuncia más fuerte la última cuando la palabra acaba en consonante (excepto n y s).
악센트 표시가 없고 자음으로 끝나는 단어의 경우, 마지막 음절을 강하게 발음합니다.
(n과 s는 예외)

Madrid 마드리드   *español* 스페인의   *hablar* 말하다

Se pronuncia más fuerte la penúltima si la palabra termina en vocal, en n o s.
모음이나 n과 s로 끝나는 단어의 경우, 끝에서 두 번째 음절을 강하게 발음합니다.

jefe 상사   *ventana* 창문   *examen* 시험   *crisis* 위기

9 Subraya la sílaba tónica de las palabras del recuadro. 박스 안에 있는 단어들의 강세 음절을 표시해 보세요.

ale<u>mán</u> 독일 남자 • alemana 독일 여자 • japonés 일본 사람
profesor 교사 • estudiante 학생 • profesora 여교사
brasileño 브라질 사람 • hospital 병원
estudiar 공부하다 • libro 책 • lección 강의
compañero 동료 • madre 어머니

10 🎧 (005) Escucha, comprueba y repite.
듣고 확인하고 따라해 보세요.

Para la clase 수업 관련 표현

따라해 볼래요?

'오렌지'를 뭐라고 하나요?

어떻게 쓰나요?

죄송해요, 이해가 안 돼요.

'arroz'는 무슨 뜻인가요?

11 Seguro que conoces algunas palabras en español. Relaciónalas con las imágenes.

다음 나오는 스페인어 단어의 뜻을 보고 아래 이미지와 연결해 보세요.

1	fiesta	☐	6	flamenco	☐	11	salsa	☐
2	hotel	☐	7	tango	☐	12	playa	☐
3	cine	☐	8	bar	☐	13	paella	☐
4	hospital	☐	9	chocolate	☐	14	guitarra	☐
5	restaurante	☐	10	café	☐	15	siesta	☐

12 Escucha y repite. 듣고 따라해 보세요.

13 ¿Conoces otras palabras en español? 다른 스페인어 단어들도 알고 있나요?

El español

El español o castellano es la lengua oficial de España y de 19 países latinoamericanos. Es la segunda lengua más hablada después del chino; la hablan más de 450 millones de personas.

El español viene del latín, igual que el francés, el italiano, el portugués y el rumano. En España, también son lenguas oficiales el catalán, el gallego y el euskera.

GENTILICIOS ESPAÑOLES

andaluz / andaluza
aragonés / aragonesa
asturiano / asturiana
balear / balear
canario / canaria
cántabro / cántabra
castellanoleonés / castellanoleonesa
castellanomanchego / castellanomanchega
catalán / catalana
extremeño / extremeña
gallego / gallega
madrileño / madrileña
murciano / murciana
valenciano / valenciana
vasco / vasca

GENTILICIOS HISPANOAMERICANOS

argentino / argentina
boliviano / boliviana
colombiano / colombiana
costarricense / costarricense
cubano / cubana
chileno / chilena
dominicano / dominicana
ecuatoriano / ecuatoriana
guatemalteco / guatemalteca
hondureño / hondureña
mexicano / mexicana

nicaragüense / nicaragüense
panameño / panameña
paraguayo / paraguaya
peruano / peruana
puertorriqueño / puertorriqueña
salvadoreño / salvadoreña
uruguayo / uruguaya
venezolano / venezolana

14 ¿Reconoces estos lugares? Relaciónalos con las fotografías.

다음 장소들이 어디인지 알 수 있나요? 사진과 연결해 보세요.

Sagrada Familia (España) ☐   Cataratas de Iguazú (Argentina y Paraguay) ☐   Museo Gugenheim (España) ☐

Machu Picchu (Perú) ☐   La Alhambra (España) ☐   La Casa Rosada (Argentina) ☐   Murallas romanas (España) ☐

Playa de Cancún (México) ☐   Plaza el Zócalo (México) ☐   La Giralda (España) ☐

Saludos 인사

1

- Saludar y presentar a otra persona 인사하기와 다른 사람 소개하기
- Nacionalidades 국적
- Profesiones: el género 직업: 성
- *Tú* y *usted* 너(2인칭)와 당신(3인칭)
- Preguntar y dar el número de teléfono y la dirección
  전화번호와 주소 묻고 답하기
- **Cultura:** Fórmulas de tratamiento (*tú* y *usted*) 문화: 호칭어(너, 당신)

007-019

Hablar 말하기

1 Mira las fotos y señala dónde están.
사진을 보고 어느 곳의 상황인지 표시해 보세요.

1 En una oficina. ☐   3 En clase. ☐
2 En un hotel. ☐   4 En una cafetería. ☐

Escuchar 듣기

2 (007) Escucha y lee. 듣고 읽어 보세요.

EN CLASE
Isabelle: ¡Hola, Marcelo!, ¿qué tal?
Marcelo: Bien, ¿y tú?
Isabelle: Muy bien. Mira, esta es Ulrike, una nueva compañera, es alemana.
Marcelo: ¡Hola! ¡Encantado! ¿Eres de Berlín?
Ulrike: Sí, pero ahora vivo en Madrid.

EN UN HOTEL
Recepcionista: Su nombre, por favor.
Fernando: Yo me llamo Fernando Álvarez y ella es Carmen Hernández.
Recepcionista: ¿De dónde son ustedes?
Fernando: Somos argentinos, de Buenos Aires.
Recepcionista: Ah, Buenos Aires… Aquí están sus tarjetas, bienvenidos a Madrid.
Fernando: Gracias.

EN UNA OFICINA
Díaz: ¡Buenos días!, señor Álvarez, ¿qué tal está?
Álvarez: Muy bien, gracias. Mire, le presento a Marta Rodríguez, la nueva directora.
Díaz: Encantado de conocerla, yo me llamo Gerardo Díaz, y soy el responsable de administración.
Rodríguez: Mucho gusto, Gerardo.

3 Completa. 빈칸을 채워 보세요.

EN UNA CAFETERÍA
Luis: ¡Hola, Eva!, ¿_____________________?
Eva: Bien, ¿_____________________?
Luis: Muy bien. _____________________, este es Roberto, un compañero nuevo.
Eva: _____________ _______________
         ¿De dónde _____________?
Roberto: Soy cubano.

4 (008) Escucha y comprueba. 듣고 확인해 보세요.

Comunicación 의사소통

Informal 비격식체

- **¡Hola!, ¿qué tal?** 안녕! 잘 지내?
- **Bien, ¿y tú?** 응, 잘 지내. 너는?

- **¿Cómo te llamas?** 이름이 뭐야?
- **Carmen, ¿y tú?** 까르멘이야. 넌?

- **Esta es Celia. / Este es Roberto.**
  이쪽은 셀리아야. / 이쪽은 로베르토야.

Formal 격식체

- **¡Buenos días, señor Prado, ¿cómo está usted?**
  좋은 아침입니다. 프라도 씨. 어떻게 지내세요?
- **Muy bien, gracias.** 아주 잘 지내요. 고맙습니다.

- **Le presento al señor Rodríguez.** 로드리게스 씨를 소개합니다.
- **¡Encantado/a! / Mucho gusto.** 만나서 반갑습니다.

Hablar 말하기

5 Practica los saludos y las presentaciones con tus compañeros de clase, en grupos de dos o tres personas.

인사하고 소개하는 것을 친구들과 두세 명씩 짝을 지어 연습해 보세요.

Gramática 문법

GÉNERO DE LOS ADJETIVOS DE NACIONALIDAD 국적형용사	
masculino 남성형	**femenino** 여성형
ital**iano** 이탈리아의	ital**iana** 이탈리아의
españ**ol** 스페인의	españ**ola** 스페인의
estadounid**ense** 미국의	estadounid**ense** 미국의
marro**quí** 모로코의	marro**quí** 모로코의

6 Completa el cuadro. 빈칸을 채워 보세요.

	PAÍSES	NACIONALIDADES	
1	China	chino	
2		iraní	
3	Reino Unido	británico	
4	Turquía		turca
5	Sudáfrica		sudafricana
6		colombiano	
7		brasileño	
8	Francia		francesa
9	Polonia	polaco	
10	Suecia		sueca
11			alemana
12	Canadá		

7 (009) Escucha y repite. 듣고 따라해 보세요.

8 Practica con tus compañeros e imagina una nacionalidad distinta a la tuya.

친구들과 연습해 보세요. 그리고 여러분과 다른 국적을 상상해 보세요.

- *¿De dónde eres?*
- *Soy colombiana, ¿y tú?*
- *Yo soy francés.*

Escuchar 듣기

9 (010) Escucha y escribe en las tarjetas.
다음을 듣고 명함에 내용을 써 보세요.

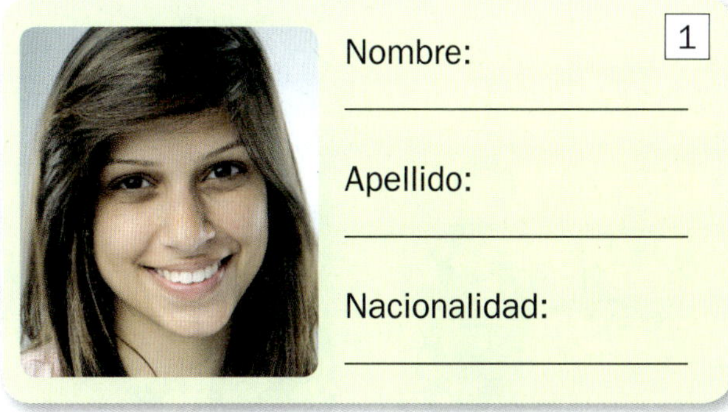

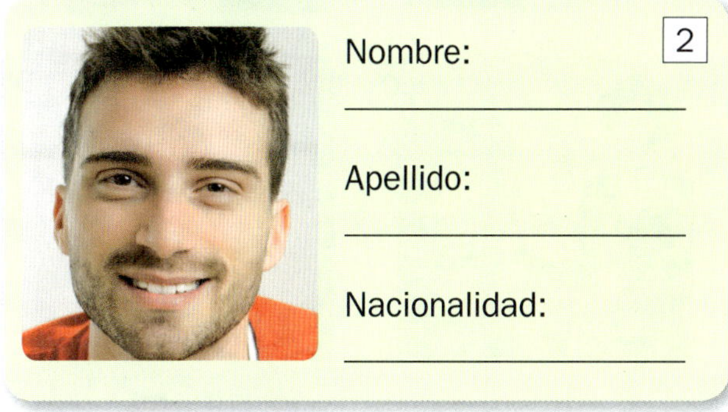

Vocabulario 어휘

1 Escribe la letra correspondiente.
해당하는 그림의 알파벳을 써 보세요.

1	peluquera	F	6	taxista ☐
2	profesor ☐		7	cartero ☐
3	médica ☐		8	actriz ☐
4	camarero ☐		9	abogada ☐
5	ama de casa ☐		10	limpiadora ☐

A

B

C

D

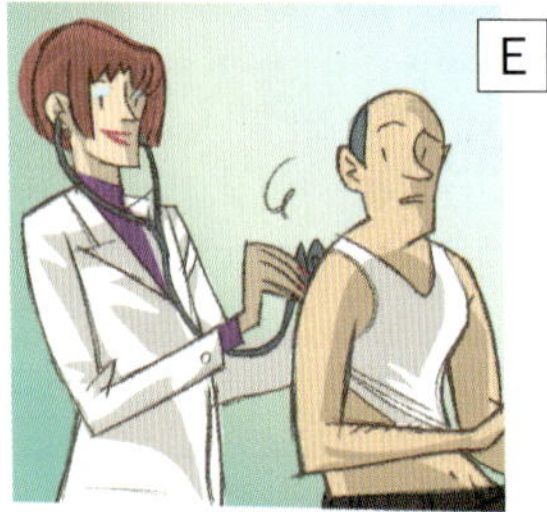
E

F

G

H

I

J

2 Escoge una profesión. Pregunta a tres compañeros.
직업을 선택하세요. 그리고 세 명의 친구들에게 물어보세요.

■ *¿A qué te dedicas?*
● *Soy médico, ¿y tú?*
■ *Yo soy abogada.*

Gramática 문법

GÉNERO DE LOS NOMBRES DE PROFESIÓN
직업명의 성

masculino 남성형	femenino 여성형
camarero 웨이터	camarera 웨이트리스
profesor 교사	profesora 교사
estudiante 학생	estudiante 학생
presidente 대통령	presidenta 대통령
economista 경제학자	economista 경제학자

3 Escribe el femenino. 여성형을 써 보세요.

1 el vendedor — la *vendedora* __________
2 el secretario — la __________
3 el conductor — la __________
4 el cocinero — la __________
5 el futbolista — la __________
6 el cantante — la __________
7 el actor — la __________
8 el jardinero — la __________
9 el guía — la __________
10 el pianista — la __________

4 (011) Escucha y lee. 듣고 읽어 보세요.

> Me llamo Manolo García. Soy médico. Soy sevilla-no, pero vivo en Barcelona. Trabajo en un hospital. Mi mujer se llama Amelia, es profesora y trabaja en un instituto. Ella es catalana. Tenemos dos hi-jos, Sergio y Elena; los dos son estudiantes. Sergio estudia en la universidad, y Elena, en el instituto.

5 Responde. 질문에 답해 보세요.

1 ¿A qué se dedica Manolo? *Es médico.*
2 ¿De dónde es Manolo?
3 ¿Dónde viven?
4 ¿Dónde trabaja Amelia?
5 ¿De dónde es Amelia?
6 ¿Cuántos hijos tienen?
7 ¿Qué hacen los hijos?

PRESENTE DE VERBOS REGULARES 규칙동사 현재형			
	trabajar 일하다	comer 먹다	vivir 살다
yo	trabajo	como	vivo
tú	trabajas	comes	vives
él / ella / usted	trabaja	come	vive
nosotros/as	trabajamos	comemos	vivimos
vosotros/as	trabajáis	coméis	vivís
ellos / ellas / ustedes	trabajan	comen	viven

PRESENTE DE VERBOS IRREGULARES 불규칙동사 현재형		
	ser 이다	tener 가지다
yo	soy	tengo
tú	eres	tienes
él / ella / usted	es	tiene
nosotros/as	somos	tenemos
vosotros/as	sois	tenéis
ellos / ellas / ustedes	son	tienen

6 Completa las frases con la forma adecuada de los verbos anteriores.

앞에 나온 동사들을 바꾸어 빈칸을 채워 보세요.

1 Belén no __________ madrileña, __________ valenciana.
2 Rocío ________ en una agencia de viajes.
3 Javier Bardem ________ un actor español.
4 Nosotros ________ tres hijos.
5 Mi marido________ muchas verduras.
6 ¿De dónde________ Fernando?
7 Yo no________ carne, ________ vegetariana.
8 Miguel y María __________ en una empresa sevillana.
9 ¿Tus padres ________ en una casa al lado de la playa?
10 Tú ________ más dinero que yo.
11 Nosotras no ________ profesoras: Rosa ________ médica y yo ________ periodista.
12 ¿Usted ________ colombiano?

7 Completa. 빈칸을 채워 보세요.

TÚ	USTED
¿Dónde vives?	¿Dónde _vive_ usted?
¿Cómo __________?	¿Cómo se llama usted?
¿Tienes hijos?	¿__________ hijos usted?
¿De dónde __________?	¿De dónde ________ usted?
¿A qué __________?	¿A qué se dedica usted?

8 Practica las preguntas anteriores con *usted* con tu profesor.

선생님과 'usted' 형태를 가지고 앞에 나온 질문들을 연습해 보세요.

Leer 읽기

9 Completa el texto siguiente con los verbos adecuados.

알맞은 동사를 사용하여 다음 지문을 완성해 보세요.

Me [1] _llamo_ Elaine Araujo y [2] __________ arquitecta. [3] __________ brasileña, pero ahora [4] ________ en Madrid porque estudio un máster en la universidad. También [5] ________ los fines de semana en un restaurante. Estoy soltera pero [6] ________ un novio español: él [7] ________ en una empresa de informática.

Escribir 쓰기

10 Escribe un párrafo sobre ti. Luego, léelo a tus compañeros.

여러분에 대한 문장을 써서 친구들에게 읽어 주세요.

Me llamo ____________________________
____________, *soy* ____________________________
____________________________.

Entonación interrogativa 의문문 억양

1 🎧 012 **Escucha y repite.** 듣고 따라해 보세요.

1 ¿De dónde eres?
2 ¿De dónde son ustedes?
3 ¿Cómo te llamas?
4 ¿Quién es este?
5 ¿Dónde vives?
6 ¿Dónde trabaja usted?
7 ¿Dónde viven ustedes?
8 ¿Cómo se llama el marido de Ana?

Vocabulario 어휘

1 Escribe los números.
다음 숫자에 맞는 스페인어를 적어 보세요.

> seis • uno • ocho • tres • nueve

0 cero   1 __________

2 dos   3 __________   4 cuatro

5 cinco   6 __________

7 siete   8 __________

9 __________   10 diez

2 🎧 (013) Escucha y comprueba. 듣고 확인해 보세요.

3 Practica con tu compañero. 친구와 연습해 보세요.

2 + 3 = _cinco_   8 - 6 = _dos_
■ *¿Dos más tres?*   ■ *¿Ocho menos seis?*
● *Cinco.*   ● *Dos.*
3 + 5 = __________   9 - 4 = __________
4 + 4 = __________   1 - 0 = __________

Escuchar 듣기

4 🎧 (014) Escucha y escribe los números de teléfono. 전화번호를 듣고 써 보세요.

1 María: _936 547 832_
2 Jorge: __________________
3 Marina: ____________, ____________
4 Aeropuerto de Barajas: __________________
5 Cruz Roja: __________________
6 Radio-taxi: __________________

Hablar 말하기

5 Pregunta el número de teléfono a varios compañeros. Toma nota.
여러 친구들에게 전화번호를 물어보세요. 그리고 메모하세요.

■ *Lars, ¿cuál es tu número de teléfono / móvil?*
● *Es el 95 835 62 10.*
■ *Gracias.*

6 Ahora pregúntale su dirección de correo electrónico.
친구들의 이메일 주소를 물어보세요.

■ *¿Cuál es tu correo electrónico?*
● *joseluis@gmail.com*

Vocabulario 어휘

7 🎧 (015) Escucha y aprende. 듣고 학습해 보세요.

11 once	16 dieciséis
12 doce	17 diecisiete
13 trece	18 dieciocho
14 catorce	19 diecinueve
15 quince	20 veinte

8 En parejas escribid los números.
짝과 함께 숫자들을 적어 보세요.

4 x 4 = _dieciséis_
Cuatro por cuatro dieciséis
9 x 2 = __________   4 x 5 = __________
3 x 6 = __________   2 x 8 = __________
5 x 3 = __________   7 x 2 = __________
2 x 6 = __________   3 x 4 = __________

9 🎧 (016) Juega al bingo. 빙고 게임을 해 보세요.

A Escoge uno de los dos cartones.
두 용지 중에 하나를 정하세요.

B Escucha y señala los números que oyes.
잘 듣고 들리는 숫자를 표시하세요.
¡Suerte!

B	I	N	G	O	1
1	4	7	13	16	
2	5	8	14	18	
3	6	11	15	19	

		G	O	2
3	7	10	13	16
4	8	11	14	17
5	9	12	15	20

Escuchar 듣기

10 (017) Lee, escucha y completa.
다음을 읽은 후 듣고 빈칸을 채워 보세요.

EN UN GIMNASIO

Felipe: ¡Buenas tardes!

Rosa: ¡Hola!, [1] ________________.

Felipe: Quiero apuntarme al gimnasio.

Rosa: Tienes que darme tus datos. A ver,
¿[2] ________________?

Felipe: Felipe Martínez.

Rosa: ¿Y de segundo apellido?

Felipe: Franco.

Rosa: ¿Dónde [3] __________?

Felipe: En la calle Goya, número ochenta y
siete, tercero izquierda.

Rosa: ¿Teléfono?

Felipe: [4] ________________.

Rosa: ¿Profesión?

Felipe: [5] __________.

Rosa: Bueno, ya está; el precio es…

11 Completa la tarjeta con los datos de Felipe.
펠리페에 대한 내용으로 아래 카드를 완성해 보세요.

Gramática 문법

¿A qué te dedicas? 너는 무슨 일하니?

¿Cómo te llamas? 너 이름이 뭐니?

¿De dónde eres? 어느 나라 출신이니?

¿Dónde vives? 어디에 사니?

¿Dónde trabajas? 어디에서 일하니?

¿Cuál es tu número de teléfono? 전화번호가 뭐니?

12 Completa las frases con *qué*, *dónde*, *cómo*, *cuál*. qué, dónde, cómo, cuál을 사용하여 완성해 보세요.

1 ▪ ¿De *dónde* es Gloria Estefan?
 ● De Cuba.

2 ▪ ¿____________ trabajas?
 ● En un banco.

3 ▪ ¿____________ se llama tu compañero?
 ● Mariano.

4 ▪ ¿____________ vive Julio?
 ● En Miami.

5 ▪ ¿A ____________ se dedica tu mujer?
 ● Es cantante.

6 ▪ ¿De ____________ son ustedes?
 ● Somos alemanes, de Bonn.

7 ▪ ¿______ significa "saludo"?
 ● «Hola» es un saludo.

8 ▪ ¿A ____________ te dedicas?
 ● Soy pintor.

9 ▪ ¿__________ es tu número de teléfono?
 ● 693 22 06 31.

Hablar 말하기

13 Prepara cinco preguntas para un compañero y luego pregúntale. Anota las respuestas.
친구에게 다섯 가지 질문을 준비해서 물어보세요. 그리고 대답을 적어 보세요.

¿Dónde vives?
¿Cómo se llama tu padre?
¿De dónde eres?…

Gimnasio Praga

NOMBRE ________________________ APELLIDOS ________________________________

DOMICILIO ACTUAL ____ NÚMERO ____

PISO ____ PUERTA ____ TELÉFONO __________ PROFESIÓN ________________

CORREO ELECTRÓNICO femartinez@gmail.com

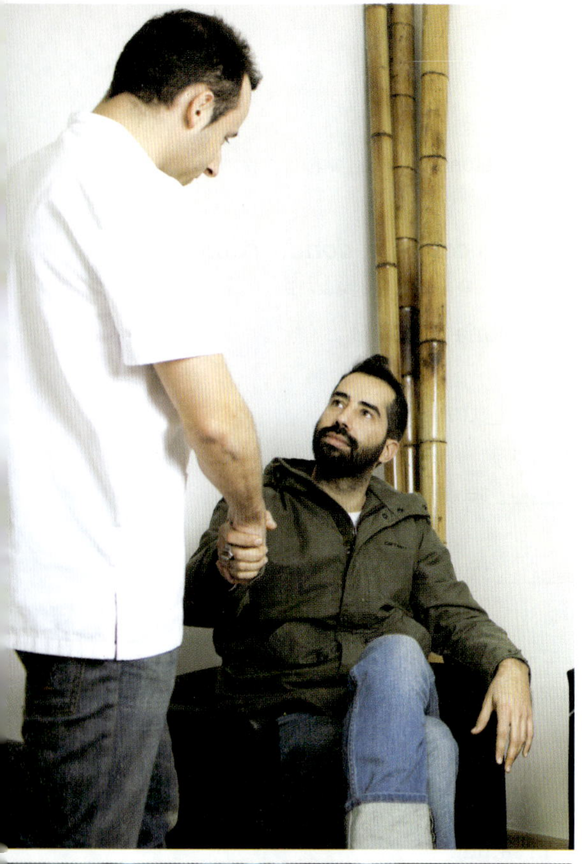

Leer 읽기

1 **Lee el siguiente texto.** 다음 글을 읽어 보세요.

Saludos

En español podemos hablar en estilo formal o informal. En estilo formal usamos *usted (Ud.)* y *ustedes (Uds.)* para hablar con personas desconocidas, de mayor edad o superiores en el trabajo: un jefe, un profesor, un médico. También en estilo formal utilizamos las fórmulas *señor (Sr.)* y *señora (Sra.)* con el apellido: *Sr. Pérez.*

En estilo informal usamos el nombre, y es muy habitual decir *¡hola!* para saludar y *¡hasta luego!,* para despedirse; pero también decimos *¡adiós!, ¡hasta mañana!* o *¡hasta pronto!*

En estilo formal e informal es normal saludar también con *¡buenos días!,* por la mañana; *¡buenas tardes!,* por la tarde; y *¡buenas noches!,* por la noche.

2 **Marca la forma adecuada.** 알맞은 격에 체크해 보세요.

	Tú	Usted
1 Hablo con un camarero.	☐	☐
2 Hablo con mi profesor.	☐	☐
3 Hablo con mi tío.	☐	☐
4 Hablo con la vendedora.	☐	☐
5 Hablo con un niño.	☐	☐
6 Hablo con una persona de 70 años desconocida.	☐	☐

3 **Relaciona.** 알맞은 것을 찾아 연결해 보세요.

1 ¡Hola!, ¿qué tal?
2 ¡Adiós!
3 ¡Hola, chico!, ¿cómo estás?
4 ¡Hola!, me llamo Javier.
5 Buenas noches, ¿cómo está usted?
6 Vos sos* Pablo, ¿no?

a ¡Hola!
b Sí, hola. Y vos Óscar, claro.
c Hola, yo soy Marisa.
d Bien, ¿y tú?, ¿qué tal?
e Bien, ¿y Ud.?
f ¡Adiós, hasta luego!

* En Argentina dicen *vos sos* en lugar de *tú eres.*
아르헨티나에서는 *tú eres* 대신에 *vos sos*로 말합니다.

Escuchar 듣기

4 (018) **Escucha cómo se presentan cuatro personas y completa la tabla.** 네 사람이 서로 소개하는 것을 듣고 다음 표를 완성해 보세요.

NOMBRE	PROFESIÓN	CIUDAD	MÓVIL
	estudiante		
Claudia			
		Caracas	
Manuel			

Hablar 말하기

Alumno A (alumno B, ver «En parejas»)

5 ¿Conoces a estos personajes famosos? Pregunta a B la información sobre los números 1, 3, 5 y 7.
아래 유명 인사들을 아시나요? B 학생에게 1, 3, 5, 7번 인물에 대한 정보를 물어보세요.

¿Cómo se llama el número 1? ¿De dónde es? ¿A qué se dedica?

____
____
____

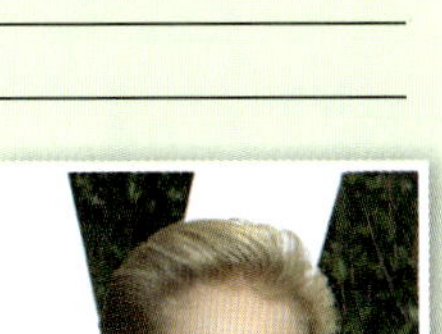

Benicio del Toro
puertorriqueño
actor

____
____

Miquel Barceló
español
pintor

____
____
____

Penélope Cruz
española
actriz

____
____
____

Pedro Almodóvar
español
director de cine

6 Responde a B la información sobre los números 2, 4, 6 y 8.
B 학생에게 2, 4, 6, 8번 인물에 대한 정보를 대답해 보세요.

El número 2 se llama Benicio del Toro. Es puertorriqueño. Es actor.

Escribir 쓰기

7 Completa una ficha con tus datos y otra con los de tu compañero.
한 쪽은 자기 자신에 대한 정보를, 또 다른 쪽은 친구에 대한 정보로 채워 보세요.

Nombre:	Nombre:
Apellido:	Apellido:
Nacionalidad:	Nacionalidad:
Profesión:	Profesión:
Domicilio:	Domicilio:
Ciudad:	Ciudad:
Teléfono:	Teléfono:
Correo electrónico:	Correo electrónico:

1 Lee los textos y completa las preguntas.
지문을 읽고 질문을 완성해 보세요.

A Me llamo Peter Tuck.
Soy profesor de inglés.
Vivo en Madrid y
trabajo en un colegio.
Estoy soltero.

B Yo me llamo Maria
Rodrigues; soy brasileña,
de Río de Janeiro. Mi
marido se llama Bruno
y también es brasileño.
Somos profesores.

C Yo me llamo Yoshie
Kikkawa y soy japonesa,
de Tokio. Estoy casada.
Mi marido se llama
Mitsuo y tenemos dos
hijos, Kimiko y Ken. Los
dos estudian en el colegio.

1 ■ _¿Dónde_ vive Peter?
  ● En Madrid.
2 ■ ¿_____________________ Peter?
  ● En un colegio.
3 ■ ¿_____________________ Maria?
  ● Es brasileña.
4 ■ ¿_____________________ el marido de
  Maria?
  ● Bruno.
5 ■ ¿_____________________ Yoshie?
  ● De Tokio.
6 ■ ¿Qué _____________________ los
  hijos de Yoshie?
  ● Estudian en el colegio.

2 Completa los diálogos. 다음 대화를 완성해 보세요.

1 ■ Hola, me _llamo_ Manuel, y _____________
  español. ¿Cómo _____________ tú?
  ● _____________________ Marta.
2 ■ Buenos días, señor Jiménez, ¿cómo
  _________ usted?
  ● Bien, gracias, ¿y _____________?
3 ■ Mire, señora Rodríguez, le _____________
  al señor Márquez.
  ● _____________________.
  ▼ Mucho gusto.
4 ■ Hola, Laura. ¿Qué _____________?
  ● Hola, Manu, muy _________. Mira,
  _________. es Marina, una nueva
  _________.
  ■ Hola, ¿qué _____________?
  ▼ _____________ , ¿y tú?
  ■ Muy bien.

3 019 Escucha los apellidos y escribe el
número de orden. 성을 듣고 순서대로 번호를 적어 보세요.

Díaz	☐	**Martínez**	☐
Vargas	☐	**Díez**	☐
Marín	☐	**Martín**	☐
Serrano	☐	**López**	☐
Moreno	☐	**Romero**	☐
Jiménez	☐	**García**	☐
Pérez	☐		

4 Lee y señala si hablan de tú o de usted.
다음을 읽고 _tú_에게 하는 말인지 _usted_에게 하는 말인지 표시해 보세요.

		Tú	Usted
1	¿Cómo te llamas?	☑	☐
2	¿Dónde vive?	☐	☐
3	¿De dónde es?	☐	☐
4	¿Dónde trabaja?	☐	☐
5	¿De dónde eres?	☐	☐
6	¿Cuál es tu número de teléfono?	☐	☐
7	¿A qué te dedicas?	☐	☐

¿Qué sabes?

	☺	☺	☹
· Saludar y presentar a alguien.	☐	☐	☐
· Decir la nacionalidad y la profesión.	☐	☐	☐
· Los números del 1 al 20.	☐	☐	☐
· Preguntar y decir el domicilio y el número de teléfono.	☐	☐	☐

Familias 가족

2

- ·· Presentar a la familia 가족 소개하기
- ·· Dar información personal 개인 정보 주기
- ·· Decir dónde están las cosas 사물의 위치 말하기
- ·· Expresar posesión 소유 표현하기
- ·· Preguntar y decir la hora 시간 묻고 답하기
- ·· **Cultura**: La familia hispana: celebraciones 문화: 히스패닉 가족의 축하 파티

020-028

¿Estás casado?
너는 결혼했어?

(a)

(b)

(c)

(d)

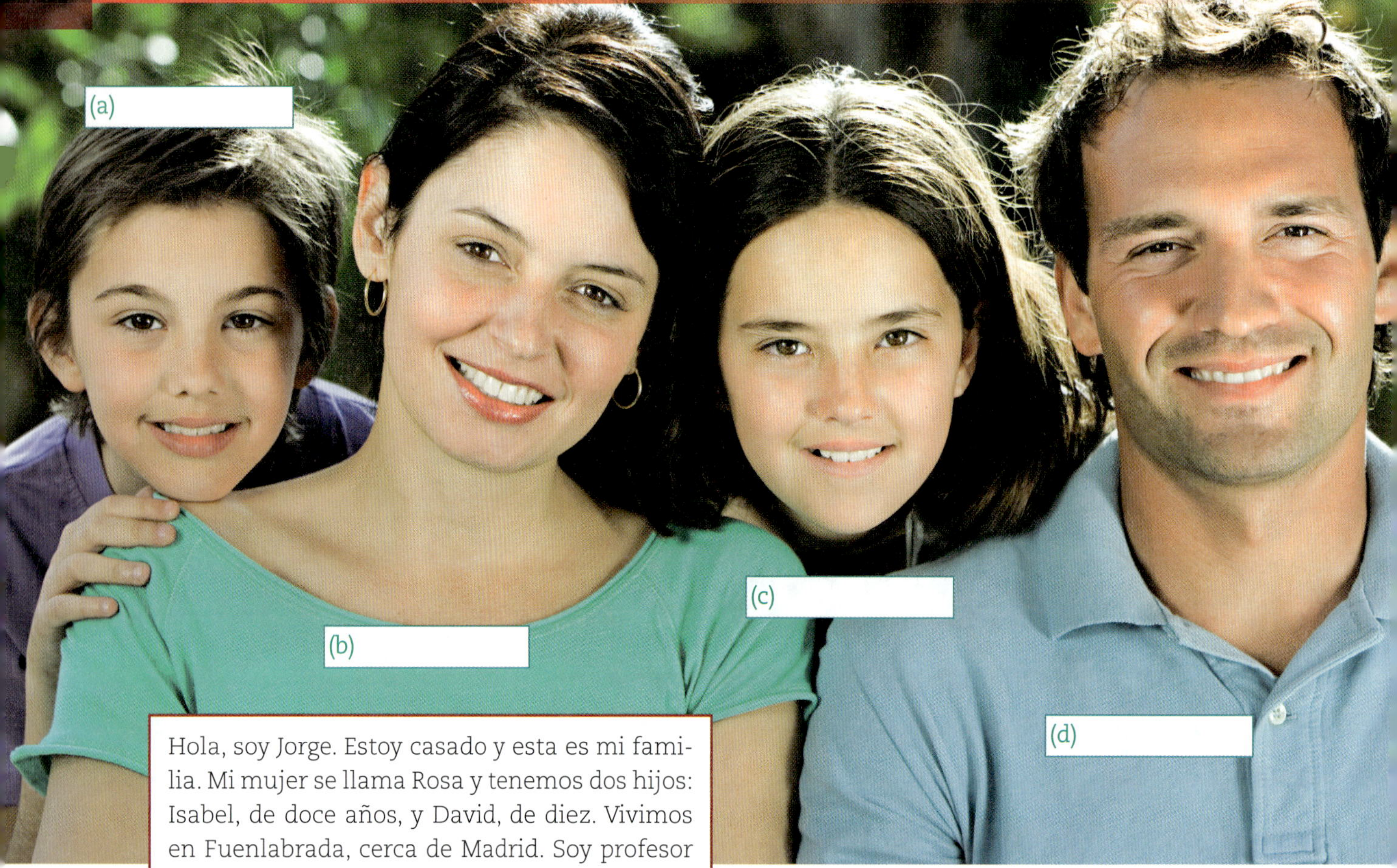

Hola, soy Jorge. Estoy casado y esta es mi familia. Mi mujer se llama Rosa y tenemos dos hijos: Isabel, de doce años, y David, de diez. Vivimos en Fuenlabrada, cerca de Madrid. Soy profesor de autoescuela.

Vocabulario 어휘

1 Relaciona. 알맞은 것을 찾아 연결해 보세요.

1 ¿Estás casado/a?
2 ¿Tienes hijos?
3 ¿Tienes hermanos?

a No, no tengo.
b Sí, un hermano y una hermana.
c No, estoy soltero/a.

2 020 Jorge y Luis hablan de sus familias. Lee los textos y escucha.

호르헤와 루이스가 가족에 대해 이야기합니다. 지문을 읽고 들어 보세요.

3 Escribe el nombre de cada uno en las fotos.

사진 속 사람들의 이름을 각각 적어 보세요.

4 Escribe las preguntas para estas respuestas.

다음 대답에 대한 알맞은 질문을 써 보세요.

1 Jorge vive cerca de Madrid. *¿Dónde vive Jorge?*
2 Es profesor de autoescuela.
3 Se llama Manuel.
4 Estudia Medicina.
5 Tiene setenta y nueve años.

Yo soy Luis. No tengo hermanos, no tengo novia, estoy soltero y vivo en Sevilla con mis padres y mi abuela. Mi padre se llama Manuel y tiene cincuenta y ocho años. Mi madre se llama Rocío y tiene cincuenta y seis años. Mi abuela tiene setenta y nueve años y se llama Carmen. Soy estudiante de Medicina.

5 Completa las frases siguientes con las palabras del recuadro.

박스 안에 있는 단어들을 가지고 다음 문장을 완성해 보세요.

> ~~mujer~~ • hermana • padre • hijo
> abuela • madre • marido

1 Rosa es la *mujer* de Jorge.
2 David es ________________ de Jorge y Rosa.
3 Rosa es la ________________ de Isabel.
4 Isabel es ________________ de David.
5 Manuel es el ________________ de Luis.
6 Carmen es ________________ de Luis.
7 Manuel es el ________________ de Rocío.

Hablar 말하기

6 Haz estas preguntas a varios compañeros y luego completa la ficha.

여러 친구들에게 아래 질문을 하고 카드를 완성해 보세요.

1 ¿Estás casado/a o soltero/a?
2 ¿Tienes hijos?
3 ¿Tienes novio/a?
4 ¿Cómo se llama tu padre / madre?
5 ¿Tienes hermanos?
6 ¿Tienes abuelos?

	NOMBRE
a Está soltero/a	
b Está casado/a	
c Tiene hijos	
d Tiene novio/a	
e No tiene hermanos	
f Tiene abuelos	

Escribir 쓰기

7 Escribe algunas frases sobre tu familia y léeselas a tu compañero.

여러분의 가족에 대한 문장을 몇 개 써 보고 친구에게 읽어 주세요.

Mi padre se llama Toni y tiene sesenta años. Mi hermana está casada y tiene dos hijos. Mi padre es taxista y mi hermano estudia Arquitectura.

Gramática 문법

PLURAL DE LOS NOMBRES 명사의 복수형	
un mapa 지도	dos mapas 지도 두 개
un autobús 버스	dos autobuses 버스 두 대

8 Mira la imagen y señala si es verdadero (V) o falso (F).

그림을 보고 맞으면 V, 틀리면 F를 표시해 보세요.

En esta clase tienen:

a una televisión ☐   e cinco estudiantes ☐
b dos mapas ☐   f un teléfono ☐
c cinco sillas ☐   g tres mesas ☐
d cinco libros ☐   h dos bolígrafos ☐

9 Escribe en plural. 복수형을 적어 보세요.

1 un coche *dos coches*
2 un profesor ________________
3 una ventana ________________
4 una compañera ________________
5 una ciudad ________________
6 un cuaderno ________________
7 un chico ________________
8 un hotel ________________
9 un teléfono ________________
10 un ordenador ________________

10 Completa. 빈칸을 채워 보세요.

SINGULAR	PLURAL
hermano / hermana	hermanos / *hermanas*
padre / __________	__________ / madres
__________ / hija	hijos / __________
abuelo / __________	abuelos / __________

¿Dónde están mis gafas?
내 안경이 어디에 있지?

Vocabulario 어휘

1 Mira el dibujo y escribe la letra correspondiente. 그림을 보고 해당하는 알파벳을 적어 보세요.

1	reloj	7	silla
2	paraguas	8	mesita
3	zapatillas [B]	9	gafas
4	ordenador	10	teléfono
5	cuadro	11	sillón
6	sofá	12	lámpara

Gramática 문법

MARCADORES DE LUGAR 위치 표시

debajo de ~의 아래에	**al lado de** ~의 옆에
encima de ~의 위에	**delante de** ~의 앞에
a la derecha de ~의 오른쪽에	**entre** 사이에
detrás de ~의 뒤에	**a la izquierda de** ~의 왼쪽에 **en** ~에

*La planta está **debajo de** la ventana.* 식물이 창문 아래에 있다.

*Los libros están **en** la cartera.* 책들이 가방에 있다.

A + el = **al**

De + el = **del**

*El sofá está **al lado del** sillón.* 소파가 큰 의자 옆에 있다.

2 Mira la habitación anterior y completa las frases. 상단의 방 그림을 보고 다음 문장을 완성해 보세요.

1 El reloj está <u>al lado</u> del cuadro.
2 Las zapatillas están __________ de la mesita.
3 El teléfono está __________ del ordenador.
4 El sillón está __________ de la librería.
5 Las gafas están __________ el teléfono y el ordenador.
6 El gato está __________ de David.
7 La ventana está __________ de la planta.
8 El paraguas está __________ del teléfono.
9 El cuadro está __________ la estantería y el reloj.
10 El gato está __________ del sofá.

3 Mira tu clase o tu habitación y escribe cinco frases. 여러분의 교실이나 방을 보고 다섯 문장을 써 보세요.

El diccionario está al lado del cuaderno.
La silla está delante de la mesa.

<table>
<tr><td colspan="5">ADJETIVOS POSESIVOS 소유형용사</td></tr>
<tr><td>sujeto 주어</td><td colspan="2">singular 단수</td><td colspan="2">plural 복수</td></tr>
<tr><td>yo</td><td>mi</td><td>primo
prima</td><td>mis</td><td>primos
primas</td></tr>
<tr><td>tú</td><td>tu</td><td>amigo
amiga</td><td>tus</td><td>amigos
amigas</td></tr>
<tr><td>él / ella /
usted</td><td>su</td><td>hermano
hermana</td><td>sus</td><td>hermanos
hermanas</td></tr>
<tr><td>nosotros/as</td><td colspan="2">nuestro tío
nuestra tía</td><td colspan="2">nuestros tíos
nuestras tías</td></tr>
<tr><td>vosotros/as</td><td colspan="2">vuestro hijo
vuestra hija</td><td colspan="2">vuestros hijos
vuestras hijas</td></tr>
<tr><td>ellos / ellas
/ ustedes</td><td>su</td><td>abuelo
abuela</td><td>sus</td><td>abuelos
abuelas</td></tr>
</table>

4 Completa las frases con el posesivo correspondiente.

알맞은 소유형용사를 넣어 다음 문장을 완성해 보세요.

1 ¿Cuál es <u>tu</u> número de teléfono? (tú)
2 _______ gata se llama Bonita. (ella)
3 ¿Esta es _______ chaqueta? (tú)
4 ¿Dónde está _______ diccionario? (él)
5 ¿Tienes _______ gafas? (yo)
6 _______ casa está cerca de aquí. (nosotros)
7 _______ primos viven en Barcelona. (ellas)
8 ¿Dónde viven _______ padres? (Ud.)
9 ¿Dónde vive _______ hermano? (vosotros)
10 ¿Dónde trabaja _______ madre? (él)

5 Completa la conversación con los adjetivos posesivos.

소유형용사로 대화를 완성해 보세요.

- ■ ¿Estos son (1) _______ padres?
- ● Sí, (2) _______ madre se llama Julia y (3) _______ padre, Miguel.
- ■ ¿Y estos?
- ● Son (4) _______ tíos, Carlos y Águeda.
- ■ ¿Esta es (5) _______ hija?
- ● Sí, esa es (6) _______ prima Carolina.
- ■ Pues es muy guapa (7) _______ prima.

<table>
<tr><td colspan="2">PRONOMBRES DEMOSTRATIVOS 지시대명사</td></tr>
<tr><td>Este es Pedro.</td><td>이 남자는 페드로입니다.</td></tr>
<tr><td>Esta es Elena.</td><td>이 여자는 엘레나입니다.</td></tr>
<tr><td>Estos son Pablo y Amanda.</td><td>이들은 파블로와 아만다입니다.</td></tr>
<tr><td>Estas son Lucía y Graciela.</td><td>이들은 루시아와 그라시엘라입니다.</td></tr>
</table>

6 Completa. 빈칸을 채워 보세요.

Mira, (1) <u>estos</u> son mis amigos. (2) _______ es Celia, y (3) _______ es Gonzalo, su novio. (4) _______ de la derecha es Laura. (5) _______ de aquí son las hermanas de Gonzalo, Marisa y Pilar.

Hablar 말하기

7 Mira las imágenes y, con tu compañero, practica microdiálogos, como en el ejemplo.

사진들을 보고 예문처럼 친구와 짧은 대화를 연습해 보세요.

1 ■ (Miguel / libros)
  ● ¿poesía?

■ (yo / cámara)
  ● ¿fotografía?
  ■ *Esta soy yo con mi cámara.*
  ● *¿Eres aficionada a la fotografía?*

2 ■ (nosotros / guitarras)
  ● ¿música?

3 ■ (Sara / cuadro)
  ● ¿arte?

4 ■ (María y Juan / bicicletas)
  ● ¿deporte?

5 ■ (mis hermanas / raquetas)
  ● ¿tenis?

Vocabulario 어휘

1 Mira los relojes. ¿Qué hora es?
시계를 보세요. 몇 시입니까?

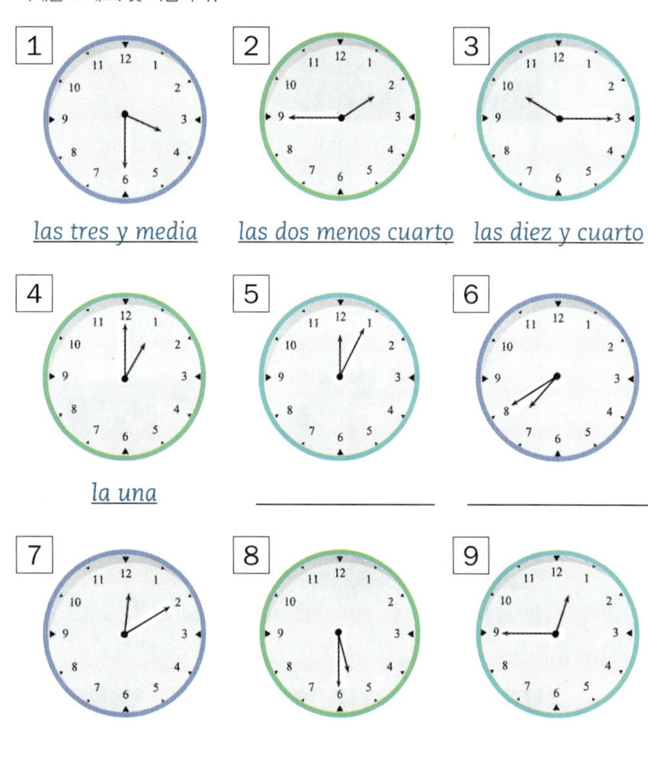

2 (021) Escucha y repite. 듣고 따라해 보세요.

3 Dibuja tres horas diferentes en tu cuaderno. En parejas, pregunta y di las horas.
공책에 서로 다른 세 개의 시간을 그려 보세요. 짝과 함께 시간을 묻고 답해 보세요.

■ *Perdone, ¿qué hora es?*
● *Son las siete y veinte.*

Comunicación 의사소통

● **Las comidas** 식사

desayunar - comer - cenar
아침 식사하다   점심 식사하다 저녁 식사하다

● **Abrir** 열다 / **Cerrar** 닫다

- *En España los bancos **abren** <u>por la mañana</u>, pero **cierran** <u>por la tarde</u>.*
  스페인에서 은행은 오전에 열고 오후에 닫습니다.

- *Las discotecas **abren** <u>por la noche</u>.*
  디스코텍은 밤에 엽니다.

- *Muchos comercios **cierran** <u>a mediodía</u>.*
  많은 상점들이 정오에 닫습니다.

Leer 읽기

4 Lee el texto y señala con V lo que es igual en tu país y con X lo que es diferente.
지문을 읽고 여러분의 나라와 같으면 V, 다르면 X로 표시하세요.

Horarios

1 En Noruega la gente come a las cinco de la tarde. ☐

2 En Senegal cenan a las ocho o las ocho y media. ☐

3 En México los bancos no abren por la tarde. ☐

4 En España la gente come a las dos del mediodía. ☐

5 Los españoles cenan a las diez de la noche. ☐

6 En Estados Unidos muchas tiendas abren por la noche. ☐

7 En Francia los restaurantes abren a las 12:00. ☐

8 En Brasil los bancos abren a las diez. ☐

9 En el Reino Unido las farmacias cierran a las cinco de la tarde. ☐

10 En España la mayoría de los comercios cierran de dos a cinco de la tarde. ☐

5 Habla con tu compañero y compara las afirmaciones anteriores con lo que ocurre en tu país. 친구와 대화를 나누고 위에 나온 문장의 내용을 여러분의 나라와 비교해 보세요.

■ *En Noruega comen a las cinco de la tarde y en mi país también.*

● *En Noruega comen a las cinco de la tarde, pero en mi país comemos a la una.*

Vocabulario 어휘

6 Relaciona. 알맞은 것을 찾아 연결해 보세요.

1 sesenta segundos
2 veinticuatro horas
3 siete días
4 doce meses
5 sesenta minutos
6 cien años
7 una década

a una hora
b una semana
c un minuto
d un día
e diez años
f un año
g un siglo

Escuchar 듣기

7 (022) Escucha y completa con las palabras del recuadro.

다음을 듣고 박스 안의 단어들로 빈칸을 채워 보세요.

> cuarenta • noventa • setenta • seiscientos/as
> cuatrocientos/as • trescientos/as • veinticuatro
> cincuenta y dos • ciento once

21	veintiuno		90	__________
22	veintidós		100	cien
23	veintitrés		103	ciento tres*
24	__________		111	
30	treinta		200	doscientos/as
31	treinta y uno		300	
40	__________		400	
50	cincuenta		500	quinientos/as
52			600	
60	sesenta		1000	mil
70	__________		2000	dos mil**
80	ochenta		5000	cinco mil

* Cuando *cien* va seguido de unidades y decenas se dice *ciento, ciento uno, ciento dos...*

cien 뒤에 일 혹은 십의 단위가 올 경우 *ciento*가 됩니다.

** No decimos *dos miles*. 2000을 *dos miles*라고 하지 않습니다.

8 (023) Escucha y señala el número que oyes.

다음을 듣고 들은 숫자를 표시해 보세요.

a 2 / 12
b 25 / 35
c 90 / 50
d 37 / 67
e 623 / 323
f 135 / 125
g 830 / 850
h 1589 / 1389
i 1988 / 1998
j 1975 / 1985

9 (024) Escucha y escribe el número.

잘 듣고 숫자를 써 보세요.

1 edad de la niña: <u>12</u> años.
2 precio de las naranjas: __________.
3 precio del paquete de café: __________.
4 año de nacimiento: __________.
5 distancia entre Madrid y Barcelona: __________ km.
6 precio del café y la cerveza: __________.
7 hora: __________.
8 páginas del libro: __________.
9 días del mes de marzo: __________.
10 número de la calle: __________.

Pronunciación y ortografía 발음과 철자

Acentuación 강세

1 (025) Escucha. 들어 보세요.

teléfono lápiz ventana hotel
profesor hermano familia música

2 (025) Escucha otra vez y repite. Observa las sílabas fuertes.

다시 한 번 듣고 따라해 보세요. 강음절을 확인해 보세요.

3 (026) Escucha estas palabras y subraya la sílaba fuerte.

다음 단어들을 듣고 강음절에 밑줄 쳐 보세요.

profesora español café gramática mesa
vivir hablar médico autobús Pilar alemán
brasileña familia libro examen

4 Escribe las palabras de la actividad anterior en la columna correspondiente.

앞에서 나온 단어들을 강음절에 따라 분류한 칸에 맞게 적어 보세요.

<u>mú</u>sica	ven<u>ta</u>na	ho<u>tel</u>

Leer 읽기

1 Lee y señala verdadero (V) o falso (F).
다음을 읽고 맞으면 V, 틀리면 F를 표시해 보세요.

La familia hispana

Cuando una persona de España o Hispanoamérica habla de su familia, no habla solamente de sus padres y de sus hermanos, habla también de sus abuelos, de sus tíos, de sus primos y de otros parientes.

Además, las reuniones familiares son frecuentes. Todos se juntan para celebrar las fiestas más importantes, como los cumpleaños, la Navidad, el día del Padre y el día de la Madre. Ese día comen todos en una casa o en un restaurante. Por otro lado, en algunos países de Hispanoamérica es normal celebrar el día en que

las chicas cumplen quince años de una manera especial. Les hacen muchos regalos y toda la familia y amigos van a comer a un restaurante.

1 La familia hispana está compuesta de padres e hijos. [F]

2 Las familias españolas y hispanoamericanas se reúnen muchas veces. ☐

3 Las celebraciones familiares siempre se hacen en un restaurante. ☐

4 El día de la Madre es una fiesta muy popular en España. ☐

5 Las chicas hispanoamericanas se casan a los quince años. ☐

2 Lee el siguiente texto. 다음 지문을 읽어 보세요.

Dos apellidos

En la mayoría de los países hispanoamericanos, todas las personas tienen dos apellidos. Normalmente el primero es el apellido del padre y el segundo es el de la madre. Estos dos apellidos aparecen en todos los documentos y no cambian al casarse, son para toda la vida.

¿Cuáles son los apellidos de Santiago?
산티아고의 성은 무엇입니까?

3 Lee los textos otra vez y contesta a las preguntas. 지문을 다시 읽고 질문에 답해 보세요.

1 ¿Qué personas forman parte de la familia en España?

2 ¿Para qué se reúnen las familias españolas? ¿Cómo son sus celebraciones?

3 ¿Cómo se celebra en algunos países hispanoamericanos el cumpleaños de las niñas de quince años?

4 ¿Qué apellidos tienen las personas en la mayoría de los países hispanoamericanos?

Hablar 말하기

4 Comenta con tus compañeros.
친구들과 함께 이야기해 보세요.

- ¿Cuántos apellidos tienes?
- ¿Cambia en tu país el apellido de las mujeres cuando se casan?
- ¿Te parece bien la costumbre de tener dos apellidos?
  Yo tengo un apellido y...

Escribir 쓰기

5 Dibuja el árbol genealógico de tu familia. Después escribe un pequeño texto y comenta cómo se llaman, quiénes son, cuántos años tienen, dónde viven y en qué época del año os reunís para las celebraciones familiares.

여러분의 가족 관계도를 그려 보세요. 그리고 가족들의 이름이 무엇인지, 누구인지, 몇 살인지, 어디에 사는지, 일 년 중 언제 가족 모임을 하는지 기록해 보세요.

Escuchar 듣기

6 027 Escucha y completa. 듣고 빈칸을 채워 보세요.

Dos de los actores españoles más famosos en el mundo son Penélope Cruz y su [1] ___________, Javier Bardem. Mónica, la [2] ___________ de Penélope, y Pilar y Carlos, la [3] ___________ y el [4] _________ de Javier, también son actores.

La familia Alcántara celebra la primera comunión de su [5] ___________ María. Junto a la niña están sus [6] ___________, Antonio y Merche, sus [7] _________, Carlitos y Toni, y su [8] ___________, Herminia.

Mario Vargas Llosa, Premio Nobel de Literatura, y su [9] ___________, Patricia, tienen dos [10] ___________, Álvaro y Gonzalo, y una [11] ___________, Morgana. Mario y Patricia son [12] ___________.

Hablar 말하기

Alumno A (alumno B, ver «En parejas»)

7 Pregunta a B dónde están los objetos del recuadro. B 학생에게 박스 안의 물건이 어디에 있는지 물어보세요.

¿Dónde están las gafas?

8 Responde a B dónde están sus objetos. B 학생에게 그림을 보고 물건들이 어디에 있는지 답해 보세요.

El móvil está al lado del ordenador.

1 Relaciona. 알맞은 것을 찾아 연결해 보세요.

1 ¿Dónde está mi bolígrafo?
2 ¿Estás casado?
3 ¿Tienes hijos?
4 ¿Cuántos hermanos tienes?
5 ¿Qué hora es?
6 ¿A qué hora comen en tu país?

a No, estoy soltero.
b Tres.
c Encima de la mesa.
d Sí, una niña.
e A la una.
f Las dos menos cuarto.

2 Escribe los números. 알맞은 숫자를 써 보세요.

a 27 _veintisiete_
b 52 ______________
c 116 ______________
d 238 ______________
e 456 ______________
f 510 ______________
g 1987 ______________
h 2003 ______________
i 2999 ______________
j 4100 ______________

3 Escribe en plural. 복수형을 써 보세요.

1 Este hotel es muy caro.
Estos hoteles son muy caros.

2 Mi hermana está casada.
____

3 Mi hermano tiene un hijo.
________________________ dos __________

4 Mi compañero es japonés.
____

5 Esta profesora es simpática.
____

6 Este libro no es interesante.
____

7 Este profesor no es español.
____

8 Esta chica está soltera.
____

9 Mi gato es joven.
____

10 ¿Tu padre es catalán?
____

4 Completa con los verbos *estar* o *tener*.

estar 혹은 *tener* 동사를 사용하여 문장을 완성해 보세요.

1 Las zapatillas _están_ debajo de la silla.
2 Marieli ______________ dos hijos.
3 Mi hermano ______________ casado.
4 Yo no ______________ abuelos.
5 ¿Carmen y Ana __________ hermanos?
6 ¿Dónde ______________ la carpeta roja?
7 Mi marido no ______________ en casa.
8 Nosotros no ______________ coche.
9 Luis y Pepe ______________ trabajo.

5 028 Escucha y escribe las horas de salida y llegada de los trenes.

다음을 듣고 기차의 출발 시간과 도착 시간을 적어 보세요.

SALIDAS			
tren	andén	destino	hora
Altaria	3	Zaragoza	______
Talgo	6	Málaga	______
AVE	2	Sevilla	______

LLEGADAS			
tren	andén	procedencia	hora
AVE	11	Sevilla	______
Alaris	8	Valencia	______
Talgo	4	Vigo	______

¿Qué sabes?

- Hablar de la familia.
- Formar el plural de los nombres.
- Decir dónde están las cosas.
- Preguntar y decir la hora.
- Contar hasta 5000.

El trabajo 직업

·· Hablar de rutinas diarias 일상생활 말하기
·· Hablar del trabajo: lugar, profesión y horario
  직장에 대해 말하기: 장소, 직업과 근무 시간
·· Pedir un desayuno 아침 식사 주문하기
·· **Cultura:** Hábitos y horarios de los españoles
  문화: 스페인 사람들의 습관과 근무 시간

3

029-036

Vocabulario 어휘

1 Relaciona las frases con los dibujos.
다음 문장과 알맞은 그림을 연결해 보세요.

1 Carlos y Ana se casan. — D
2 Roberto se afeita todos los días. ☐
3 Rosa se levanta a las siete. ☐
4 Mercedes se baña. ☐
5 José se ducha. ☐
6 Mis vecinos se acuestan temprano. ☐

Comunicación 의사소통

Temprano 일찍 / **Tarde** 늦게

■ *Los lunes me levanto muy **temprano**, a las seis de la mañana.*
나는 월요일마다 매우 일찍, 새벽 6시에 일어나요.

● *¿Y los domingos?* 그러면 일요일은요?

■ *Los domingos me levanto muy **tarde**, a las 11 o las 12.* 일요일에는 매우 늦게, 11시 혹은 12시에 일어나요.

2 Responde. 대답해 보세요.

1 ¿A qué hora te levantas?
2 ¿A qué hora te acuestas?

Gramática 문법

VERBOS REFLEXIVOS 재귀동사		**levantarse** 일어나다	**acostarse** * 잠들다
yo	**me**	levanto	acuesto
tú	**te**	levantas	acuestas
él / ella / Ud.	**se**	levanta	acuesta
nosotros/as	**nos**	levantamos	acostamos
vosotros/as	**os**	levantáis	acostáis
ellos / ellas / Uds.	**se**	levantan	acuestan

*Verbo irregular 불규칙동사

3 Completa la siguiente conversación con los verbos del recuadro.
박스 안의 동사들을 이용해 다음 대화를 완성해 보세요.

> levantarse • acostarse • ducharse

■ Y tú, Juan, ¿a qué hora *te levantas*?
● Bueno, yo ____ __________ pronto, a las siete, más o menos, ____ __________ rápidamente y tomo un café.
■ Y tu mujer, ¿a qué hora ____ ____________?
● Pues a las siete y media. Ella también ______ ______ más tarde, sobre las doce de la noche.
■ ¿Y tus hijos?
● Ellos cenan, ven un poco la tele y __________ temprano, a las diez.
■ ¿Y a qué hora ___ ____________?
● A las ocho, porque entran al colegio a las nueve.
■ ¿Y los días de fiesta también ______ __________ todos temprano?
● ¡Ah, no!, ni hablar, los domingos ____ __________ más tarde, a las diez, porque, claro, también ____ ____________ más tarde.

4 🎧 029 Escucha y comprueba. 듣고 확인해 보세요.

PRESENTE DE VERBOS IRREGULARES
불규칙동사의 현재형

empezar 시작하다	volver 돌아오다	ir 가다	salir 나가다
empiezo	vuelvo	voy	salgo
empiezas	vuelves	vas	sales
empieza	vuelve	va	sale
empezamos	volvemos	vamos	salimos
empezáis	volvéis	vais	salís
empiezan	vuelven	van	salen

5 Forma frases. 문장을 만들어 보세요.

1 Carmen / empezar / su trabajo / a las ocho.
   Carmen empieza su trabajo a las ocho.

2 ¿A qué hora / empezar / la película?

3 Mi padre / ir / al trabajo / en autobús.

4 Yo / volver / a mi casa / a las siete.

5 ¿Cuándo / volver / de vacaciones tus hermanos?

6 ¿Ir (nosotros) / a casa de la abuela?

7 ¿Cómo / ir (tú) / al trabajo?

8 ¿Ir (vosotros) / al colegio / en autobús?

9 ¿A qué hora / salir (tú) / de casa?

10 ¿A qué hora / empezar / las clases?

PREPOSICIONES DE TIEMPO 시간을 나타내는 전치사

Días 일

El lunes 월요일		la mañana 오전
Hoy 오늘	**por**	la tarde 오후
El sábado 토요일		la noche 밤

*Yo solo trabajo **por** la mañana.* 저는 오전에만 일합니다.
*Julia se ducha **por** la tarde.* 훌리아는 저녁에 샤워합니다.
*Los sábados **por** la noche vamos a la discoteca.*
우리는 토요일마다 밤에 디스코텍에 갑니다.

Horas 시간

Son A	las diez 열 시 las cinco 다섯 시 las tres 세 시	**de**	la mañana 오전 la tarde 오후 la noche 밤 la madrugada 새벽

*Se levanta **a** las seis **de** la mañana.* 오전 6시에 일어납니다.
*Ella trabaja **desde** las ocho **hasta** las tres.*
그녀는 8시부터 3시까지 일합니다.
*Ella trabaja **de** ocho **a** tres.* 그녀는 8시부터 3시까지 일합니다.
*Hoy **por** la tarde no tengo clase.* 오늘 오후에는 수업이 없습니다.
*El sábado **por** la noche vamos **a** la discoteca.*
우리는 토요일 밤에 디스코텍에 갑니다.

Comunicación 의사소통

Cuantificadores 수량사

- *Todos los camareros del hotel hablan inglés.*
  모든 호텔 웨이터들은 영어를 합니다.

- *La mayoría de los españoles se acuesta tarde.*
  대부분의 스페인 사람들은 늦게 잠자리에 듭니다.

- *Muchas personas en el mundo estudian español.*
  세계에 많은 사람들이 스페인어를 공부합니다.

- *Algunos alumnos van al colegio en autobús.*
  몇몇 학생들은 버스로 학교에 갑니다.

6 Lee el artículo y contesta a las preguntas.
다음 기사를 읽고 질문에 답해 보세요.

Escuela Provincial de *Ballet* Alejo Carpentier (La Habana, Cuba)

En esta escuela estudian los alumnos desde los nueve hasta los catorce años. El ritmo de trabajo es muy duro, tienen clase por la mañana y por la tarde. Por la mañana, las clases empiezan a las siete y cuarto todos los días, y algunos alumnos se levantan a las cinco de la mañana. Las clases de baile terminan a las doce, y a esa hora los alumnos van a otra escuela que está cerca. Allí estudian las mismas asignaturas (Lengua, Matemáticas, Geografía, etc.) que los demás niños de su edad. Terminan las clases a las seis de la tarde y a veces vuelven otra vez a la escuela de *ballet*, hasta las ocho.

(Texto adaptado de «El milagro cubano», de Mauricio Vicent para *El País*).

1 ¿Cuántas horas de *ballet* tienen cada día?

2 ¿Estudian en la misma escuela otras asignaturas?

3 ¿Qué edad tienen los alumnos de esta escuela?

4 ¿A qué hora terminan las clases por la tarde?

7 Lee el texto otra vez y completa las frases con las preposiciones del recuadro.
지문을 다시 읽고 박스 안의 전치사를 사용하여 문장을 완성해 보세요.

> a • de • desde • hasta • por

1 En esta escuela estudian los niños _________ los nueve _________ los catorce años.

2 Algunos alumnos se levantan muy pronto, _________ las cinco _________ la mañana.

3 _________ la mañana, los niños están en la escuela de *ballet* _________ las siete y cuarto _________ las doce.

4 En la escuela de *ballet* los alumnos tienen clase _________ la mañana y _________ la tarde.

5 Los alumnos de *ballet* van a otra escuela ____ las doce ____ las seis de la tarde.

6 Por la tarde, las clases de *ballet* son ____ las ocho.

Leer 읽기

1 Escribe los días de la semana en el orden adecuado. 요일을 순서에 맞게 써 보세요.

martes   lunes   jueves   sábado   viernes   domingo   miércoles

1 _______   2 _______   3 _______   4 _______   5 _______   6 _______   7 _______

¿Qué día es hoy? 오늘 무슨 요일입니까?

2 (030) Lee y escucha los textos de Lucía y Carlos. 루시아와 카를로스에 대한 다음 글을 읽고 들어 보세요.

Lucía es técnico de sonido y trabaja en una emisora de radio, la Cadena Día. Tiene veintinueve años y no está casada. Vive en Valencia, y habla inglés y francés perfectamente. Todos los días trabaja de ocho a tres, menos los sábados y domingos. Los días laborables se levanta a las siete y sale de casa a las siete y media. Va al trabajo en autobús. Los sábados por la noche siempre sale con sus amigos a cenar y a bailar, por eso se acuesta muy tarde, a las tres o las cuatro de la madrugada.

Carlos es bombero. Trabaja en el ayuntamiento de Toledo. Vive en un pueblo cerca de Toledo y va al trabajo en tren. Tiene treinta y cuatro años, está casado y no tiene hijos. Trabaja en turnos de veinticuatro horas, un día sí y otro no. Si trabaja el sábado o el domingo, después tiene dos días libres. Siempre se levanta muy temprano, a las siete o las ocho de la mañana, por eso normalmente no sale por las noches. Cena a las diez, después ve la tele y a las once y media se acuesta.

3 Lee otra vez y completa las frases. 윗글을 다시 읽고 다음 문장을 완성해 보세요.

Lucía

1 Lucía <u>es</u> técnico de sonido.

2 Trabaja ______ ocho ______ tres.

3 Normalmente __________________ a las siete.

4 ________ al trabajo ________ autobús.

5 Los sábados ________ la noche ________ con sus amigos.

6 Los sábados ______ la noche ________ muy tarde.

Carlos

1 Carlos <u>vive</u> en un pueblo pequeño cerca de Toledo.

2 No __________________ hijos.

3 Se levanta muy __________________, ____ las siete o las ocho ____ la mañana.

4 Carlos normalmente no __________________ por la noche y __________________ a las once y media.

Hablar 말하기

4 Escribe las siguientes preguntas y luego pregunta a tu compañero. Toma nota de sus respuestas.

보기와 같이 질문을 만들어 친구에게 질문해 보세요. 그리고 친구의 답변을 써 보세요.

1 ¿Hora / levantarse / normalmente?

   ¿A qué hora te levantas normalmente?

2 ¿Hora / empezar las clases o el trabajo?

3 ¿Hora / terminar las clases o el trabajo?

4 ¿Hora / llegar a casa?

5 ¿Cómo / ir a la escuela o al trabajo?

6 ¿Hacer / después de cenar?

7 ¿Cuándo / ver / la televisión?

8 ¿Ducharse por la mañana o por la noche?

9 ¿Hora / acostarse / normalmente?

10 ¿Hora / levantarse / los domingos?

11 ¿Hora / acostarse / los sábados?

12 ¿Salir / los sábados por la noche?

Escribir 쓰기

5 Escribe un párrafo sobre la vida de tu compañero. 친구의 일상에 대한 글을 써 보세요.

Michael es ______________, trabaja

en ______________.

Va al trabajo en ____________.

Vocabulario 어휘

6 ¿Dónde trabajan? Escribe cada profesión en la columna correspondiente.

어디에서 일합니까? 빈칸에 해당하는 직업을 써 보세요.

médico/a • estudiante • enfermero/a • cajero/a
informático/a • dependiente/a • secretario/a
profesor/a • cocinero/a • camarero/a

hospital	universidad	oficina

supermercado	restaurante

7 ¿Qué hace? Relaciona las dos columnas.

무슨 일을 하나요? 알맞은 것을 찾아 연결해 보세요.

1 El / La dependiente/a	a hace la comida.
2 El / La recepcionista	b cuida enfermos.
3 El / La auxiliar de vuelo	c cobra a los clientes.
4 El / La enfermero/a	d atiende a los clientes.
5 El / La profesor/a	e enseña a los alumnos.
6 El / La cocinero/a	f atiende a los pasajeros.
7 El / La camarero/a	g recibe a los turistas.
8 El / La cajero/a	h vende ropa.

Hablar 말하기

8 Piensa en tres o cuatro personas conocidas y comenta con tus compañeros a qué se dedican, dónde trabajan, qué hacen…

알고 지내는 사람들 서너 명을 생각해 보고 친구와 그 사람들의 직업이 무엇이고 어디서 무슨 일을 하는지 말해 보세요.

Ángel es dependiente, trabaja en unos grandes almacenes, vende muebles…

9 En grupos de cuatro. Uno representa con mímica una profesión y el resto adivina de qué profesión se trata.

네 명씩 그룹 지어 한 명이 몸짓으로 직업을 설명하고 나머지 사람들이 무슨 직업인지 맞혀 보세요.

Vocabulario 어휘

1 ¿Qué bebes para desayunar?
아침 식사할 때 무엇을 마시나요?

- [ ] leche
- [ ] café (con leche)
- [ ] té (con limón)
- [ ] chocolate
- [ ] zumo de frutas
- [ ] _______________

2 Ahora escribe la letra correspondiente.
해당하는 그림의 알파벳을 써 보세요.

1 té   [ ]
2 café con leche   [ ]
3 zumo de naranja   [ ]
4 magdalenas   [ ]
5 cereales   [ ]
6 leche   [ ]
7 huevo   [ ]
8 queso   [ ]
9 pan con tomate y aceite   [ ]

Escuchar 듣기

3 🎧 (031) Escucha a estas cuatro personas de diferentes países hablar de su desayuno y completa la tabla.
각각 다른 국적의 네 사람이 아침 식사에 대해 이야기하는 것을 듣고 빈칸을 완성해 보세요.

	NACIONALIDAD	DESAYUNO
1 Philip	*alemán*	*pan con mantequilla y salami y un huevo, o muesli con yogur, y té o café*
2 Claudia		
3 Elizabeth		
4 Manuel		

4 En grupos. Cada uno cuenta qué desayuna normalmente y qué los domingos.
여러 명이 그룹을 지어 한 사람씩 보통 아침 식사로 무엇을 먹는지, 일요일 아침에는 무엇을 먹는지 말해 보세요.

> *Yo, normalmente, solo tomo un café con leche y una magdalena, pero los domingos tomo un bocadillo de jamón y zumo de naranja, además del café con leche, claro.*

Escuchar 듣기

5 Ordena el siguiente diálogo.

다음 대화를 순서에 맞게 배치해 보세요.

Camarera:	Buenos días, ¿qué desean?	☐
Hijo:	Yo solo quiero un zumo.	☐
Madre:	Yo quiero un desayuno andaluz, ¿y tú, hijo?	☐
Hijo:	No, mamá, solo quiero un zumo de naranja.	☐
Madre:	Toma algo más: un bollo o una tostada.	☐
Madre:	Bueno, pues un andaluz y un zumo de naranja.	☐
Camarera:	Muy bien.	☐

6 (032) **Escucha y comprueba.** 듣고 확인해 보세요.

Hablar 말하기

7 En grupos de tres. Fíjate en la carta de la Cafetería Teide y practica otras conversaciones. Uno es el camarero y los otros dos van a desayunar o merendar.

세 명이 그룹 지어 테이데 카페의 메뉴판을 보고 각각 다른 대화를 연습해 보세요. 한 사람은 웨이터이고 나머지 두 사람은 아침 식사나 간식을 먹으러 간 상황입니다.

- *¿Qué desean?*
- *Un desayuno continental, por favor.*
- *Yo, un café con leche y una tostada con mantequilla y mermelada.*

Pronunciación y ortografía 발음과 철자

g / gu

1 (033) **Escucha y repite.** 듣고 따라해 보세요.

gato   agua   gota   guerra   guion

¿Qué sonido se repite en todas las palabras?

단어마다 어떤 발음이 반복되나요?

> El sonido /g/ se escribe **g** antes de **a, o** y se escribe **gu** antes de **e, i.**
> /g/ 발음은 *a, o* 앞에서는 *g*로, *e, i* 앞에서는 *gu*로 씁니다.

2 Completa con *g* o *gu*. *g* 또는 *gu*를 써서 완성해 보세요.

1 ___uapo
2 ci___arrillos
3 ___itarra
4 ___afas
5 pa___ar
6 ___erra
7 ___uatemala
8 ___oma

3 (034) **Escucha y repite.** 듣고 따라해 보세요.

Leer 읽기

1 Lee este texto. 다음 글을 읽어 보세요.

COMIDAS Y HORARIOS

El desayuno de los españoles normalmente es un café con leche acompañado de galletas, cereales, pan tostado o bollos. Muchas personas toman el desayuno en un bar o en una cafetería. En esos casos es muy popular el café o el chocolate con churros.

La comida se hace normalmente más tarde que en otros países: entre las dos y las cuatro de la tarde. Es la comida principal del día y muchos restaurantes tienen menús bastante baratos.

La cena también se hace más tarde que en otros países, entre las ocho y las diez de la noche aproximadamente.

La mayoría de las tiendas y los negocios están abiertos por las mañanas desde las diez hasta las dos de la tarde, y desde las cinco hasta las ocho. Sin embargo, en los últimos años hay muchas tiendas que abren durante todo el día.

2 Ahora contesta verdadero (V) o falso (F).
다음 문장이 맞으면 V, 틀리면 F로 답하세요.

1 Los españoles nunca desayunan en los bares. ☐
2 La mayoría de los españoles come fuera de casa. ☐
3 El horario de las comidas de los españoles es igual que el de los demás países europeos. ☐
4 Los españoles cenan bastante tarde. ☐
5 La mayoría de los negocios españoles no abren por la tarde. ☐
6 Hay muchas tiendas que no cierran a mediodía. ☐

Hablar 말하기

3 Comenta con tu compañero.
친구와 함께 질문에 답해 보세요.

1 ¿A qué hora se levanta la gente en tu país?
2 ¿A qué hora se acuesta?
3 ¿Cuál es el desayuno típico?
4 ¿Cuál es la comida más importante del día?
5 ¿A qué hora cenan?
6 ¿Qué horario tienen las tiendas?

4 (035) Adriana es argentina y nos habla de la vida en Buenos Aires. Escucha y contesta a las preguntas.

아드리아나는 아르헨티나 출신으로 우리에게 부에노스아이레스의 생활에 대해 이야기해 줍니다. 듣고 다음 질문에 답해 보세요.

1 ¿A qué hora se levantan en Buenos Aires?

2 ¿A qué hora almuerzan* normalmente?

3 ¿Qué horario tienen las tiendas?

4 ¿Abren los bancos por la tarde?

5 ¿A qué hora cenan?

6 ¿Estudian los niños por la mañana y por la tarde?

* En Argentina el almuerzo equivale a la comida en España (el almuerzo en España es una comida ligera a media mañana, entre el desayuno y la comida).

아르헨티나에서 *almuerzo*는 스페인에서의 *comida*(점심 식사)와 같습니다. 스페인에서 *almuerzo*는 정오나 아침 식사와 점심 식사 사이에 먹는 가벼운 음식입니다.

Escribir 쓰기

5 Escribe un párrafo sobre tu rutina diaria. Para ello, utiliza los verbos del recuadro.

박스 안의 동사들을 사용하여 자신의 일상에 대한 문장을 써 보세요.

> levantarse • ducharse • desayunar
> empezar • terminar • comer • volver
> cenar • acostarse • salir

Yo *me levanto* a las _________. *Me ducho* _________. *Salgo* de casa _________.

Escuchar 듣기

6 (036) Escucha y completa. 듣고 완성해 보세요.

Susana [1] *se levanta* normalmente a las siete, [2] ____ _________, se viste, [3] _________ algo rápido y sale de casa a las [4] _______.
Su trabajo empieza a las nueve. Primero va a la compra y después prepara la [5] _________ para unas treinta personas.

¿Sabes a qué se dedica?
Es [6] _____________.

Emilio [7] ____ _________ tarde porque no trabaja por la mañana. Desayuna un café con leche y dos [8] _________ mientras lee el periódico. Come pronto porque [9] _________ de casa a las tres.
Va a la [10] _________ en tren. Sus clases [11] _________ a las cuatro y terminan a las ocho de la tarde.

¿Sabes a qué se dedica?
Es [12] _____________.

Jaime se levanta [13] _________ temprano porque prepara el [14] _________ de sus hijos y los lleva al colegio. Después va en [15] _________ a su trabajo, que está a las afueras de la ciudad. [16] _________ en unos grandes almacenes atendiendo a los clientes. Su [17] _________ es de nueve de la mañana a cinco de la tarde. Cuando sale del trabajo, recoge a los [18] _________ y los lleva a casa.

¿Sabes a qué se dedica?
Es [19] _____________.

Hablar 말하기

Alumno A (alumno B, ver «En parejas»)

7 Pregunta a B y completa la siguiente ficha.

B 학생에게 질문하여 아래 카드를 완성해 보세요.

NOMBRE: _____________
EDAD: _____________
TRABAJO: _____________
PAÍS: _____________
CIUDAD: _____________
LUGAR DE TRABAJO: _____________
TRANSPORTE: _____________
FAMILIA: _____________

8 Responde a las preguntas de B.

다음을 보고 B 학생의 질문에 답해 보세요.

NOMBRE: Elena Boschmonar
EDAD: 28 años
TRABAJO: Azafata
PAÍS: Uruguay
CIUDAD: Montevideo
LUGAR DE TRABAJO: Aerolíneas
TRANSPORTE: Autobús de la empresa
FAMILIA: Soltera. Vive con sus padres

1 Relaciona. 알맞은 것을 찾아 연결해 보세요.

1 ¿A qué te dedicas?
2 ¿Qué horario tienes?
3 ¿Tienes algún día libre?
4 ¿Dónde trabajas?
5 ¿Cómo vas al trabajo?
6 ¿Estás casado?
7 ¿Cuántos años tienes?

a Soy bombero.
b En el Ayuntamiento.
c Sí, los domingos.
d No, estoy soltero.
e Trabajo de 9 a 5.
f 37.
g Voy en tren.

2 Escribe el verbo. 인칭에 맞게 동사의 변화형을 써 보세요.

1 empezar (él): _empieza_
2 volver (yo): _______________________
3 ir (nosotros): _______________________
4 empezar (vosotros): _______________________
5 ir (ellos): _______________________
6 volver (usted): _______________________
7 volver (tú): _______________________

3 Completa con el verbo entre paréntesis en presente de indicativo.

괄호 속 동사를 직설법 현재형으로 바꾸어 문장을 완성해 보세요.

1 Pepe _se ducha_ con agua fría. (ducharse)
2 Celia _____ _______________ a las once y media. (acostarse)
3 ■ ¿Tú _____ _______________ todos los días? (afeitarse)
   ● No, solo los domingos.
4 Yo no _____ _______________ en la piscina, prefiero la playa. (bañarse)
5 Mi hija tiene seis años y ya _____ ___________ sola. (vestirse)
6 ¿A qué hora _____ _______________ vosotros los domingos? (acostarse)
7 Luis y Rosa _____ _______________ muy temprano. (levantarse)
8 ¿A qué hora _____ ___________ tú? (levantarse)
9 Yo _____ ___________ por la noche. (ducharse)

4 Completa con la preposición adecuada (*a, de, desde, por, hasta*).

알맞은 전치사(*a, de, desde, por, hasta*)를 사용하여 문장을 완성해 보세요.

1 Yo empiezo a trabajar _a_ las ocho _de_ la mañana.
2 José no trabaja _________ la tarde.
3 Paloma trabaja _______ las ocho ______ las tres.
4 Los domingos ______ la mañana voy al parque.
5 Los sábados ____ la noche voy ____ la discoteca.
6 Mi marido vuelve ______ casa ______ las ocho ______ la tarde.
7 Mi hija va ______ la escuela ______ la mañana y ______ la tarde.

5 Ordena el siguiente diálogo.

다음 대화를 순서에 맞게 배치해 보세요.

[1] ■ Buenos días, ¿qué desean?
[ ] ◆ No, no, no me gusta.
[ ] ◆ Yo un zumo de naranja y un sándwich mixto.
[ ] ● ¿No quieres café?
[ ] ● Yo quiero un café con leche y una tostada, ¿y tú?
[ ] ■ Muy bien.

6 Completa con el verbo entre paréntesis en presente de indicativo.

괄호 속 동사를 직설법 현재형으로 바꾸어 글을 완성해 보세요.

Los horarios de los españoles (1) ___________ (ser) diferentes a los de otros países, tanto en la ciudad como en el campo. La mayoría (2) ___________ (levantarse) entre las siete y las ocho de la mañana y (3) ___________ (acostarse) entre las doce de la noche y la una de la madrugada. Muchos de ellos dicen que no (4) ___________ (dormir) lo necesario porque apenas superan las seis horas de sueño.

En las grandes ciudades la distancia entre la casa y el trabajo (5) ___________ (ser) bastante grande, por eso la mayoría (6) ___________ (ir) al trabajo en transporte público (metro o autobús). En general, los españoles (7) ___________ (perder) entre noventa y ciento veinte minutos al día solo para ir al trabajo y volver a casa.

Los niños españoles (8) ___________ (tener) muchas veces los mismos problemas que sus padres porque también (9) ___________ (acostarse) más tarde y (10) ___________ (dormir) menos horas de las necesarias. Los colegios españoles normalmente (11) ___________ (empezar) a las nueve de la mañana, (12) ___________ (tener) una pausa para comer a las trece horas y, por la tarde, (13) ___________ (terminar) las clases a las cinco.

¿Qué sabes?

☺ ☺ ☹

- Hablar de rutinas. ☐ ☐ ☐
- Hablar de horarios. ☐ ☐ ☐
- Pedir un desayuno. ☐ ☐ ☐
- Hablar de profesiones y del lugar de trabajo. ☐ ☐ ☐
- Los verbos reflexivos. ☐ ☐ ☐
- Las preposiciones *por / de / a / hasta / desde*. ☐ ☐ ☐

La casa 집

4

- Describir las partes de una casa 집 안 공간 묘사하기
- Nombres de los muebles y electrodomésticos 가구와 가전제품의 명칭
- Indicar el lugar y la existencia 장소와 위치 표현하기
- Hacer una reserva en un hotel 호텔 예약하기
- **Cultura**: Tipos de vivienda en España 문화: 스페인의 주택 형태

037-047

¿Dónde vives?
너는 어디에 살아?

Vocabulario 어휘

1 ¿Dónde vives? 여러분은 어디에 살아요?

- ☐ En un piso.
- ☐ En un chalé adosado.
- ☐ En un estudio.
- ☐ En un loft.
- ☐ En un ático.
- ☐ ___________________

2 🎧 (037) Lee y escucha. 읽고 들어 보세요.

> *Rosa* y *Miguel* tienen una tienda de ropa en el centro de Madrid. Tienen dos hijos y viven fuera de la ciudad en un chalé adosado con dos plantas.
>
> En la planta baja hay un recibidor, una cocina con un pequeño comedor, un salón grande y un aseo.
>
> En la planta de arriba hay tres dormitorios y un cuarto de baño. La casa tiene también un jardín pequeño.

3 Lee las frases y escribe verdadero (V) o falso (F).
다음 문장을 읽고 맞으면 V, 틀리면 F를 표시해 보세요.

1 Rosa y Miguel trabajan fuera de Madrid. ☐ F
2 Viven al lado de su tienda. ☐
3 La cocina está en la planta baja. ☐
4 El salón es muy grande. ☐
5 La casa tiene un garaje. ☐
6 En la planta baja hay tres dormitorios. ☐
7 Los dormitorios están en el piso de arriba. ☐
8 No hay jardín. ☐
9 Hay un pequeño aseo en la planta baja. ☐
10 El salón está en la planta de arriba. ☐

4 🎧 (038) Completa la siguiente conversación de Rosa con su amiga Laura. Después, escucha y comprueba.
로사가 친구 라우라와 나누는 다음의 대화를 완성한 다음 듣고 내용을 확인해 보세요.

Laura: ¿Cuántas [1] ___________ tiene tu casa?
Rosa: Dos. Es un chalé adosado.
Laura: ¿Dónde está el [2] ___________?
Rosa: En la planta de arriba. Y en la planta baja hay un pequeño aseo.
Laura: ¿Tiene [3] ___________?
Rosa: Sí, uno pequeño, al lado de la cocina.
Laura: ¿Cuántos [4] ___________ tiene?
Rosa: Tres, están todos en la planta de arriba.
Laura: ¿Tenéis [5] ___________?
Rosa: No, aparcamos en la calle.

5 (039) Escucha a Manuel hablar de su casa. Contesta a las preguntas.

마누엘이 자기 집에 대해 이야기하는 것을 들어 보세요. 그리고 질문에 대답해 보세요.

1 ¿Cómo es el piso de Manu?
2 ¿Cuántos dormitorios tiene?
3 ¿Dónde está el cuarto de baño?
4 ¿Tiene terraza? ¿Cómo es?

6 En parejas. Habla con tu compañero sobre tu casa: cuántas habitaciones tiene, dónde están… Dibuja en tu cuaderno el plano.

짝을 지어 친구와 자신의 집에 대해 이야기해 보세요. 방이 몇 개 있는지, 어디에 있는지, 공책에 평면도를 그려 보세요.

7 Escribe la descripción de la casa de tu compañero y utiliza el vocabulario del recuadro.

박스 안의 단어들을 사용하여 친구의 집을 묘사해서 써 보세요.

> salón • comedor • cocina • jardín
> cuarto de baño • dormitorio • garaje

La casa de _________________ es pequeña / grande. Tiene _________________ dormitorios.

Gramática 문법

8 (040) Escucha y repite. 듣고 따라해 보세요.

NÚMEROS ORDINALES (서수)			
1.º / 1.ª	primero/a	6.º / 6.ª	sexto/a
2.º / 2.ª	segundo/a	7.º / 7.ª	séptimo/a
3.º / 3.ª	tercero/a	8.º / 8.ª	octavo/a
4.º / 4.ª	cuarto/a	9.º / 9.ª	noveno/a
5.º / 5.ª	quinto/a	10.º / 10.ª	décimo/a

Comunicación 의사소통

Los ordinales **primero** y **tercero** pierden la -o delante de un nombre masculino singular.

서수 *primero*(첫 번째)와 *tercero*(세 번째)는 남성 단수명사 앞에서 –o가 탈락됩니다.

piso primero / primer piso 1층

piso tercero / tercer piso 3층

■ *¿Es la primera vez que estudias en esta facultad?* 이 단과 대학에서 공부하는 게 처음이니?

● *No... Es el **tercer** año que repito este curso.* 아니, 나 3년차야. 이번 과정은 재수강하는 거고.

■ *Vivo en el **primer** piso.* 난 1층에 살아.

● *Y yo en el **tercero**.* 나는 3층에 살아.

9 Completa las frases con un adjetivo del recuadro.

박스 안의 형용사를 사용하여 문장을 완성해 보세요.

> primera • tercera • quinta •
> segundo • ~~primer~~

1 El ascensor está en el *primer* piso.
2 ■ ¿Luis, tú qué estudias?
   ● Estoy en _____________ de Económicas.
3 ¡Qué impresionante! Es la _____________ vez que veo el mar.
4 Nosotras somos tres hermanas, yo soy la _____________ .
5 El departamento de contabilidad está en la _____________ planta.

10 (041) Escucha y completa. 듣고 빈칸을 채워 보세요.

	PISO	PUERTA
1 Sr. González	4.º	*derecha*
2 Sra. Rodríguez		
3 Srta. Herrero		
4 Sr. Acedo		
5 Sr. de la Fuente		
6 Sres. Barroso		

11 Pregunta y contesta a cuatro compañeros, según el modelo.

보기와 같이 네 명의 친구들과 서로 묻고 답해 보세요.

■ *¿En qué piso vives?*
● *En el cuarto derecha.*

a vitrocerámica 인덕션 레인지
b lavavajillas 식기세척기
c fregadero 싱크대
d lavadora 세탁기
e armario 찬장
f frigorífico 냉장고
g horno 오븐
h microondas 전자레인지
i mesa 식탁
j silla 의자

a sofá 소파
b sillón 안락의자
c mesita 작은 탁자
d librería 책장
e equipo de música 음악 장비
f televisión (TV) 텔레비전
g lámpara 전등
h cojín 쿠션
i alfombra 카펫

a lavabo 세면대
b armario 수납장
c espejo 거울
d toalla 수건
e bañera 욕조

Vocabulario 어휘

1 Fíjate en las fotos y completa con las palabras de los recuadros.

사진을 보고 박스 안의 단어들을 이용해 글을 완성해 보세요.

Esta es mi casa

Mi cocina es grande y luminosa y tenemos un (1) <u>frigorífico</u> nuevo. Al lado hay un (2) ______________ y debajo de este hay un (3) ______________. Hay muchos (4) ____________ y una (5) __________ con (6) _____________ para desayunar.

En el salón-comedor tenemos un (7) <u>sofá</u> muy cómodo y dos (8) _____________ pequeños. Los libros están en una (9) ____________ de madera que hay junto a una planta. En el centro del salón hay una (10) __________ y una (11) __________ blanca.

El cuarto de baño es bastante grande también. Hay una (12) <u>bañera</u> y un armario. El (13) _____________ está encima del (14) ______________.

2 Completa las frases con la forma correcta de los verbos del recuadro.

박스 안의 동사들을 알맞은 형태로 바꾸어 문장을 완성해 보세요.

escuchar • guardar • ver • lavarse
ducharse • dormir • calentar
comer • ~~hacer~~ • leer

1 En la cocina tú <u>haces</u> la comida.
2 En el cuarto de baño tú _____ __________.
3 En el salón tú __________ la televisión.
4 En el comedor tú _____________.
5 En el dormitorio tú _____________.
6 En el salón tú ____________ música.
7 En los armarios de la cocina tú ________ los platos y las tazas.
8 En el cuarto de baño tú ___ __________ los dientes.
9 En el salón tú ____________ los libros de lectura.
10 En el microondas tú __________ la comida

Determinados 정관사 : **el / la / los / las**

- Para algo que conocemos. 이미 알고 있는 것을 가리킬 때
  *¿Dónde está **el** gato?* 그 고양이 어디에 있어요?

Indeterminados 부정관사 : **un / una / unos / unas**

- Para algo que mencionamos por primera vez.
  처음으로 어떤 것을 언급할 때
  *Hay **un** gato en el jardín.* 정원에 고양이가 한 마리 있습니다.

3 Señala el artículo más adecuado.
더 알맞은 관사를 골라 보세요.

1 *El / Un* ordenador está en mi dormitorio.
2 En mi clase hay *un / el* mapa del mundo.
3 ¿Hay *la / una* película buena en la tele?
4 *Los / Unos* libros están en mi mochila.
5 En el patio hay *unos / los* niños.
6 *Las / Unas* llaves están en la mesa de la cocina.
7 *La / Una* bañera está en el cuarto de baño.
8 En la cocina hay *el / un* fregadero.

HAY + un, una, unos, unas + nombre
*En el cuarto de baño **hay** <u>una toalla</u>.* 욕실에 수건이 하나 있습니다.

HAY + muchos/as, pocos/as, algunos/as... + nombre
Hay <u>muchos armarios</u> en la cocina. 부엌에 찬장이 많습니다.

HAY + dos, tres, cuatro ... + nombre
*En el salón **hay** <u>dos sillones</u>.* 거실에 큰 의자 두 개가 있습니다.

HAY + nombre
*¿**Hay** <u>café</u> en la cocina?* 부엌에 커피가 있어요?

el, la, los, las + nombre + ESTÁ(N)
*<u>El café</u> **está** en el armario de la cocina.*
그 커피는 부엌 찬장에 있어요.

ESTÁ(N) + preposición
*El espejo **está** <u>encima</u> del lavabo.*
그 거울이 세면대 위에 있어요.

ESTÁ + nombre propio
- ¿**Está** <u>Juan</u>? 후안 있어요?
- *No, **está** en casa de sus abuelos.*
  아니요, 조부모님 집에 있어요.

4 Completa las frases con *hay / está / están*.
*hay / está / están*을 사용하여 문장을 완성해 보세요.

1 Perdone, ¿*hay* un supermercado cerca de aquí?
2 Por favor, ¿dónde _________ los cines Ideal?
3 Mañana no _________ clase, es fiesta.
4 No _________ agua en la botella.
5 El comedor _________ al lado de la cocina.
6 ¿Dónde _________ las llaves?
7 ¿_________ Jesús en la oficina?
8 ¿_________ leche en la nevera?

5 Describe qué hay en tu cocina, tu cuarto de baño y tu salón. Compara la descripción con la de tu compañero.
여러분의 집 부엌, 욕실, 거실에 무엇이 있는지 묘사해 보세요. 그리고 친구의 집과 비교해 보세요.

6 🎧 042 Escucha la información sobre las casas en venta y completa la tabla.
팔려고 내놓은 집들에 대한 정보를 듣고 빈칸을 채워 보세요.

	metros	dormitorios	baños
1			
2			
3			

7 Observa la fotografía durante treinta segundos. 30초 동안 사진을 관찰하세요.

Ahora cierra el libro y escribe qué cosas hay en el salón y dónde están. Compara tus resultados con los de tus compañeros. ¿Quién tiene más aciertos?
이제 책을 덮고 거실에 무엇이 있고 어디에 있는지 써 보세요. 친구들의 결과와 함께 비교해 보세요. 누가 더 잘 맞혔나요?

Hay una planta. Está encima de la mesita.

4c Visita a Córdoba
코르도바 방문

Hacer una reserva en un hotel

Vocabulario 어휘

1 Relaciona las siguientes palabras con los símbolos de las instalaciones del hotel.
호텔 시설에 관련된 다음 단어들을 알맞은 그림과 연결해 보세요.

1 piscina [e]
2 habitación individual [ ]
3 habitación doble [ ]
4 restaurante [ ]
5 tarjetas de crédito [ ]
6 garaje [ ]

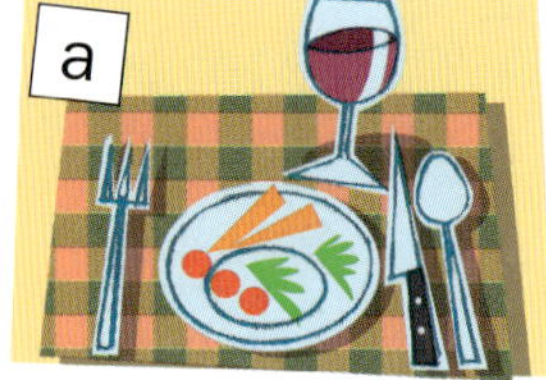

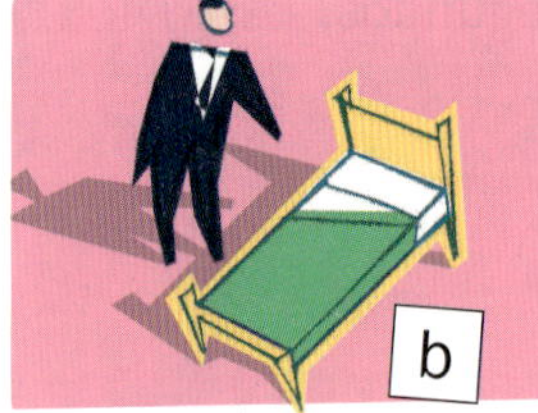

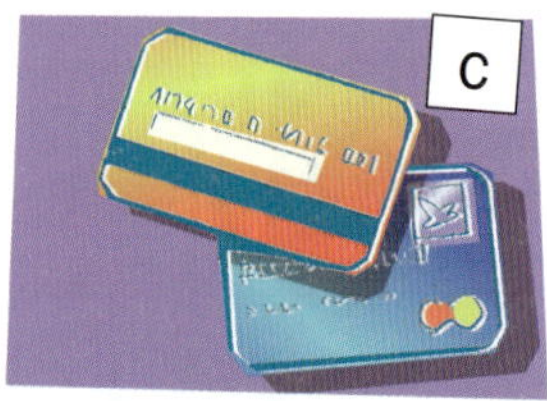

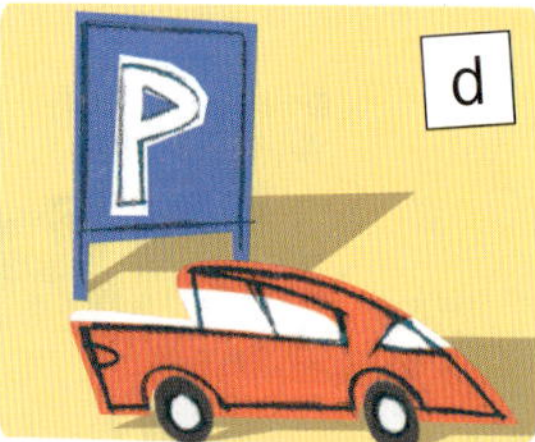

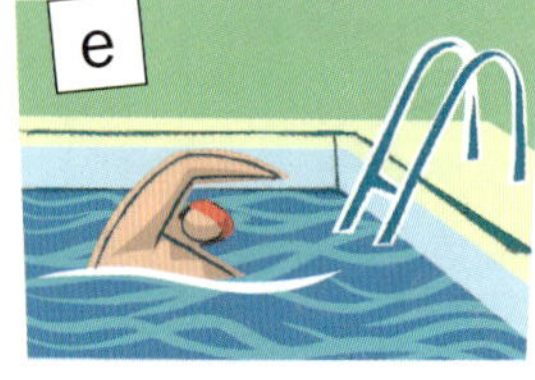

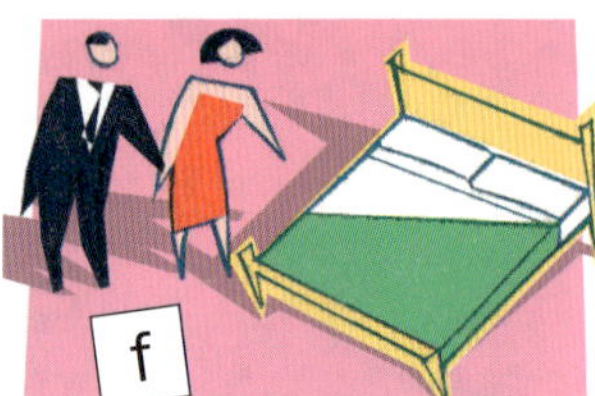

2 (043) Escucha y completa el siguiente diálogo.
잘 듣고 다음 대화를 완성해 보세요.

Recepcionista: Parador de Córdoba, ¿dígame?
Carlos: Buenas tardes. ¿Puede decirme si hay habitaciones libres para el próximo fin de semana?
Recepcionista: Sí. ¿Qué desea, una habitación [1] ______________ o [2] ______________?
Carlos: Una doble, por favor. ¿Qué precio tiene?
Recepcionista: [3] ________________ por noche más IVA.
Carlos: De acuerdo. Hágame la reserva, por favor.
Recepcionista: ¿Cuántas noches?
Carlos: [4] ______________ y [5] ______________, si es posible.
Recepcionista: No hay problema.
Carlos: ¿Hay [6] ______________?
Recepcionista: Sí, señor, hay una.
Carlos: ¿Admiten tarjetas de crédito?
Recepcionista: Sí, por supuesto.

3 Practica este diálogo con tu compañero.
위 대화를 친구와 함께 연습해 보세요.

4 (044) Escucha el final del diálogo anterior y completa la ficha de reserva.
위 대화를 다 듣고 호텔 예약 카드를 완성해 보세요.

HOTEL

Nombre: *Carlos*
Apellidos:
Dirección:
Ciudad:
N.º de teléfono:
Sencilla o doble:
N.º de noches:

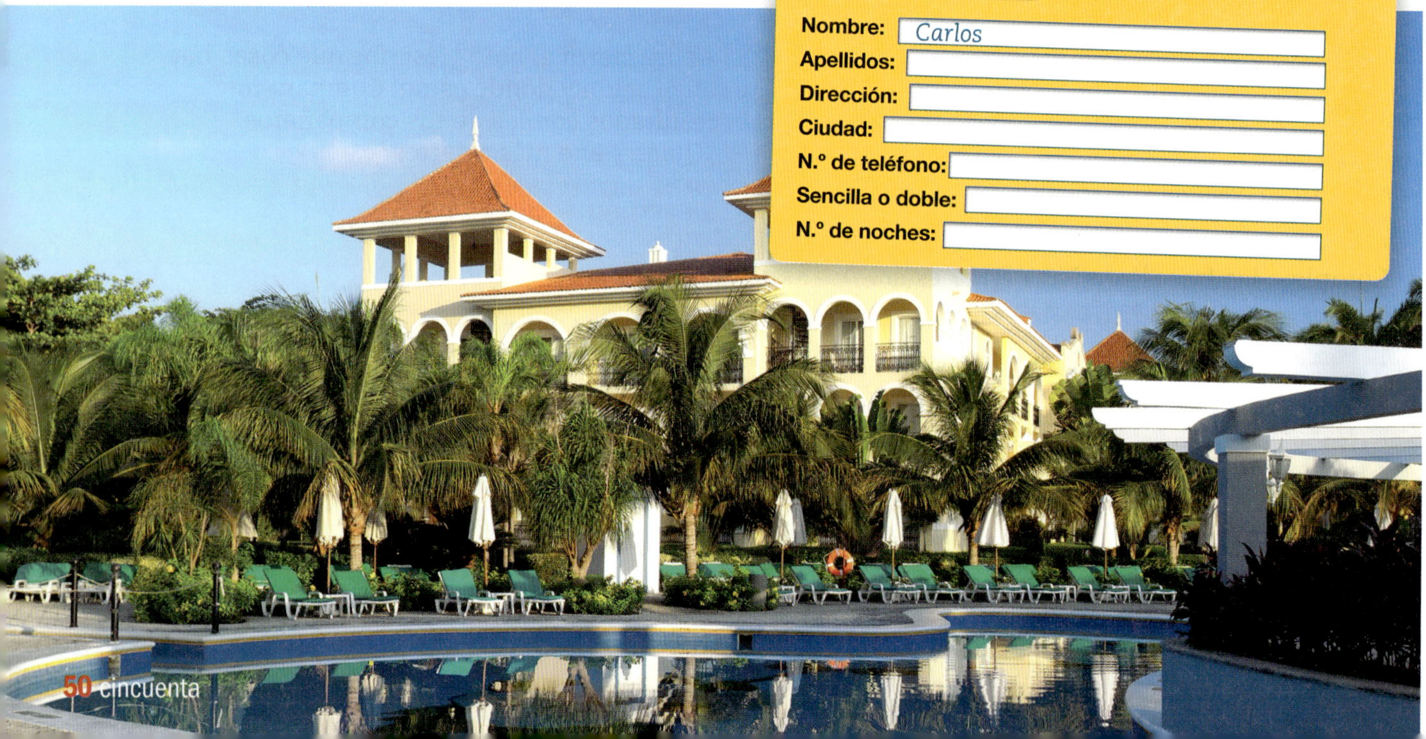

5 (045) **Lee y escucha.** 다음을 읽고 들어 보세요.

Los patios

Los patios son lugares comunes para encontrarse, para jugar, para charlar, para descansar.

Hay muchos tipos de patios: el patio del colegio, donde los niños pasan el recreo; el patio andaluz, en el sur de España, lleno de macetas con flores, que en verano protege del calor y es un lugar de descanso y de conversación.

En las ciudades tenemos el patio interior, donde la gente tiende la ropa y habla con los vecinos de enfrente.

En Hispanoamérica muchas casas coloniales conservan bellos patios llenos de plantas tropicales que ayudan a pasar las horas más calurosas del día.

En la ciudad andaluza de Córdoba, el segundo fin de semana de mayo se celebra el Festival de los Patios. Los vecinos abren sus casas, y vecinos y turistas pueden visitar sus hermosos patios.

6 ¿Verdadero (V) o falso (F)?

참(V)인가요 아니면 거짓(F)인가요?

1 En los colegios hay un patio. — V
2 En las ciudades no hay patios. — ☐
3 En los patios coloniales hay plantas tropicales. — ☐
4 Córdoba está en el norte de España. — ☐
5 El Festival de los Patios de Córdoba es el 1 de mayo. — ☐
6 Los turistas siempre pueden visitar los patios cordobeses. — ☐

Pronunciación y ortografía 발음과 철자

c / qu

1 (046) **Escucha y repite.** 듣고 따라해 보세요.

queso   cuarto   cuanto
quinto   casa   comedor

2 **¿Qué sonido se repite en todas las palabras?**

다음 단어들에서 어떤 소리가 반복되나요?

> El sonido /**k**/ se escribe **qu** antes de **e, i**
> y se escribe **c** antes de **a, o, u.**
> /k/ 발음은 e, i 앞에서는 qu로, a, o, u 앞에서는 c로 씁니다.

3 **Completa con qu o c.** qu 혹은 c를 써서 완성해 보세요.

1 __uando
2 __ién
3 __uatro
4 tran__ilo
5 __ocina
6 __erer
7 __ímica
8 __omer
9 médi__o
10 E__uador
11 pe__eño
12 __inientos
13 __ampo
14 a__ostarse
15 pelu__ero
16 __uince

Hablar 말하기

1 ¿En qué lugar puedes encontrar las viviendas que aparecen en las fotos? Coméntalo con tu compañero.

사진에서 보이는 주택 형태는 어디에서 볼 수 있는 건가요? 친구와 함께 이야기해 보세요.

1 En un pueblo.　　　　　☐　　3 En la montaña.　　　☐

2 En una ciudad.　　　　☐　　4 En la playa.　　　　☐

Leer 읽기

2 Lee los textos y relaciónalos con las fotos.

다음 글을 읽고 알맞은 사진과 연결해 보세요.

¿En el norte o en el sur?

1 En el sur de España, Andalucía, las casas son blancas y con terrazas. Muchas tienen un patio y están decoradas con plantas y flores. ☐

2 En el norte, la mayoría de las casas son de piedra, con gruesos muros para protegerlas del frío y tejados inclinados para evitar la acumulación de nieve y agua. La mayoría tiene una huerta para cultivar los productos de la tierra. ☐

3 En la costa mediterránea hay muchas viviendas destinadas al turismo: pequeñas urbanizaciones de chalés y apartamentos y grandes hoteles se mezclan con las viviendas tradicionales. ☐

4 Una gran parte de la población vive en las ciudades. En ellas encontramos bloques de pisos y apartamentos. Las urbanizaciones de chalés adosados son cada vez más frecuentes en las afueras de la ciudad. ☐

3 Completa las frases. 다음 문장들을 완성해 보세요.

1 Andalucía está ________________________.

2 En los patios andaluces hay ________________________.

3 En el norte de España muchas casas ________________________.

4 En la costa mediterránea hay ________________________.

5 En las ciudades mucha gente ________________________.

4 Contesta a las siguientes preguntas. 다음 질문에 대답해 보세요.

1 ¿En qué zona de España muchas casas tienen patio?

2 ¿De qué material son las casas del norte de España?

3 ¿Dónde hay muchos apartamentos, chalés y hoteles?

4 ¿Dónde vive la mayoría de la población?

5 ¿Dónde se encuentran los chalés adosados?

5 Imagina que estás de vacaciones en alguna de las diferentes zonas de España. Contesta a las preguntas de tu compañero.

여러분이 스페인의 어딘가에서 휴가를 보내고 있다고 상상해 보세요. 그리고 친구의 다음 질문에 답해 보세요.

1 ¿En qué parte de España estás?
2 ¿En qué tipo de casa?
3 Describe la casa.

Escribir 쓰기

6 Escribe un correo electrónico a tu familia o a algún amigo y describe la casa en la que pasas tus vacaciones. Utiliza las ideas de la actividad anterior.

가족이나 친구에게 휴가 때 여러분이 머물렀던 집을 묘사하는 메일을 써 보세요. 앞에서 했던 활동들을 참고해 보세요.

Mensaje nuevo

Enviar　Chat　Adjuntar　Agenda　Tipo de letra　Colores　Borrador　Navegador de fotos　Mostrar plantillas

Para:
Asunto:

Hola, ______________:

Estoy de vacaciones en ____________ con __________.

Estoy en un / una ____________. Está cerca de ____________. La casa es grande / pequeña / luminosa…

Tiene ____________ habitaciones, ____________, ____________, ____________ y ____________.

En este momento, estoy en ____________.

¡Hasta pronto!
Muchos besos

Escuchar 듣기

7 [047] Escucha la entrevista con Patricia y elige la opción correcta.

파트리시아의 인터뷰를 듣고 질문에 알맞은 답을 골라 보세요.

1 ¿Con quién pasa Patricia las vacaciones?
(a) Con su marido y sus hijos.
(b) Con su amigo Juan y su mujer.
(c) Con su marido, su amigo Juan y su mujer.

2 ¿Dónde se aloja?
(a) En un hotel.
(b) En un *camping*.
(c) En su casa.

3 Su casa es:
(a) un chalé.
(b) un apartamento.
(c) un piso.

4 ¿Dónde pasa las vacaciones?
(a) En la montaña.
(b) En la playa.
(c) En un crucero en el mar.

5 Su casa tiene:
(a) tres dormitorios y dos baños.
(b) dos baños y dos dormitorios.
(c) tres dormitorios y un baño.

6 También tiene:
(a) garaje y terraza.
(b) jardín y garaje.
(c) jardín y terraza.

Hablar 말하기

Alumno A (alumno B, ver «En parejas»)

8 Pregunta a B la información que falta en el anuncio del Hotel Miramar.

B 학생에게 미라마르 호텔의 광고에서 빠진 내용을 질문해 보세요.

1 ¿En qué planta están: *el restaurante, la recepción, la peluquería, el garaje?*
2 Pregunta el precio de la habitación individual: *¿Cuánto cuesta …?*
3 Pregunta el horario del desayuno: *¿A qué hora se puede desayunar?*

9 Responde a las preguntas de B.

B 학생의 질문에 대답해 보세요.

Hotel *Miramar*

Quinta planta: Cafetería
Cuarta planta: ______________
Tercera planta: Sauna y gimnasio
Segunda planta: ______________

Primera planta: Salón de conferencias
Planta Baja: ______________
Sótano: ______________

Precios
Habitación individual: ______
Habitación doble: 145€

Comidas
Desayunos: ____________
Comidas: de 13 a 15 h
Cenas: de 20 a 23 h

1 ¿En qué parte de la casa están normalmente las siguientes cosas?
다음 물건들은 보통 집 안 어디에 있나요?

1 cama: *en el dormitorio*
2 microondas: _________________
3 sillones: _________________
4 equipo de música: _________________
5 espejo: _________________
6 lavavajillas: _________________
7 bañera: _________________
8 televisión: _________________

2 ¿Qué hay en cada habitación?
다음 공간에 무엇이 있나요?

1 salón-comedor	*sillones,*
2 cocina	
3 dormitorio	
4 cuarto de baño	

3 Completa la siguiente serie de ordinales.
다음 빈칸에 서수를 순서대로 적어 보세요.

Primero, _________________ , **tercero,**

_________________ , _________________ ,

sexto, _________________ , **octavo, noveno,**

_________________ .

4 Elige la forma correcta. 알맞은 동사를 선택해 보세요.

1 En la clase hay / están muchos estudiantes.
2 En mi casa la televisión no hay / está en el salón.
3 Hay / Está una cafetería aquí cerca.
4 ¿Dónde hay / están las llaves?
5 En la nevera hay / está carne.
6 La información hay / está en internet.
7 ¿Dónde hay / está el bolígrafo rojo?

5 Completa con *un / una / unos / unas / el / la / los / las.*
*un / una / unos / unas / el / la / los / las*를 사용하여 완성해 보세요.

1 Esta noche no salimos. Nos quedamos en casa y ponemos *una* película de vídeo.
2 En _____ cocina hay cosas para comer. Podemos hacer _____ bocadillos.
3 ■ ¿Tienes queso?
   ● Sí, hay _____ paquete en _____ nevera.
4 ■ ¿Hay jamón?
   ● No, pero tengo _____ anchoas muy ricas.
5 ■ ¿Ponemos _____ poco de tomate?
   ● Sí, aquí hay _____ tomate bastante grande.
6 ■ ¿Dónde están _____ servilletas?
   ● En _____ cajón de la derecha.
7 ■ ¿Quieres _____ cerveza?
   ● No, prefiero _____ refresco.
8 Aquí están _____ vasos pequeños.

6 Relaciona cada pregunta con su respuesta.
각 질문에 알맞은 답을 연결해 보세요.

1 ¿Qué tipo de habitación desea?
2 Buenas tardes, ¿hay habitaciones libres?
3 ¿Admiten tarjetas de crédito?
4 ¿Para cuántas noches?
5 ¿Cuál es el precio de la habitación?

a Para el fin de semana.
b Sí, por supuesto.
c Una doble.
d Con desayuno, 90 euros.
e Sí, tenemos una individual y dos dobles.

7 Ordena en tu cuaderno el diálogo del ejercicio anterior.
위의 대화를 순서에 맞게 나열해 보세요.

¿Qué sabes?

· Describir las partes de la casa.
· Los números ordinales del 1.º al 10.º.
· La diferencia entre *hay* y *está*.
· Reservar una habitación en un hotel.
· Escribir sobre las vacaciones.

Comer 식사하기

5

- Pedir la comida en un restaurante 식당에서 음식 주문하기
- Hablar de gustos 취향에 대해 말하기
- Actividades de tiempo libre 여가 활동
- Comprender una receta de cocina 요리법 이해하기
- **Cultura**: Comidas de España e Hispanoamérica
  문화: 스페인과 라틴 아메리카 음식

048-057

Vocabulario 어휘

1 ¿Conoces algún plato español? Escribe los nombres junto a la fotografía correspondiente.
스페인 음식 중 아는 것이 있나요? 사진 옆에 해당하는 음식 이름을 써 보세요.

> gazpacho • tortilla de patatas • arroz a la cubana

2  (048) Observa el menú del restaurante La Morenita, después escucha el diálogo y completa la tabla.
'라 모레니타' 레스토랑의 메뉴를 살펴보세요. 그리고 대화를 듣고 표를 완성해 보세요.

	TERESA	JUAN
primer plato	*ensalada mixta*	
segundo plato		
bebida		
postre		

3 Mira la carta del menú y elige qué quieres comer de primer plato, segundo plato, bebida y postre. Luego, en grupos de tres, practica varias veces. Uno hace de camarero y los otros, de clientes. 메뉴판을 보고 첫 번째 코스, 두 번째 코스, 그리고 음료와 디저트로 각각 무엇을 먹고 싶은지 선택해 보세요. 그리고 세 명씩 그룹을 지어 여러 번 연습해 보세요. 한 명은 웨이터, 다른 사람들은 손님 역할을 해 보세요.

Comunicación 의사소통

■ *¿Qué van a tomar de primero?*
첫 번째 코스로 무엇을 드시겠습니까?

● *Yo de primero quiero…*
저는 첫 번째 코스로 ~를 먹고 싶습니다.

▲ *Pues yo…* 그럼 저는 ~.

■ *¿Y de segundo?*
두 번째 코스는요?
(…)

■ *¿Qué quieren para beber?*
음료는 어떤 것을 드시겠습니까?
(…)

■ *¿Y de postre?* 디저트는요?
(…)

● *¿Me trae la cuenta, por favor?* 계산서 좀 가져다주시겠습니까?

■ *Sí, ahora mismo.*
네, 지금 바로 드릴게요.

4 Relaciona. 알맞은 그림과 연결해 보세요.

1	taza	☐	7 cuchara	☐
2	tenedor	☐	8 vaso	☐
3	cucharilla	☐	9 servilleta	☐
4	copa	☐	10 jarrón	☐
5	cuchillo	☐	11 plato	☐
6	mantel	☐	12 jarra	☐

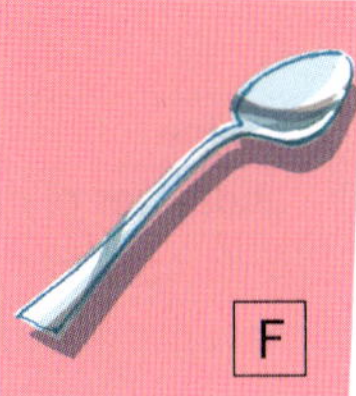

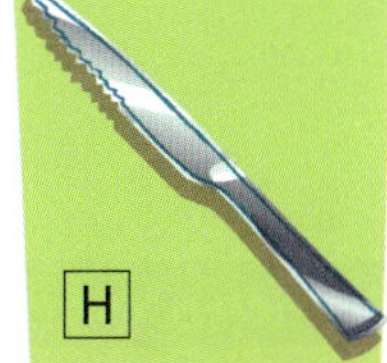
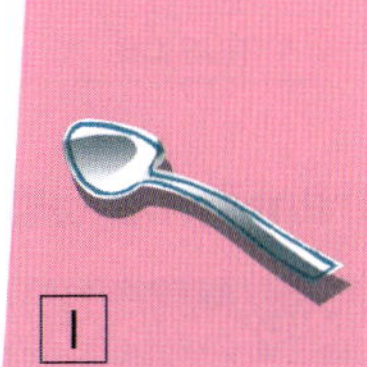

5 Completa con la palabra adecuada.
알맞은 단어를 써서 빈칸을 채워 보세요.

1 una _copa_ de vino
2 una ______________ de café
3 una ______________ para la sopa
4 un ______________ de agua
5 un ______________ de flores
6 una ______________ de agua
7 un ______________ para la sopa
8 un ______________ para la mesa

Hablar 말하기

6 Practica con tu compañero.
보기와 같이 친구와 연습해 보세요.

■ *¿Me trae una servilleta, por favor?*
● *Sí, ahora mismo.*

Leer 읽기

7 (049) Lee y escucha. 읽고 들어 보세요.

Hoy comemos fuera

En España, comer es algo que nos gusta compartir con amigos, familiares, compañeros de trabajo o estudio. Para la mayoría de los españoles es más importante la compañía que el tipo de restaurante.

Al escoger un restaurante preocupa la higiene, la calidad de los alimentos y la dieta equilibrada. En un país como España, con un clima agradable, de largos días con luz, el comer o cenar fuera de casa es un hábito extendido.

Es durante los días festivos cuando más se visitan bares y restaurantes.

8 Di si estas afirmaciones son verdaderas (V) o falsas (F). 다음 문장들이 맞으면 V, 틀리면 F 표시해 보세요.

1 A los españoles les gusta comer solos. ☐ F
2 Cuando comen fuera de casa les gusta hacerlo con familiares y amigos. ☐
3 Para los españoles lo más importante es el tipo de restaurante. ☐
4 Los restaurantes están más llenos los días laborables. ☐
5 Los españoles con frecuencia cenan fuera de casa. ☐

Hablar 말하기

9 Responde a estas preguntas y luego pregunta a tu compañero.
다음 질문에 대답해 보고 친구에게 질문해 보세요.

1 ¿Te gusta comer fuera de casa?
2 ¿Qué comes habitualmente fuera de casa: bocadillos, tapas, comidas completas, comida rápida (hamburguesa, salchichas…)?
3 ¿Cuántas veces al mes sales a comer o cenar?
4 ¿Meriendas todos los días? ¿Qué meriendas?

Vocabulario 어휘

1 ¿Te gusta el cine? ¿Qué tipo de películas te gustan? Coméntalo con tus compañeros.
영화 좋아하나요? 어떤 영화를 좋아하나요? 친구들과 이야기해 보세요.

(a) las comedias　　**(d) las películas románticas**　　**(g) las películas de ciencia-ficción**

(b) los dramas　　**(e) las películas policíacas**　　**(h) las películas de aventuras**

(c) los musicales　　**(f) las películas de terror**

- *A mí me gustan las películas de terror y de ciencia-ficción.* ☺
- *Pues a mí no me gustan las películas de terror.* ☹

2 Relaciona las siguientes actividades con los dibujos. 다음 여가 활동 어휘와 알맞은 그림을 연결해 보세요.

1	bailar	7	navegar por internet
2	montar en bicicleta	8	nadar
3	andar	9	jugar al fútbol
4	ir de compras	10	escuchar música
5	escribir un blog	11	leer
6	pintar	12	viajar

3 🎧 (050) Escucha a Elena hablar de sus gustos y de los de su marido. Señala Sí o No.
엘레나가 자신의 취향과 남편의 취향에 대해 이야기하는 것을 잘 들어 보세요. 그리고 Sí(예) 혹은 No(아니요)로 표시해 보세요.

	ELENA	LUIS
el cine		
andar por el campo		
ir de compras		
navegar por internet		
leer		
el fútbol		
la música		

Gramática 문법

VERBO *GUSTAR* *GUSTAR* 동사		
(a mí)	**me**	
(a ti)	**te**	
(a él / ella / Ud.)	**le**	
(a nosotros/as)	**nos**	gusta(n)
(a vosotros/as)	**os**	
(a ellos / ellas / Uds.)	**les**	

A Elena **le gusta** <u>viajar</u>. 엘레나는 여행하는 것을 좋아합니다.

A Jaime **le gustan** <u>los deportes</u>. 하이메는 스포츠를 좋아합니다.

A nosotros no **nos gusta** <u>el fútbol</u>. 우리는 축구를 좋아합니다.

4 Completa las frases con un pronombre (*me, te, le…*) y *gusta* o *gustan*.
목적격대명사(*me, te, le…*)와 *gustar* 동사의 변화형으로 문장을 완성해 보세요.

1 A María <u>*le gusta*</u> mucho nadar.

2 A mi marido _____ _____________ ir al cine.

3 A mí no _____ __________ las películas de terror.

4 A los españoles _____ _____________ mucho salir y hablar con los amigos.

5 A nosotros _____ _____________ los animales.

6 ¿A vosotros _____ __________ la música tecno?

7 ¿A Ud. _____ _____________ la paella?

8 ¿A ti ___ _____________ los deportes de riesgo?

9 A mis padres no ___ _____________ el teatro, prefieren el cine.

10 A Jorge no ___ _____________ nada estudiar.

+ Me **encanta** escuchar música.
저는 음악 듣는 것을 무척 좋아합니다.

Me gusta **mucho** cocinar. 저는 요리하는 것을 매우 좋아합니다.

Me gusta **bastante** leer. 저는 독서를 상당히 좋아합니다.

No me gustan **mucho** los deportes.
저는 스포츠를 그다지 좋아하지 않습니다.

No me gusta bailar. 저는 춤추는 것을 좋아하지 않습니다.

– **No** me gusta **nada** ir de compras.
저는 쇼핑을 전혀 좋아하지 않습니다.

5 Escribe tres frases sobre tus gustos.
여러분의 취향에 대해 세 문장을 써 보세요.

Me gusta mucho...

TAMBIÉN / TAMPOCO - SÍ / NO 역시 그렇다/아니다

● *Me encanta el cine.* ☺ 저는 영화를 무척 좋아합니다.

■ *A mí también.* ☺ 저도 그렇습니다.

▲ *Pues a mí no.* ☹ 저는 안 좋아합니다.

● *No me gusta montar en bicicleta.* ☹
저는 자전거 타는 것을 안 좋아합니다.

■ *A mí tampoco.* ☹ 저도 그렇습니다.

▲ *Pues a mí sí.* ☺ 저는 좋아합니다.

6 Pregunta a dos compañeros sobre sus gustos.
Utiliza el vocabulario de la actividad 2.
취미에 대해 두 친구에게 질문해 보세요. 활동 2에 나온 어휘를 참고해 보세요.

■ *¿Os gusta el cine?*
● *A mí no mucho, me gusta más leer.*
▲ *A mí tampoco.*

7 Escribe unas frases con las respuestas de
tus compañeros. 친구들의 대답으로 문장을 만들어 보세요.

*A Peter no le gusta mucho el cine, pero le gusta /
encanta leer.*

*A Nadia no le gusta nada andar, prefiere ir a la
discoteca.*

Leer 읽기

8 Lee los anuncios de la derecha y responde a
las preguntas. 오른쪽에 있는 알림글을 읽고 질문에 대답해 보세요.

1 ¿Quién estudia en la universidad?
2 ¿A quién le gusta la fotografía?
3 ¿Quién es de Argentina?
4 ¿A quiénes les gustan los videojuegos?
5 ¿Cómo se llama el madrileño?
6 ¿Quién va a la playa habitualmente?

9 Escribe un anuncio en una hoja, pero sin
poner tu nombre, y dáselo a tu profesor.
Tenéis que descubrir de quién son los
anuncios que el profesor os enseña.
종이에 오른쪽 글과 같이 알림글을 써 보세요. 이름을 적지 않고 선생님께 제출
하고 선생님이 말하는 알림글이 누구의 것인지 맞혀 보세요.

Me llamo **Marisol**, tengo 26 años y estoy soltera. Estudio Economía y trabajo en un gimnasio de mi barrio. Me gusta viajar, conocer sitios nuevos y chatear. Busco amigos para viajar juntos por España. **Sevilla.**

Me llamo **Miguel**, tengo 25 años. Estudio Artes Gráficas en un instituto. Me encanta jugar al fútbol, jugar con videojuegos, ir a la discoteca… Busco chicos y chicas con aficiones similares. **Madrid.**

Me llamo **Tiago**, soy brasileño, de Río de Janeiro. Me gusta ir a la playa, navegar por internet, jugar con videojuegos… También me gusta ver partidos de baloncesto en la tele. ¿Por qué no me escribes? **Río de Janeiro.**

Me llamo **Olga**, tengo 32 años y soy periodista Trabajo en el periódico local de mi pueblo. Me gusta el cine, salir de copas, bailar tangos y hacer fotografías de las ciudades que visito. Escríbeme. **Buenos Aires.**

Vocabulario 어휘

1 ¿Te gusta cocinar? ¿Qué sabes hacer?
여러분은 요리하는 것을 좋아하나요? 어떤 요리를 할 줄 아나요?

2 Completa la lista de ingredientes para hacer un batido de plátano con las palabras del recuadro.
박스 안의 단어들을 가지고 바나나 셰이크에 필요한 재료 목록을 완성해 보세요.

> azúcar • hielo • limón • leche •
> vainilla • plátanos

Batido de plátano

Ingredientes:

3 ______________

1 vaso de ______________

1/4 de taza de ______________

1/4 de taza de zumo de ______________

1/2 cucharadita de ______________

8 cubitos de ______________

3 Ordena las instrucciones para su preparación.
요리 과정을 순서대로 번호를 써 넣어 보세요.

a Añade los cubitos de hielo y mézclalos con los otros ingredientes. ☐

b Pela los plátanos y córtalos en rodajas. ☐ 1

c Reparte la mezcla en cuatro vasos. ☐

d Mezcla los plátanos, la leche, el azúcar, el zumo de limón y la vainilla en una batidora. ☐

e Invita a tus amigos. ☐

4 🎧 051 Escucha y comprueba. 듣고 확인해 보세요.

Gramática 문법

IMPERATIVO 명령형			
	cortar 자르다	**comer** 먹다	**abrir** 열다
tú	corta	come	abre
usted	corte	coma	abra

El **imperativo** se utiliza para dar órdenes, dar instrucciones, pedir un favor y recomendar.
명령형은 명령을 하거나 지침을 주거나 혹은 부탁 및 충고할 때 사용합니다.

5 Completa las siguientes instrucciones para llevar una vida sana. Utiliza los verbos del recuadro en imperativo.
건강한 삶을 유지하기 위한 지침을 완성해 보세요. 박스 안의 동사들의 명령형을 사용해 보세요.

> caminar • tomar • descansar
> comer • evitar • ~~beber~~

Si quieres llevar una vida sana, sigue estas instrucciones.

Todos los días

1 *Bebe* más de un litro de agua.
2 ______________ tres piezas de fruta.
3 ______________ durante media hora.
4 ______________ más de siete horas.
5 ______________ fumar.
6 ______________ bebidas sin alcohol.

6 Escribe en forma de órdenes (*tú* y *usted*) y practica en voz alta.
*tú*와 *usted*에 해당하는 명령형을 쓰고 큰 소리로 연습해 보세요.

1 Hablar más bajo.
   Habla más bajo, por favor. (tú)
   Hable más bajo, por favor. (usted)

2 Escribir tu / su nombre.

3 Terminar el trabajo.

4 Abrir la puerta.

5 Cerrar la ventana.

6 Escuchar lo que digo.

7 Tomar más verduras.

8 Ordenar tu / su cuarto.

9 Añadir azúcar al zumo.

10 Limpiar la mesa.

7 Escribe en tu cuaderno la receta de tu ensalada preferida. Después, explícasela a tu compañero.
여러분이 좋아하는 샐러드 레시피를 적어 보세요. 그리고 친구에게 설명해 보세요.

8 ¿De dónde crees que son originalmente estos productos? 다음 재료들의 원산지는 어디일까요?

9 (052) Escucha y comprueba.
듣고 확인해 보세요.

Pronunciación y ortografía 발음과 철자

b / v

1 (053) **Escucha y repite.** 듣고 따라해 보세요.

Isabel vivir vino bueno Ávila viajar botella abuelo hablar muy bien beber

La *b* y la *v* se pronuncian igual.
b와 v는 같은 소리로 발음합니다.

2 (054) **Escucha y repite.** 듣고 따라해 보세요.

1 ¿Dónde vive Isabel?
2 Cuba es una isla preciosa.
3 Vicente es abogado y trabaja en Sevilla.
4 Las bebidas están en la nevera.
5 Este vino es muy bueno.
6 Valeriano viaja mucho en avión.
7 Beatriz es de Venezuela.
8 Esta bicicleta es muy barata.
9 En Valencia no hay bastantes ambulancias.
10 La abuela de Bibiana está muy bien.

3 Completa con *b* o *v*. b 혹은 v를 넣어 문장을 완성해 보세요.

1 Yo ___i___o en ___arcelona.
2 Este ___atido tiene ___ainilla.
3 Camarero, un ___aso de agua, por fa___or.
4 A Isa___el le gusta ___iajar y ___ailar tangos.
5 ___e___er agua es muy ___ueno.
6 ¿Este ___erano ___as de ___acaciones?
7 La ___otella está ___acía.
8 El ___anco a___re a las nue___e.

4 (055) **Escucha y repite.** 듣고 따라해 보세요.

5 (056) **Escucha y subraya la palabra que oyes.**
듣고 소리 나는 단어에 표시해 보세요.

1 pala / bala
2 poca / boca
3 parra / barra
4 peso / beso
5 pino / vino
6 pera / vera
7 paca / vaca
8 pisa / visa
9 pata / bata
10 pez / vez

Leer 읽기

1 Lee estos anuncios de los restaurantes y después contesta a las preguntas.

식당 광고들을 읽고 질문에 답해 보세요.

1 ¿En qué estación de metro está el restaurante peruano?

2 ¿En qué restaurante podemos celebrar una reunión con nuestra familia o de negocios?

3 ¿Qué tipo de comida ofrece el restaurante Vida natural?

4 ¿Dónde podemos comer carne argentina?

5 ¿Dónde podemos tomar tapas?

6 ¿Dónde podemos comer pescado?

7 ¿Qué restaurantes ofrecen aparcacoches?

8 ¿Cuánto cuesta el menú en Casa Pepe?

9 ¿Dónde podemos tomar pizza?

10 ¿Qué restaurante tiene platos asturianos?

Escuchar 듣기

2 (057) Mira los mapas, escucha y relaciona.
지도를 보고, 듣고 연결해 보세요.

1 México
2 Perú
3 Argentina
4 Colombia y Venezuela
5 Galicia
6 Valencia
7 Andalucía
8 Asturias

a paella
b cebiche
c arepas
d fabada
e carne asada
f gazpacho
g guacamole
h pescado y marisco

Escribir 쓰기

3 Escribe un párrafo sobre la comida típica de tu país o ciudad.
여러분의 나라나 도시의 대표적인 음식에 대한 글을 써 보세요.

En mi ciudad, los platos más típicos son: …
Este plato está elaborado con estos ingredientes: …

Hablar 말하기

Alumno A (alumno B, ver «En parejas»)

4 Pregunta a B sobre sus gustos. B에게 취향에 대해 물어보세요.
¿Te gusta el chocolate?
¿Te gustan las piñas?

	MUCHO	BASTANTE	NO MUCHO	NADA
el chocolate				
las piñas				
el cordero asado				
el café con leche				
las patatas				
la carne				
el queso				
la fruta				
las ensaladas				

5 Responde a B las preguntas sobre tus gustos.
여러분의 취향에 대한 B의 질문에 대답해 보세요.

Sí, mucho. / Sí, bastante. / No, no mucho. / No, nada.

1 Con estos ingredientes vamos a elaborar un menú. ¿Cuáles son los ingredientes principales de los siguientes platos?

다음 재료들을 가지고 메뉴를 만들어 볼 겁니다. 다음 요리들의 주재료는 무엇입니까?

> huevos • ~~tomates~~ • arroz • pollo • leche
> gambas • pepinos • calamares • azúcar
> aceite • vinagre • pimientos

MENÚ

1.ᵉʳ plato

GAZPACHO: _tomates_, ____________,
____________, ____________,
____________.

2.º plato

PAELLA: ____________,
____________, ____________,
____________.

Postre

FLAN: ____________, ____________,
____________.

2 Elabora un menú con platos típicos de tu país y haz la lista de ingredientes que necesitas para su elaboración.

여러분의 나라의 대표적인 음식들을 가지고 메뉴를 만들어 보세요. 그리고 필요한 재료 목록을 만들어 보세요.

3 Escribe el pronombre correcto (*me, te, le, nos, os, les*).

알맞은 간접목적격대명사(*me, te, le, nos, os, les*)를 써 보세요.

1 A ellos _les_ gusta la música clásica.
2 A nosotros ______ gusta salir de noche.
3 A su hermana ______ gusta la paella.
4 A mí no ______ gustan los toros.
5 ¿A ti ______ gusta el fútbol?
6 ¿A vosotros ______ gustan las gambas?
7 A Luisa no ______ gusta viajar.

4 Haz frases como en el ejemplo.

보기와 같이 문장을 만들어 보세요.

1 Rosa / no gustar / animales
   A Rosa no le gustan los animales.
2 Ellos / gustar / salir
3 Nosotros / gustar / ver la tele
4 Yo / no gustar / fútbol
5 ¿Tú / gustar / flan?
6 Pepe / no gustar / la fruta
7 ¿Vosotros / gustar / nadar?

5 Escribe en imperativo las órdenes que da Maribel a su hijo.

명령형을 사용하여 마리벨이 아들에게 말하는 명령문을 써 보세요.

1 ¡_Baja_ la tele! (bajar)
2 ¡________ más verdura! (comer)
3 ¡________ la ventana de tu dormitorio! (abrir)
4 ¡________ una nota para tu profesor! (escribir)
5 ¡________ cuando te hablo! (escuchar)
6 ¡________ a tu hermana! (ayudar)
7 ¡________ más leche! (beber)

6 Relaciona cada pregunta con su respuesta.

각 질문에 맞는 대답을 찾아 연결해 보세요.

1 ¿Qué desea para beber?   [d]
2 ¿Y de segundo?   [ ]
3 ¿Me deja la carta, por favor?   [ ]
4 ¿Y de postre?   [ ]
5 ¿Qué quiere el señor de primero? [ ]
6 ¿Desea algo más?   [ ]

> a Sí, ahora mismo. Un momento.
> b Una sopa de fideos, por favor.
> c Un helado de vainilla.
> d Agua mineral.
> e No, muchas gracias.
> f Pollo con patatas.

7 Ahora ordena en tu cuaderno el diálogo anterior. 앞의 대화를 순서대로 나열해 보세요.

¿Qué sabes?

· Pedir en un restaurante.
· Hablar de gustos.
· Hablar del tiempo libre.
· Comprender y dar instrucciones sencillas.

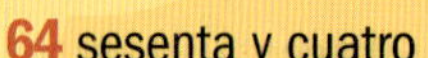

El barrio 동네

6

· · Pedir información para viajar en transporte público
대중교통으로 여행하기 위한 정보 구하기

· · Dar instrucciones 지시하기

· · Pedir favores 부탁하기

· · Describir el barrio donde vivimos 우리가 사는 동네 묘사하기

· · **Cultura**: Ciudades españolas 문화: 스페인 도시들

058-063

¿Cómo se va a Goya?

고야에 어떻게 가나요?

■ *Pedir información para viajar en transporte público*

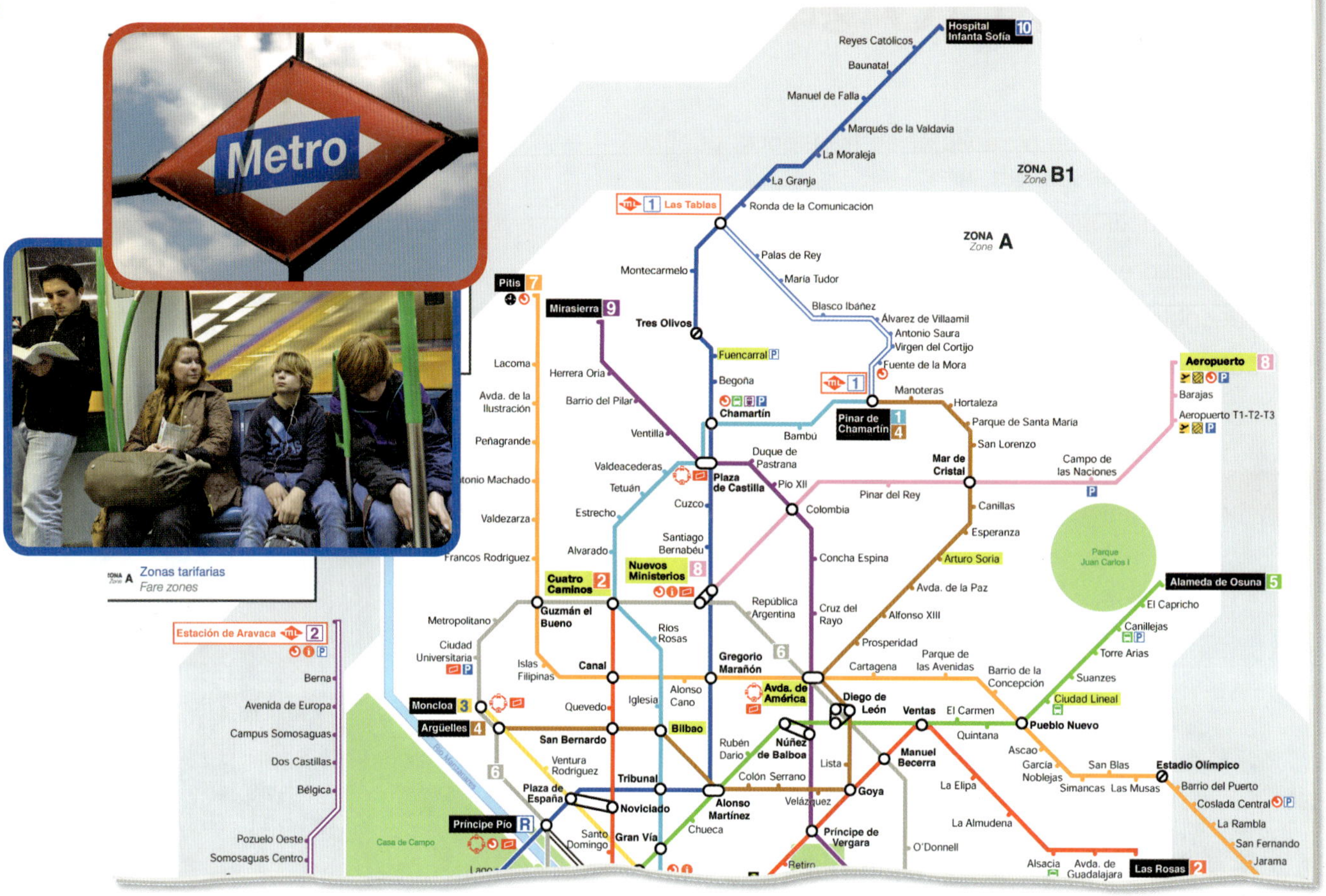

Escuchar 듣기

1 Mira el dibujo y responde. ¿Qué están haciendo Sergio y Beatriz?

다음 그림을 보고 대답해 보세요. 세르히오와 베아트리스는 무엇을 하고 있나요?

a Están llamando a un taxi.

b Están comprando un billete de metro.

c Están sacando su coche del aparcamiento.

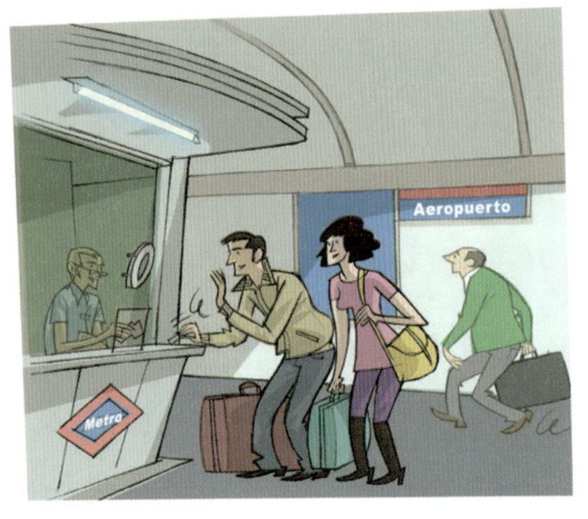

2 Completa la conversación con las expresiones del recuadro. 박스 안의 표현들을 사용하여 대화를 완성해 보세요.

> ¿Cuánto es? • cómo se va • Puede darme
> décima estación • dos billetes de metro

Sergio: Perdone, queremos (1) __________, por favor.

Taquillero: ¿Sencillos o de diez viajes?

Sergio: Sencillos. (2) __________

Taquillero: 10 euros.

Sergio: Aquí tiene. Perdone, ¿puede decirme (3) __________ de Aeropuerto a Goya?

Taquillero: Pues desde aquí es muy fácil: tome usted la línea 8 hasta Mar de Cristal y cambie a la línea 4 dirección Argüelles. La (4) __________ es Goya.

Sergio: Muchas gracias. ¿(5) __________ un plano del metro?

Taquillero: Sí, claro, tome.

3 🎧058 Escucha y comprueba. 듣고 확인해 보세요.

4 🎧058 Escucha otra vez y marca el recorrido en el plano del metro de Madrid.

다시 한 번 듣고 들은 내용을 마드리드 지하철 노선도에 표시해 보세요.

5 Lee de nuevo el diálogo de la actividad 2 y completa el siguiente cuadro.

2번의 대화를 다시 한 번 읽고 다음 내용을 완성해 보세요.

FORMAL (USTED)
■ (1) _____________ ¿cómo se va de Aeropuerto a Goya?
● (2) _____________ la línea 8 hasta Mar de Cristal, allí (3) _____________ a la línea 4 dirección Argüelles.
INFORMAL (TÚ)
■ Perdona, ¿cómo voy / se va de Aeropuerto a Goya?
● Toma la línea 8 hasta Mar de Cristal, allí cambia a la línea 4 dirección Argüelles.

6 Observa la diferencia entre las formas *tú* y *usted*. *tú*와 *usted* 형식의 차이를 살펴보세요.

Hablar 말하기

7 Mira otra vez el plano, fíjate en las estaciones destacadas en amarillo y practica con tu compañero.

왼쪽 지도를 다시 보고 노란색으로 표시된 지하철역들을 가지고 친구와 연습해 보세요.

- De Aeropuerto a Arturo Soria
- De Cuatro Caminos a Fuencarral
- De Nuevos Ministerios a Ciudad Lineal
- De Bilbao a Fuencarral
- De Avenida de América a Aeropuerto

■ *Perdona, ¿cómo se va de Aeropuerto a Arturo Soria?*

● *Toma la línea 8 hasta Mar de Cristal, allí cambia a la línea 4 dirección Argüelles. Es la tercera parada.*

8 Lee el texto y responde a las preguntas.

다음 글을 읽고 질문에 답해 보세요.

El metro de Madrid tiene unos 290 kilómetros. En total hay 12 líneas y 300 estaciones. El horario de servicio al público es de seis de la mañana a una y media de la madrugada, todos los días del año.

Durante las horas de cierre del metro existe un servicio de autobuses nocturnos que salen de la plaza de Cibeles.

Hay dos tipos de billetes, además del abono transportes: el billete sencillo, que solo tiene un viaje, y el metrobús o billete de diez viajes, que también puede utilizarse en el autobús.

Los billetes se pueden comprar en las taquillas o en las máquinas del metro. El metrobús también se puede comprar en quioscos y estancos.

www.ctm-madrid.es
www.metrodemadrid.es

1 Son las seis y media, tienes que ir al trabajo, ¿está abierto ya el metro? ¿Desde qué hora?

2 Son las dos de la madrugada, ¿puedes volver a casa en metro? ¿Por qué? ¿Puedes volver en autobús?

3 ¿Cuántas veces puedes usar el billete sencillo?

4 ¿Cómo se llama el billete de diez viajes?

5 ¿Puedes usar el metrobús en el autobús?

6 ¿Dónde se compra el metrobús?

Cierra la ventana, por favor
창문을 닫아 줘

Gramática 문법

1 (059) **Escucha y relaciona los dibujos con las frases.** 듣고 문장과 알맞은 그림을 연결해 보세요.

1 ■ Carlos, siéntate en tu sitio, por favor.
 ● Voy.

2 ■ Venga a mi oficina, quiero hablar con usted.
 ● Ahora mismo.

3 ■ Pon la televisión, empieza el partido.
 ● Vale.

4 ■ Cierra la ventana, por favor, tengo frío.
 ● Sí, claro.

5 ■ Tome la primera a la derecha y después
 siga recto.
 ● Muchas gracias.

6 ■ Tuerce a la derecha, esa es la calle.
 ● Ah, sí, tienes razón.

7 ■ Haz los deberes antes de cenar.
 ● Vale, mamá.

8 ■ Por favor, siéntese. Ahora lo atiende
 el doctor.
 ● Bien, gracias.

9 ■ ¿Dígame?
 ● ¿Está el señor López?

10 ■ Alejandro, contesta al teléfono, por favor.
 ● Vale.

a

b

c

d

e

f

g

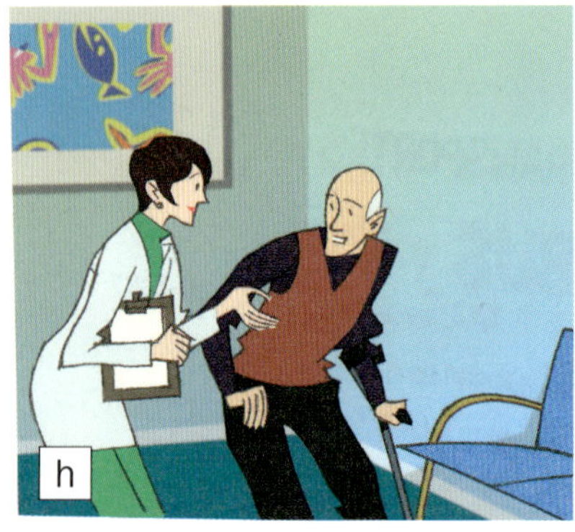
h

i

j

2 Completa con el verbo en imperativo.

명령형을 사용하여 문장을 완성해 보세요.

1. El hospital está muy cerca, _tuerce_ (torcer, tú) a la derecha por esa calle y luego ____________ (seguir, tú) todo recto.
2. ______________ (Hacer) tú la ensalada, mientras yo pongo la mesa.
3. ¡Carlos! ________________ (Venir, tú) a tu habitación ahora mismo.
4. ________________ (Cerrar, tú) la puerta, por favor, hay mucho ruido.
5. Pedro, ________________ (decir, tú) la verdad. No me gustan las mentiras.
6. ____________ (Sentarse, usted) un momento, ahora vuelvo.
7. Señor Ramírez, __________ (poner) el informe en la carpeta roja.
8. ____________ (Hacer, usted) el trabajo este martes, por favor.

3 Completa con los verbos del recuadro.

박스 안의 동사를 사용하여 대화를 완성해 보세요.

> hacer • sentarse • poner • ~~pasar~~ • cerrar

Jefe: Señor Hernández, ¿puede venir a mi oficina, por favor?

Señor Hernández: Sí, claro.

(…)

Señor Hernández: ¿Se puede?

Jefe: Sí, sí, (1) _pase_ y (2) ________________ la puerta, por favor… (3) ________________. Tengo una reunión en el banco el próximo lunes y necesito la información de su departamento.

Señor Hernández: No hay problema, está todo preparado.

Jefe: Bien, (4) ________________ el informe antes del lunes y (5) ________________ todos los datos de este año.

4 🎧 060 Escucha y comprueba. 듣고 확인해 보세요.

5 Transforma las frases como en el ejemplo.

보기와 같이 문장을 바꿔 보세요.

1. Venga a mi oficina.
   ¿Puede venir a mi oficina?
2. Pon la televisión, empieza la película.
3. Cierre la ventana, por favor.
4. Hoy haz tú la cena.
5. Dime la hora, por favor.
6. Salga a la pizarra, por favor.
7. Pásame la sal. Está al fondo del armario.
8. Enciende el ordenador. Hay mucha información en internet.
9. Despiértame a las 8, por favor.
10. Llame a Luis la semana próxima.

Escribir 쓰기

6 Piensa en un compañero sentado lejos de ti en la clase y escribe una petición en un papel. Luego léelo en voz alta.

교실에서 여러분과 멀리 앉아 있는 친구를 정해 종이에 부탁할 내용을 써 보세요. 그리고 큰 소리로 읽어 보세요.

Para Svieta:
Déjame tu diccionario, por favor.
    Olga.

Puedes pedirle: Abrir / Cerrar la ventana.

Prestar dinero / un bolígrafo / un lápiz / un diccionario.

Sentarse más cerca de ti.

Encender / Apagar la luz.

Esperar a la salida de clase.

6c Mi barrio es tranquilo
제가 사는 동네는 조용해요

■ *Describir el barrio donde vivimos*

Leer 읽기

1 ¿Cómo es tu barrio? ¿Es tranquilo o ruidoso? ¿Está cerca de tu trabajo o del lugar donde estudias español? ¿O está lejos?

여러분이 사는 동네는 어떤가요? 조용한가요? 아니면 시끄러운가요? 직장이나 스페인어를 공부하는 곳에서 가깝나요? 아니면 먼가요?

2 Lee los mensajes. 다음 메시지를 읽어 보세요.

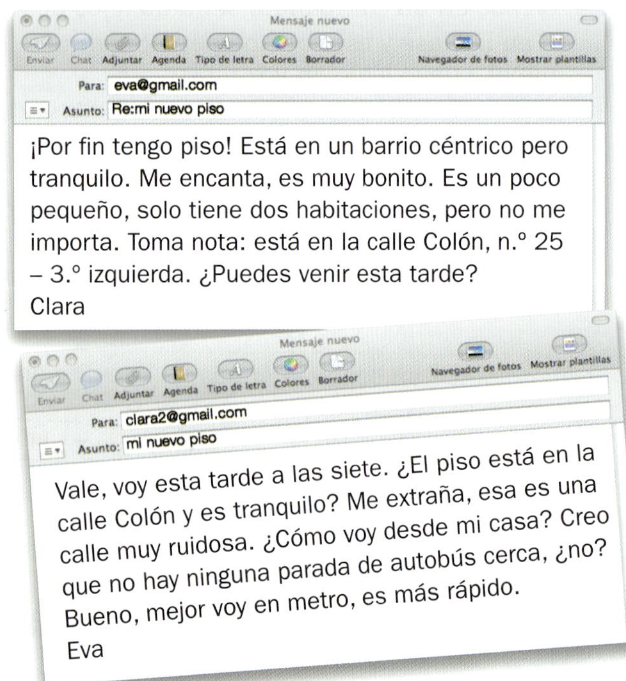

3 Contesta a las preguntas. 다음 질문에 답해 보세요.

1 ¿Cómo es el piso de Clara?
2 ¿Dónde está?
3 ¿Qué piensa Eva de la calle Colón?
4 ¿Cómo va a ir Eva a visitar a Clara?

Gramática 문법

VERBO *SER* SER 동사	
es / son	grande(s) 큰 – pequeño(s) 작은 tranquilo(s) 조용한 – ruidoso(s) 시끄러운 rápido(s) 빠른 – lento(s) 느린
es	bueno 좋은 / malo 나쁜

VERBO *ESTAR* ESTAR 동사	
está / están	abierto(s) 열린 – cerrado(s) 닫힌 a la izquierda 왼쪽에 a la derecha 오른쪽에 cerca 가까운 – lejos 먼 en la calle… ~ 거리에 enfrente de… ~의 정면에
está	bien 잘 / mal 못

4 Subraya la forma adecuada.
알맞은 동사를 골라 보세요.

1 El piso *es* / *está* en un barrio céntrico y *es* / *está* pequeño, solo tiene dos habitaciones.
2 Su casa *es* / *está* en la calle Goya, enfrente de la estación del metro.
3 El metro *es* / *está* más rápido que el autobús.
4 Fumar no *es* / *está* bueno.
5 El hospital *es* / *está* lejos de mi casa, en un barrio que *es* / *está* muy tranquilo porque *es* / *está* a las afueras de la ciudad.
6 Este ejercicio *es* / *está* mal.
7 Esta escuela *es* / *está* al lado de la parada del autobús.
8 Mi casa no *es* / *está* muy grande.
9 ¿*Son* / *Están* tus hijos en el colegio?
10 El banco *está* / *es* enfrente de mi oficina. Por las tardes no *es* / *está* abierto.

5 Haz frases con los elementos de cada columna.

알맞은 문장 요소끼리 연결하여 문장을 완성해 보세요.

Los coches
Esta calle
Los billetes de metro
La parada de autobús
La estación de metro
Las calles
Mi barrio

es
está
están
son

tranquilo
baratos
lejos
ruidosa
cerca de mi casa
muy tranquila
en el garaje
estrechas

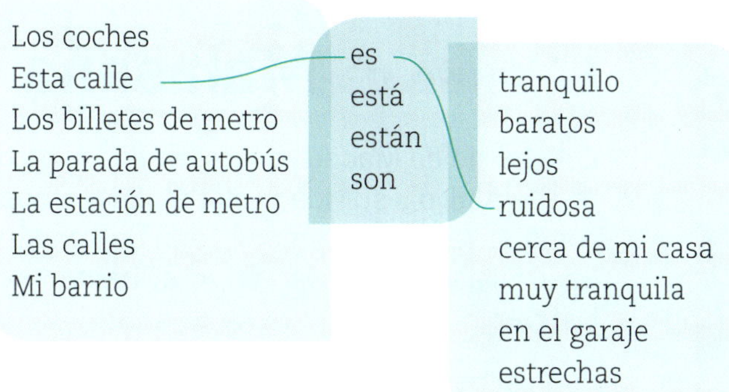

Hablar 말하기

6 En parejas. Habla con tu compañero sobre tu barrio.

짝 활동입니다. 여러분의 동네에 대해 친구와 이야기해 보세요.

- ¿Te gusta?
- ¿Es tranquilo o animado?
- ¿Tiene mucho tráfico?
- ¿Está bien comunicado (autobús, metro, etc.)?
- ¿Tiene tiendas?

Pronunciación y ortografía 발음과 철자

r / rr

1 🎧 061 **Escucha y repite.** 듣고 따라해 보세요.

**rey arroz perro reloj rojo arríba
caro pero diario soltera para**

> El sonido /rr/ (fuerte) se escribe simple *(r)* a principio de palabra y doble *(rr)* en medio de dos vocales. El sonido /r/ (suave) se escribe siempre simple *(r)*.
> /rr/(강) 발음은 단어의 첫머리에는 *r*로, 두 모음 사이에는 *rr*로 씁니다.
> /r/(약) 발음은 항상 *r* 하나로 씁니다.

2 🎧 062 **Escucha y completa con *r* o *rr*.**

듣고 *r* 혹은 *rr*를 넣어 완성해 보세요.

1 ___oma
2 Inglate___a
3 Pe___ú
4 carte___o
5 compañe___o
6 ___osa
7 piza___a
8 te___aza
9 arma___io
10 ___uido

3 **Dicta a tu compañero estos trabalenguas.**

발음하기 어려운 아래 문장을 친구에게 말해 보세요.

El perro de san Roque no tiene rabo porque Ramón Rodríguez se lo ha cortado.

Erre con erre, guitarra; erre con erre, barril; rápido ruedan las ruedas del ferrocarril.

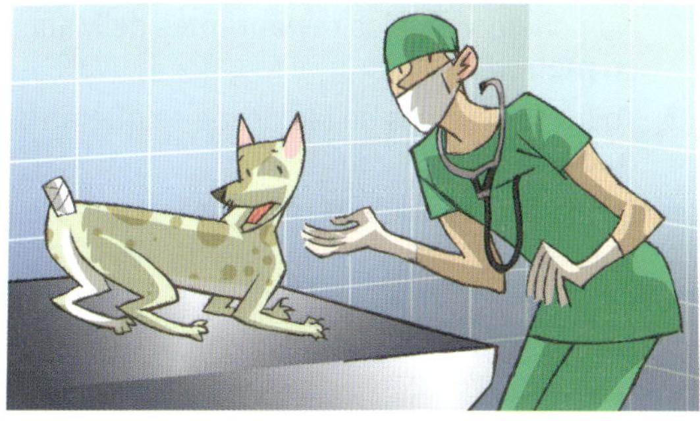

El barrio de **Malasaña**

1 Este barrio de Madrid es famoso por su ambiente alternativo y su vida nocturna. Es tan popular como el barrio de Camden Town de Londres, el East Village de Nueva York o el Barrio Alto de Lisboa.

2 Está situado entre las paradas de metro de Chueca y San Bernardo.

3 Por las noches, las calles de Malasaña, así como sus numerosos bares, *pubs* y restaurantes, se llenan de gente. Por eso, muchos vecinos del barrio se quejan del ruido y la suciedad que originan los visitantes.

4 El barrio debe su nombre a la joven costurera Manuela Malasaña, asesinada por las tropas napoleónicas durante la defensa de la ciudad de Madrid el 2 de mayo de 1808.

5 En el centro del barrio se sitúa la Plaza del Dos de Mayo, donde durante el día juegan los niños de la zona y por las noches se reúnen jóvenes de toda la ciudad.

Leer 읽기

1 Lee el texto «El barrio de Malasaña» y relaciona los párrafos 1-5 con los siguientes temas.

위 글을 읽고 다음 주제와 관련된 단락 번호(1~5번)를 연결해 보세요.

- **a** vida nocturna ☐
- **b** barrios famosos ☐
- **c** día a día en el barrio ☐
- **d** su historia ☐
- **e** localización ☐

2 ¿Verdadero o falso? 참(V)인가요? 아니면 거짓(F)인가요?

1. Malasaña es un barrio tranquilo. ☐
2. No podemos ir a los restaurantes de Malasaña en metro. ☐
3. Todos los vecinos de Malasaña se quejan del ruido. ☐
4. La plaza del Dos de Mayo debe su nombre a la batalla de los madrileños contra los franceses en 1808. ☐
5. Los niños juegan por las noches en la plaza del Dos de Mayo. ☐

Escuchar 듣기

3 🎧 063 Escucha y completa la conversación sobre Palma de Mallorca entre Andrés y Pilar.

안드레스와 필라르가 '팔마 데 마요르카'에 대해 이야기하는 대화를 듣고 문장을 완성해 보세요.

1. Pilar está muy ______________ en Palma.
2. Palma de Mallorca es una ciudad ______________ y ______________.
3. Está al lado del ______________.
4. Tiene calles ______________ y una ______________.
5. Pilar se mueve por la ciudad en ______________ y en ______________.
6. Habitualmente el tiempo es ______________.
7. Pilar vive con ______________.
8. Algunos fines de semana Pilar ______________.
9. Otros fines de semana va con sus amigos a conocer ______________ y ______________.
10. Andrés no va ahora a Palma de Mallorca porque ______________.

4 Lee el texto y observa el uso de y, *pero*, *porque*.
다음 글을 읽고 *y, pero, porque*의 용법을 살펴보세요.

Santiago de Compostela

Santiago de Compostela es una ciudad situada en el noroeste de España. Tiene una población de unos 100 000 habitantes. Es una ciudad muy turística.

Me gusta Santiago porque es una ciudad muy acogedora y con muchas cosas interesantes para conocer. Lo que más me gusta es el barrio antiguo, donde está la catedral románica, rodeada de plazas medievales con agradables terrazas y calles porticadas llenas de tiendas, bares y restaurantes. No tiene metro, pero tiene una buena red de autobuses.

Puedes venir a esta ciudad, después de recorrer el Camino de Santiago, andando, en bicicleta o a caballo. Pero puedes llegar más rápido en avión porque tiene un aeropuerto moderno, al que llegan aviones de todo el mundo.

5 Completa las siguientes frases con y, *pero*, *porque*. *y, pero, porque*를 사용하여 다음 문장들을 완성해 보세요.

1 Me gustan sus restaurantes ______ sus tiendas.
2 Tiene autobuses ______ no tiene metro.
3 Voy a llevar el paraguas ______ llueve mucho.
4 Mi ciudad es pequeña ______ tranquila.
5 Madrid tiene un río ______ no tiene playa.
6 Este barrio es pequeño ______ tiene muchas tiendas.
7 Me gusta Madrid ______ es muy grande.

6 Escribe una descripción de una ciudad. Puedes utilizar las frases del recuadro.
한 도시를 묘사하는 글을 써 보세요. 박스 안에 있는 표현을 참고해 보세요.

- Es una ciudad situada en el norte / sur / oeste / este de…
- Tiene una población de…
- Lo que más me gusta es…
- Hay muchos / pocos músicos, teatros, cines, discotecas…
- Es (muy) tranquila / pequeña / grande…

7 En grupos de tres, cada alumno elige una profesión del recuadro. Los otros dos compañeros elaboran una lista de consejos para ser un buen profesional, utilizando imperativos.
세 명이 그룹을 지어 한 사람이 박스 안에 있는 직업을 선택하세요. 나머지 두 사람은 명령형을 이용해서 그 직업의 전문가가 되기 위해 필요한 조언 목록을 만들어 보세요.

deportista • profesor/a • médica
peluquero/a • taxista • bailarín/a

Para ser un buen deportista:

- *haz ejercicio todos los días*
- *come pasta todos los días*
- *bebe mucha agua*
- *duerme ocho horas diarias*
- *…*

1 Completa esta nota que Juan escribe para un compañero del trabajo. Utiliza los verbos del recuadro. 후안이 직장 동료에게 쓴 메모를 완성해 보세요. 박스 안의 동사를 사용해 보세요.

> guardar • **hacer** • conectar
> apagar • cerrar

Carlos:
Me marcho dentro de diez minutos. El informe está en mi mesa, por favor (1) _haz_ las fotocopias y (2)__________ todo en el primer cajón. Después (3)__________ el despacho con llave y (4)__________ la alarma. Ah, antes de salir, (5)__________ todas las luces.
Gracias por todo,
   Juan

2 Relaciona los adjetivos contrarios.

서로 반대되는 형용사를 연결해 보세요.

1	ruidoso	a	antiguo
2	bueno	b	caro
3	barato	c	tranquilo
4	bonito	d	pequeño
5	rápido	e	malo
6	nuevo	f	viejo
7	grande	g	lento
8	moderno	h	feo

3 Completa las frases con *ser* o *estar*.

ser 혹은 *estar* 동사를 사용하여 문장을 완성해 보세요.

1 Mi piso nuevo _es_ bastante grande.
2 Esa oficina ___________ bastante lejos de aquí.
3 Las fotocopias no ___________ bien.
4 La catedral ___________ en el centro.
5 Mi barrio ___________ antiguo.
6 Este restaurante ___________ muy ruidoso, no me gusta nada.
7 Las llaves ___________ en el cajón.
8 Federico no ___________ en su casa.
9 Luisa ___________ muy amable.
10 Este barrio ___________ muy céntrico.

4 Lee este correo y contesta verdadero (V) o falso (F). 다음 메일을 읽고 맞으면 V, 틀리면 F를 표시해 보세요.

Vacaciones

Enviar Chat Adjuntar Agenda Tipo de letra Colores Borrador

Para: Gloria@hotmail.com
Cc:
Asunto: Vacaciones
Cuenta: YOLANDA <Yolanda@wanadoo.es>

Querida Gloria:

Te escribo desde La Habana. Esta ciudad es fantástica. Mi hotel está en un barrio precioso que se llama El Vedado. Se puede pasear tranquilamente por sus calles, hay mercadillos de artesanía, algunas tiendas y restaurantes, y está al lado del mar. La mayoría de las casas son de una o dos plantas y de muchos colores: azules, amarillas, de color rosa… Otro barrio interesante es La Habana Vieja, que es la zona más antigua. Tiene algunos edificios (la catedral, el hotel Inglaterra, el Capitolio) muy bien conservados. Las calles son más estrechas y hay bastante tráfico, pero es muy agradable pasear por allí, tomar un helado y sentarse en cualquiera de las plazas.
¡Tengo muchas fotos!
Besos,
Yolanda

1 El hotel de Yolanda está en La Habana Vieja. ☐
2 El Vedado está al lado del mar. ☐
3 En El Vedado hay muchos edificios altos. ☐
4 La catedral está en La Habana Vieja. ☐
5 En la zona antigua no hay tráfico. ☐

5 Escribe un párrafo sobre tu barrio.

여러분의 동네에 관한 글을 한 단락 정도 써 보세요.

¿Es grande / pequeño / no muy grande?

¿Tiene mucho / poco tráfico?

¿Hay muchas / pocas / bastantes tiendas?

¿Cómo son los edificios: nuevos / antiguos?

¿Qué sabes?

☺ ☐ ☹

- Preguntar cómo ir en metro de un lugar a otro. ☐ ☐ ☐
- Dar instrucciones y pedir favores. ☐ ☐ ☐
- Describir un barrio. ☐ ☐ ☐
- La diferencia entre *ser* y *estar*. ☐ ☐ ☐
- Escribir sobre una ciudad. ☐ ☐ ☐

Salir con los amigos 친구들과 외출하기

7

- Hablar por teléfono 전화 통화하기
- Concertar una cita 약속 정하기
- Hablar de acciones en desarrollo 진행 중인 행위에 대해 말하기
- Descripciones físicas y de carácter 신체 및 성격 묘사
- **Cultura**: El tiempo libre de los jóvenes españoles e hispanoamericanos 문화: 스페인과 라틴 아메리카 젊은이들의 여가

064-074

Hablar 말하기

1 ¿Te gusta salir con los amigos? ¿Adónde vas? Coméntalo con tus compañeros.
친구들과 외출하는 것을 좋아하나요? 어디에 가나요?
친구들과 이야기해 보세요.

al fútbol   a la discoteca

al cine   a casa de otros amigos

Cuando salgo con mis amigos voy a...

2 (064) Lee y escucha. 읽고 들어 보세요.

Madre:	¿Sí, dígame?
Pedro:	¿Está Antonio?
Madre:	Sí, ¿de parte de quién?
Pedro:	Soy Pedro.
Madre:	Enseguida se pone.
	(...)
Antonio:	¿Pedro?
Pedro:	¡Hola, Antonio! ¿Qué haces?
Antonio:	Nada, estoy viendo la tele.
Pedro:	¿Vamos al cine esta tarde?
Antonio:	Venga, vale, ¿y qué ponen?
Pedro:	Podemos ver la última película de Almodóvar, ¿no?
Antonio:	¡Estupendo! ¿Cómo quedamos?
Pedro:	¿A las siete en la puerta del metro?
Antonio:	No, mejor a las ocho. ¿De acuerdo?
Pedro:	Vale. ¡Hasta luego!

3 Ahora contesta a las preguntas.
다음 질문에 답해 보세요.

1 ¿Qué van a hacer Antonio y Pedro?
2 ¿Dónde quedan?
3 ¿A qué hora?

4 Completa los diálogos. Utiliza las expresiones de los recuadros. 다음 대화를 완성해 보세요. 박스 안의 표현들을 사용하세요.

> Lo siento • Te parece bien
> Vienes conmigo • no puedo

■ ¿Sí?
● ¿Está Alicia?
■ Sí, soy yo.
● ¡Hola! Soy Begoña.
■ ¡Hola! ¿Qué hay?
● Voy a salir de compras esta tarde. ¿(1) _____________?
■ (2) ___________, hoy (3) ___________, tengo mucho trabajo. Mejor mañana.
● Bueno, vale. ¿A qué hora? ¿(4) ___________ a las seis?
■ Sí, de acuerdo.
● Hasta mañana.

> ¿Te parece bien? • lo siento • ¿por qué no te vienes?

■ ¿Diga?
● Hola, Ángel, soy Rosa.
■ ¿Qué tal?
● Muy bien. Te llamo porque Luis y yo vamos a ir el sábado a Segovia, (5) _____________________
■ ¿El sábado? No puedo, (6) _____________________, es el cumpleaños de mi madre y voy a comer a su casa. Pero podemos quedar después. ¿Por qué no venís a casa a cenar?
● ¿A cenar el sábado? Vale, se lo digo a Luis y, si podemos, luego te llamo. (7) _____________________
■ Estupendo. Espero tu llamada.
● Hasta luego.
■ Hasta luego.

5 (065) Escucha y comprueba. 듣고 확인해 보세요.

6 Señala en los diálogos de la actividad 4 las expresiones para aceptar una propuesta y completa el cuadro. 4번의 대화에서 제안을 받아들이는 표현들을 표시해 보세요. 그리고 아래 표를 완성해 보세요.

INVITAR	ACEPTAR
¿Quedamos mañana?	Bueno, vale.
¿Te parece bien a las seis?	
¿Por qué no venís a casa a cenar?	
¿Te parece bien?	

Comunicación 의사소통

Rechazar una propuesta 제안 거절하기

– *Lo siento, no puedo, tengo mucho trabajo.*
미안해요. 저는 안 돼요. 일이 너무 많아요.

– *No puedo, ¿te parece bien mañana?*
전 안 돼요. 내일 괜찮아요?

– *No, mejor a las ocho.* 아니요, 8시가 더 좋겠어요.

Hablar 말하기

7 Imagina que vives en Madrid. Practica con tus compañeros con estos datos. 여러분이 마드리드에 산다고 가정하고 다음 내용을 가지고 친구들과 연습해 보세요.

PROPUESTA	¿CUÁNDO?
a ir al teatro	mañana
b comer	el sábado
c tomar una copa	esta noche
d jugar al billar	esta tarde
e ir al cine	este domingo

¿DÓNDE?	¿HORA?
a Plaza Mayor	18:00 h
b Mesón Madrid	14:30 h
c Cine Ideal	23:15 h
d Metro Callao	20:30 h
e Cine Princesa	17:45 h

- *¿Vamos al teatro mañana?*
- *Vale. ¿Dónde quedamos?*
- *En la plaza Mayor. ¿Te parece bien?*
- *Sí, ¿a qué hora?*
- *A las seis.*
- *Vale. ¡Hasta luego!*
- *¡Hasta luego!*

8 Ordena la siguiente conversación telefónica. 다음의 전화 통화 내용을 순서대로 번호를 써 보세요.

- No está en este momento. ¿Quiere dejarle un recado? ☐
- Muy bien, le dejo una nota. ☐
- Inmobiliaria Miramar. Buenos días. ☐
- Muchas gracias. Adiós. ☐
- Adiós. ☐
- Sí, por favor, dígale que la señora García va mañana a las once y media para hablar con él. ☐
- Buenos días. ¿Puedo hablar con el señor Álvarez? ☐

9 (066) Escucha y comprueba. 듣고 확인해 보세요.

Comunicación 의사소통

Dejar recados 메시지 남기기

- *No está en este momento. ¿Quiere dejarle un recado?* 지금 없어요. 메모 남겨 드릴까요?
- *Sí, por favor, dígale que…* 네, 부탁해요. ~라고 말해 주세요.

Hablar 말하기

10 Practica con tu compañero las siguientes conversaciones telefónicas. 다음 전화 통화 내용을 친구와 연습해 보세요.

Estudiante A:

1 Llamas a Pepe para ir al cine.
2 Llamas a Julia para quedar para ir al cine.
3 Llamas a Borja y quedas para ir al cine.

Estudiante B:

1 Eres el padre de Pepe, y Pepe no está en su casa.
2 Eres Julia, no puedes ir al cine.
3 Eres Borja, te apetece ir al cine y quedas con tu compañero.

¿Qué estás haciendo?
너는 지금 뭐 하는 중이야?

Gramática 문법

1 Mira el dibujo y señala si las siguientes frases son verdaderas (V) o falsas (F).

그림을 보고 다음 문장이 맞으면 V, 틀리면 F 표시해 보세요.

1 El chico del bañador amarillo está duchándose. ☑ V

2 El señor con gafas de sol está leyendo el periódico. ☐

3 La señora del bañador verde está abriendo la sombrilla. ☐

4 Los chicos de la toalla blanca están jugando a las cartas. ☐

5 La joven del sombrero rojo está paseando. ☐

6 Una señora está durmiendo sobre la tumbona. ☐

7 Dos señoras están hablando en la orilla. ☐

8 Un grupo de chicas está jugando a la pelota. ☐

9 La chica del bañador rosa está secándose el pelo. ☐

10 La señora pelirroja está peinándose. ☐

ESTAR + GERUNDIO *ESTAR* + 현재분사	
estoy	
estás	
está	hablando
estamos	
estáis	
están	

Infinitivo 원형	Gerundio 현재분사형
llorar 울다	llorando
comer 먹다	comiendo
escribir 쓰다	escribiendo

GERUNDIOS IRREGULARES 불규칙 현재분사형	
leer 읽다	leyendo
dormir 자다	durmiendo

2 Mira los dibujos y di qué están haciendo los personajes. Fíjate en el ejemplo.

그림을 보고 사람들이 무엇을 하고 있는지 말해 보세요. 보기를 잘 보세요.

1 dormir / escuchar
No está durmiendo, está escuchando música.

2 escribir / pintar

3 hablar / cantar

4 estudiar / ver la tele

5 leer / navegar en internet

6 discutir / hablar

ESTAR + GERUNDIO (VERBOS REFLEXIVOS)
재귀동사의 현재진행형

Estoy lavánd**ome**. / **Me** estoy lavando.
Estás lavánd**ote**. / **Te** estás lavando.
Está lavánd**ose**. / **Se** está lavando.
Estamos lavánd**onos**. / **Nos** estamos lavando.
Estáis lavánd**oos**. / **Os** estáis lavando.
Están lavánd**ose**. / **Se** están lavando.

3 Completa las frases con el pronombre reflexivo adecuado.

알맞은 재귀대명사를 사용해서 문장을 완성해 보세요.

1 ■ Rosa, ¿qué estás haciendo?
 ● ¿Ahora mismo? Estoy peinándo*me* porque voy a salir.

2 ■ ¡Luis, al teléfono!
 ● ¡No puedo, estoy duchándo____!

3 ■ Niños, ¿qué hacéis?
 ● ¡Nada, mamá, ____ estamos lavando las manos!

4 ■ ¡Qué ruido hacen los vecinos!
 ● Sí, están levantándo____ ahora porque salen de viaje.

5 ■ ¡Hola! ¿Está Roberto?
 ● Sí, pero está afeitándo____ , llama más tarde.

6 ■ ¿Y Clara? ¿Dónde está?
 ● En el baño, está duchándo____.

7 ■ Joana, ¿qué haces?
 ● ____ estoy pintando para salir.

8 Pero hija, ¿todavía ____ estás vistiendo? Vas a llegar tarde al colegio.

9 ■ ¿Está libre el baño?
 ● No, Jordi ____ está bañando.

10 ■ ¿Qué haces, Laura?
 ● ____ estoy lavando los dientes, enseguida.

4 (067) Escucha y comprueba. 듣고 확인해 보세요.

Entonación exclamativa 감탄문 억양

1 (068) **Escucha y repite.** 듣고 따라해 보세요.

¡Vale! ¡Hasta luego! ¡Qué bien!
¡Qué va! ¡Qué bonito!
¡Es horrible! ¡Estupendo!

2 (069) **Escucha las siguientes frases y reacciona con una de las exclamaciones anteriores.**

다음 문장을 듣고 앞에서처럼 감탄문으로 대답해 보세요.

1 *¡Qué va!*____ 5 ____________
2 ____________ 6 ____________
3 ____________ 7 ____________
4 ____________

3 (070) **Ahora, escucha y comprueba.**

이제 듣고 확인해 보세요.

Vocabulario 어휘

1 Señala en estos personajes las siguientes características físicas.

다음 인물들의 신체적 특징과 맞는 것을 표시해 보세요.

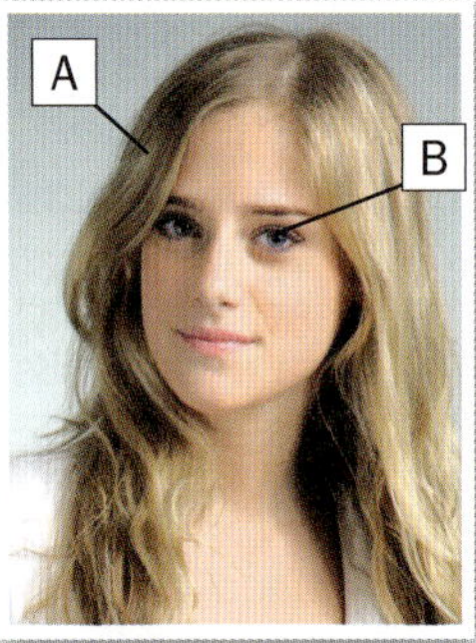

1 pelo largo y rubio ☐
2 pelo corto y moreno ☐
3 ojos claros ☐
4 ojos oscuros ☐
5 bigote ☐
6 barba ☐

2 🎧 071 Ahora completa con las características físicas anteriores las siguientes descripciones de los personajes del ejercicio 1. Después, escucha y comprueba.

신체적 특징을 나타내는 표현을 사용하여 1번 인물들의 묘사를 완성해 보세요. 그리고 듣고 확인해 보세요.

1 Tiene el __________ largo y rubio. Tiene los __________ verdes. ¡No tiene __________!
2 Tiene los __________ oscuros. Tiene el __________ corto y la __________ negra.

Comunicación 의사소통

es	joven 젊은 ≠ mayor 나이 든
	alto/a 키가 큰 ≠ bajo/a 키가 작은
	delgado/a 날씬한 ≠ gordo/a 뚱뚱한
	calvo 대머리의
tiene	el pelo largo 긴 머리 / corto 짧은 머리 / rubio 금발 / moreno 갈색 머리 / castaño 밤색 머리
	el pelo liso 생머리 / rizado 곱슬머리
	los ojos azules 파란 눈동자 / marrones 갈색의 / oscuros 어두운 ≠ claros 연한
lleva/ tiene	gafas 안경 / barba 턱수염 / bigote 콧수염

4 Describe a estas dos personas. ¿Sabes quiénes son? 아래 두 사람을 묘사해 보세요. 누군지 알아요?

3 🎧 072 Escucha las descripciones y relaciónalas con las siguientes fotografías.

인물 묘사를 듣고 알맞은 사진과 연결해 보세요.

A　　　　　B　　　　　C　　　　　D

5 Piensa en un compañero de clase y toma nota sobre su físico sin escribir su nombre.

반 친구 한 명을 떠올려 보세요. 그리고 그 친구의 이름을 밝히지 말고 외모에 대해 노트에 적어 보세요.

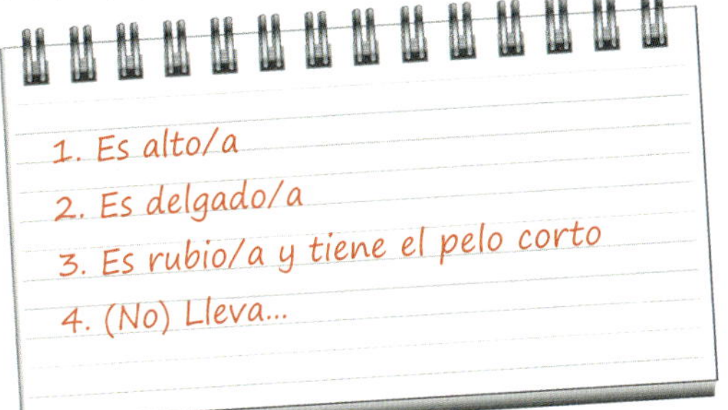

6 Utiliza esas notas para describir a esa persona en voz alta. ¿Saben tus compañeros quién es?

위 메모를 보고 그 친구에 대한 묘사를 큰 소리로 말해 보세요. 다른 친구들이 그 친구가 누구인지 아나요?

Vocabulario 어휘

7 Relaciona. 알맞은 것을 연결해 보세요.

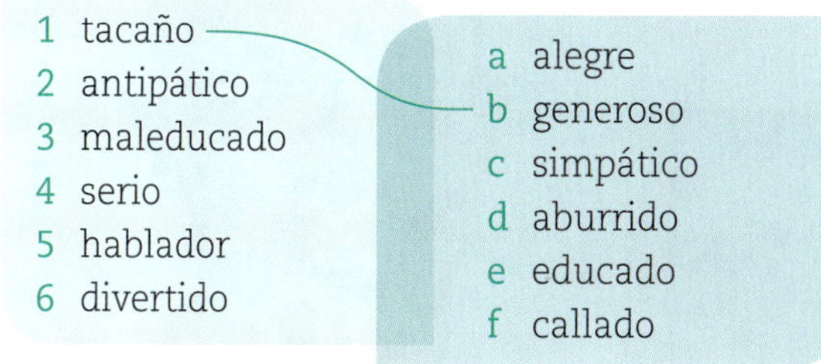

8 ¿Qué palabra utilizas para describir el carácter de estas personas?

아래 특징을 가진 사람들의 성격을 묘사하기 위해 어떤 단어를 사용하나요?

1 Nunca gasta dinero.
2 Nunca habla.
3 Siempre está hablando.
4 Siempre está sonriendo.
5 Actúa con mucha educación.
6 Hace muchos regalos.

9 Completa el párrafo con los verbos del recuadro.

박스 안에 있는 단어를 사용하여 다음 글을 완성해 보세요.

> gusta • gustan (x2) • ~~es~~ • favorita • odia • generosas

Dolores Fuentes es periodista. Ella dice que (1) _es_ simpática, alegre y muy habladora. Le gustan las personas (2) ____________. En su tiempo libre le (3) ____________ mucho pasear por la playa y mirar el mar. Su comida (4) ____________ es el cocido madrileño, que normalmente toma con una copa de vino tinto.
Dos de sus aficiones son: el cine y la música clásica. Le (5) ____________ mucho las películas antiguas, su favorita es *Tiempos modernos*, de Charlie Chaplin.
(6) ____________ las guerras y tampoco le (7) ____________ nada las personas antipáticas y maleducadas.

Hablar 말하기

10 Primero lee las preguntas y luego haz la encuesta a tu compañero. Utiliza el vocabulario que has aprendido.

다음 질문을 읽고 친구를 인터뷰해 보세요. 배운 단어를 활용해 보세요.

1 ¿Cómo eres tú? _Simpático y hablador._
2 ¿Cómo te gustan las personas?
3 ¿Qué tipo de personas no te gustan?
4 ¿Qué prefieres hacer en tu tiempo libre?
5 ¿Cuál es tu comida preferida?
6 ¿Cuál es tu bebida preferida?
7 ¿Cuál es tu deporte favorito?
8 ¿Qué tipo de música prefieres?
9 ¿Cuál es tu película favorita?

Escribir 쓰기

11 Escribe un párrafo parecido al de la actividad 9 sobre tu compañero.

여러분의 친구에 대해 9번 활동의 글과 비슷하게 써 보세요.

Fátima es simpática y generosa.
Le gustan las personas alegres…

Escuchar 듣기

12 🎧 073 ¿Conoces la canción *Guantanamera*? Escúchala. Anota todas las frases que entiendas y, con tus compañeros, intenta escribirla.

'관타나메라'라는 노래를 아나요? 들어 보세요. 알아들을 수 있는 모든 문장을 메모해서 친구들과 노래 전체를 써 보세요.

Los sábados por la noche

Para los jóvenes la noche del sábado es muy especial.
No tienen que estudiar, no tienen que trabajar, no tienen que aprender
los verbos irregulares... Entonces, ¿qué hacen los sábados por la noche?
Depende. No todos tienen los mismos gustos.

Tomás
dieciocho años, Costa Rica

Conozco a muchas chicas de mi edad, pero normalmente prefiero salir con mis amigos. Hay muchas cosas que nos gusta hacer juntos. Cuando tenemos suficiente dinero vamos al cine o a una cafetería. Si no, vamos a la casa de otro amigo y escuchamos música.

Carolina
diecisiete años, Perú

Yo no salgo mucho porque mis padres son muy estrictos. Casi nunca me dan permiso para salir de noche. Así que me quedo en casa viendo la televisión.

Rafael
veintitrés años, Alicante

Yo siempre salgo con mi novia y mis amigos. Normalmente vamos al cine y a tomar algo. A veces nos reunimos en casa de alguien y jugamos con los videojuegos.

Leer 읽기

1 Lee el texto anterior y señala verdadero (V) o falso (F). 위 글을 읽고 맞으면 V, 틀리면 F 표시해 보세요.

1 Los jóvenes tienen que estudiar los sábados por la noche. ☐
2 No todos los jóvenes tienen los mismos gustos. ☐
3 Tomás, algunas veces, va al cine. ☐
4 Carolina se queda en casa, viendo la televisión. ☐
5 Rafael sale solo con sus amigos. ☐

Hablar 말하기

2 En grupos de cuatro, habla con tus compañeros. 네 명이 그룹을 지어 친구들과 이야기해 보세요.

- ¿Sales a menudo los sábados por la noche?
- ¿Con quién sales?
- ¿Adónde te gusta ir?
- ¿Sales los domingos?
- ¿Sales solo/a o con tus amigos?

3 (074) Un programa de radio quiere saber qué hacen los madrileños los fines de semana. Escucha las dos entrevistas y marca con una cruz quién hace las siguientes actividades.

한 라디오 프로그램에서 마드리드 사람들이 주말에 무엇을 하는지 알고 싶어 합니다. 두 개의 인터뷰 내용을 듣고 다음 활동을 누가 하는지 표시해 보세요.

	ELLA	ÉL
1 Los sábados por la tarde va al cine.	☐	☐
2 Los sábados por la mañana juega al fútbol.	☐	☐
3 Los viernes por la noche sale con sus amigas.	☐	☐
4 Los viernes por la noche va al cine.	☐	☐
5 Los domingos va al Rastro o visita una exposición.	☐	☐
6 El domingo duerme casi todo el día.	☐	☐

Escribir 쓰기

4 Señala las actividades de tiempo libre que haces normalmente. 여러분이 평소에 하는 여가 활동에 표시해 보세요.

ir al cine / teatro ☐   bailar ☐   ver la tele ☐

cenar fuera de casa ☐   salir con los amigos ☐   leer ☐

ver una película en internet ☐   practicar algún deporte ☐

jugar con los videojuegos ☐   invitar a amigos a mi casa ☐

tocar un instrumento de música ☐   conectarme a internet ☐

5 ¿Cuáles de ellas haces los días laborables y cuáles los fines de semana?

여러분은 표시한 것 중에서 어떤 것을 평일에 하고 어떤 것을 주말에 하나요?

DÍAS LABORABLES	FINES DE SEMANA

6 ¿Con quién las haces? 누구와 하나요?

con mi familia
con mis compañeros
con mis amigos
yo solo

7 Con toda la información anterior, escribe un texto sobre las actividades que realizas en tu tiempo libre. Utiliza las palabras del recuadro.

앞에 배운 내용을 바탕으로 여러분이 여가 시간에 하는 활동에 대한 글을 써 보세요. 박스 안의 어휘를 사용해 보세요.

los días laborables • siempre
los fines de semana • normalmente
nunca • además • también

1 Mira la sección de espectáculos del periódico y busca la siguiente información.
신문에 나온 공연 관련 정보를 보고 다음 질문에 해당하는 정보를 찾아 보세요.

ESPECTÁCULOS			
	TELEVISIÓN	CINE	TEATRO	MÚSICA
viernes	La 2. 22 h: Documental *Exiliados*.	Cine Ideal, 22.30 h: *La piel que habito*, de Pedro Almodóvar.	Teatro Lope de Vega, 23 h: *El fantasma de la Ópera* (musical).	Palacio de Vistalegre, 21.30 h: *Nabucco*, de Verdi.
sábado	Canal+, 22.30 h: *Katmandú, un espejo en el cielo*, de Iciar Bollain.	Cinema Azul, 20 h: *Chico & Rita*, de Javier Mariscal y Fernando Trueba.	Teatro Albéniz, 22.30 h: *La Gaviota*, de Chejov.	Casa Patas, 24 h: *Concierto flamenco*.
domingo	Antena 3, 20.30 h: *Fútbol*, Real Madrid-Barcelona.	Cine Princesa, 20.15 h: *Güelcom*, de Yago Blanco.	Teatro Fígaro, 22.30 h: *Bodas de sangre*, de García Lorca.	Palacio de Congresos, 21 h: Concierto de David Bisbal.

a ¿Qué ponen en la tele el viernes?

b ¿Dónde ponen *El fantasma de la Ópera*?

c ¿Qué podemos ver en Casa Patas?

d ¿A qué hora empieza la película de Iciar Bollain?

e ¿Qué equipos juegan al fútbol el domingo por la tarde?

f ¿Qué película podemos ver el domingo?

g ¿Qué obra ponen en el Teatro Fígaro?

h ¿Quién canta el domingo en el Palacio de Congresos?

2 Lee esta conversación y completa.
다음 대화를 읽고 문장을 완성해 보세요.

■ El hermano de Luisa me gusta mucho, siempre está sonriendo y puedo hablar con él de todo.

● Es verdad. Luisa dice que hace regalos a todo el mundo y que tiene muchos amigos.

■ Sin embargo su novio es completamente distinto, no le gusta nada gastar dinero y tampoco habla mucho.

● Sí, es muy serio, pero siempre se comporta con mucha educación y a ella eso le gusta.

El hermano de Luisa es (1) _______, (2) _______ y (3) _______.
El novio de Luisa es (4) _______, (5) _______ y (6) _______.

3 Describe lo que están haciendo los personajes del dibujo. Utiliza los verbos del recuadro. 그림 속 인물들이 하고 있는 것을 묘사해 보세요. 박스 안의 동사들을 사용해 보세요.

reír • comer • discutir • escuchar • hablar

Ana se está riendo.

De vacaciones 휴가

8

·· Preguntar e indicar cómo se va a un lugar 장소 묻고 가르쳐 주기
·· Hablar del pasado (ayer) 과거(어제)에 대해 이야기하기
·· Hablar del tiempo meteorológico 날씨에 대해 말하기
·· Los meses y las estaciones del año 일 년의 달과 계절
·· **Cultura**: De vacaciones por España 문화: 스페인으로 휴가

075-084

Por favor, ¿para ir a la catedral?

실례합니다만, 성당에 가려면 어떻게 가나요?

■ *Preguntar e indicar
cómo se va a un lugar*

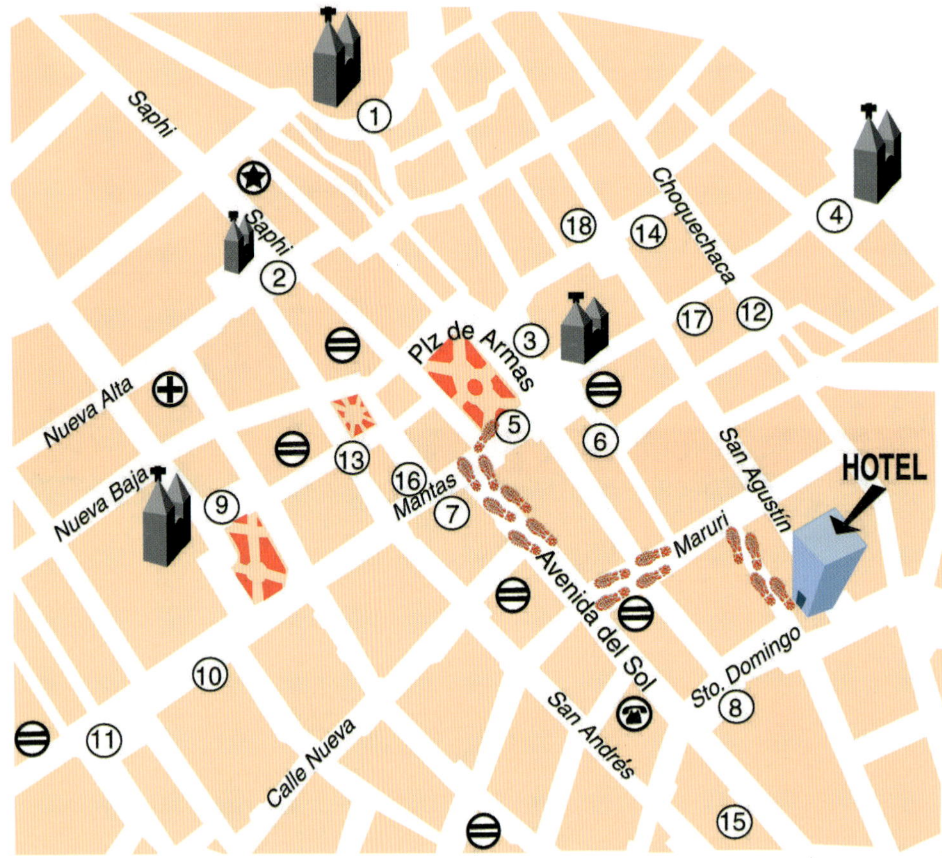

Hablar 말하기

1 Mira el plano de Cuzco y encuentra:

쿠스코 지도를 보고 다음을 찾아 보세요.

> una farmacia   una posta sanitaria
> la iglesia de San Francisco
> la oficina de correos   el Museo de Arte

2 Escribe frases como en el ejemplo.

보기와 같이 문장을 써 보세요.

Hay una farmacia en la calle…
La iglesia de San Francisco está en la calle…

Comunicación 의사소통

sigue (siga) todo recto	gira (gire) a la izquierda	gira (gire) a la derecha	toma (tome) la 2.ª a la derecha
직진하세요	좌회전하세요	우회전하세요	두 번째 코너에서 우회전하세요

3 🎧 075 Luis está en el hotel y quiere ir a la plaza de Armas. Lee y escucha el diálogo. Sigue el recorrido en el plano.

루이스는 호텔에 있고 아르마스 광장에 가고 싶습니다. 다음 대화를 읽고 들어 보세요. 지도에서 길을 따라가 보세요.

Luis: Buenos días, perdone, ¿puede decirme cómo se va a la plaza de Armas?

Recepcionista: Sí, ¡cómo no! Es muy sencillo. Al salir del hotel gire a la derecha y siga todo recto hasta el final de la calle. Entonces gire a la izquierda. Siga recto y tome la tercera calle a la derecha, la avenida del Sol, y al final de la avenida, a la derecha, se encuentra la plaza de Armas.

Luis: Entonces, salgo a la derecha, giro a la izquierda y en la avenida del Sol giro a la derecha. La plaza está al final de la calle, a la derecha, ¿no es así?

Recepcionista: Así es, señor. En quince minutos puede estar allí.

Luis: Muchas gracias. ¡Hasta luego!

4 Mira el plano y completa los diálogos.

지도를 보고 대화를 완성해 보세요.

1 Desde el hotel:

- ■ Perdone, ¿puede decirme dónde está la farmacia más cercana?

- ● ____________________ la calle Santo Domingo, gire la primera ____________ y, después, la primera ____________________.

2 Desde la iglesia de San Francisco:

- ■ Por favor, ¿puede decirme cómo se va a la iglesia de Santa Teresa?

- ● Gire ____________, después tome la segunda calle ____________, la calle Nueva Alta, y al final de la calle, ____________, está la iglesia de Santa Teresa.

5 🎧 [076] Escucha y comprueba. 듣고 확인해 보세요.

6 Estáis en la iglesia de Santa Teresa. Mirando el plano de Cuzco, haz las siguientes preguntas a tu compañero. Luego él te hará otras.

여러분은 산타 테레사 성당에 있습니다. 쿠스코 지도를 보면서 친구에게 다음을 질문해 보세요. 그리고 친구는 또 다른 질문을 해 보세요.

1 Perdone, por favor, ¿para ir a la catedral?

2 ¿Puede decirme cómo se va a la plaza de Armas, por favor?

3 ¿La iglesia de San Francisco, por favor?

4 Disculpe, ¿la posta sanitaria, por favor?

Vocabulario 어휘

7 Mira los dibujos y escribe la letra correspondiente. 그림을 보고 알맞은 알파벳을 써 보세요.

1 medicinas [c]
2 fruta y carne ☐
3 periódico ☐
4 sellos y tabaco ☐
5 cartas ☐
6 policía ☐

8 Relaciona los establecimientos con el vocabulario anterior.

앞에서 배운 어휘 중 다음 장소에 맞는 단어를 찾아 써 보세요.

1 correos ☐
2 quiosco ☐
3 farmacia ☐
4 mercado ☐
6 comisaría ☐
5 estanco ☐

Gramática 문법

1 ¿Adónde fuiste el sábado?
토요일에 어디에 갔나요?

- ■ *Yo fui a...*
- ● *Yo no salí, me quedé en casa.*

2 ¿Qué hizo la doctora Ramírez ayer?
Relaciona las frases con las imágenes.
라미레스 의사는 어제 무엇을 했나요? 다음 문장에 알맞은 그림을 연결해
보세요.

1 Salió de casa a las ocho de la mañana. ☐d
2 Empezó a trabajar a las ocho y media. ☐
3 Comió en la cafetería del hospital. ☐
4 Terminó de trabajar a las cinco de la
   tarde. ☐
5 Por la tarde, fue al supermercado. ☐
6 Compró algo de fruta para la cena. ☐

PRETÉRITO INDEFINIDO 단순과거			
Verbos regulares 규칙동사			
	trabajar 일하다	comer 먹다	salir 나가다
yo	trabaj**é**	comí	salí
tú	trabaj**aste**	comiste	saliste
él / ella / Ud.	trabaj**ó**	comió	salió
nosotros/as	trabaj**amos**	comimos	salimos
vosotros/as	trabaj**asteis**	comisteis	salisteis
ellos / ellas / Uds.	trabaj**aron**	comieron	salieron

3 Escribe las siguientes frases en pretérito
indefinido. 단순과거형으로 다음 문장을 써 보세요.

1 Ayer / no leer / el periódico. (yo)
  Ayer no leí el periódico.
2 El lunes / Juan y yo / comer / en un restaurante nuevo.
3 Anoche / cenar / con María. (nosotros)
4 Mis amigos / no trabajar / el sábado por la noche.
5 ¿Comprar / ayer / el periódico? (tú)
6 Eduardo / llevar / al niño al colegio.
7 ¿Salir / el viernes por la noche? (vosotros)
8 La semana pasada / conocer / a los padres de Juan. (yo)
9 ¿Llamar / a Juan / ayer? (tú)
10 El sábado pasado / ver / una película. (nosotros)

4 Completa las frases con la forma correcta de los
verbos del recuadro.
박스 안의 동사들을 알맞은 형태로 바꾸어 문장을 완성해 보세요.

comer • nacer • salir • cambiar • viajar

1 ■ ¿Dónde __________ (tú)?
  ● En Córdoba.
2 Ayer __________ (nosotros) en un restaurante peruano.
3 El año pasado __________ (yo) en avión por primera vez.
4 ■ ¿Cuándo __________ (vosotros) de casa?
  ● A las ocho de la mañana.
5 El mes pasado __________ (ellos) de coche.

5 ¿Qué hizo Rosa ayer? Completa los huecos con el pretérito indefinido de los verbos.

로사는 어제 무엇을 했나요? 동사의 단순과거형으로 빈칸을 채워 보세요.

> acabar • cenar • visitar
> pasar • llegar • ~~atender~~ • invitar

Ayer, como todos los días, me levanté a las siete de la mañana y me preparé para ir a trabajar. Al llegar al hospital, como todos los días, (1) _atendí_ a los enfermos de la consulta y (2) ___________ a los pacientes de las habitaciones. A las cinco de la tarde, como todos los días, (3) ___________ de trabajar y (4) ___________ por el supermercado a comprar algo para la cena. A las seis de la tarde (5) ___________ por fin a casa, muy cansada, como todos los días. Pero ayer fue diferente: mi marido me (6) ___________ a un concierto y después (7) ___________ en mi restaurante favorito.

6 🎧 [077] **Escucha y comprueba.** 듣고 확인해 보세요.

PRETÉRITO INDEFINIDO 단순과거
Verbos irregulares 불규칙동사

	ir 가다 / ser 이다	estar 있다
yo	fui	estuve
tú	fuiste	estuviste
él / ella / Ud.	fue	estuvo
nosotros/as	fuimos	estuvimos
vosotros/as	fuisteis	estuvisteis
ellos / ellas / Uds.	fueron	estuvieron

7 Elige la forma correcta. 알맞은 동사형을 선택해 보세요.

1. Juan y María *estuvieron / fueron* en el parque ayer.
2. Mi hermano *estuvo / fue* el capitán del equipo el año pasado.
3. ¿*Fuiste / Estuviste* a la oficina de correos ayer?
4. Ayer *fue / estuvo* mi cumpleaños.
5. ¿Dónde *estuvieron / fueron* los últimos Juegos Olímpicos?

Escuchar 듣기

8 🎧 [078] Soledad y Federico son dos ejecutivos. Escúchalos y completa el cuadro con las ciudades en las que estuvieron la semana pasada. 솔레다드와 페데리코는 관리자입니다. 둘의 대화를 듣고 표에 지난주 방문했던 도시들을 써 보세요.

	Soledad	Federico
lunes		
martes		
miércoles		
jueves		
viernes		

- Lima
- Madrid
- Buenos Aires
- Río de Janeiro
- Caracas

Hablar 말하기

9 Completa las preguntas con el pretérito indefinido.

단순과거형을 사용해서 다음 질문을 완성해 보세요.

1. ¿A qué hora _te levantaste_ (levantarse) ayer?
2. ¿A qué hora ___________ (empezar) a trabajar?
3. ¿A qué hora ___________ (salir)?
4. ¿Dónde ___________ (ir) a comer?
5. ¿Con quién ___________ (comer)?
6. ¿Dónde ___________ (estar) después de comer?
7. ¿Cuándo ___________ (llegar) a casa?
8. ¿Qué ___________ (cenar)?
9. ¿Qué ___________ (ver) en la televisión?
10. ¿A qué hora ___________ (acostarse)?

10 Haz las preguntas anteriores a tu compañero y escribe lo que te dice.

친구에게 위의 질문들을 하고 친구의 대답을 써 보세요.

Ayer mi compañero se levantó a las...

Pronunciación y ortografía 발음과 철자

Acentuación 강세

1 🎧 [079] **Escucha y señala lo que oyes.**

듣고 일치하는 것을 고르세요.

1. (a) Llevo gafas. ☐
   (b) Llevó gafas. ☐
2. (a) Como mucho. ☐
   (b) Comió mucho. ☐
3. (a) ¿Abro la puerta? ☐
   (b) ¿Abrió la puerta? ☐
4. (a) ¿Hablo más alto? ☐
   (b) ¿Habló más alto? ☐
5. (a) Entro a las ocho. ☐
   (b) Entró a las ocho. ☐
6. (a) Trabajo por la mañana. ☐
   (b) Trabajó por la mañana. ☐
7. (a) Estudio Geografía. ☐
   (b) Estudió Geografía. ☐

2 🎧 [079] **Escucha otra vez y repite.**

다시 한 번 잘 듣고 따라해 보세요.

Vocabulario 어휘

1 Relaciona las siguientes expresiones con las fotos. 다음 표현에 알맞은 사진을 연결해 보세요.

HOY	AYER	
1 hace frío	hizo frío	a
2 hace calor	hizo calor	
3 hace viento	hizo viento	
4 está nublado	estuvo nublado	
5 llueve	llovió	
6 nieva	nevó	

2 Contesta a las siguientes preguntas.
다음 질문에 대답해 보세요.

1 ¿Qué tiempo hace hoy?
2 ¿Qué tiempo hizo ayer?
3 ¿Hizo frío el fin de semana pasado?
4 ¿Qué tal tiempo hace en tu país en primavera / verano / otoño / invierno?
5 ¿Qué tiempo te gusta más? *Me gusta cuando...*

Comunicación 의사소통

primavera   **verano**   **otoño**   **invierno**
봄   여름   가을   겨울

3 Completa el siguiente calendario con el tiempo que suele hacer en tu ciudad en los distintos meses del año.

아래 달력에 월별로 여러분이 사는 도시의 날씨를 적어 보세요.

enero		julio	
febrero		agosto	
marzo		septiembre	
abril		octubre	
mayo		noviembre	
junio		diciembre	

Hablar 말하기

4 Pregunta a tu compañero. 친구에게 질문해 보세요.

1 ¿Cuándo es tu cumpleaños?
   Mi cumpleaños es el...
2 ¿Cuándo es el cumpleaños de tu madre?
3 ¿Cuándo es el cumpleaños de tu padre?
4 ¿Cuándo es el cumpleaños de tu mejor amigo?

5 Completa el texto con las palabras del recuadro. 박스 안의 어휘를 사용하여 글을 완성해 보세요.

> veces • mucho • hace (x2) • primavera
> altas • enero • noviembre • julio

En Toledo, durante los meses de invierno (diciembre, (1) ______________ y febrero) (2) ______________ mucho frío y algunas (3) ____________ nieva. Durante la (4) ______________ (marzo, abril y mayo), suben las temperaturas y empieza a hacer buen tiempo. En verano (junio, (5) ______________ y agosto), hace (6) ______________ calor: todos los días hace mucho sol y las temperaturas son muy (7) ____________. En otoño (septiembre, octubre y (8) ______________), los días son más cortos, el cielo está nublado y a veces llueve y (9) __________ viento.

6 🎧 *080* Ahora escucha y comprueba.
듣고 확인해 보세요.

7 Escribe un párrafo sobre el tiempo en tu país.
여러분 나라의 날씨에 대한 글을 써 보세요.

8 🎧 *081* Escucha el informe meteorológico y completa la tabla. 일기 예보를 듣고 표를 완성해 보세요.

	BRASIL	CARIBE	MÉXICO
tiempo			
temperatura			

9 Lee el texto de México y contesta a las preguntas. 멕시코에 관한 내용을 읽고 다음 질문에 답해 보세요.

¿En qué festividades...
1 ... reciben regalos los niños?
2 ... las celebraciones duran dos semanas?
3 ... se encienden velas?
4 ... se utilizan trajes regionales?
5 ... se baila en las calles?
6 ... se representa la muerte de Jesucristo?

Ven a disfrutar de tus vacaciones en

México y participa
con nosotros en nuestras fiestas tradicionales

Carnaval: Los festejos de Carnaval se celebran en febrero. Empiezan el viernes y terminan el martes de la semana siguiente. Durante estos días la gente baila en las calles, en los hoteles y en las casas de la ciudad, en un ambiente muy alegre. Las mujeres se visten con hermosos trajes regionales y bailan sus danzas tradicionales.

Semana Santa: La Semana Santa se celebra en marzo o en abril. Los habitantes de los pueblos hacen procesiones, llevan velas y ofrecen flores. También se realizan representaciones de los principales hechos de la pasión y muerte de Jesucristo.

Día de los Muertos: El 1 de noviembre pueblos enteros van a las tumbas de sus muertos, llevándoles dulces, comida y flores. El espectáculo es impresionante por la noche cuando se encienden las velas en los cementerios.

Fiestas de Navidad y Año Nuevo: Estas fiestas empiezan el 24 de diciembre y terminan el 6 de enero, cuando los tres Reyes Magos dejan juguetes y golosinas en los zapatos de los niños.

Hay tantas cosas que ver en España que es difícil seleccionar las más interesantes. Si empezamos por el noroeste, podemos visitar Galicia y allí pararnos a ver Santiago de Compostela y su catedral. Siguiendo por la costa cantábrica, el viajero descubre paisajes inolvidables de praderas suaves y pequeñas playas entre acantilados. Desde el País Vasco nos dirigimos a Cataluña, que mira al Mediterráneo. La ciudad catalana más importante es Barcelona, puerto de mar y punto de partida y llegada de barcos de todo el mundo.

Podemos seguir nuestro viaje por la costa mediterránea para disfrutar de las ciudades y playas que llegan hasta Almería y Málaga, en Andalucía. También la comunidad andaluza merece una atención especial por los restos de cultura árabe que se pueden ver en Córdoba, Sevilla y Granada, especialmente. Desde Córdoba podemos ir a Madrid, atravesando la Mancha, la tierra de Don Quijote, el héroe de Cervantes. Aquí acaba nuestro viaje por esta vez, pero aún nos quedan por ver muchos otros paisajes y ciudades.

Leer 읽기

1 Con tu compañero elabora una lista de ciudades y monumentos españoles.
친구와 스페인의 도시와 유적지 목록을 만들어 보세요.

2 🎧 082 Lee el texto «Vacaciones en España» y después escucha. '*Vacaciones en España*' 글을 읽고 들어 보세요.

3 Señala verdadero (V) o falso (F).
내용이 맞으면 V, 틀리면 F 표시를 해 보세요.

1 La catedral de Santiago está en Galicia. ☐
2 Barcelona está en la costa cantábrica. ☐
3 En Córdoba hay restos árabes. ☐
4 Almería no tiene playa. ☐
5 La Mancha está al sur de Madrid. ☐

4 Señala en el mapa el recorrido del viaje propuesto en el texto.
윗글에서 제시된 여정을 지도에 표시해 보세요.

5 Lee el blog de Sara. ¿Dónde estuvo de vacaciones? ¿Con quién fue? ¿Qué tiempo suele hacer en esa zona de España?

사라의 블로그를 읽어 보세요. 휴가 동안 어디에 있었나요? 누구와 갔나요? 스페인의 그 지역 날씨는 보통 어떤가요?

EL BLOG DE SARA

La Semana Santa pasada fui con mis amigos a Granada, en el sur de España. El viaje fue muy interesante. Es una ciudad de origen árabe. Visitamos La Alhambra. Sus edificios y jardines forman el conjunto más importante de arte musulmán en Europa. Por la noche cenamos en el barrio del Sacromonte y vimos un espectáculo flamenco. Al día siguiente subimos a Sierra Nevada. Pasamos el día esquiando con un tiempo estupendo. Otro día estuvimos en la costa. Sus habitantes dicen que allí hace sol más de 320 días al año. Nos bañamos en las playas de Almuñécar y comimos un arroz buenísimo en un restaurante junto al mar. Fueron unos días estupendos. Os recomiendo a todos este viaje.

ENTRADAS
- Enero (2)
- Febrero (6)
- Marzo (2)
- Abril (1)
- Mayo (3)
- Junio (2)

DÓNDE
- comer
- museos
- teatros
- hoteles

BLOGS RELACIONADOS
- contacto

6 Prepara unas notas sobre tus últimas vacaciones. 여러분이 마지막으로 갔던 휴가에 대해 적어 보세요.

- ¿Dónde estuviste?
- ¿Con quién viajaste?
- ¿Qué actividades realizaste?
- ¿Qué sitios visitaste?
- ¿Qué comiste?
- ¿Qué tiempo hace en esa zona?

7 Ahora escribe una descripción del lugar donde pasaste tus últimas vacaciones.

여러분이 마지막으로 갔던 휴가지에 대해 묘사해 보세요.

8 (083) Escucha este programa de radio sobre Barcelona. ¿Las frases siguientes son verdaderas (V) o falsas (F)? Corrige las falsas.

바르셀로나에 대한 라디오 프로그램을 들어 보세요. 다음 문장들이 참(V)인가요, 아니면 거짓(F)인가요? 틀리면 수정해 보세요.

1 Barcelona está en el interior de España. ☐
2 Montserrat Caballé es una cantante de rock. ☐
3 Montserrat Caballé grabó con Freddie Mercury la canción «Barcelona». ☐
4 Podemos ver las mejores obras de Miró en Palma de Mallorca. ☐
5 Joan Manuel Serrat es muy conocido en los países de habla hispana. ☐
6 Arancha Sánchez Vicario ganó una vez el torneo de tenis de Roland Garros. ☐

Alumno A (alumno B, ver «En parejas»)

9 Tú y tu compañero os encontráis en la esquina de la calle Argentina con la calle Ecuador. Pregunta a B cómo se va a los siguientes lugares.

여러분은 친구와 아르헨티나 거리와 에콰도르 거리가 만나는 모퉁이에 있습니다. B 학생에게 다음 장소에 어떻게 가는지 물어보세요.

el colegio • el estanco • el supermercado
el hotel • el restaurante

- *¿Puedes decirme cómo se va al colegio?*
- *Ve por la calle Argentina y toma la primera a la derecha, la calle Mayor. Sigue recto y, después de cruzar la calle Colombia, a la izquierda, junto a la parada del autobús, está el colegio.*

10 Tú y tu compañero os encontráis en la esquina de la calle Argentina con la calle Ecuador. Escucha a B y dile cómo se va a los lugares que te pregunta.

여러분은 친구와 함께 아르헨티나 거리와 에콰도르 거리가 만나는 모퉁이에 있습니다. B가 여러분에게 묻는 장소에 어떻게 가는지 설명해 보세요.

11 Encuentra en la clase a alguien que hizo ayer estas cosas. Pregunta a varios compañeros. 어제 아래의 일을 한 친구들을 교실에서 찾아 보세요. 여러 친구들에게 물어보세요.

1 Se levantó antes de las ocho.
   ¿Te levantaste antes de las ocho?
2 Desayunó café con leche.
   ¿Desayunaste café con leche?
3 Fue al supermercado.
   ¿Fuiste al supermercado?
4 Comió fuera de su casa.
5 Fue al gimnasio.
6 Vio una película.
7 Navegó por internet.
8 Habló por teléfono con sus padres.
9 Cenó una ensalada.
10 Se acostó antes de las once.

1 ¿Dónde se puede(n) encontrar…
다음 물건들을 어디서 볼 수 있나요?

1 … sellos? _En el estanco_.
2 … revistas? _______________
3 … aspirinas? _______________
4 … carne y pescado? _______________
5 … un médico? _______________
6 … un policía? _______________

2 ¿Verdadero (V) o falso (F)? 참(V)인가요, 아니면 거짓(F)인가요?

1 En el desierto llueve mucho. [F]
2 Cuando hace calor, no llevo abrigo. ☐
3 Siempre nieva en verano. ☐
4 En otoño caen las hojas de los árboles. ☐
5 Cuando hace mucho viento, es difícil abrir el paraguas. ☐
6 Cuando llueve, está nublado. ☐

3 Ordena los párrafos de la postal que Carolina escribe a Rosa.
카롤리나가 로사에게 쓴 엽서의 내용을 순서대로 나열해 보세요.

☐ (a) Después ellos fueron a la plaza Mayor a tomar un aperitivo y yo me fui de compras con Ana, mi compañera de piso.

☐ (b) Segovia es una ciudad preciosa. Ayer estuve allí de excursión con unos amigos.

☐ (c) Al final del día, Ana y yo hicimos unas fotos del acueducto. El tiempo se pasó muy rápido, pero fueron unas horas inolvidables.

☐ (d) Por la mañana visitamos la catedral y el alcázar.

☐ (e) Por la tarde, todos bajamos al río. Dimos un paseo muy agradable.
¡Hasta pronto!
Carolina

Rosa García Iglesias
c/ Príncipe, 15 - 1.º izda.
28080 Madrid

4 Completa el siguiente texto con el pretérito indefinido de los verbos.
동사의 단순과거형을 사용하여 다음 글을 완성해 보세요.

Ayer me (1) _levanté_ (levantar) a las seis y media de la mañana. Mi marido y yo (2) ___________ (desayunar) juntos y después él se (3) ___________ (ir) a trabajar en tren y yo me (4) ___________ (ir) en coche. Mis hijos (5) ___________ (estar) en el colegio hasta las tres. Luego, todos (6) ___________ (comer) juntos. Por la tarde, mi marido (7) ___________ (preparar) la cena y yo (8) ___________ (ayudar) a mi hijo pequeño con los deberes. A las once nos (9) ___________ (ir) todos a dormir.

5 🎧 (084) Escucha a Sara, Lucía y Carlos hablando de sus últimas vacaciones y completa el cuadro.
사라, 루시아 그리고 카를로스가 자신들의 휴가에 대해 이야기하는 것을 듣고 빈칸을 채워 보세요.

1 ¿Dónde estuvieron?
2 ¿Qué transporte utilizaron?
3 ¿Con quién estuvieron?
4 ¿Cuánto tiempo estuvieron?

Sara
1
2
3
4

Lucía
1
2
3
4

Carlos
1
2
3
4

¿Qué sabes?

	😊	😐	☹️
· Preguntar e indicar cómo se va a un lugar.	☐	☐	☐
· Nombres de establecimientos.	☐	☐	☐
· Hablar del pasado.	☐	☐	☐
· Hablar del tiempo meteorológico.	☐	☐	☐
· Los meses y las estaciones del año.	☐	☐	☐

Compras 쇼핑

·· Recursos para ir de compras 쇼핑 관련 표현
·· Los colores 색
·· Describir la ropa 의상 묘사하기
·· Hacer comparaciones 비교하기
·· **Cultura**: Ciudades y arte español e hispanoamericano
문화: 도시 및 스페인과 라틴 아메리카 예술

085-090

Hablar 말하기

1 Pregunta a tus compañeros.
친구들에게 물어보세요.

1 ¿Te gusta ir de compras?
2 ¿Dónde compras, en tiendas pequeñas o en centros comerciales?

2 Celia y Álvaro van de compras. Completa el diálogo con las palabras del recuadro.
셀리아와 알바로가 쇼핑하러 갔습니다. 박스 안의 단어를 사용하여 대화를 완성해 보세요.

> cuánto cuestan • No están mal
> Gracias • preciosos

Celia: Mira estos zapatos, Álvaro, son (1) ____________.

Álvaro: (2) _________________, pero a mí me gustan más aquellos marrones.

Celia: Oiga, ¿(3) __________ estos zapatos negros?

Dependiente: Noventa euros.

Celia: ¿Y aquellos marrones?

Dependiente: Ciento quince euros.

Celia: ¿Ciento quince euros? (4) ____________, tengo que pensarlo.

> a mí tampoco • talla • Vale • qué te parece • me la llevo

Álvaro: Celia, ¿(5) _____________ esta camisa para mí?

Celia: Bien, ¿cuánto cuesta?

Álvaro: Solo sesenta euros. Voy a probármela.

Celia: (6) ____________.
(…)

Celia: A ver… pues no te queda bien, ¿eh?

Álvaro: No, no, (7) _____________ me gusta.

Celia: Toma, pruébate esta chaqueta, es muy bonita.

Álvaro: A ver… Pues sí, parece que me queda bien, ¿no?

Celia: Muy bien, es tu (8) ___________.

Álvaro: ¿Cuánto cuesta?

Celia: Ciento veinte euros, es un poco cara.

Álvaro: Bueno, pero me gusta mucho, (9) _____________.

> me lo llevo • En efectivo • ¿Cómo me queda?

Celia: Mira, ¿qué te parece este gorro? (10) _____________

Álvaro: Bien, muy bien.

Celia: Pues (11) _____________, solo cuesta cinco euros.
(…)

Dependiente: Una chaqueta y un gorro de lana… Muy bien, son ciento veinticinco euros. ¿Pagan en efectivo o con tarjeta?

Álvaro: (12) _____________.

3 **(085)** Escucha y comprueba. 듣고 확인해 보세요.

4 En parejas. Practica con tu compañero la conversación anterior: uno es el vendedor y el otro es el cliente. Podéis comprar un bolso, unos vaqueros, un anillo, unos zapatos, una camisa, una chaqueta, un gorro... 짝을 지어 친구와 앞의 대화를 연습해 보세요. 한 명은 판매원이고 다른 한 명은 손님이에요. 여러분은 가방, 청바지, 반지, 신발, 셔츠, 자켓, 모자 등을 살 수 있습니다.

Gramática 문법

5 Responde afirmativamente, usando el pronombre de objeto directo.
직접목적격대명사를 사용해 긍정문으로 대답해 보세요.

1 ¿Te gusta esta camisa?
   Sí, me la llevo.
2 ¿Te gustan estos zapatos?
3 ¿Te gusta esta falda?
4 ¿Te gustan estos pantalones?
5 ¿Te gusta este anillo?
6 ¿Te gusta la cartera negra de piel?

6 Completa las frases con los pronombres *lo, la, los, las*. 대명사 *lo, la, los, las*를 사용해서 문장을 완성해 보세요.

1 Me gusta mucho este jersey, me <u>lo</u> llevo.
2 ¿Sabes dónde están mis gafas? No ________ veo.
3 ■ ¿Quién es ese?
   ● No lo sé, no ________ conozco.
   ■ ¿Y aquella morena?
   ● Tampoco ________ conozco.
4 ■ Y tus amigos Pepa y Jaime, ¿qué tal están?
   ● No sé, hace tiempo que no ________ veo.
5 ■ ¿Te quedan bien los vaqueros?
   ● Sí, me ________ llevo.
6 ■ Ahí está Rosa, ¿____ invitas a un café?
   ● Vale.

7 Construye frases con los pronombres.
대명사를 사용해서 문장을 완성해 보세요.

1 Yo / invitar / a ti
   Yo te invito.
2 ¿Tú / invitar / a mí?
3 Ellos / invitar / a nosotros
4 Nosotros / invitamos / a ellas
5 ¿Vosotros / invitar / a mí?
6 Ella / invitar / a Belén y Jorge
7 Mario / invitar / a vosotros
8 Diego / invitar / a ti
9 ¿Uds. / invitar / a Irene?
10 Alberto / no invitar / a mí

Mi novio lleva corbata
내 남자 친구는 넥타이를 하고 다녀요

Vocabulario 어휘

1 Responde. 대답해 보세요.

a ¿De qué color llevas hoy la camiseta / camisa? b ¿De qué color son los autobuses en tu ciudad?

2 Mira el dibujo, ¿a qué persona corresponde cada una de las descripciones?
그림을 보세요. 설명에 맞는 인물은 누구인가요?

1 Lleva un vestido verde y unos zapatos blancos.
2 Lleva unos pantalones rojos, una camisa blanca y unas playeras amarillas.
3 Lleva una camisa azul, muy elegante, y una corbata blanca. También lleva un traje oscuro.
4 Lleva unos pantalones verdes, una camiseta roja y un collar a juego con los pendientes.
5 Lleva unos vaqueros, una camisa de lunares y unas zapatillas marrones.

3 🎧 (086) Escucha y comprueba. 듣고 확인해 보세요.

ADJETIVOS 형용사			
singular 단수		plural 복수	
masculino 남성형	**femenino** 여성형	**masculino** 남성형	**femenino** 여성형
blanco	blanca	blancos	blancas
verde	verde	verdes	verdes
azul	azul	azules	azules

Hay colores que son nombres de plantas, flores y frutos que normalmente no cambian en género ni en número:
식물이나 꽃, 과실의 이름에서 유래된 색의 명칭이 있습니다. 이러한 단어는 보통 성·수 변화가 없습니다.

pantalones **rosa** 분홍색 바지

zapatos (de color) **naranja** 주황색 신발

4 Elige dos compañeros y describe qué ropa llevan. Lee el texto en voz alta. El resto de la clase tiene que adivinar quiénes son.

친구 두 명을 선택해 어떤 옷을 입고 있는지 묘사해 보세요. 큰 소리로 말해 보세요. 나머지 학생들은 누구를 묘사하고 있는지 맞혀 보세요.

5 Responde al cuestionario «Tu ropa y tú».

아래의 'Tu ropa y tú' 설문지에 답해 보세요.

Tu ropa y tú

1 **¿Cómo prefieres la ropa?**
a Cómoda. ○
b Elegante. ○
c Moderna. ○

2 **¿Con quién vas a comprarla?**
a Con mi madre. ○
b Solo/a. ○
c Con un amigo/a. ○

3 **¿Cuándo compras ropa?**
a Todos los meses. ○
b Una vez al año. ○
c Cuando necesito algo. ○

4 **Si vas a una entrevista de trabajo, ¿qué te pones?**
a Algo formal: un traje, por ejemplo. ○
b Algo cómodo: pantalones vaqueros. ○
c Algo informal, pero elegante: una falda bonita / una americana moderna. ○

5 **Cuando vas a la fiesta de cumpleaños de un/a amigo/a, ¿qué llevas?**
a Algo cómodo: camiseta y vaqueros. ○
b Algo elegante: un vestido largo / camisa y pantalón negros. ○
c Me da igual: lo primero que encuentro. ○

6 **¿Qué color es el más elegante?**
a Negro ○ c Blanco ○
b Rojo ○ d Otro: _______________

7 **¿Cuál es tu color preferido para la ropa?** _______________

6 Compara tus respuestas con las de tu compañero. 친구와 설문 답변 내용을 비교해 보세요.

7 Relaciona los adjetivos contrarios.

서로 반대되는 형용사끼리 연결해 보세요.

1 caro
2 cómodo
3 claro
4 ancho
5 corto
6 limpio
7 moderno
8 pequeño

a oscuro
b estrecho
c incómodo
d grande
e sucio
f antiguo
g barato
h largo

8 Escribe cinco frases utilizando los adjetivos anteriores. Fíjate en el modelo.

위 형용사를 이용해서 다섯 문장을 써 보세요. 예문을 참고해 보세요.

Rosa lleva una falda larga.

9 En parejas. Lee las frases anteriores a tu compañero, que tiene que decidir si las frases son correctas o no.

짝을 지어 이전의 활동에서 쓴 문장을 친구에게 읽어 주세요. 그리고 맞는 문장인지 아닌지 서로 판단해 보세요.

Pronunciación y ortografía 발음과 철자

g / j

/x/	ja, je, ji, jo, ju
	ge, gi

/g/	ga, go, gu
	gue, gui

1 087 **Escucha y repite.** 듣고 따라해 보세요.

jamón jugar rojo julio joven
gimnasia jefe jirafa geranio
genio gato goma agua guerra
guitarra guapo águila
Guadalajara gota

2 088 **Escucha y señala lo que oyes.**

다음을 듣고 일치하는 단어를 고르세요.

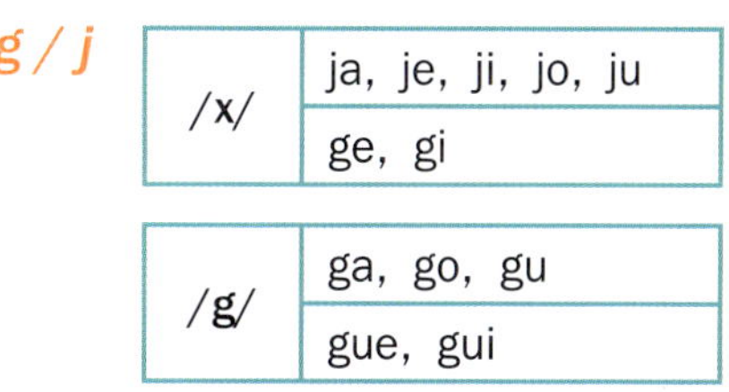

Buenos Aires es más grande que Toledo
부에노스아이레스가 톨레도보다 더 커요

■ *Hacer comparaciones*

TOLEDO

BUENOS AIRES

Vocabulario 어휘

1 ¿Vives en un pueblo o en una ciudad? Subraya los adjetivos que describen tu pueblo o ciudad. 여러분은 시골에 사나요? 도시에 사나요? 여러분이 사는 곳을 묘사하는 형용사를 찾아 표시해 보세요.

> moderno/a • ruidoso/a • tranquilo/a • grande • antiguo/a
> limpio/a • pequeño/a • interesante • aburrido/a

2 Mira las fotos de Buenos Aires y Toledo, lee las frases y señala si las afirmaciones son verdaderas (V) o falsas (F). 부에노스아이레스와 톨레도의 사진을 보고 아래 문장이 참(V)인지 거짓(F)인지 표시해 보세요.

1 Buenos Aires es más antigua que Toledo. ☐
2 Toledo es más pequeña que Buenos Aires. ☐
3 Las calles de Buenos Aires son más anchas que las calles de Toledo. ☐
4 Toledo es más ruidosa que Buenos Aires. ☐
5 Buenos Aires está más contaminada que Toledo. ☐
6 Los edificios de Buenos Aires son tan modernos como los de Toledo. ☐

Gramática 문법

COMPARATIVOS 비교급
más + adjetivo + que ~보다 더 ··· 하다
*Juan es **más simpático que** Pedro.* 후안은 페드로보다 더 친절합니다.
menos + adjetivo + que ~보다 덜 ··· 하다
*Pedro es **menos simpático que** Juan.* 페드로는 후안보다 덜 친절합니다.
tan + adjetivo + como ~만큼 ··· 하다
*Juan (no) es **tan alto como** Pedro.* 후안은 페드로만큼 키가 (안) 큽니다.

3 Completa las frases con *más, menos, que, tan, como*. *más, menos, que, tan, como*를 사용해서 문장을 완성해 보세요.

1 Tu coche no es <u>tan</u> rápido <u>como</u> el de Ana.
2 Ese vestido es más caro __________ este.
3 El taxi no es ________ barato ________ el metro.
4 ¿Vuestra casa es tan grande ______ la de mis padres?
5 ¿Te gustan más estos pantalones _____ esos?
6 El avión es ________ rápido ________ el coche.
7 La bicicleta es ________ ruidosa ________ el tren.

COMPARATIVOS IRREGULARES 불규칙 비교급	
bueno 좋은	**mejor / mejores + que** ~보다 더 좋다 *Esta película es **mejor que** esa.* 이 영화는 그 영화보다 더 좋습니다.
malo 나쁜	**peor / peores + que** ~보다 더 나쁘다 *Esos pasteles son **peores que** estos.* 그 과자들은 이 과자들보다 더 맛이 없습니다.
grande 큰, 많은	**mayor / mayores + que** ~보다 더 많다 *Yo soy **mayor que** ella.* 저는 그녀보다 나이가 많습니다.
pequeño 작은, 적은	**menor / menores + que** ~보다 더 적다 *Cinco es **menor que** ocho.* 5는 8보다 작습니다.

4 Completa el diálogo con los comparativos *peor(es), mejor(es)*.
비교급 *pero(es), mejor(es)*를 사용해서 대화를 완성해 보세요.

Luis: Voy a preparar mi maleta para el viaje, a ver… ¿qué llevo? Mira, estos zapatos están bien, ¿no?

Carla: No, para ir a la montaña, las botas son (1) _________ que los zapatos.

Luis: Tienes razón. ¿Llevo los vaqueros?

Carla: No, para el frío son (2) _________ los pantalones de pana.

Luis: Bueno, llevo los dos y ya está.

Carla: ¿Por qué llevas la maleta azul?

Luis: Pues porque es (3) _________ que la gris, tiene ruedas.

Carla: Yo prefiero la gris, caben más cosas. Toma el paraguas, guárdalo.

Luis: ¿El rojo? No, este es (4) _________ que el negro.

Carla: Lo siento, el negro ya está en mi maleta.

5 (089) Escucha y comprueba. 듣고 확인해 보세요.

6 Observa la imagen y elige la opción correcta. 다음 사진을 참고하여 알맞은 것을 골라 보세요.

1 Carlos es *mayor* / <u>*menor*</u> que Clara.
2 Clara es *mayor* / *menor* que Carlos.
3 Clarita es *mayor* / *menor* que Carlitos.
4 Carlitos es *mayor* / *menor* que Clarita.

7 Relaciona. Hay más de una opción.
알맞은 것을 골라 연결해 보세요. 한 가지 이상인 경우도 있습니다.

1 música	a rica
2 playas	b clásica
3 canción	c inteligente
4 comida	d alta
5 montaña	e caro
6 persona	f desiertas
7 restaurante	g bonita

8 Escribe frases, comparando. 비교문을 써 보세요.

1 El tren y el avión. (<u>*rápido*</u> / *lento*)
   El avión es más rápido que el tren.
2 Nueva York y París. (*grande* / *pequeño*)
3 Los coches y las motos. (*seguros* / *inseguros*)
4 Vivir en el campo y vivir en la ciudad. (*aburrido* / *divertido*)
5 La comida casera y la comida rápida. (*buena* / *mala*)
6 En verano y en invierno. (*bueno* / *malo*)

Hablar 말하기

9 Pregunta a tu compañero por las respuestas de la actividad anterior.
위 활동의 문장이 답이 될 수 있도록 친구에게 질문해 보세요.

■ *¿Qué ciudad es más grande, Nueva York o París?*
● *Nueva York es más grande que París.*

Gramática 문법

DEMOSTRATIVOS (ADJETIVOS Y PRONOMBRES)
지시사 (형용사와 대명사)

singular 단수		plural 복수	
masculino 남성형	**femenino** 여성형	**masculino** 남성형	**femenino** 여성형
este	esta	estos	estas
ese	esa	esos	esas
aquel	aquella	aquellos	aquellas

PRONOMBRES DEMOSTRATIVOS (NEUTROS)
지시대명사 (중성)

esto	eso	aquello

10 Subraya el demostrativo adecuado.
알맞은 지시사를 골라 보세요.

1 ¿Te gustan *estos* / <u>*estas*</u> gafas de sol?
2 ¿Cuánto cuesta *este* / *esto* anillo?
3 ¿De quién es *esta* / *esto*?
4 ¿De quién es *esta* / *este* cartera?
5 Luis, trae *aquel* / *aquello* bolso.
6 ¿Qué es *aquellos* / *aquello*?
7 Dame *esa* / *ese* caja de ahí.
8 *Eso* / *Esos* no me gusta.

Escuchar 듣기

1 🎧 (090) María y Jordi nos cuentan cómo es su ciudad favorita. Escucha y completa los textos.

마리아와 조르디가 자신들이 좋아하는 도시에 대해 이야기합니다. 잘 듣고 글을 완성해 보세요.

A María le gusta vivir en una ciudad (1) _________ porque tiene (2) _________ oferta cultural y de ocio. Sin embargo, no le gusta el ruido ni la (3) _________. Piensa que, para tener una ciudad más limpia, lo mejor es usar transporte (4) _________.

Jordi prefiere vivir en una ciudad pequeña porque tiene más (5) _________ y sus hijos viven más en contacto con la (6) _________. Seguro que cambia de ciudad en el (7) _________ si sus hijos van a la (8) _________.

Hablar 말하기

2 Habla con tu compañero sobre cómo es la ciudad que te gusta.

여러분이 좋아하는 도시에 대해 친구와 이야기해 보세요.

> moderna • antigua • tranquila • ruidosa
> grande • pequeña • bien comunicada
> turística • limpia • segura

> parques • espectáculos • transporte público
> playa • contaminación • museos
> bibliotecas • vida nocturna

■ *A mí me gustan las ciudades turísticas porque siempre hay mucha gente y tienen muchos lugares interesantes y mucha vida nocturna.*
● *Pues yo prefiero las ciudades tranquilas...*

■ *En España a mí me gusta Barcelona, por ejemplo...*
● *Pues a mí me gusta más una ciudad como Santander.*

Escribir 쓰기

3 Escribe un texto de unas 100 palabras sobre cómo es tu ciudad favorita. Utiliza todo el vocabulario que ya conoces.

여러분이 좋아하는 도시에 대해 약 100개의 단어로 된 글을 써 보세요.
여러분이 알고 있는 단어를 모두 사용해 보세요.

Leer 읽기

4 Antes de leer el texto de la página siguiente contesta a las preguntas.

다음 페이지에 나오는 글을 읽기 전에 아래 질문에 답해 보세요.

1 ¿Conoces algún cuadro o pintor español o hispanoamericano?

2 ¿Conoces algún museo famoso en España o en algún país hispanoamericano?

5 Mira los cuadros de la página siguiente y relaciona los títulos con sus autores.

다음 페이지에 나온 그림을 보고 작가와 작품 이름을 맞게 연결해 보세요.

1 *Guernica*	a Wifredo Lam (1902-1982)
2 *La Pradera de San Isidro*	b Pablo Picasso (1881-1973)
3 *La jungla*	c Diego Rivera (1886-1957)
4 *Muchacha de espaldas*	d Salvador Dalí (1904-1989)
5 *Murales de la Alameda*	e Francisco de Goya (1746-1828)

Breve historia del
Guernica
de **Picasso**

En 1937, en plena Guerra Civil española, el gobierno de la República española encargó a Pablo Picasso un cuadro para exponerlo en el pabellón de España de la Exposición Universal de París. En esos días se produjo un ataque de la aviación nazi contra Guernica, un pueblo de Euskadi, en el norte de España. El pueblo quedó prácticamente destruido y hubo muchos muertos.

Picasso pintó su cuadro para reflejar el dolor y el sufrimiento de la gente en la guerra.

Durante la II Guerra Mundial el *Guernica* fue trasladado al Museo de Arte Moderno de Nueva York (MOMA).

En 1981, ya con un gobierno democrático, el cuadro llegó a España, como era el deseo de Picasso.

Actualmente se expone en el Museo Nacional de Arte Contemporáneo Reina Sofía, de la capital española, y cada año lo ven millones de personas.

6 Lee el texto. 윗글을 읽어 보세요.

7 ¿Verdadero (V) o falso (F)?
참(V)인가요, 아니면 거짓(F)인가요?

1 El gobierno español encargó un cuadro a Picasso. `V`

2 En París se celebró una Exposición Universal. ☐

3 En París hubo un bombardeo. ☐

4 Picasso pintó el cuadro en Guernica. ☐

5 El cuadro estuvo en Nueva York más de treinta años. ☐

6 Picasso quería que el cuadro estuviera en Nueva York. ☐

7 Ahora el cuadro está en Madrid. ☐

8 Comenta con tus compañeros.
친구들과 함께 이야기해 보세요.

- ¿Te gusta la pintura?
- ¿Qué cuadro te gusta más?
- ¿Cuál te gusta menos?
- ¿Vas a museos con frecuencia?

1 Completa las descripciones con los adjetivos del recuadro.

박스 안에 있는 형용사를 사용해서 문장을 완성해 보세요.

> negro • negros • ~~marrones~~
> blanca • marrón

Rafael viene hoy muy elegante. Lleva unos pantalones (1) *marrones*, una camisa (2) ___________ y una corbata a rayas. La chaqueta es (3) ___________, del mismo color que los pantalones. Los zapatos son (4) ___________ y lleva un sombrero también (5) ___________.

> moderno • negras • negros
> azul • roja • negra

Marina viene hoy a clase con ropa deportiva. Lleva unos pantalones de color (6) ___________, una camiseta (7) ___________ con un estampado muy (8) ___________, unos calcetines (9) ___________, unas zapatillas deportivas (10) ___________ y, en el pelo, una cinta también (11) ___________.

2 Relaciona. 알맞은 것을 찾아 연결해 보세요.

1 Buenos días, ¿puedo ayudarle? ☑ f
2 ¿Puedo probarme estos pantalones? ☐
3 ¿Cómo paga, con tarjeta o en efectivo? ☐
4 Álvaro, ¿te gustan estos zapatos? ☐
5 ¿No tiene otro más barato? ☐
6 ¿Cómo le queda la falda? ☐

a Bien, me la llevo.
b No mucho, me gustan más aquellos.
c Sí, claro, allí están los probadores.
d Con tarjeta.
e Sí, este solo cuesta treinta euros.
f Sí, ¿cuánto cuestan estas gafas?

3 Completa con los pronombres *lo, la, los, las*.

대명사 *lo, la, los, las*를 사용하여 대화를 완성해 보세요.

Julia: ¿Qué llevas en esa bolsa?
Cristina: Los regalos de Navidad.
Julia: ¿Puedo (1) ver_los_?
Cristina: Bueno: estos paquetes son para los abuelos.
Julia: ¿Y esas cajas blancas?
Cristina: Son para mamá y papá.
Julia: ¿Puedo (2) abrir_______?
Cristina: No, es una sorpresa.
Julia: ¿Y ese coche rojo? ¿Es para Raúl?
Cristina: Sí, tengo que (3) envolver_______ primero. ¿Tienes papel de regalo?
Julia: Sí, (4) _______ tengo en el primer cajón de la mesa. ¿Para quién es esta raqueta? ¿Para mí?
Cristina: No, es para Raúl, (5) _______ voy a envolver también.
Julia: ¿Y para mí?
Cristina: Es este paquete, ¿(6) _______ quieres ver ahora? ¿No prefieres esperar?
Julia: No, ahora, (7) ábre_______, por favor.
Cristina: No, mejor ábre_______ tú.
Julia: ¡Un cinturón negro! Me encanta. ¿Puedo (8) ponérme_______ hoy?

4 Selecciona la opción correcta. 알맞은 형태를 골라 보세요.

1 ■ ¿Qué es _esto_ / *este*?
   ● Es un cuaderno, ¿te gusta?
2 ■ ¿Quién es *eso* / *ese* chico?
   ● Es mi hermano **mayor** / **más grande**.
3 ■ ¡Mira! Están robando una moto del garaje.
   ● ¿Cuál?
   ■ **Esta** / **Aquella** moto del fondo, la azul.
4 ■ ¿Cuánto valen **estas** / **aquellas** bolsas de caramelos, las de allí?
   ● Tres euros, pero **estas** / **esas** otras de aquí son **más** / **menos** baratas, valen dos euros.

5 Escribe el adjetivo contrario. 반대되는 형용사를 써 보세요.

1 antiguo _________   4 claro _________
2 sucio _________   5 barato _______
3 tranquilo _______   6 largo _______

¿Qué sabes?

- Ir de compras.
- Describir la ropa.
- Concordancia de nombres y adjetivos de color.
- Hacer comparaciones.
- Algunas obras de pintores hispanos.

Salud y enfermedad 건강과 질병

· · Las partes del cuerpo 신체 부위
· · Hablar de enfermedades 질병에 대해 말하기
· · Hablar de hábitos en el pasado 과거 습관에 대해 말하기
· · Expresar planes e intenciones 계획과 의도 표현하기
· · Escribir un *blog* sobre un viaje 여행에 관한 블로그 작성하기
· · **Cultura**: El imperio inca 문화: 잉카 제국

10

091-100

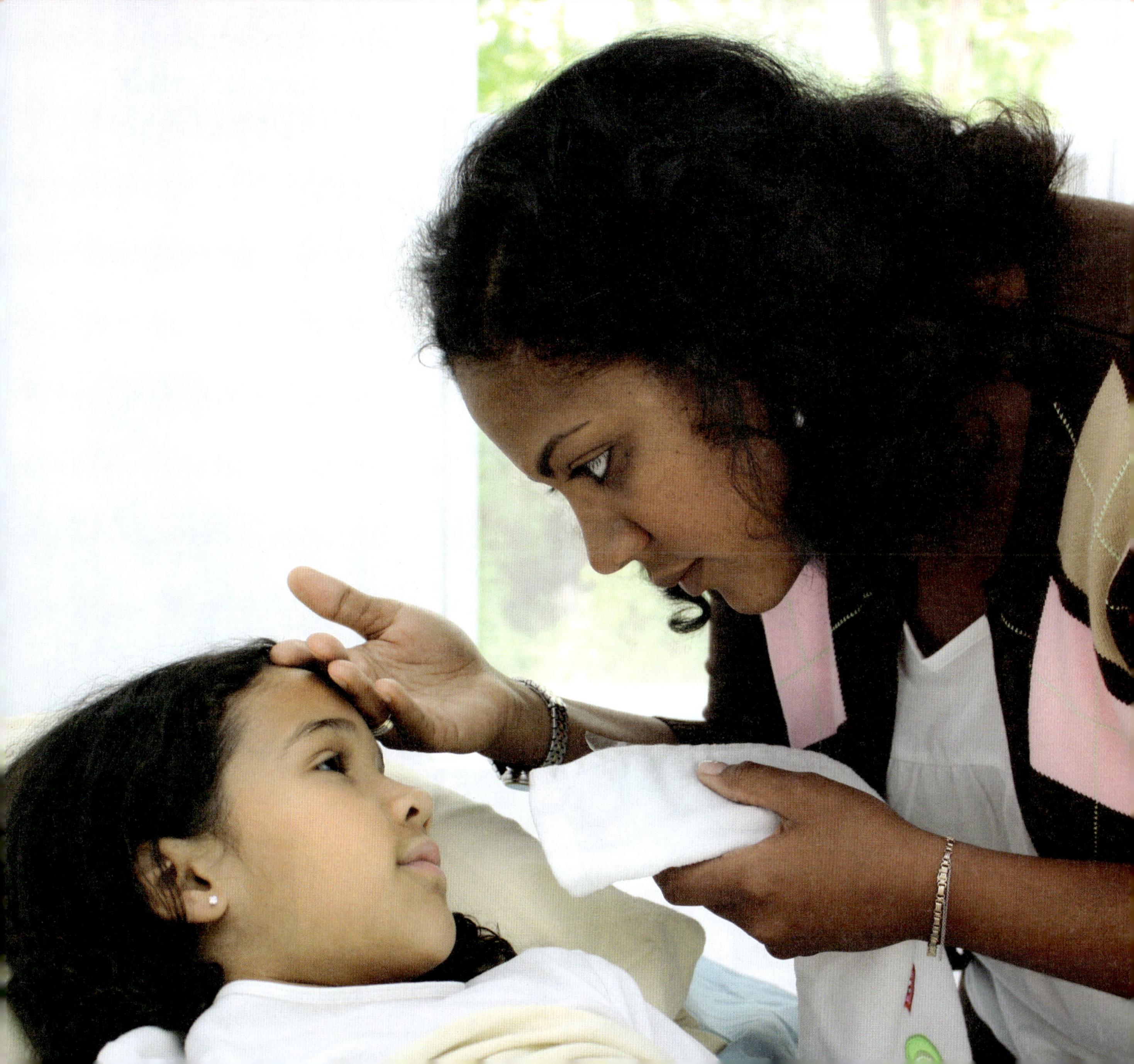

Vocabulario 어휘

1 ¿Vas mucho al médico? ¿Cuándo? ¿En verano, en invierno, en primavera…?
여러분은 의사에게 자주 가나요? 언제 가나요? 여름, 겨울, 봄……?

2 (091) Mira la imagen, escucha y repite.
사진을 보고 듣고 따라해 보세요.

3 (092) Escucha, fíjate en las fotos y relaciona cada personaje con su problema de salud.
다음을 듣고, 사진을 보면서 각 인물의 건강 문제를 맞게 연결해 보세요.

1 A Pedro		a los oídos
2 A Daniel		b el estómago
3 A Carmen	le duele	c la espalda
4 A Julia	le duelen	d la cabeza
5 A Victoria	tiene	e la garganta
6 Ana		f las muelas
7 A Ricardo		g fiebre

4 (093) Escucha y luego lee los siguientes diálogos. 듣고 다음 대화를 읽어 보세요.

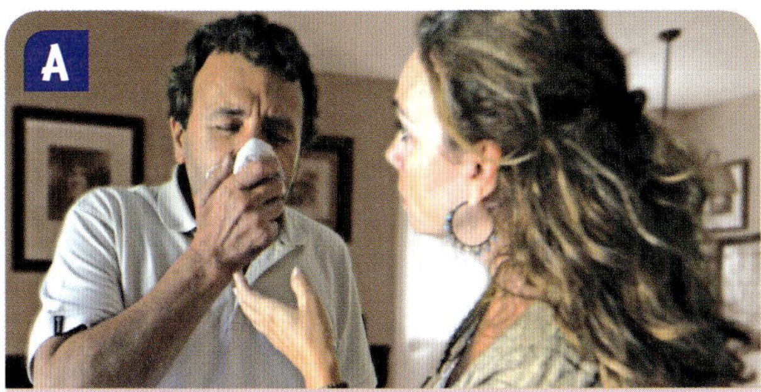

Sara: ¡Hola, Ángel!, ¿qué tal estás?
Ángel: No muy bien.
Sara: ¿Qué te pasa?
Ángel: Tengo una gripe muy fuerte.
Sara: ¿Y qué tomas cuando estás así?
Ángel: De momento, nada.
Sara: ¿Por qué no te tomas una aspirina con un vaso de leche con miel y te vas a la cama?
Ángel: Sí, creo que es lo mejor.

5 Ahora contesta a las preguntas.
아래 질문에 답해 보세요.

1 ¿Qué le pasa a Ángel?
2 ¿Qué le aconseja Sara?
3 ¿Qué le pasa a Luisa?
4 ¿Qué le aconseja Raúl?

Gramática 문법

VERBO *DOLER* *DOLER* 동사		
(a mí)	me	
(a ti)	te	
(a él / ella / Ud.)	le	**duele** la cabeza 머리가 아프다
(a nosotros/as)	nos	**duelen** los oídos 귀가 아프다
(a vosotros/as)	os	
(a ellos / ellas / Uds.)	les	

6 Completa con el pronombre y la forma adecuada del verbo *doler*.
알맞은 대명사와 *doler* 동사형을 사용하여 문장을 완성해 보세요.

1 A mi hermano *le duelen* las piernas.
2 A mí _________________ las muelas.
3 Carmen y Chus son peluqueras y _________________ la espalda.
4 ¿A ti _________________ algo?
5 ¡No hagáis tanto ruido! Al abuelo y a mí _________________ la cabeza.
6 ¿A usted no _________________ el estómago con esa comida tan fuerte?

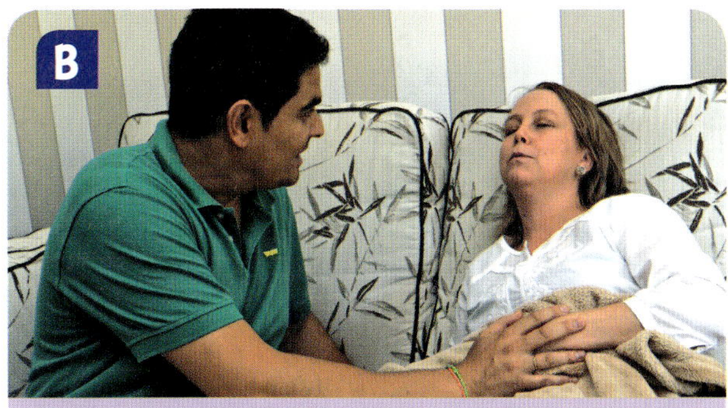

Raúl: ¡Qué mala cara tienes! ¿Qué te pasa?
Luisa: Me duele muchísimo el estómago.
Raúl: ¿Por qué no vas al médico?
Luisa: Sí, voy a ir mañana.
Raúl: Mira, tómate un té y acuéstate sin cenar.
Luisa: Sí, creo que es lo mejor.

7 Relaciona estos problemas de salud con su remedio. 건강 문제와 그에 따른 알맞은 치료법을 연결해 보세요.

1 dolor de cabeza
2 dolor de garganta
3 dolor de espalda
4 dolor de muelas
5 fiebre
6 dolor de oídos

a tomar una aspirina
b ir al masajista
c ir al médico
d ir al dentista
e tomar miel con limón
f acostarse y descansar

Escuchar 듣기

8 (094) Escucha y completa las siguientes conversaciones. 다음을 듣고 대화를 완성해 보세요.

- El paciente n.º 1 tiene *la gripe*.
  Consejo del médico: tomar _________________ y _________________.

- Al paciente n.º 2 le duele _________________.
  Consejo del médico: tomar _________________ y _________________.

- Al paciente n.º 3 le duele _________________.
  Consejo del médico: no tomar _________________ ni _________________, comer _________________ y _________________, y tomar _________________.

Hablar 말하기

9 En parejas, practica diálogos como en el ejemplo, dando consejos para los problemas de salud de tu compañero (mira la actividad 7).
짝을 지어 서로의 건강 문제를 해결하기 위한 조언을 해 주면서 보기와 같이 대화를 연습해 보세요. (활동 7 참고)

- *¿Qué te pasa?*
- *Me duele la cabeza.*
- *¿Por qué no tomas una aspirina?*

Gramática 문법

1 «Antes la gente era más feliz que ahora». ¿Estás de acuerdo?

"과거에는 사람들이 지금보다 더 행복했다." 여러분은 이 말에 동의하나요?

No estoy de acuerdo porque antes no había televisión.

2 095 Escucha y después lee el siguiente texto. 다음 글을 듣고 읽어 보세요.

> Elena y Emilio ya son padres. Su vida cambió cuando, de repente, se encontraron con… dos bebés en los brazos.
>
> **Elena:** Antes de ser padres teníamos una vida social muy activa: viajábamos, íbamos al cine, salíamos con los amigos, teníamos mucho tiempo libre. Emilio jugaba al *hockey*, yo estudiaba alemán…
>
> **Emilio:** Ahora todo es distinto. Dedicamos todo nuestro tiempo a Álvaro y Adrián, que son maravillosos.

3 ¿Verdadero (V) o falso (F)?

참(V)인가요, 아니면 거짓(F)인가요?

1 Elena y Emilio tienen un bebé. ☐
2 Antes viajaban mucho. ☐
3 Emilio no practicaba deportes. ☐
4 Emilio estudiaba idiomas. ☐
5 Ahora están muy ocupados con sus hijos. ☐

PRETÉRITO IMPERFECTO 불완료과거

Verbos regulares 규칙동사

	viajar 여행하다	**tener** 가지다	**salir** 나가다
yo	viaj**aba**	ten**ía**	sal**ía**
tú	viaj**abas**	ten**ías**	sal**ías**
él / ella / Ud.	viaj**aba**	ten**ía**	sal**ía**
nosotros/as	viaj**ábamos**	ten**íamos**	sal**íamos**
vosotros/as	viaj**abais**	ten**íais**	sal**íais**
ellos / ellas / Uds.	viaj**aban**	ten**ían**	sal**ían**

4 Elige la forma correcta del verbo.

알맞은 동사 형태를 골라 보세요.

1 Antes Elena y Emilio no *tenían / tienen* hijos.
2 Cuando no tenían hijos, Elena y Emilio *viajan / viajaban* por todo el mundo.
3 Ahora Elena no *estudiaba / estudia* alemán.
4 Emilio ya no *juega / jugaba* al *hockey*.
5 Antes de ser padres, *salían / salen* los fines de semana con sus amigos.
6 Antes les *gustan / gustaba* mucho el cine.

PRETÉRITO IMPERFECTO 불완료과거

Verbos irregulares 불규칙동사

	ir 가다	**ser** 이다	**ver** 보다
yo	iba	era	veía
tú	ibas	eras	veías
él / ella / Ud.	iba	era	veía
nosotros/as	íbamos	éramos	veíamos
vosotros/as	ibais	erais	veíais
ellos / ellas / Uds.	iban	eran	veían

5

Completa el siguiente texto sobre la vida de Emilio. 에밀리오의 삶에 대한 다음 글을 완성해 보세요.

Yo antes (1) _era_ jugador de un equipo de hockey.
(2) __________ (entrenar) tres días a la semana.
Los domingos mis compañeros y yo (3) __________
(jugar) un partido de liga. Cada dos semanas nos
(4) ______ (ir) en autocar al campo del equipo
contrario. A veces, Elena me (5) __________ (acompañar) y después de los partidos (6) ______ (ir) a
cenar todos juntos. Todo (7) ______ (ser) estupendo. Pero ahora es más divertido porque somos
cuatro.

Hablar 말하기

6

¿Cómo era tu vida cuando tenías diez o doce años? En parejas, pregunta y responde a tu compañero.

10살 혹은 12살 때 여러분의 인생은 어땠나요? 짝을 지어, 친구와 묻고 답해 보세요.

1 ¿Cómo era tu colegio?
2 ¿A qué hora entrabas y a qué hora salías?
3 ¿Qué hacías cuando salías del colegio?
4 ¿Comías en el colegio o en tu casa?
5 ¿Qué hacías los domingos por la mañana?, ¿y por la tarde?
6 ¿Cómo era tu profesor o profesora favorito/a?
7 ¿Qué hacías durante las vacaciones de verano?
8 ¿Cómo se llamaba tu mejor amigo/a?
9 ¿Qué deporte practicabas?
10 ¿Cuál era tu asignatura favorita? ¿Por qué?

Escuchar 듣기

8

(096) Escucha la historia de Martina y elige la respuesta correcta.

마르티니아의 삶에 대해 듣고 알맞은 답을 골라 보세요.

1 Martina tiene:
   a casi cien años.
   b menos de ochenta años.

2 Cuando era pequeña, vivía:
   a con sus padres.
   b con sus hermanos y su madre.

3 Trabajaba en el campo:
   a cuando era una niña.
   b después de terminar sus estudios.

4 Trabajaba:
   a ocho horas diarias.
   b doce horas diarias.

5 A los diecinueve años tenía:
   a dos hijos.
   b un hijo.

6 Los sábados y domingos:
   a compraba en el mercadillo.
   b trabajaba en el mercadillo.

7

¡A Federico le tocó la lotería! Comenta con tu compañero cómo era su vida antes de ser millonario. Utiliza los verbos del recuadro.

페데리코가 복권에 당첨됐어요! 백만장자가 되기 전 그의 삶이 어땠는지 친구와 이야기해 보세요. 박스 안의 동사를 사용해 보세요.

tener • desayunar • regalar • navegar • comer • ~~vivir~~

Antes no vivía en un chalé.

Leer 읽기

1 Lee este correo y completa las frases.
메일 내용을 읽고 문장을 완성해 보세요.

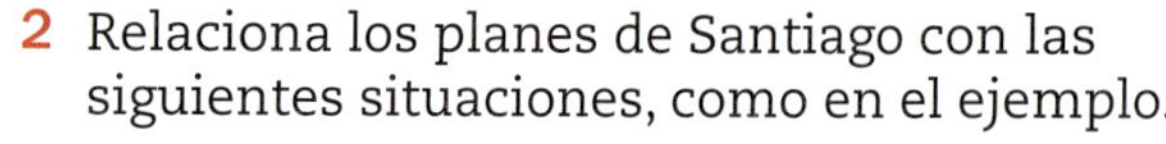

1 Santiago __________ muchos planes para este verano.
2 En julio __________ a trabajar en un hotel.
3 Después __________ por Europa.
4 Santiago y María __________ a ir a Londres.
5 Después de Londres __________ visitar París.

2 Relaciona los planes de Santiago con las siguientes situaciones, como en el ejemplo.
보기와 같이 산티아고의 계획과 알맞는 상황을 연결해 보세요.

1 Santiago va a trabajar en un hotel. ☐ c
2 Va a viajar por Europa. ☐
3 Él y María van a ir a Londres. ☐
4 Van a visitar París. ☐
5 Su hermano está en París. ☐

a Quiere aprender francés.
b Quieren mejorar su inglés.
c Quiere ahorrar dinero.
d Tiene un mes de vacaciones.
e Quiere estar unos días con su hermano.

Santiago va a trabajar en un hotel porque quiere ahorrar dinero.

3 ¿Qué van a hacer? Fíjate en las fotos y utiliza los verbos del recuadro.
무엇을 할까요? 다음 사진을 보고 박스 안의 동사들을 사용하여 써 보세요.

ver una obra de teatro • comprar un coche besarse • tener un hijo • casarse • ~~bañarse~~

1 *Van a bañarse.*

2

3

4

5

6

Hablar 말하기

4 En parejas, di lo que vas a hacer este fin de semana. Utiliza las siguientes ideas:
짝을 짓고 이번 주말에 무엇을 할 것인지 말해 보세요. 다음 표현들을 사용해 보세요.

levantarme tarde **hacer deporte** **reunirme con amigos** **ir a pasear**

limpiar la casa **salir a cenar** **leer el periódico** **ver la televisión**

5 ¿Qué va a hacer Federico con el dinero que ganó en la lotería? Relaciona las preguntas con las respuestas. 페데리코는 복권에 당첨된 돈으로 무엇을 할까요? 질문에 알맞은 답을 연결해 보세요.

1 ¡Felicidades, Federico! ¿Cómo te sientes? ☐
2 ¿Vas a organizar una fiesta? ☐
3 ¿Qué es lo primero que te vas a comprar? ☐
4 ¿Te vas a comprar un barco? ☐
5 ¿Te vas a ir de vacaciones? ☐
6 ¿Qué le vas a regalar a tu mujer? ☐

a No, no sé navegar.
b Sí, voy a dar una vuelta alrededor del mundo.
c Muchas joyas.
d ¡De maravilla! ¡Como nunca!
e Sí, con todos mis amigos.
f Una casa muy grande en el campo.

Escribir 쓰기

6 Imagina que eres periodista. Escribe una pequeña noticia sobre los planes de Federico. 여러분이 기자라고 상상해 보세요. 페데리코의 계획에 대해 간단한 글로 써 보세요.

Federico tiene grandes planes para el futuro.
Dice que va a...
Dice que no va a...

Pronunciación y ortografía 발음과 철자

1 (097) Escucha las siguientes palabras y escríbelas en el lugar correspondiente según el acento. 다음 어휘를 듣고 강세에 따라 분류해 보세요.

**alemán café teléfono cantante
árbol canción examen estudiar
ordenador ventana periódico
móvil pintura música**

ESDRÚJULAS 끝에서 세 번째 음절에 강세가 있는 단어
tel**é**fono

LLANAS 끝에서 두 번째 음절에 강세가 있는 단어
can**ta**nte

AGUDAS 맨 끝 음절에 강세가 있는 단어
ale**mán**

Reglas de acentuación 강세 규칙

a Las palabras agudas llevan tilde cuando terminan en vocal, *n* o *s*.
모음과 n 또는 s로 끝나는 단어들은 끝에서 두 번째 음절에 강세가 있습니다.

b Las palabras llanas llevan tilde cuando terminan en consonante diferente de *n* o *s*.
n 또는 s를 제외한 자음으로 끝나는 단어들은 마지막 음절에 강세가 있습니다.

c Las palabras esdrújulas llevan tilde siempre.
끝에서 세 번째 음절에 강세가 있는 단어들은 항상 강세 표시가 있습니다.

2 (098) Escucha y escribe las tildes que faltan.
듣고 강세 표시가 빠진 곳에 강세를 표시해 보세요.

1 Andres me llamo por telefono para saludarme.
2 Barbara trabaja en una empresa de informatica en Mexico.
3 Yo estudie decoracion en Milan.
4 Antes Raul vivia cerca de aqui, pero ahora esta viviendo en Valencia.
5 Aqui hace mas calor que alli.
6 Ella es mas guapa que el.
7 Los telefonos moviles son muy comodos.
8 Esta casa es mas centrica que tu piso.

Leer 읽기

1 Lee el texto y relaciona los títulos 1-6 con los párrafos A-F.
다음 글을 읽고 주제(1~6)에 맞는 문단(A~F)을 찾아 연결해 보세요.

1 El imperio inca.   A
2 Constructores de carreteras. ☐
3 Casas sencillas. ☐
4 Un pueblo religioso. ☐
5 Campesinos y artesanos. ☐
6 La ciudad imperial. ☐

A En el siglo xv, los incas, antes de la llegada de los españoles a Perú, vivían en la montaña, en el corazón de los Andes. Hablaban una lengua llamada quechua y tenían un gran imperio.

B Cuzco, la capital del imperio, se levantaba a 3 200 m de altitud. Estaba rodeada de montañas y protegida por una fortaleza. Para los incas, Cuzco era el centro del mundo.

C Los incas creían en dioses como el Sol, la Luna y el Trueno. Pero también adoraban montañas, lagos o plantas.

D Las casas eran de piedra, con tejados de hierba seca y una sola habitación. Dentro, los incas comían en cuclillas. Por la noche dormían envueltos en mantas.

E Los incas construyeron una importante red de caminos empedrados. En las laderas abruptas tallaban escalones en la roca. Y para cruzar los precipicios, hacían puentes colgantes con cuerdas vegetales.

F Se calcula que en el imperio vivían ocho millones de personas. Los campesinos cultivaban la tierra y cuidaban rebaños de llamas. Los artesanos fabricaban objetos de cerámica y tejidos.

2 Corrige las siguientes afirmaciones.
다음 문장을 맞게 고쳐 보세요.

1 Los incas hablaban español.
   Los incas hablaban quechua.
2 Los campesinos vivían del comercio.
3 Los incas adoraban a un solo dios.
4 Vivían en grandes casas de madera.
5 En la época de los incas, no había vías de comunicación.
6 Cuzco está al nivel del mar.

3 Lee el blog de Carlos sobre su viaje a los Pirineos. ¿Qué expresan los verbos en azul? ¿Y los verbos en verde? 피리네 산맥을 여행한 카를로스의 블로그를 읽어 보세요. 파란색으로 표시된 동사들은 무엇을 나타내나요? 초록색으로 표시된 동사들은요?

4 Escribe un blog sobre un viaje. No olvides utilizar los tiempos apropiados. 여행에 관한 블로그를 써 보세요. 적합한 시제 활용을 잊지 마세요.

- Piensa en los detalles del viaje: ¿dónde?, ¿cuándo?, ¿con quién?, ¿qué vas a llevar?...
- Describe el tiempo y el lugar.
- ¿Qué actividades vas a hacer?
- ¿Qué hiciste el primer día?
- ¿Cómo fueron las actividades del segundo día?

5  Escucha la entrevista con la alpinista Elisa Urrutia y contesta a las preguntas. 산악인 엘리사 우루티아와의 인터뷰 내용을 듣고 질문에 답해 보세요.

1 ¿Va a hacer Elisa alguna escalada la próxima temporada?

2 ¿Por qué Elisa necesita un poco de descanso?

3 ¿Qué trabajo va a realizar en el centro de alpinismo?

4 ¿Qué acontecimiento importante sucedió en su vida el año pasado?

5 ¿Qué acontecimiento importante va a suceder en su vida el otoño próximo?

Alumno A (alumno B, ver «En parejas»)

6 Imagina que te toca la lotería. Prepara respuestas para la entrevista que te hará B. 여러분이 복권에 당첨된 것을 상상해 보세요. B 학생이 여러분에게 인터뷰할 때 말할 답변을 준비해 보세요.

a ¿Con quién lo vas a celebrar?

b ¿Qué vas a comprar?

c ¿Dónde vas a ir de vacaciones?

d ¿Con quién vas a ir?

e ¿Qué vas a hacer a la vuelta del viaje?

7 Prepara preguntas para entrevistar a B, que se va a ir a estudiar a otro país. Puedes añadir otras preguntas. 외국으로 유학을 가려고 하는 B 학생을 인터뷰하기 위한 질문을 준비해 보세요. 더 다양한 질문을 추가해도 됩니다.

a A qué país / ir   d Con quién / vivir

b Qué / estudiar   e En qué / trabajar

c Dónde / alojar

1 Relaciona. 알맞은 것을 연결해 보세요.

1 Estos zapatos son nuevos, por eso — c
2 Juan lleva dos pendientes
3 Los futbolistas cuidan especialmente
4 Uso guantes
5 Ana lleva varios anillos
6 Cuando cojo mucho peso,

a me duelen los brazos.
b sus piernas.
c me duelen los pies.
d porque tengo frío en las manos.
e en cada oreja.
f en los dedos.

2 Completa el texto con el pretérito imperfecto de los verbos entre paréntesis.
괄호 속 동사를 불완료과거형으로 바꾸어 글을 완성해 보세요.

Marisa y Alfredo se casaron la semana pasada. Ahora viven juntos en Madrid, pero antes de conocerse, cuando ellos (1) _eran_ (ser) jóvenes, los dos (2) __________ (vivir) en distintas ciudades. Marisa (3) __________ (trabajar) con un grupo de teatro infantil y (4) __________ (estudiar) en la universidad. Alfredo (5) ________ (hacer) películas con un grupo de aficionados y (6) ________ (escribir) magníficos guiones. Un día, cuando los dos (7) ______ (ir) a un festival de cine, se conocieron y, desde entonces, ya no se separan nunca.

3 Subraya el verbo más adecuado.
알맞은 동사에 표시해 보세요.

1 Ayer _fui_ / _iba_ a ver a Jacinto.
2 Cuando Luis _tenía_ / _tuvo_ diez años, _jugaba_ / _jugó_ al fútbol todos los sábados.
3 Antes me _gustaba_ / _gustó_ la música rock, pero ahora me _gustaba_ / _gusta_ la música romántica.
4 Elena y Emilio antes no _tuvieron_ / _tenían_ hijos y ahora tienen dos.
5 Elena y Emilio _iban_ / _fueron_ a París en el año 2002.
6 Mi marido _jugó_ / _jugaba_ al baloncesto cuando _era_ / _fue_ joven.
7 Yo no fumo, pero antes _fumé_ / _fumaba_ mucho.
8 Mi hermana de pequeña _era_ / _fue_ rubia.
9 ¿_Viste_ / _Veías_ a Sara el sábado pasado?
10 Ayer me _acostaba_ / _acosté_ muy tarde.

4 Escribe las preguntas sobre planes para el próximo fin de semana.
다음 주말 계획을 묻는 질문을 써 보세요.

1 ¿Tú / estudiar?
   ¿Vas a estudiar?
2 ¿Vosotros / ir al cine?
3 ¿Lorenzo / escuchar música?
4 ¿Tu novio / comprar ropa?
5 ¿Tú / navegar por internet?
6 ¿Vosotros / hacer los ejercicios de español?
7 ¿Ellos / ir al fútbol?
8 ¿Tus padres / ir a la ópera?
9 ¿Tú / viajar en barco?
10 ¿Nosotros / quedar con Alba?

5 🎧100 Escucha al grupo de música Los Escorpiones hablando con su mánager y contesta a las preguntas. 스콜피언 그룹이 매니저와 이야기하는 것을 들어 보세요. 그리고 질문에 답해 보세요.

1 ¿Cuándo va a estar el nuevo disco de Los Escorpiones en el mercado?
2 ¿Cuándo van a empezar la gira?
3 ¿Van a hacer su propia página web?
4 ¿Qué van a hacer en septiembre?
5 ¿Quién va a cantar con ellos en el concierto?

¿Qué sabes?

· Las partes del cuerpo.
· Hablar de enfermedades (verbo _doler_).
· Hablar de hábitos en el pasado.
· Expresar planes e intenciones (_ir a_ + infinitivo).
· Las reglas de acentuación.

☺ ☺ ☹
□ □ □
□ □ □
□ □ □
□ □ □
□ □ □

ANEXOS

·· En parejas 짝 활동
·· Gramática, vocabulario 문법 및 어휘, y ejercicios prácticos 실전 연습 문제
·· Verbos regulares e irregulares 규칙동사·불규칙동사
·· Transcripciones 듣기 대본·읽기 지문 번역
·· Soluciones 정답

Unidad 1

Hablar 말하기

Alumno B (viene de página 23)

5 Responde a A la información sobre los números 1, 3, 5 y 7. 1, 3, 5, 7번에 대한 정보를 A 학생에게 답해 보세요.

El número 1 se llama Isabel Allende. Es chilena. Es escritora.

Isabel Allende
chilena
escritora

____
____
____

Messi
argentino
futbolista

____
____
____

Carolina Herrera
venezolana
diseñadora

____
____
____

Shakira
colombiana
cantante

____
____
____

6 ¿Conoces a estos personajes famosos? Pregunta a A la información sobre los números 2, 4, 6 y 8.
여러분은 이 유명 인사들을 아나요? 2, 4, 6, 8번에 대한 정보를 A 학생에게 물어보세요.

¿Cómo se llama el número 2? ¿De dónde es? ¿A qué se dedica?

Unidad 2

Hablar 말하기

Alumno B (viene de página 33)

7 Responde a A dónde están sus objetos. 물건들이 어디에 있는지 A 학생에게 대답해 보세요.

Las gafas están encima de la silla.

8 Pregunta a A dónde están los objetos del recuadro. A 학생에게 위 물건들이 어디에 있는지 물어보세요.

¿Dónde está el móvil?

Unidad 3

Hablar 말하기

Alumno B (viene de página 43)

7 Responde a las preguntas de A.
A 학생의 질문에 대답해 보세요.

8 Pregunta a A y completa la siguiente ficha.
A 학생에게 질문해서 아래 카드를 완성해 보세요.

NOMBRE:	Antonio García
EDAD:	42 años
TRABAJO:	Cocinero
PAÍS	España
CIUDAD:	Sevilla
LUGAR DE TRABAJO:	Restaurante
TRANSPORTE:	Coche
FAMILIA:	Casado. Tiene dos hijos.

NOMBRE:	_______
EDAD:	_______
TRABAJO:	_______
PAÍS:	_______
CIUDAD:	_______
LUGAR DE TRABAJO:	_______
TRANSPORTE:	_______
FAMILIA:	_______

Unidad 4

Hablar 말하기

Alumno B (viene de página 53)

8 Responde a las preguntas de A. A 학생의 질문에 대답해 보세요.

Hotel *Miramar*

ℹ
Quinta planta: _______________
Cuarta planta: Peluquería
Tercera planta: _______________
Segunda planta: Restaurante

Primera planta: _______________
Planta Baja: Recepción
Sótano: Garaje

Precios
Habitación individual: 100 €
Habitación doble: _______

Comidas
Desayunos: de 7.30 a 10.30 h
Comidas: de 13 a 15 h
Cenas: _____________

9 Pregunta a A la información que falta en el anuncio del Hotel Miramar.
미라마르 호텔의 광고에 빠진 부분을 A 학생에게 질문해 보세요.

1　¿En qué planta están: *la cafetería, la sauna y el gimnasio, el salón de conferencias?*
2　Pregunta el precio de la habitación doble: *¿Cuánto cuesta…?*
3　Pregunta el horario de la cena: *¿A qué hora se puede cenar?*

Unidad 5

Hablar 말하기

Alumno B (viene de página 63)

4 Responde a A las preguntas sobre tus gustos.
여러분의 취향에 대해 물어보는 A 학생의 질문에 대답해 보세요.

Sí, mucho. / Sí, bastante. / No, no mucho. / No, nada.

5 Pregunta a A sobre sus gustos.
A 학생에게 그의 취향을 물어보세요.

¿Te gusta viajar?
¿Te gustan los perros?

	MUCHO	BASTANTE	NO MUCHO	NADA
viajar				
los perros				
las motos				
navegar en internet				
jugar al fútbol				
andar				
hablar				
los niños				
leer				

Unidad 8

Hablar 말하기

Alumno B (viene de página 93)

9 Tú y tu compañero os encontráis en la esquina de la calle Argentina con la calle Ecuador. Escucha a A y dile cómo se va a los lugares que te pregunta.

여러분은 아르헨티나 거리와 에콰도르 거리가 만나는 모퉁이에서 친구를 만납니다. A 학생이 물어보는 장소에 어떻게 가는지 말해 보세요.

10 Tú y tu compañero os encontráis en la esquina de la calle Argentina con la calle Ecuador. Pregunta a A cómo se va a los siguientes lugares:

여러분은 아르헨티나 거리와 에콰도르 거리가 만나는 모퉁이에서 친구를 만납니다. A 학생에게 아래 장소를 어떻게 가는지 물어보세요.

- la panadería
- el banco
- la cafetería
- el cine
- la farmacia

■ *¿Puedes decirme cómo se va a la panadería?*

● *Ve por la calle Argentina y toma la primera a la derecha, la calle Mayor. Sigue recto y, después de cruzar la calle Colombia, a la derecha, junto al bar José, está la panadería.*

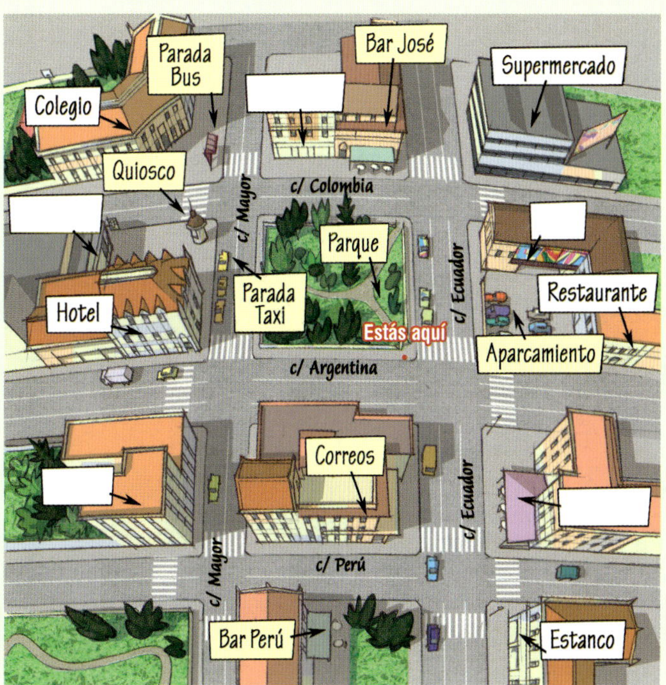

Unidad 10

Hablar 말하기

Alumno B (viene de página 113)

6 Prepara preguntas para entrevistar a A, que le ha tocado la lotería. Puedes añadir otras preguntas.

복권에 당첨된 A 학생을 인터뷰하기 위한 질문을 준비해 보세요. 추가로 다른 질문을 해도 됩니다.

a Con quién / celebrar
b Qué / comprar
c Dónde / ir de vacaciones
d Con quién / ir
e Qué / hacer a la vuelta del viaje

7 Imagina que te vas a estudiar a un país extranjero. Prepara las respuestas para la entrevista que te hará A.

여러분이 외국에 가서 공부할 거라고 상상해 보세요. A 학생의 인터뷰 질문에 대한 답변을 준비해 보세요.

a ¿A qué país vas a ir?
b ¿Qué vas a estudiar?
c ¿Dónde te vas a alojar?
d ¿Con quién vas a vivir?
e ¿En qué vas a trabajar?

GRAMÁTICA 문법

VERBOS SER Y *TENER*. PRESENTE *SER*와 *TENER* 동사의 현재형

	ser 이다	**tener** 가지다
yo	soy	tengo
tú	eres	tienes
él / ella / Ud.	es	tiene
nosotros/as	somos	tenemos
vosotros/as	sois	tenéis
ellos / ellas / Uds.	son	tienen

→ Usamos el verbo *ser* para identificarnos, hablar de la nacionalidad y de la profesión.
  ser 동사는 정체성, 즉, 국적과 직업을 말할 때 사용합니다.
  Esta es Pilar. 이 사람은 필라르예요.
  Pilar es española. 필라르는 스페인 사람이에요.
  Pilar es azafata. 필라르는 승무원이에요.

GÉNERO DE LOS NOMBRES 명사의 성

→ Los nombres de las cosas tienen género masculino o femenino.
  사물을 가리키는 명사는 남성형과 여성형이 있습니다.
  el libro 책   *la ventana* 창문

→ Los nombres de las personas y animales tienen género masculino y femenino.
  사람이나 동물을 가리키는 명사는 남성형과 여성형이 있습니다.
  el gato 수고양이   *la gata* 암고양이
  el profesor 남교사   *la profesora* 여교사
  el hombre 남성   *la mujer* 여성

→ En el caso de los nombres de profesión:
  직업을 가리키는 명사의 경우:

  a Si el masculino termina en -o, cambia por -a.
    남성형이 –o로 끝나면, –o를 –a로 바꿉니다.
    el abogado 남자 변호사   *la abogada* 여자 변호사

  b Si el masculino termina en consonante, añade -a.
    남성형이 자음으로 끝나면, 여성형은 –a를 붙입니다.
    pintor 남자 화가   *pintora* 여자 화가

  c Si el masculino termina en -e, puede quedar igual o cambiar por -a.
    남성형이 –e로 끝나면, 여성형은 같은 형태를 취하거나 –e를 –a로 바꿉니다.
    el estudiante 남학생   *la estudiante* 여학생
    el presidente 남자 대통령   *la presidenta* 여자 대통령

  d Si el masculino termina en -ista, no cambia.
    남성형이 –ista로 끝나면, 여성형도 같은 형태를 취합니다.
    el taxista 남자 택시 기사   *la taxista* 여자 택시 기사

GÉNERO DE LOS ADJETIVOS 형용사의 성

→ Los adjetivos tienen el mismo género que el nombre al que se refieren. 형용사는 명사와 같은 성을 취합니다.
  El profesor es simpático. 그 남자 선생님은 친절합니다.
  La profesora es simpática. 그 여자 선생님은 친절합니다.

→ En el caso de los adjetivos de nacionalidad:
  국적형용사의 경우:

  a Si el masculino termina en -o, el femenino termina en -a.
    남성형이 –o로 끝나면, 여성형은 –a로 끝납니다.
    brasileño 브라질의 (남)   *brasileña* 브라질의 (여)

  b Si el masculino termina en consonante, el femenino añade -a.
    남성형이 자음으로 끝나면 여성형은 –a를 추가합니다.
    alemán 독일의 (남)   *alemana* 독일의 (여)

  c Si el masculino termina en -a, -e, -í, no cambia.
    남성형이 –a, –e, –í로 끝나면 여성형도 같은 형태를 취합니다.
    belga / belga 벨기에의   *cretense / cretense* 크레타의
    iraní / iraní 이란의

VERBOS REGULARES. PRESENTE 규칙동사의 현재형

Tenemos tres conjugaciones (1.ª, 2.ª, 3.ª), según la terminación del infinitivo: -ar, -er, -ir.
어미가 –ar, –er, –ir에 따라 동사변화는 세 형태로 분류됩니다.

trabajar 일하다	**comer** 먹다	**vivir** 살다
trabajo	como	vivo
trabaj**as**	com**es**	viv**es**
trabaja	come	vive
trabaj**amos**	com**emos**	viv**imos**
trabaj**áis**	com**éis**	viv**ís**
trabaj**an**	com**en**	viv**en**

PRONOMBRES PERSONALES SUJETO 주격인칭대명사

→ Tenemos 12 pronombres personales sujeto.
  주격인칭대명사는 12개입니다.

  yo • tú • él • ella • usted (Ud.) • nosotros • nosotras
  vosotros • vosotras • ellos • ellas • ustedes (Uds.)

→ Estos pronombres no se utilizan siempre, solo cuando queremos distinguir bien entre diferentes sujetos.
  주격인칭대명사는 항상 사용되는 것이 아니라 주어를 구분하고자 할 때 사용됩니다.

TÚ / USTED, VOSOTROS / USTEDES 너/당신, 너희들/당신들

→ Usamos *tú* y *vosotros* cuando hablamos con conocidos, amigos y personas de igual o inferior rango.
  tú와 vosotros는 친구들이나 아는 사이 또는 같은 또래나 아랫사람을 대할 때 사용합니다.

→ Usamos *usted* y *ustedes* cuando hablamos con desconocidos, personas mayores y de mayor rango.
  usted와 ustedes는 모르는 사람이나 연장자 또는 윗사람을 대할 때 사용합니다.

→ En América Latina se usa *ustedes* en lugar de *vosotros* y, en algunos países, *vos* en lugar de *tú*.
  라틴 아메리카에서는 ustedes를 vosotros를 대신해서 사용하고 어떤 나라에서는 tú 대신에 vos를 사용합니다.

VOCABULARIO 어휘

GENTILICIOS 지역형용사

alemán/a 독일인 • andaluz/a 안달루시아인
brasileño/a 브라질인 • catalán/a 카탈루냐인 • estadounidense 미국인
francés/a 프랑스인 • inglés/a 영국인 • japonés/a 일본인
marroquí 모로코인 • mexicano/a 멕시코인

PROFESIONES 직업

ciclista 자전거 경주 선수 • actriz 여배우 • camarero/a 종업원
cantante 가수 • cartero/a 우편집배원 • escritor/a 작가
estudiante 학생 • futbolista 축구선수 • médico/a 의사
policía 경찰 • peluquero/a 미용사 • profesor/a 교수
secretario/a 비서 • taxista 택시 기사 • torero/a 투우사

NÚMEROS 숫자

0 cero 1 uno 2 dos 3 tres 4 cuatro 5 cinco 6 seis 7 siete
8 ocho 9 nueve 10 diez 11 once 12 doce 13 trece
14 catorce 15 quince 16 dieciséis 17 diecisiete 18 dieciocho
19 diecinueve 20 veinte

Ejercicios prácticos

EL VERBO *SER*. PRESENTE

1 Completa con el verbo ser.
ser 동사를 사용하여 문장을 완성해 보세요.

1 ¿De dónde _________? (tú)
2 Lisandro _________ de Colombia.
3 Nosotros _________ estudiantes.
4 Carla y Lola _________ abogadas.
5 Yo no _________ español.
6 Mi hija _________ periodista.
7 ¿ _________ alemanas? (vosotras)
8 ¿ _________ profesor? (tú)
9 ¿De dónde _________ usted?
10 ¿_________ brasileña? (tú)
11 Mis padres_________ mexicanos.
12 María y yo_________ profesoras.

2 Escribe el pronombre adecuado.
알맞은 대명사를 써 보세요.

1 <u>Él</u> es francés.
2 _______ somos mexicanas.
3 _______ somos peruanos.
4 ¿_______ sois españoles?
5 ¿_______ eres de Sevilla?
6 _______ no son profesores.
7 _______ soy peluquero.
8 _______ son actrices.
9 ¿_______ eres actor?
10 _______ no es española.

EL GÉNERO DE LOS NOMBRES

3 Clasifica en cada columna.
박스 안의 단어들을 성에 따라 분리해 보세요.

> ~~casa~~ • ~~hotel~~ • oficina • leona • coche
> hombre • libro • mujer • camarero
> calle • compañero • hospital
> azafata • gata • lección • hijo

MASCULINO	FEMENINO
el hotel	la casa

GÉNERO DE LOS ADJETIVOS

4 Completa la tabla con el género que falta.
다음 표의 빈칸을 성에 맞게 채워 보세요.

1	la gata blanca	
2	la niña simpática	
3	la profesora amable	
4		el actor bueno
5	la taxista buena	
6	la turista alemana	
7	la abogada china	
8		el pianista inglés
9		el periodista estadounidense

VERBOS REGULARES. PRESENTE

5 Escribe las frases en la forma adecuada.
알맞은 형태로 문장을 써 보세요.

1 Yo / estudiar / Matemáticas
2 Nosotros / comer / en casa
3 Rosa / no / beber / agua
4 Luis y Ana / vivir / en Galicia
5 Nosotras / trabajar / mucho
6 ¿Tú / vivir / en París?
7 ¿Ud. / hablar / inglés?
8 Yo / trabajar / en un banco
9 ¿Ustedes / escribir / los datos?
10 Mi marido / no / hablar / mucho
11 ¿Tú / trabajar / aquí?
12 ¿Dónde / vivir / Ud.?
13 ¿Dónde / trabajar / Ud.?
14 ¿Dónde / trabajar / tú?
15 Yo / vivir / en Valencia

PRONOMBRES PERSONALES SUJETO

6 ¿Qué pronombre personal corresponde?
알맞은 주격인칭대명사는 무엇인가요?

1 ¿Qué estudia Alicia? *Ella*
2 Elena y Alberto tienen dos hijos.
3 Estos chicos no estudian nada.
4 ¿A qué hora comen los españoles?
5 ¿Cuántos idiomas habla?
6 ¿Llamáis todos los días por teléfono a Óscar?
7 ¿Cómo se llama tu marido?
8 ¿Dónde viven Lola y María?

GRAMÁTICA 문법

PLURAL DE LOS NOMBRES 명사의 복수형

➜ Si el singular termina en vocal (excepto **í**), el plural se forma añadiendo una **-s**.
명사의 단수형이 모음(í는 예외)으로 끝나면, –s를 추가합니다.
un libro 책 한 권   *dos libros* 책 두 권

➜ Si el singular termina en consonante, se añade **-es**.
명사의 단수형이 자음으로 끝나면, –es를 추가합니다.
un hotel 호텔 한 채   *dos hoteles* 호텔 두 채
un lápiz 연필 한 자루   *dos lápices* 연필 두 자루

ADJETIVOS POSESIVOS 소유형용사

sujeto 주어	Posesivos 소유격	
	singular 단수	plural 복수
yo	mi	mis
tú	tu	tus
él / ella / Ud.	su	sus
nosotros/as	nuestro/a	nuestros/as
vosotros/as	vuestro/a	vuestros/as
ellos/as / Uds.	su	sus

➜ Los adjetivos posesivos concuerdan en número con el nombre al que acompañan.
소유형용사는 수식하는 명사와 수를 일치시킵니다.
*Esta es **mi** <u>hermana</u> y estos son **mis** <u>padres</u>.*
이 사람은 내 언니고 이 분들은 나의 부모님이에요.

VERBO *ESTAR*. PRESENTE *ESTAR* 동사의 현재형

Presente del verbo *estar* estar 동사의 현재형	
yo	estoy
tú	estás
él / ella / Ud.	está
nosotros/as	estamos
vosotros/as	estáis
ellos / ellas / Uds.	están

➜ Usamos el verbo *estar* para expresar ubicación.
estar 동사는 위치를 표현하기 위해 사용합니다.
Pedro está en casa. 페드로는 집에 있어요.

DEMOSTRATIVOS 지시사

➜ Los pronombres demostrativos esta, este, estas, estos se refieren a algo o alguien cercano.
지시대명사 *esta, este, estas, estos*는 가까이 있는 사물이나 사람을 가리킬 때 사용합니다.

	singular 단수	plural 복수
masculino 남성형	este	estos
femenino 여성형	esta	estas

Esta es mi prima. 이 사람은 나의 사촌이에요.
Este es mi perro Miko. 이것은 내 강아지 미코예요.
Estas son las bicicletas de mis hermanos.
이것들은 내 형제들의 자전거예요.
Estos son mis compañeros de clase.
이 사람들은 나의 반 친구들이에요.

VOCABULARIO 어휘

MARCADORES DE LUGAR 위치 표현

El móvil está… 휴대폰이 …에 있다

FAMILIA 가족

abuelo/a 할아버지/할머니 • padre 아버지 • madre 어머니
hijo/a 아들/딸 • primo/a 사촌 • marido 남편
mujer 아내 • hermano/a 형제

ESTADO CIVIL 결혼 상태

soltero/a 미혼의 • casado/a 기혼의 • divorciado/a 이혼한

LA CLASE 교실관련 어휘

bolígrafo 볼펜 • cuaderno 공책 • diccionario 사전
lápiz 연필 • libro 책 • mapa 지도 • mesa 책상
silla 의자 • televisión 텔레비전 • ventana 창문

NÚMEROS 수

20 veinte	101 ciento uno
21 veintiuno	200 doscientos/as
22 veintidós	300 trescientos/as
23 veintitrés	400 cuatrocientos/as
24 veinticuatro	500 quinientos/as
25 veinticinco	600 seiscientos/as
26 veintiséis	700 setecientos/as
27 veintisiete	800 ochocientos/as
28 veintiocho	900 novecientos/as
29 veintinueve	1 000 mil
30 treinta	1 105 mil ciento cinco
31 treinta y uno	1 500 mil quinientos
40 cuarenta	1 940 mil novecientos cuarenta
50 cincuenta	2 001 dos mil uno
60 sesenta	5 000 cinco mil
70 setenta	
80 ochenta	
90 noventa	
100 cien	

Ejercicios prácticos

PLURAL DE LOS NOMBRES

1 Completa las frases con el plural de las palabras del recuadro.
주어진 단어들의 복수형으로 문장을 완성해 보세요.

> amiga • lápiz • profesor • hermano
> hotel • diccionario • autobús
> mapa • televisión • silla

1 En mi familia somos seis __________.
2 Tenemos cinco __________ en mi ciudad.
3 Tengo dos __________ colombianas.
4 Mis __________ son españoles.
5 Los __________ son de Laura.
6 Las __________ de la cocina están rotas.
7 En mi casa tenemos dos __________, una en el salón y otra en la cocina.
8 Los __________ de español están en la estantería.
9 Tengo dos __________ de España, uno de Madrid y otro de Barcelona.
10 ¿Cuándo llegan los __________ para la excursión?

ADJETIVOS POSESIVOS

2 Elige la palabra correcta. 알맞은 단어를 골라 보세요.

> En (1) mi / mis clase somos veinticinco alumnos.
> (2) Mi / Mis compañeros son de distintos países.
> (3) Yo / Mi amigo Henry es de Canadá. (4) Él / Su
> familia vive en Toronto. (5) Nuestra / Nosotros
> profesora de Español se llama Ana. Es argentina
> y vive con (6) él / su marido cerca de la escuela.

VERBO *ESTAR*. PRESENTE

3 Completa las frases con la forma correcta del verbo *estar*.
estar 동사를 알맞게 바꾸어 문장을 완성해 보세요.

1 Mi familia ______ en Andalucía.
2 El gato ______ debajo del sofá.
3 ¿Dónde ______ las llaves?
4 Mis zapatillas no ______ en mi habitación.
5 Mi marido ______ en la oficina.
6 El ordenador ______ encima de la mesa.
7 Mis padres no ______ en casa.
8 ¿Cuándo ______ tú en la oficina?
9 Yo ______ en el parque con mis hijos.
10 ¿Dónde ______ nosotros ahora?

MARCADORES DE LUGAR

4 Mira el dibujo y di dónde están los siguientes objetos.
그림을 보고 다음 물건이 어디에 있는지 말해 보세요.

1 El ordenador *está encima de* la mesa.
2 La lámpara ________________ del ordenador.
3 El móvil ________________ la lámpara y el ordenador.
4 Las zapatillas ________________ la cama.
5 La ventana ________________ la mesa.
6 La silla ________________ la mesa.

DEMOSTRATIVOS

5 Elige la palabra correcta. 알맞은 단어를 골라 보세요.

1 *Este / Estos* es mi hermano Luis.
2 *Este / Esta* es el mapa de España.
3 *Este / Esta* ordenador es de mi padre.
4 ¿*Estos / Este* libros son de Pedro?
5 *Estas / Esta* chicas son de mi clase.
6 *Estas / Esta* es mi familia.

VOCABULARIO

6 Encuentra la palabra que no pertenece al grupo.
같은 분류에 속하지 않는 단어를 찾아 보세요.

1 diccionario • mapa • bolígrafo • coche
2 primo • madre • profesora • tío
3 abuelo • soltero • divorciado • casado
4 treinta • cuarto • cuarenta • sesenta
5 encima • debajo • sofá • al lado
6 hijo • padre • abuelo • tía
7 prima • madre • marido • novia
8 es • este • esta • estos
9 casas • autobús • mapas • mesas
10 autobús • silla • gafas • ordenador

GRAMÁTICA 문법

VERBOS REFLEXIVOS. PRESENTE 재귀동사의 현재형

		levantar(se) 일어나다	acostar(se) 잠자리에 들다
yo	me	levanto	acuesto
tú	te	levantas	acuestas
él / ella / Ud.	se	levanta	acuesta
nosotros/as	nos	levantamos	acostamos
vosotros/as	os	levantáis	acostáis
ellos / ellas / Uds.	se	levantan	acuestan

➜ Los pronombres reflexivos se usan con verbos que expresan acciones que el sujeto realiza sobre sí mismo: *lavarse, ducharse, peinarse, afeitarse*, etcétera.
재귀대명사는 주어의 행위 결과가 자기 자신에게 돌아가는 표현을 할 때 동사와 함께 사용합니다: 씻다, 샤워하다, 머리 빗다, 면도하다 등.

➜ Cuando la acción del sujeto no se realiza sobre sí mismo estos verbos no llevan pronombre.
주어의 행위 결과가 자기 자신에게 돌아가지 않을 때는 재귀대명사를 사용하지 않습니다.
María se lava la cara. 마리아는 세수를 해요.
María lava la ropa. 마리아는 옷을 세탁해요.

➜ Tenemos otros verbos que se utilizan con estos pronombres, aunque no son reflexivos: *llamarse, quedarse, casarse*, etcétera.
재귀동사가 아니어도 이런 대명사를 사용하는 동사들이 있습니다: 부르다, 머물다, 결혼하다 등.

VERBOS IRREGULARES. PRESENTE 불규칙동사의 현재형

Verbos con irregularidades vocálicas 모음 불규칙 변화형	
empezar 시작하다 (e>ie)	volver 돌아오다 (o>ue)
empiezo	vuelvo
empiezas	vuelves
empieza	vuelve
empezamos	volvemos
empezáis	volvéis
empiezan	vuelven

Otros verbos irregulares 그밖의 불규칙 변화형		
ir 가다	venir 오다	salir 나가다
voy	vengo	salgo
vas	vienes	sales
va	viene	sale
vamos	venimos	salimos
vais	venís	salís
van	vienen	salen

PREPOSICIONES DE TIEMPO 시간을 나타내는 전치사

Días 날(일)		
El lunes		la mañana
Hoy	por	la tarde
El sábado		la noche

Horas 시간			
Son A	las diez las cinco las tres	de	la mañana la tarde la noche la madrugada

Rosa se levanta a las siete. 로사는 7시에 일어난다.
Carlos sale de casa a las ocho. 카를로스는 8시에 집에서 나간다.
Yo trabajo desde las ocho hasta las tres.
나는 8시부터 3시까지 일한다.
Yo no trabajo por la tarde. 나는 오후에 일하지 않는다.
Ella termina su trabajo a las cinco de la tarde.
그녀는 오후 5시에 일을 마친다.
Rosa vuelve a su casa a las cuatro.
로사는 4시에 집으로 돌아온다.
Mi jefe trabaja de ocho de la mañana a ocho de la tarde.
나의 상사는 아침 8시부터 오후 5시까지 일한다.

VOCABULARIO 어휘

VERBOS DE ACCIONES COTIDIANAS
일상의 행위를 나타내는 동사

levantarse 일어나다 • acostarse 잠자리에 들다 • lavarse 씻다
ducharse 샤워하다 • bañarse 목욕하다 • peinarse 빗다
afeitarse 면도하다 • desayunar 아침 먹다 • comer 점심 먹다
cenar 저녁 먹다 • estudiar 공부하다 • trabajar 일하다
empezar 시작하다 • terminar 끝나다

VERBOS DE MOVIMIENTO 움직임을 나타내는 동사

salir 나가다 • ir 가다 • venir 오다 • entrar 들어가다
llegar 도착하다 • volver 돌아오다

PROFESIONES 직업

médico/a 의사 • enfermero/a 간호사
informático/a 정보처리사 • cocinero/a 요리사
camarero/a 종업원 • secretario/a 비서
cajero/a 수납원 • profesor/a 교수
dependiente/a 직원 • estudiante 학생
recepcionista 접수처 직원 • azafato/a 승무원

DESAYUNOS 아침 식사

leche 우유 • té 차 • mantequilla 버터 • mermelada 잼
zumo 주스 • huevo 계란
queso 치즈 • bollos 단 빵 • café 커피
bocadillo 샌드위치 • tostada 토스트

DÍAS DE LA SEMANA 요일

lunes 월요일 • martes 화요일 • miércoles 수요일
jueves 목요일 • viernes 금요일 • sábado 토요일
domingo 일요일

Ejercicios prácticos

VERBOS REFLEXIVOS. PRESENTE

1 Completa con el verbo entre paréntesis en presente. 괄호 속 동사를 현재형으로 바꾸어 문장을 완성해 보세요.

1 ■ ¿A qué hora _se levantan_ tus hijos? (levantarse)

● El niño ____ __________ a las siete y las niñas, a las ocho, porque sus clases empiezan más tarde. (levantarse)

2 ■ ¿____ __________ por la mañana o por la noche? (ducharse, tú)

● Normalmente por la noche, pero los domingos siempre ____ __________ por la mañana. (ducharse, yo)

3 ■ ¿A qué hora ____ __________ los sábados? (acostarse, vosotros)

● ____ __________ tarde, a la una o las dos de la madrugada. (acostarse, nosotros)

4 Juan no ____ __________ todos los días. (afeitarse)

5 Nuestros vecinos ____ __________ muy temprano porque trabajan a las afueras de la ciudad. (levantarse)

6 Yo nunca ____ __________ pronto porque llego del trabajo a las nueve de la noche. Después ceno y veo un rato la tele. (acostarse)

VERBOS IRREGULARES. PRESENTE

2 Escribe el verbo.

인칭에 맞는 동사변화형을 써 보세요.

1	empezar, él	_empieza_
2	volver, yo	
3	ir, nosotros	
4	empezar, vosotros	
5	ir, ellos	
6	volver, Ud.	
7	venir, yo	
8	salir, yo	
9	venir, ellos	
10	ir, yo	
11	volver, ellos	
12	salir, Ud.	
13	venir, Uds.	
14	empezar, tú	
15	volver, nosotrós	

PREPOSICIONES

3 Completa con la preposición adecuada.
알맞은 전치사를 사용하여 문장을 완성해 보세요.

1 Yo empiezo a trabajar _a_ las ocho _de_ la mañana.

2 José no trabaja ____ la tarde.

3 Paloma trabaja ____ las ocho ____ las tres.

4 Los domingos ____ la mañana voy al Rastro.

5 Los sábados ____ la noche voy ____ la discoteca.

6 Yo salgo ____ casa ____ las ocho ____ la tarde.

7 Mi hija va ____ la escuela ____ la mañana.

8 Los días de fiesta nos levantamos ____ las diez.

9 María va al trabajo ____ coche. Sale de su casa ____ las ocho y llega ____ las ocho y media.

10 Mi marido trabaja ____ ocho ____ la mañana ____ ocho ____ la tarde.

PROFESIONES

4 Relaciona. 알맞은 것을 연결해 보세요.

1 médico
2 azafata
3 profesor
4 camarero
5 recepcionista

a colegio
b hospital
c restaurante
d hotel
e aeropuerto

DESAYUNOS

5 Relaciona. 알맞은 것을 연결해 보세요.

1 café
2 zumo
3 pan
4 leche
5 bocadillo

a de naranja
b de queso
c con leche
d con tomate
e con cacao

6 Completa con las palabras del recuadro.
주어진 단어를 사용하여 대화를 완성해 보세요.

> zumo de naranja • qué desean • dos
> también • y tú • una tostada

■ Buenos días, ¿[1] ____________?

● Yo quiero un té con leche, ¿[2] ____________?

▲ Yo un zumo de naranja y [3] ____________.

● Sí, yo [4] ____________ quiero una tostada.

■ Muy bien, entonces un té con leche, un [5] ____________ y [6] ____________ tostadas.

GRAMÁTICA 문법

ORDINALES 서수

1.º / 1.ª primero/a	6.º / 6.ª sexto/a
2.º / 2.ª segundo/a	7.º / 7.ª séptimo/a
3.º / 3.ª tercero/a	8.º / 8.ª octavo/a
4.º / 4.ª cuarto/a	9.º / 9.ª noveno/a
5.º / 5.ª quinto/a	10.º / 10.ª décimo/a

➜ Los ordinales se usan, por ejemplo, para nombrar los pisos de una casa y el número de orden en un grupo.
예를 들어, 서수는 집의 층수나 어떤 그룹에서 서열을 표시할 때 사용합니다.
*Mi amigo vive en el **cuarto** piso.* 내 친구는 4층에 산다.
*Luis siempre llega el **primero**.* 루이스는 항상 첫 번째로 도착한다.

➜ Los ordinales concuerdan en género y número con el sustantivo al que acompañan.
서수는 수식하는 명사의 성과 수에 일치시킵니다.
*Mi clase está en la **segunda** planta.* 나의 교실은 2층에 있다.
*Yo tengo los **primeros** discos de este grupo.*
나는 이 그룹의 첫 번째 앨범을 가지고 있다.

➜ Los ordinales **primero** y **tercero** pierden la -o delante de un nombre masculino singular.
*primero*와 *tercero*는 남성 단수명사 앞에서 –o가 탈락합니다.
*Estudio **tercer(o)** curso de Inglés.*
나는 영어 수업의 세 번째 코스를 공부한다.
*Vivo en el **primer(o)** piso.* 나는 1층에 산다.

ARTÍCULOS 관사

Determinados 정관사		Indeterminados 부정관사	
Para algo que conocemos 이미 알고 있는 어떤 것		Para algo que mencionamos por primera vez 처음으로 언급하는 어떤 것	
masc. 남성형	fem. 여성형	masc. 남성형	fem. 여성형
singular 단수 el	la	un	una
plural 복수 los	las	unos	unas

➜ Los artículos determinados se usan:
정관사는 다음과 같이 사용합니다.

• Cuando hablamos de algo que conocemos.
이미 알고 있는 어떤 것에 대해 말할 때
*Cierra **la** ventana.* 창문을 닫으세요.

• Con la hora. 시간을 말할 때
*Son **las** cinco.* 5시다.

• Con los días de la semana. 요일을 말할 때
Los viernes vamos al cine. 우리는 금요일마다 영화관에 간다.

➜ Los artículos indeterminados se usan:
부정관사는 다음과 같이 사용합니다.

• Cuando mencionamos algo por primera vez.
처음으로 어떤 것을 언급할 때
*Tengo **un** coche nuevo.* 나는 새 차를 가지고 있다.

• Con el verbo *haber*. *haber* 동사와 쓰일 때
*¿Dónde **hay** una silla?* 어디에 의자가 있어요?

HAY / ESTÁ(N)

➜ Se utiliza **hay** para hablar de la existencia o no de personas, animales, lugares y objetos.
사람, 동물, 장소, 사물에 대해 존재의 유무를 말할 때 *hay*를 사용합니다.
Hay vasos en la cocina. 부엌에 그릇이 있다.

➜ Con **hay**, a los nombres nunca les pueden acompañar los artículos determinados.
hay 동사는 정관사와 함께 사용할 수 없습니다.
*En mi pueblo no **hay** (la) universidad.*
나의 동네에는 대학교가 없다.

➜ Se utiliza **está(n)** para indicar un lugar.
어떤 장소를 가리키기 위해 *está(n)*를 사용합니다.
*La leche **está** en la nevera.* 냉장고 안에 우유가 있다.
*¿Dónde **están** mis libros?* 내 책들은 어디에 있지?

VOCABULARIO 어휘

COSAS DE LA CASA 집과 관련된 물건들

armario 옷장 • ascensor 승강기
frigorífico / nevera 냉장고 • espejo 거울
sillón 안락의자 • lavabo 세면대 • lámpara 램프
llave 열쇠 • microondas 전자레인지 • cocina 부엌
cuarto de baño 화장실
dormitorio / habitación 방 • salón / comedor 거실
garaje 차고 • jardín 정원 • piscina 수영장 • patio 안뜰

¿DÓNDE? 어디?

derecha 오른쪽 • izquierda 왼쪽
arriba 위쪽 • abajo 아래쪽

Ejercicios prácticos

ORDINALES

1 Escribe los números ordinales. 서수를 써 보세요.

a   9.º _noveno_   f   10.º __________

b   1.º __________   g   4.º __________

c   3.ª __________   h   2.ª __________

d   6.º __________   i   5.ª __________

e   8.ª __________   j   7.ª __________

ARTÍCULOS

2 Elige el artículo correcto.
알맞은 관사를 골라 보세요.

1 *La / Un* televisión está en el salón.

2 Tengo *un / las* microondas nuevo.

3 *Los / Unos* platos blancos están en el armario de *la / una* cocina.

4 *Una / La* cartera de Pablo está en *una / la* silla.

5 *Los / Unas* cojines del sofá son azules.

6 *Una / La* familia de Concha cena siempre en *la / una* cocina.

7 Este es *el / un* ordenador de mi hermano.

8 Desayuno *un / el* vaso de leche todas *unas / las* mañanas.

9 Limpio *un / el* cuarto de baño de mi casa todos *unos / los* días.

10 *Los / Unos* sábados me levanto a *las / los* nueve.

3 Completa con el artículo correcto.
알맞은 관사를 사용하여 문장을 완성해 보세요.

1 Estudio español desde _____ doce años.

2 Empiezo _____ clases a _____ nueve de _____ mañana.

3 ■ ¿Cuándo recoges _____ cocina?

   ● Cuando termino de ver _____ televisión.

4 _____ reloj está encima de _____ mesa.

5 En _____ países árabes no trabajan _____ viernes.

6 _____ veranos en Andalucía son calurosos.

7 Mi padre está en _____ jardín con _____ hijos de Javier.

8 ¿Dónde están _____ llaves de _____ puerta?

9 En el salón hay _____ sofá, seis sillas y _____ mesa.

10 Tienen _____ casa en _____ campo con _____ jardín muy bonito.

HAY / ESTÁ(N)

4 Completa el texto con *hay / está / están*.
*hay / está /están*을 사용하여 다음 글을 완성해 보세요.

En mi casa (1) _____ dos dormitorios, un salón, una cocina y un baño. En el cuarto de baño (2) _____ una ducha. En el salón (3) _____ una librería, y allí (4) _____ los libros de lectura.
Tenemos dos ordenadores. (5) _____ uno en mi habitación y el otro (6) _____ en el salón.
También (7) _____ en el salón el equipo de música y la televisión. En los dormitorios no (8) _____ televisión. ¿Cuántas televisiones (9) _____ en tu casa? ¿Dónde (10) _____?

5 Haz preguntas para estas respuestas.
다음과 같은 답변이 나오기 위한 질문을 만들어 보세요.

1 ¿__________________?
   La leche está en el frigorífico.

2 ¿__________________?
   No hay mucho café en la cafetera.

3 ¿__________________?
   Hay un vaso en la cocina.

4 ¿__________________?
   Mis amigos están en el cine.

5 ¿__________________?
   Hay tres sillas en el salón.

6 ¿__________________?
   Mis padres están bien, gracias.

7 ¿__________________?
   El microondas está encima del horno.

8 ¿__________________?
   Hay tres coches en el garaje.

VOCABULARIO

6 Encuentra la palabra que no pertenece al grupo. 같은 분류에 속하지 않는 단어를 찾아 보세요.

1 cocina • salón • frigorífico • garaje

2 tercero • seis • quinto • primero

3 fregadero • horno • microondas • sillón

4 televisión • espejo • toalla • lavabo

5 librería • lavadora • televisión • lámpara

6 derecha • izquierda • norte • arriba

7 el • los • las • unos

8 una • la • un • unas

9 recepcionista • hotel • restaurante • colegio

10 los • la • unas • una

GRAMÁTICA 문법

VERBO GUSTAR. PRESENTE *GUSTAR* 동사의 현재형

(a mí)	me	gusta	el cine
(a ti)	te		la música
(a él / ella / Ud.)	le		viajar
(a nosotros/as)	nos	gustan	los museos
(a vosotros/as)	os		los deportes
(a ellos / ellas / Uds.)	les		las plantas

→ El verbo *gustar* se utiliza en la tercera persona del singular o del plural, dependiendo del sujeto gramatical.
gustar 동사는 문법적 주어에 따라 3인칭 단수형 또는 복수형으로 사용합니다.

A mí *me gusta* el cine. 나는 영화를 좋아한다.

A mí *me gustan* las películas de terror.
나는 공포 영화를 좋아한다.

A ti *te gusta* la música clásica. 너는 클래식 음악을 좋아한다.

A ti *te gusta* bailar. 너는 춤추는 것을 좋아한다.

¿A ti *te gustan* los videojuegos? 너는 비디오 게임을 좋아해?

A él *le gusta* el chocolate. 그는 초콜릿을 좋아한다.

A ella no *le gustan* los deportes.
그녀는 스포츠를 안 좋아한다.

¿A usted *le gusta* el pescado? 당신은 생선을 좋아하나요?

A nosotros *nos gusta* el fútbol. 우리는 축구를 좋아한다.

A nosotras *nos gustan* los pasteles.
우리는 케이크를 좋아한다.

¿A vosotros *os gusta* esquiar? 너희는 스키 타는 거 좋아해?

¿A vosotras *os gustan* los museos? 너희는 박물관을 좋아해?

A ellas *les gusta* el arte. 그녀들은 미술을 좋아한다.

A ellos *les gustan* los animales. 그들은 동물을 좋아한다.

¿A ustedes *les gusta* pescar? 당신들은 낚시하는 것을 좋아하나요?

GUSTAR 좋아하다
+ Me **encanta** escuchar música. 나는 음악 듣는 것을 아주 좋아한다.
Me gusta **mucho** cocinar. 나는 요리하는 것을 매우 좋아한다.
Me gusta **bastante** leer. 나는 책 읽는 것을 꽤 좋아한다.
No me gustan **mucho** los deportes. 나는 스포츠를 많이 좋아하지 않는다.
No me gusta bailar. 나는 춤추는 것을 좋아하지 않는다.
− **No** me gusta **nada** ir de compras. 나는 쇼핑하는 것을 전혀 좋아하지 않는다.

TAMBIÉN / TAMPOCO - SÍ / NO 또한, 역시 (긍정/부정) −그렇다/아니다
● *Me encanta el cine.* ☺ 나는 영화를 너무 좋아해.
■ *A mí también.* ☺ 나도 그래.
▲ *Pues a mí no.* ☹ 나는 안 좋아해.
● *No me gusta montar en bicicleta.* ☹ 나는 자전거 타는 것을 안 좋아해.
■ *A mí tampoco.* ☹ 나도 안 좋아해.
▲ *Pues a mí sí.* ☺ 나는 좋아해.

VERBO *QUERER*. PRESENTE *QUERER* 동사의 현재형

Presente del verbo *querer* querer 동사의 현재형	
yo	quiero
tú	quieres
él / ella / Ud.	quiere
nosotros/as	queremos
vosotros/as	queréis
ellos / ellas / Uds.	quieren

Mamá, quiero un helado. 엄마, 전 아이스크림을 먹고 싶어요.

Mamá, hoy no quiero sopa, quiero pasta.
엄마, 오늘은 스프 말고 파스타를 먹고 싶어요.

→ Utilizar el verbo *querer* en presente para expresar deseo normalmente no es cortés: así, para suavizar, se suele utilizar el verbo en pretérito imperfecto (*quería*…). Pero en este caso concreto, en un restaurante, sí es habitual el uso de *quiero*…
querer 동사 현재형은 원하는 바를 표현하기 위해 사용하지만 아주 정중한 표현은 아닙니다. 좀 더 부드럽게 표현하기 위해서 불완료과거형(*quería*)를 사용하곤 합니다. 그러나 위에서처럼 식당에서는 일반적으로 *quiero*를 사용합니다.

IMPERATIVO (VERBOS REGULARES) 명령형 (규칙동사)

	cortar 자르다	comer 먹다	abrir 열다
tú	corta	come	abre
usted	corte	coma	abra

→ El imperativo se usa para dar instrucciones, órdenes y pedir favores.
명령형은 지침이나 명령을 내리거나 부탁할 때 사용합니다.

Corta la lechuga en trozos pequeños. 상추를 작게 잘라요.

Come la sopa, por favor. 스프를 드세요.

Abre el libro, Peter. 책을 펴요, 피터.

VOCABULARIO 어휘

COMIDA BÁSICA 기본 음식

arroz 쌀 • pan 빵 • carne 고기 • ensalada 샐러드
pescado 생선 • fruta 과일 • huevos 계란
queso 치즈 • patatas 감자 • sal 소금 • azúcar 설탕

BEBIDAS 음료

agua 물 • cerveza 맥주 • refresco 음료수
vino 와인 • zumo 주스

ACTIVIDADES DE TIEMPO LIBRE 여가 활동

bailar 춤추다 • escuchar música 음악 듣다
navegar en internet 인터넷하다
ir al teatro 극장에 가다 • ir de compras 쇼핑하다
ir a la discoteca 디스코텍에 가다
montar en bicicleta 자전거를 타다 • viajar 여행하다
hacer deporte 운동하다 • andar 걷다

Ejercicios prácticos

VERBOS *GUSTAR* Y *QUERER*

1 Elige la opción correcta. 알맞은 것을 골라 보세요.

1 A Luis *quiere / le gustan* mucho los macarrones.
2 Óscar no *quiere / le gusta* carne.
3 Marisa hoy no *quiere / le gusta* beber agua, quiere vino.
4 A nosotros **nos gusta / queremos** el gazpacho.
5 A Elena no *quiere / le gustan* nada las verduras.
6 Federico *quiere / le gustan* muchos caramelos.
7 A Rosa **le gusta / quiere** mucho leer.
8 No *queremos / gustan* más café.
9 Javier y Clara **les gusta / quieren** comer más.
10 A Javier y a Clara no **les gusta / quieren** comer mucho.

2 Construye frases con el verbo *gustar* o *encantar*.
gustar 동사 혹은 *encantar* 동사를 사용하여 문장을 완성해 보세요.

1 Luis / helados
  A Luis le gustan mucho los helados.
  A Luis le encantan los helados.
  A Luis no le gustan los helados.
2 Marta / jugar al tenis
3 Los niños / Matemáticas
4 Elvira / montar en bici
5 Juanjo / películas de ciencia-ficción
6 Nosotros / viajar
7 Ellas / ir de compras
8 Mi marido / ópera
9 ¿Vosotros / comida española?
10 ¿Tú / carne?
11 Yo / música clásica
12 Mis hermanas / plantas

3 Ordena para formar frases.
나열된 단어를 순서대로 정리하여 문장을 완성해 보세요.

1 Pablo / mucho / ir / gusta / cine / a / al / le
2 café / no / el / gusta / me / mí / a
3 Pablo / les / a / Rosa / gusta / a / nadar / y
4 Ana / no / los / hacer / deberes / nada / le / a / gusta
5 nosotros / no /gustan / nos / lunes / a / los
6 viajar / mucho / les / a / ellas / gusta
7 ¿ a / gatos / gustan / vosotros / os / los?
8 tío / encanta / a / la / clásica / mi / música / le
9 ¿gustan / te / caracoles / los?
10 trabajar / a / Ismael / mucho / le / no / gusta
11 gazpacho / el / María /no / mucho / gusta / a / le
12 verduras / los / las / niños / gustan / no / a / les

IMPERATIVO

4 Escribe el imperativo. 명령형을 써 보세요.

1 Beber / agua
  Bebe agua
2 Comer / más
3 Escribir / en tu cuaderno
4 Cortar / el pan
5 Trabajar / más
6 Hablar / menos
7 Estudiar / Historia
8 Entrar / por aquí
9 Mirar / a la pizarra
10 Abrir / la puerta

COMIDA Y BEBIDA

5 Clasifica los platos siguientes en primero, segundo y postre.
다음 요리들을 코스 순서별로 분류해 보세요.

> natillas • helado • sopa de fideos • vino blanco
> fruta • ensalada • merluza a la plancha
> escalope de ternera • cerveza • pollo asado
> agua mineral • flan • chuletas de cordero
> vino tinto • espárragos con mayonesa • queso

Primero	Postre
Segundo	Bebida

ACTIVIDADES DE TIEMPO LIBRE

6 Completa las palabras con las vocales (*a, e, i, o, u*).
모음(a, e, i, o, u)을 사용하여 단어를 완성해 보세요.

1 b__l__r
2 v____j__r
3 n__d__r
4 l__r
5 __nd__r
6 n__v__g__r por __nt__r n__t
7 m__nt__r en b__c__cl__t__
8 __r al t____tr__
9 v__r __n_a p__l__c__l__
10 h__c__r d__p__rt__

7 Relaciona. 알맞은 것을 연결해 보세요.

1	andar	a al fútbol / al tenis
2	navegar	b el periódico / una novela
3	ir	c de compras
4	ver	d por la montaña / por el campo
5	montar	e en el mar / en internet
6	leer	f una película / una exposición
7	jugar	g en bicicleta

GRAMÁTICA 문법

IMPERATIVOS IRREGULARES 불규칙명령형

➜ Los verbos en imperativo tienen la misma irregularidad que en presente.
현재형이 불규칙인 동사들은 명령형에서도 불규칙 변화를 합니다.

Infinitivo 원형	Presente 현재형	Imperativo 명령형
cerrar 닫다	cierro	cierra, cierre
dormir 자다	duermo	duerme, duerma
sentarse 앉다	me siento	siéntate, siéntese
poner 놓다	pongo	pon, ponga
decir 말하다	digo	di, diga
venir 오다	vengo	ven, venga
hacer 하다	hago	haz, haga
irse 가버리다	voy	vete, váyase
salir 나가다	salgo	sal, salga
hervir 끓다	hiervo	hierve, hierva
tener 가지다	tengo	ten, tenga
torcer 꼬다	tuerzo	tuerce, tuerza
seguir 따르다	sigo	sigue, siga

➜ Se usa el imperativo: 명령형은 다음과 같은 경우 사용합니다.

- Para dar instrucciones o consejos. 지침을 주거나 충고할 때
  *Primero **eche** una cucharada de sal, luego **hierva** el arroz durante…*
  먼저 소금을 한 스푼 넣고, 그다음 쌀을 끓이세요.
  *Si te duele la cabeza, **toma** una pastilla y **acuéstate**.*
  너 머리 아프면, 약 먹고 누워 있어.

- Hacer peticiones o dar órdenes, especialmente seguido de **por favor**. 부탁하거나 명령할 때, 주로 뒤에 por favor를 붙여 씁니다.
  Habla más despacio, por favor. 좀 더 천천히 말해 줘.
  Siéntese, por favor. 앉으세요.
  ¡Ven aquí ahora mismo! 지금 당장 여기로 와!

SER / ESTAR
Ser

➜ Se usa para describir características o cualidades de algo o de alguien: tamaño, color, carácter…
사람이나 사물의 성격이나 특징(크기, 색, 성격 등)을 묘사하기 위해 사용합니다.
*Luis **es** alto y delgado.* 루이스는 키가 크고 말랐다.
*Su casa **es** pequeña.* 그의 집은 작다.
*Su coche **es** rojo.* 그의 자동차는 빨간색이다.
*Luis **es** muy simpático.* 루이스는 매우 친절하다.

➜ Expresa también nacionalidad, profesión, posesión…
국적, 직업, 소유 등을 표현할 때도 사용합니다.
*Mary **es** inglesa.* 마리는 영국인이다.
*¿Ellos **son** médicos?* 그들은 의사예요?
*Ese libro no **es** mío.* 그 책은 내 거 아니야.

Estar

➜ Expresa lugar o posición.
장소나 위치를 표현할 때 사용합니다.
*El colegio **está** en la c/ Velázquez.*
학교는 벨라스케스 거리에 있다.
*La parada de autobús **está** enfrente de mi casa.*
버스 정류장은 나의 집 앞에 있다.

➜ Sirve para expresar también estados de salud o de ánimo.
건강이나 마음 상태를 표현할 때 사용하기도 합니다.
*Clara **está** enferma, tiene gripe.*
클라라는 아파요, 감기에 걸렸어요.
*Hoy **estoy** muy contenta.* 오늘 나는 매우 기분이 좋다.

➜ Con los adverbios *bien* y *mal* siempre usamos *estar*.
부사 'bien, mal'과 항상 함께 사용합니다.
*Este ejercicio **está** (es) mal.* 이 운동은 안 좋다.

VOCABULARIO 어휘

TRANSPORTES 교통수단

> billete 표, 승차권 • autobús 버스 • metro 지하철
> tren 기차 • línea de metro 지하철 노선 • viaje 여행
> estación 역 • parada 정거장

ADJETIVOS 형용사

> tranquilo 조용한 • ruidoso 시끄러운 • céntrico 중앙의
> rápido 빠른 • frío 추운 • lento 느린 • malo 나쁜
> pequeño 작은 • fácil 쉬운 • difícil 어려운 • bueno 좋은

ADVERBIOS 부사

> cerca 가까이 • lejos 멀리 • bien 잘 • mal 못

Ejercicios prácticos

1 Escribe el imperativo.
명령형을 써 보세요.

1	dormir (usted)
2	hacer (tú)
3	salir (tú)
4	poner (usted)
5	tener (usted)
6	irse (usted)
7	venir (tú)
8	decir (usted)
9	hervir (usted)
10	cerrar (usted)
11	torcer (tú)
12	seguir (tú)
13	acostarse (usted)
14	poner (tú)
15	venir (usted)
16	sentarse (tú)
17	ponerse (usted)
18	tomar (tú)

2 Completa las frases utilizado el imperativo de los verbos del recuadro.
주어진 단어의 명령형을 사용하여 문장을 완성해 보세요.

> sentarse • decir • cerrar • irse • tener
> dormir • hacer • venir • ponerse • salir
> acostarse

1 (usted) ________ con cuidado. El suelo está mojado.
2 Hace mucho frío. (tú) ________ la ventana, por favor.
3 (tú) ________ paciencia. Vuelvo enseguida.
4 Pedro, ________ la gorra. Hace mucho sol.
5 (tú) ________ temprano. Mañana es lunes.
6 (usted) ________ el ejercicio número seis para mañana.
7 ________ tu nombre y tu fecha de nacimiento.
8 (tú) ________ a la cama y ________ tranquilo. Yo me encargo de todo.
9 (usted) ________ un momento, por favor. El doctor la atiende enseguida.
10 (tú) ________ a mi casa a ver el partido.

3 Elige la forma correcta. 알맞은 형태를 골라 보세요.

1 Alicia y José Luis *son / están* en Málaga.
2 El piso *es / está* en un barrio tranquilo.
3 La profesora de mi hijo *es / está* muy joven.
4 ¿Dónde *están / está* mi móvil?
5 Siempre *es / está* de buen humor.
6 Estos zapatos *son / están* muy caros.
7 ¿Quién *está / es* ese chico nuevo?
8 Tu barrio no *es / está* muy lejos del centro.
9 Mis amigos no *son / están* aficionados al baloncesto.
10 Mi madre *es / está* muy mayor, pero *es / está* muy bien de salud.
11 Mi novio *es / está* informático. Trabaja mucho.
12 Susana hoy *es / está* muy nerviosa, pero normalmente *es / está* una persona tranquila.

4 Completa las frases con la forma adecuada de *ser* o *estar*.
ser 또는 *estar*의 알맞은 형태로 바꾸어 문장을 완성해 보세요.

1 Mañana ________ el día de mi cumpleaños.
2 Faysal y Nizha ________ de Marruecos.
3 Hoy la paella ________ muy buena.
4 Galicia ________ en el norte de España.
5 Mi amigo Miguel ________ muy inteligente.
6 Mi casa no ________ muy grande.
7 ¿(tú) ________ en casa por las tardes?
8 ¿Tu barrio ________ tranquilo?
9 ¿(vosotros) ________ preparados para empezar?
10 Los padres de María ________ periodistas.

5 Encuentra la palabra que no pertenece al grupo. 같은 분류에 속하지 않은 단어를 찾아 보세요.

1 metro • tren • céntrico • avión
2 rápido • billete • lento • ruidoso
3 bueno • cerca • lejos • bien
4 ven•haz • toma • viajo
5 coches • arroz • calles • estación
6 Roma • Inglaterra • París • perro
7 grande • pequeño • tranquilo • bien
8 cierra • toma • ven • habla
9 pon • diga • ven • vete
10 venga • haga • vete • váyase

GRAMÁTICA 문법

GERUNDIO DE VERBOS REGULARES 규칙동사의 현재분사형

Infinitivo 원형	Gerundio 현재분사
llorar 울다	llor**ando**
comer 먹다	com**iendo**
escribir 쓰다	escrib**iendo**

GERUNDIO DE VERBOS IRREGULARES
불규칙동사의 현재분사형

Infinitivo 원형	Gerundio 현재분사
leer 읽다	leyendo
dormir 자다	durmiendo

ESTAR + GERUNDIO *Estar* + 현재분사

Estar + gerundio		
yo	estoy	
tú	estás	
él / ella / Ud.	está	hablando
nosotros/as	estamos	
vosotros/as	estáis	
ellos / ellas / Uds.	están	

→ *Estar* + **gerundio** suele expresar acciones que se
desarrollan en el momento en que se habla.
'*Estar* + 현재분사형'은 말하는 시점에 진행 중인 행위를 표현할 때 사용합니다.
- ¿Qué **estás haciendo**? 너 뭐 하고 있어?
- **Estoy leyendo** el periódico. 나는 신문 보고 있어.

ESTAR + GERUNDIO (VERBOS REFLEXIVOS)
Estar + 현재분사 (재귀동사)

Estoy lavándome. / Me estoy lavando. 나는 씻는 중이다.
Estás lavándote. / Te estás lavando. 너는 씻는 중이다.
Está lavándose. / Se está lavando. 그는 씻는 중이다.
Estamos lavándonos. / Nos estamos lavando. 우리는 씻는 중이다.
Estáis lavándoos. / Os estáis lavando. 너희는 씻는 중이다.
Están lavándose. / Se están lavando. 그들은 씻는 중이다.

VOCABULARIO 어휘

HABLAR POR TELÉFONO 전화 통화

¿Sí? 네? • No está en este momento 지금 안 계세요.
¿Quiere dejar un recado? 메모 남겨 드릴까요?
¿Diga? 여보세요?

VERBOS DE ACTIVIDADES 행위 동사

leer el periódico 신문을 읽다

jugar a las cartas 카드놀이를 하다

lavarse 씻다

pintar 그림 그리다

ir al cine 영화 보러 가다

bañarse 목욕하다

bailar 춤추다

pasear 산책하다

jugar al fútbol 축구하다

DESCRIPCIÓN DE PERSONAS 인물 묘사

- PELO 머리: rubio 금발의 / moreno 갈색의 / largo 긴 / corto 짧은
- OJOS 눈: claros 연한 / oscuros 짙은 / marrones 갈색 / verdes 녹색
- ES: mayor 성인의, 나이 든 / joven 젊은 / alto 키 큰 / bajo 키가 작은 /
  delgado 날씬한 / gordo 뚱뚱한
- LLEVA: barba 턱수염 / bigote 콧수염 / gafas 안경

CARÁCTER 성격

simpático 친절한 • antipático 불친절한
tacaño 인색한 • generoso 너그러운
hablador 수다스러운 • serio 진지한
alegre 밝은, 즐거운 • educado 예의 바른 • callado 조용한

Ejercicios prácticos

ESTAR + GERUNDIO (VERBOS REFLEXIVOS)

1 Completa siguiendo el ejemplo.
보기와 같이 문장을 써 보세요.

1 ■ ¿Qué estás haciendo?
   ● Me estoy duchando. = _Estoy duchándome._

2 ■ ¿Dónde está Manolo?
   ● Se está afeitando. = ________________

3 ¿Todavía te estás bañando? = ________________

4 ■ ¿Qué hacéis?
   ● ________________ = Nos estamos arreglando.

5 ________________ = Los niños ya se están acostando.

6 María se está lavando los dientes.
   = ________________________________

7 ■ ¿Qué haces ahora?
   ● ________________________________
   = Me estoy pintando las uñas.

8 ■ ¿Qué está haciendo Raquel?
   ● ________________________________
   = Se está vistiendo.

HABLAR POR TELÉFONO

2 Completa con las palabras del recuadro.
주어진 단어를 사용하여 대화를 완성해 보세요.

> muchas gracias • recado • momento

■ Agencia Segurarte. Buenos días.
● Buenos días. ¿Puedo hablar con el Sr. González?
■ Lo siento, en este ________________ no está. ¿Quiere dejarle un ________________?
● Sí, por favor, dígale que soy Laura García y que mañana no puedo ir a la cita.
■ De acuerdo. Le dejo una nota.
● Muy bien. ________________.

VERBOS DE ACTIVIDADES

3 Relaciona. 알맞은 것끼리 연결해 보세요.

1 jugar
2 dormir
3 bañarse
4 lavar
5 pintarse
6 salir
7 conectarse
8 ir

a la siesta
b el coche
c a internet
d a los videojuegos
e con los amigos
f en la piscina
g al teatro
h los labios

DESCRIPCIÓN DE PERSONAS

4 Completa según el dibujo.
그림을 보고 빈칸을 채워 보세요.

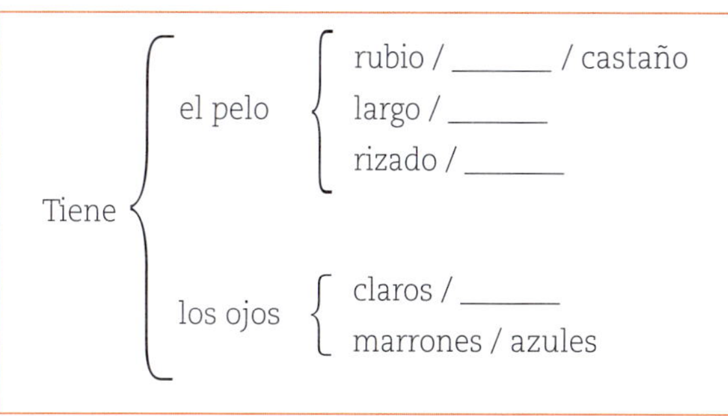

Tiene
el pelo
rubio / ________ / castaño
largo / ________
rizado / ________

los ojos
claros / ________
marrones / azules

Tiene / Lleva
barba
____
____

Es
mayor / ________
alto / bajo
________ / gordo

GRAMÁTICA 문법

PRETÉRITO INDEFINIDO (VERBOS REGULARES)
단순과거 (규칙동사)

trabajar 일하다	comer 먹다	salir 나가다
trabajé	comí	salí
trabajaste	comiste	saliste
trabajó	comió	salió
trabajamos	comimos	salimos
trabajasteis	comisteis	salisteis
trabajaron	comieron	salieron

➜ El pretérito indefinido expresa acciones acabadas en un momento determinado del pasado.
단순과거는 과거의 특정 시점에 행위가 끝난 것을 표현합니다.

*Ayer **trabajé** mucho.* 난 어제 일을 많이 했다.

*El verano pasado **estuve** en Cancún.*
나는 지난여름에 칸쿤에 있었다.

PRETÉRITO INDEFINIDO (VERBOS IRREGULARES)
단순과거 (불규칙동사)

hacer 하다	ir / ser 가다 / 이다	estar 있다
hice	fui	estuve
hiciste	fuiste	estuviste
hizo	fue	estuvo
hicimos	fuimos	estuvimos
hicisteis	fuisteis	estuvisteis
hicieron	fueron	estuvieron

VOCABULARIO 어휘

ESTABLECIMIENTOS 건물

farmacia 약국 • oficina de correos 우체국
comisaría 경찰서 • iglesia 교회 • museo 박물관
quiosco 가판대 • mercado 시장 • estanco 전매품 가게

OBJETOS 사물

medicinas 약 • cartas 편지 • periódicos 신문
sellos 우표 • tabaco 담배

ESTACIONES DEL AÑO 계절

el invierno
겨울

la primavera
봄

el verano
여름

el otoño
가을

MESES DEL AÑO 달

enero 1월 • febrero 2월 • marzo 3월 • abril 4월
mayo 5월 • junio 6월 • julio 7월 • agosto 8월
septiembre 9월 • octubre 10월 • noviembre 11월
diciembre 12월

EL TIEMPO 날씨

llover 비 오다 • llueve 비 오다 • está lloviendo 비 온다
nevar 눈 오다 • nieva 눈 오다 • está nevando 눈 온다
hace frío 춥다 • hace (mucho) calor (매우) 덥다
hace viento 바람 불다 • está nublado 구름 껴 있다

está lloviendo 비가 오고 있다

está nevando 눈이 오고 있다

hace mucho calor 무척 덥다

hace viento 바람 불다

hace frío 춥다

está nublado 구름이 껴 있다

Ejercicios prácticos

1 Completa las frases con el pretérito indefinido de los verbos del recuadro.
주어진 동사들의 단순과거형을 사용하여 문장을 완성해 보세요.

> ver • ganar • invitar • escuchar
> jugar • salir • vivir • escribir
> comprar • llegar

1 El sábado pasado (yo) _______________ muy tarde de trabajar.
2 ¿(tú) _______________ ayer las noticias en la tele?
3 Ayer, después de cenar, Pablo y yo _______________ un rato al ajedrez.
4 Mis primos nos _______________ a la fiesta de cumpleaños de su hija el domingo pasado.
5 Pablo Picasso _______________ muchos años en París.
6 La semana pasada (yo) _______________ en la radio el último disco de Serrat.
7 Cervantes _______________ *El Quijote* en el siglo XVII.
8 Mi compañero _______________ tarde a la reunión del jueves.
9 ¿Dónde (tú) _______________ los libros de español ayer?
10 ¿Quién _______________ el partido el domingo?

PRETÉRITO INDEFINIDO (VERBOS IRREGULARES)

2 Completa las frases con el pretérito indefinido de *ir / ser / estar*.
*ir / ser / estar*의 단순과거형을 사용하여 문장을 완성해 보세요.

1 El jueves por la tarde no _______________ en casa. _______________ al cine con los niños. (nosotros)
2 El domingo pasado no hizo sol. _______________ un día muy frío.
3 ■ ¿Cuándo _______________ Ana y tú a Buenos Aires?
   ● _______________ las Navidades pasadas.
4 ¿Quién _______________ el primero en llegar en la carrera del sábado pasado?
5 No _______________ ayer a trabajar. _______________ en el médico. (yo)

3 Haz preguntas como en el ejemplo.
보기와 같이 질문을 만들어 보세요.

1 Ir al teatro el jueves. (tú)
   ¿Fuiste al teatro el jueves?
2 Ver la última película de Almodóvar. (vosotros)
3 Mandar un correo electrónico a Carlos. (Elena)
4 Estar en la montaña el fin de semana pasado. (tú)
5 Vivir en París. (Joan Miró)
6 Comer fabada en Asturias. (vosotros)
7 Conocer a los padres de Ana el verano pasado. (tú)
8 Levantarse muy tarde ayer. (tus hijos)
9 Ir a la playa el verano pasado. (vosotros)
10 Ser el último en llegar. (tú)
11 Trabajar hasta muy tarde ayer. (vosotros)

4 Completa el texto con las palabras del recuadro.
박스 안의 단어들을 사용하여 글을 완성해 보세요.

> fue • hace • estuvo • hizo • está

Ayer el tiempo estuvo variable en las distintas zonas de España. En el norte (1) _______ lloviendo e (2) _______ mucho frío. En el este hizo viento y estuvo nublado. En el centro y en el sur, la temperatura (3) _______ más suave. Hoy también (4) _______ lloviendo en el norte de España y en el sur (5) _______ sol y calor.

VOCABULARIO

5 Encuentra la palabra que no pertenece al grupo.
같은 분류에 속하지 않는 단어를 찾아 보세요.

1 farmacia • medicinas • mercado • estanco
2 verano • periódicos • sellos • fruta
3 primavera • verano • agosto • invierno
4 septiembre • enero • mayo • otoño
5 viento • nieve • verano • calor
6 frío • llover • nevar • hacer
7 compró • nevó • salió • llueve
8 salió • termino • empezó • comió
9 trabajé • comí • estuve • fue
10 sale • lleva • fue • corre

GRAMÁTICA 문법

DEMOSTRATIVOS (ADJETIVOS Y PRONOMBRES)
지시형용사와 지시대명사

Demostrativos (adjetivos y pronombres) 지시사 (형용사와 대명사)		
	singular 단수	**plural** 복수
masculino 남성형	este / ese / aquel	estos / esos / aquellos
femenino 여성형	esta / esa / aquella	estas / esas / aquellas

Pronombres demostrativos (neutro) 지시대명사 (중성)		
esto	eso	aquello

→ Los adjetivos demostrativos van delante del nombre y concuerdan con él en género y número.
지시형용사는 명사 앞에 위치하며 명사의 성과 수에 일치시킵니다.
Este coche es de mi vecino. 이 자동차는 내 이웃의 차이다.
Esas chicas son muy simpáticas. 그 소녀들은 매우 친절하다.

→ Los pronombres demostrativos *esto, eso, aquello* nunca van con el nombre. Se refieren a una idea o a algo de lo que no sabemos el género.
지시대명사 *esto, eso, aquello*는 절대로 명사와 같이 쓰지 않습니다. 이 지시사들은 어떤 생각이나 성을 알 수 없는 것을 지칭할 때 사용합니다.
Esto no me gusta nada. 이게 난 하나도 안 좋다.
¿Qué es aquello que se ve en el cielo? 하늘에 보이는 저것은 뭐예요?

→ El uso de un pronombre u otro nos indica la cercanía o lejanía del objeto señalado.
지시대명사는 가리키는 사물의 위치가 어떤 거리에 있는지에 따라 달라집니다.
Este coche. 이 자동차
(cerca del hablante, aquí) 화자와 가까운 거리, 여기
Ese coche. 그 자동차
(cerca del oyente, ahí) 청자와 가까운 거리, 거기
Aquel coche. 저 자동차
(lejos de los dos, allí) 화자와 청자 모두와 멀리에 위치, 저기

PRONOMBRES PERSONALES DE OBJETO DIRECTO
직접목적격대명사

sujeto 주격	objeto 목적격
yo	me
tú	te
él / ella / Ud.	lo / la / le
nosotros/as	nos
vosotros/as	os
ellos / ellas / Uds.	los / las / les

¿Compramos las flores? = *¿Las compramos?*
우리 꽃 살까?
Hoy no he visto a tu padre. = *Hoy no lo he visto.*
오늘 너의 아버지를 못 봤어.
¿Sabes que vendo mi casa? = *¿Sabes que la vendo?*
내가 집을 파는 것을 너는 알고 있니?

→ Normalmente, los pronombres personales de objeto directo van delante del verbo y separados.
일반적으로, 직접목적격대명사는 동사 앞에 분리되어 위치합니다.
Te quiero. 너를 좋아해.

→ Pero con el imperativo afirmativo van detrás y unidos al verbo.
그러나 긍정명령의 경우, 동사 뒤에 한 단어처럼 붙어서 위치합니다.
¡Mírame! 날 봐!
Cómpralo, por favor. 그거 사요.

→ Con algunas construcciones pueden ir delante o detrás.
동사원형 뒤나 동사 변화형 앞에 위치하기도 합니다.
La puerta está abierta, ¿puedes cerrarla?
= *¿la puedes cerrar?* 문이 열려 있네, 닫아 줄래?

CONCORDANCIA DEL NOMBRE Y LOS ADJETIVOS DE COLOR 명사와 색을 나타내는 형용사의 성·수 일치

→ Los adjetivos concuerdan en género y número con el nombre al que se refieren.
형용사는 수식하는 명사의 성과 수에 일치합니다.
¿Puedo coger el bolígrafo rojo? 내가 빨간 볼펜 가져도 돼?
Tengo unos pantalones marrones. 난 밤색 바지가 있어.

	singular 단수	**plural** 복수
masculino 남성형	blanco / verde / azul	blancos / verdes / azules
femenino 여성형	blanca / verde / azul	blancas / verdes / azules

→ Hay colores que son nombres de plantas, flores y frutos que normalmente no cambian en género ni en número.
식물, 꽃, 과실 이름에서 유래한 색의 명칭도 있습니다. 이런 경우 일반적으로 성·수 변화가 없습니다.
pantalones rosa 분홍색 바지
zapatos (de color) naranja 오렌지색 구두

COMPARATIVOS 비교급

más + adjetivo + que ~보다 더 …하다
Juan es más simpático que Pedro. 후안은 페드로보다 친절하다.

menos + adjetivo + que ~보다 덜 …하다
Pedro es menos simpático que Juan. 페드로는 후안보다 덜 친절하다.

tan + adjetivo + como ~만큼 …하다
Juan (no) es tan alto como Pedro. 후안은 페드로만큼 키가 (안) 크다.

COMPARATIVOS IRREGULARES 비교급 불규칙

bueno 좋은 **mejor / mejores + que** ~보다 더 좋다
Esta película es mejor que esa. 이 영화는 그 영화 보다 더 좋다.

malo 나쁜 **peor / peores + que** ~보다 더 나쁘다
Esos pasteles son peores que estos. 그 케이크는 이것보다 더 맛이 없다.

grande 큰 **mayor / mayores + que** ~보다 나이가 많다
Yo soy mayor que ella. 나는 그녀보다 나이가 많다.

pequeño 작은 **menor / menores + que** ~보다 나이가 어리다
Sus hijos son menores que los míos. 그의 자식들은 나의 자식들보다 어리다.

→ *Mayor* y *menor* se refieren sobre todo a la edad, no al tamaño.
*mayor*와 *menor*는 크기가 아니라 나이에 대한 비교를 할 때 주로 사용됩니다.
Mi hermano mayor es arquitecto. 나의 오빠는 건축가이다.
Él es el menor de sus hermanos. 그는 그의 형제들 중 막내이다.
Su casa es más grande que la mía. 그의 집은 내 집보다 더 크다.
Mi ciudad es más pequeña que la tuya.
나의 도시는 너의 도시보다 작다.

VOCABULARIO 어휘

ROPA Y COMPLEMENTOS 의류와 악세서리

anillo 반지 • camisa 셔츠 • camiseta 티셔츠 • cartera 지갑
collar 목걸이 • corbata 넥타이 • falda 치마 • gafas 안경
jersey 스웨터 • medias 양말 • pendientes 귀걸이
vaqueros 청바지 • zapatos 구두 • zapatillas deportivas 운동화

Ejercicios prácticos

DE COMPRAS

1 Ordena la siguiente conversación.

다음 대화를 순서대로 나열해 보세요.

- ☐ Dependiente: 180 euros.
- ☐ Clienta: ¿Puedo probármelas?
- ☐ Dependiente: Buenos días, ¿puedo ayudarla?
- ☐ Cliente: Me gustan, me las llevo.
- ☐ Dependiente: Sí, estas están rebajadas, cuestan 120 euros.
- ☐ Cliente: Sí, ¿cuánto cuestan estas gafas de sol rojas?
- ☐ Dependiente: ¿Cómo paga, con tarjeta o en efectivo?
- ☐ Cliente: ¿No tiene otras más baratas?
- ☐ Dependiente: Sí, claro.
- ☐ Cliente: Con tarjeta.

PRONOMBRES PERSONALES DE OBJETO DIRECTO

2 Sustituye la parte subrayada por un pronombre *(lo, la, los, las)*.

밑줄 친 부분을 목적격대명사 *(lo, la, los, las)*로 바꿔 보세요.

1. ■ ¿Vendiste <u>el ordenador antiguo</u>?
   - ● Sí, <u>lo</u> vendí el lunes pasado.
2. ■ ¿Viste ayer <u>a Rocío</u>?
   - ● No, al final no ____ vi.
3. ■ ¿Viste anoche <u>la película de la tele</u>?
   - ● No, no ____ vi.
4. ■ ¿Compraste <u>el periódico</u> el sábado pasado?
   - ● No, no ____ compré.
5. ■ ¿Y compraste <u>los zapatos</u> que te encargué?
   - ● No, no ____ compré, no tuve tiempo.
6. ■ ¿Estudiaste <u>los verbos</u> ayer?
   - ● Sí, ____ estudié antes de acostarme.
7. ■ ¿Llevaste <u>al niño</u> al médico?
   - ● Sí, ____ llevé el lunes.
8. ■ ¿Escuchaste <u>las noticias</u> en la radio?
   - ● No, no ____ escuché, ¿por qué preguntas?
9. ■ ¿Llevaste <u>el coche</u> a arreglar?
   - ● No, no ____ llevé, no tuve tiempo.
10. ■ ¿Llamaste por teléfono <u>a tus padres</u>?
    - ● Sí, ____ llamé el domingo.
11. ■ ¿Y llamaste <u>a tus hermanas</u>?
    - ● Sí, ____ llamé el sábado.
12. ■ ¿Hiciste <u>la cena</u>?
    - ● No, no ____ hice, no tuve tiempo.

13. ■ ¿Viste <u>el cuadro</u> que ha comprado Luis?
    - ● Sí, ____ vi el martes, es precioso.

3 Completa con un pronombre de objeto directo: *me, te, lo (le), la, nos, os, los (les), las.*

직접목적격대명사를 사용하여 문장을 완성해 보세요.

1. Santiago, ¿vamos a tomar algo?, ____ invito.
2. Alicia ____ invitó a comer el día de su cumpleaños. (a nosotros)
3. ¿A vosotras no ____ invitó? Yo creo que se olvidó.
4. A mí ____ invita todos los años.
5. ■ ¿A ti ____ invitó?
   - ● No, a mí no ____ invitó.
6. ■ Alicia, ¿el año pasado invitaste a Jaime y Paloma?
   - ● Sí, claro que ____ invité.
7. Ana no tiene mucho dinero, ¿____ invitamos a ir al cine?
8. ■ ¿Y las hermanas de Jaime?
   - ● A ellas yo no ____ invito, no me caen bien.
9. ■ Hoy ____ invito yo a tomar café, y mañana ____ invitas tú a mí, ¿vale?
   - ● Vale.
10. ■ ¡Qué rollo! A nosotras no ____ invita nadie a café.
    - ● Sí, yo ____ invito hoy.
11. Y a Andrés, ¿quién ____ invita?

COMPARATIVOS

4 Completa con los comparativos del recuadro.

주어진 비교급을 사용하여 문장을 완성해 보세요.

> menos… que • tan… como • mejor(es)
> más… que • peor(es) • mayor(es)

1. Nadar es ______ relajante ______ jugar a fútbol.
2. El pescado es ______ digestivo ______ la carne.
3. Estos zapatos no son ______ cómodos ______ esos.
4. Aquel coche es mucho ______ caro ______ este.
5. El vestido gris es ______ elegante ______ el rojo, pero no es ______ bonito.
6. Yo voy a este dentista porque es ______ que el otro.
7. Este restaurante es ______ que el otro. No me gusta nada.
8. Los productos de este mercado son ______ que los del otro mercado, por eso vengo siempre aquí.
9. Julia tiene veintiséis años, es ______ que su hermana, que tiene diez años.

GRAMÁTICA 문법

VERBO *DOLER*. PRESENTE *DOLER* 동사의 현재형

(a mí)	me	
(a ti)	te	
(a él / ella / Ud.)	le	duele la cabeza
(a nosotros/as)	nos	duelen los oídos
(a vosotros/as)	os	
(a ellos / ellas / Uds.)	les	

→ El verbo *doler*, al igual que el verbo *gustar*, se utiliza en la tercera persona del singular o del plural, según sea el sujeto.
doler 동사는 gustar 동사처럼 주어에 따라 3인칭 단수형과 복수형으로 사용합니다.

¿Te duele la cabeza? 너 머리 아파?

A Ana le duelen los oídos. 아나는 귀가 아프다.

PRETÉRITO IMPERFECTO (VERBOS REGULARES)
불완료과거 (규칙동사)

viajar 여행하다	tener 가지다	salir 나가다
viajaba	tenía	salía
viajabas	tenías	salías
viajaba	tenía	salía
viajábamos	teníamos	salíamos
viajabais	teníais	salíais
viajaban	tenían	salían

→ Usamos el pretérito imperfecto para expresar acciones habituales en el pasado.
과거의 습관적인 행위를 표현하기 위해 불완료과거형을 사용합니다.

Cuando éramos jóvenes, íbamos a la discoteca.
우리가 젊었을 때, 디스코텍에 가곤 했다.

Ahora no salimos, pero antes salíamos mucho.
우리는 이제는 나가 놀지 않지만, 전에는 매우 자주 나가 놀았다.

→ También se usa para describir en el pasado.
과거를 묘사할 때 사용하기도 합니다.

Mi profesor de matemáticas era simpático y nunca nos castigaba.
나의 수학 선생님은 친절하셨고 절대 우리를 혼내지 않으셨습니다.

PRETÉRITO IMPERFECTO (VERBOS IRREGULARES)
불완료과거형 (불규칙동사)

ir 가다	ser 이다	ver 보다
iba	era	veía
ibas	eras	veías
iba	era	veía
íbamos	éramos	veíamos
ibais	erais	veíais
iban	eran	veían

IR A + INFINITIVO *IR A* + 동사원형

Ir a + infinitivo		
yo	voy a	
tú	vas a	
él / ella / Ud.	va a	estudiar
nosotros/as	vamos a	
vosotros/as	vais a	
ellos / ellas / Uds.	van a	

VOCABULARIO 어휘

EL CUERPO HUMANO 신체 부위

brazo 팔 • cabeza 머리 • cara 얼굴 • cuello 목
dedo 손가락 • espalda 등 • estómago 위
garganta 목 • hombro 어깨 • mano 손 • oído 귀
oreja 귀 • pecho 가슴 • pie 발 • pierna 다리
rodilla 무릎

Ejercicios prácticos

VERBO *DOLER*. PRESENTE

1 Completa el hueco con el pronombre y elige la forma correcta.
빈칸에 대명사를 쓰고 알맞은 동사 형태를 골라 문장을 완성해 보세요.

1 La música está muy alta. A mí ____ *duele / duelen* los oídos.

2 Cuando tomo mucho el sol ____ *duele / duelen* la cabeza.

3 Mi hermano lleva unos zapatos nuevos y ____ *duele / duelen* los pies.

4 ¿____ *duelen / duele* la garganta? Tómate un vaso de leche caliente.

5 Ayer comimos mucho y hoy ____ *duele / duelen* el estómago.

PRETÉRITO IMPERFECTO

2 Escribe la forma correspondiente.
알맞은 동사 형태를 써 보세요.

1	ganar, yo	*ganaba*
2	entrar, tú	
3	ser, ella	
4	vivir, nosotros	
5	ir, ellos	
6	levantarse, yo	
7	leer, vosotros	
8	hacer, él	
9	comprar, ellos	
10	salir, tú	
11	ver, yo	

3 Escribe frases con el pretérito imperfecto.
불완료과거형을 사용하여 문장을 써 보세요.

1 Elías / no tener / mucho dinero

2 Cuando / ser (yo) / joven / no comer / muchas verduras

3 ¿Dónde / vivir / Juan y Marta / cuando / estar / en Argentina?

4 Antes / le / ver (yo) / casi todos los días

5 Daniel / no estudiar / español / en la escuela.

6 ¿Cuál / ser (él) / asignatura favorita / cuando / ir / al colegio?

7 ¿Dónde / vivir (tú) / en Argentina?

8 ¿A qué hora / acostarse (tú) / cuando / ser / pequeño?

4 Corrige los errores. 잘못된 곳을 찾아 수정해 보세요.

1 Ayer, a la salida del cine, llueve mucho.

2 ¿Dónde iba Isabel y Fernando cuando los visteis?

3 ¿A qué hora salir del colegio cuando eras pequeño?

4 Yo tenía dos horas de clase a la semana cuando estudio español.

5 Antes siempre desayunamos en una cafetería.

IR A + INFINITIVO

5 Completa las frases con *ir a* + infinitivo con los verbos del recuadro.
주어진 동사를 *ir a* + 동사원형 형태로 바꾸어 문장을 완성해 보세요.

> jugar • visitar • comer • participar
> • celebrar • ayudar • trabajar • repasar
> viajar • comprar

1 Juanjo y Carlos _____________ en una pizzería.

2 ¿Dónde _____________ tu cumpleaños?

3 Manuel y yo _____________ en un campeonato de ajedrez.

4 ¿(vosotros) _____________ el partido de mañana?

5 ¿(tú) _____________ a José a recoger la cocina?

6 Beatriz _____________ a Brasil este verano.

7 El próximo verano (yo) _____________ a mis amigos escoceses.

8 El año que viene Concha y yo _____________ en una nueva empresa.

9 Mi hermano y su mujer _____________ un coche nuevo.

10 (yo) _____________ el vocabulario para el examen de mañana.

EL CUERPO HUMANO

6 Elige la palabra correcta.
알맞은 단어를 골라 보세요.

1 Ayer monté en bicicleta y hoy me duele la *cabeza / rodilla*.

2 Hoy no puedo comer porque me duele el *estómago / oído*.

3 Tengo gripe y me duele la *cara / cabeza*.

4 ¡Ten cuidado! No te cortes un *dedo / ojo* al partir el pan.

5 Tengo mucha tos y me duele el *hombro / pecho*.

6 Tengo que ir al dentista. ¡Me duelen mucho las *muelas / manos*!

Verbos regulares e irregulares 규칙동사·불규칙동사

VERBOS REGULARES 규칙동사

Presente	Pretérito indefinido	Pretérito imperfecto	Imperativo	Gerundio
TRABAJAR 일하다				
trabaj**o**	trabaj**é**	trabaj**aba**		trabaj**ando**
trabaj**as**	trabaj**aste**	trabaj**abas**	trabaj**a** (tú)	
trabaj**a**	trabaj**ó**	trabaj**aba**	trabaj**e** (Ud.)	
trabaj**amos**	trabaj**amos**	trabaj**ábamos**		
trabaj**áis**	trabaj**asteis**	trabaj**abais**	trabaj**ad** (vosotros)	
trabaj**an**	trabaj**aron**	trabaj**aban**	trabaj**en** (Uds.)	
BEBER 마시다				
beb**o**	beb**í**	beb**ía**		beb**iendo**
beb**es**	beb**iste**	beb**ías**	beb**e** (tú)	
beb**e**	beb**ió**	beb**ía**	beb**a** (Ud.)	
beb**emos**	beb**imos**	beb**íamos**		
beb**éis**	beb**isteis**	beb**íais**	beb**ed** (vosotros)	
beb**en**	beb**ieron**	beb**ían**	beb**an** (Uds.)	
ESCRIBIR 쓰다				
escrib**o**	escrib**í**	escrib**ía**		escrib**iendo**
escrib**es**	escrib**iste**	escrib**ías**	escrib**e** (tú)	
escrib**e**	escrib**ió**	escrib**ía**	escrib**a** (Ud.)	
escrib**imos**	escrib**imos**	escrib**íamos**		
escrib**ís**	escrib**isteis**	escrib**íais**	escrib**id** (vosotros)	
escrib**en**	escrib**ieron**	escrib**ían**	escrib**an** (Uds.)	

VERBOS IRREGULARES 불규칙동사

Presente	Pretérito indefinido	Pretérito imperfecto	Imperativo	Gerundio
CERRAR 닫다				
cierro	cerré	cerraba		cerrando
cierras	cerraste	cerrabas	cierra (tú)	
cierra	cerró	cerraba	cierre (Ud.)	
cerramos	cerramos	cerrábamos		
cerráis	cerrasteis	cerrabais	cerrad (vosotros)	
cierran	cerraron	cerraban	cierren (Uds.)	
DAR 주다				
doy	di	daba		dando
das	diste	dabas	da (tú)	
da	dio	daba	dé (Ud.)	
damos	dimos	dábamos		
dais	disteis	dabais	dad (vosotros)	
dan	dieron	daban	den (Uds.)	

Presente	Pretérito indefinido	Pretérito imperfecto	Imperativo	Gerundio
DECIR 말하다				
digo	dije	decía		diciendo
dices	dijiste	decías	di (tú)	
dice	dijo	decía	diga (Ud.)	
decimos	dijimos	decíamos		
decís	dijisteis	decíais	decid (vosotros)	
dicen	dijeron	decían	digan (Uds.)	
ESTAR 있다				
estoy	estuve	estaba		estando
estás	estuviste	estabas	está (tú)	
está	estuvo	estaba	esté (Ud.)	
estamos	estuvimos	estábamos		
estáis	estuvisteis	estabais	estad (vosotros)	
están	estuvieron	estaban	estén (Uds.)	
HACER 하다				
hago	hice	hacía		haciendo
haces	hiciste	hacías	haz (tú)	
hace	hizo	hacía	haga (Ud.)	
hacemos	hicimos	hacíamos		
hacéis	hicisteis	hacíais	haced (vosotros)	
hacen	hicieron	hacían	hagan (Uds.)	
IR 가다				
voy	fui	iba		yendo
vas	fuiste	ibas	ve (tú)	
va	fue	iba	vaya (Ud.)	
vamos	fuimos	íbamos		
vais	fuisteis	ibais	id (vosotros)	
van	fueron	iban	vayan (Uds.)	
OÍR 듣다				
oigo	oí	oía		oyendo
oyes	oíste	oías	oye (tú)	
oye	oyó	oía	oiga (Ud.)	
oímos	oímos	oíamos		
oís	oísteis	oíais	oíd (vosotros)	
oyen	oyeron	oían	oigan (Uds.)	
PEDIR 부탁하다				
pido	pedí	pedía		pidiendo
pides	pediste	pedías	pide (tú)	
pide	pidió	pedía	pida (Ud.)	
pedimos	pedimos	pedíamos		
pedís	pedisteis	pedíais	pedid (vosotros)	
piden	pidieron	pedían	pidan (Uds.)	

Verbos regulares e irregulares 규칙동사·불규칙동사

Presente	Pretérito indefinido	Pretérito imperfecto	Imperativo	Gerundio
PODER 할 수 있다				
puedo	pude	podía		pudiendo
puedes	pudiste	podías	puede (tú)	
puede	pudo	podía	pueda (Ud.)	
podemos	pudimos	podíamos		
podéis	pudisteis	podíais	poded (vosotros)	
pueden	pudieron	podían	puedan (Uds.)	
PONER 놓다				
pongo	puse	ponía		poniendo
pones	pusiste	ponías	pon (tú)	
pone	puso	ponía	ponga (Ud.)	
ponemos	pusimos	poníamos		
ponéis	pusisteis	poníais	poned (vosotros)	
ponen	pusieron	ponían	pongan (Uds.)	
QUERER 좋아하다				
quiero	quise	quería		queriendo
quieres	quisiste	querías	quiere (tú)	
quiere	quiso	quería	quiera (Ud.)	
queremos	quisimos	queríamos		
queréis	quisisteis	queríais	quered (vosotros)	
quieren	quisieron	querían	quieran (Uds.)	
SABER 알다				
sé	supe	sabía		sabiendo
sabes	supiste	sabías	sabe (tú)	
sabe	supo	sabía	sepa (Ud.)	
sabemos	supimos	sabíamos		
sabéis	supisteis	sabíais	sabed (vosotros)	
saben	supieron	sabían	sepan (Uds.)	
SALIR 나가다				
salgo	salí	salía		saliendo
sales	saliste	salías	sal (tú)	
sale	salió	salía	salga (Ud.)	
salimos	salimos	salíamos		
salís	salisteis	salíais	salid (vosotros)	
salen	salieron	salían	salgan	
SEGUIR 따르다				
sigo	seguí	seguía		siguiendo
sigues	seguiste	seguías	sigue (tú)	
sigue	siguió	seguía	siga (Ud.)	
seguimos	seguimos	seguíamos		
seguís	seguisteis	seguíais	seguid (vosotros)	
siguen	siguieron	seguían	sigan (Uds.)	

Presente	Pretérito indefinido	Pretérito imperfecto	Imperativo	Gerundio
SER 이다				
soy	fui	era		siendo
eres	fuiste	eras	sé (tú)	
es	fue	era	sea (Ud.)	
somos	fuimos	éramos		
sois	fuisteis	erais	sed (vosotros)	
son	fueron	eran	sean (Uds.)	
TENER 가지다				
tengo	tuve	tenía		teniendo
tienes	tuviste	tenías	ten (tú)	
tiene	tuvo	tenía	tenga (Ud.)	
tenemos	tuvimos	teníamos		
tenéis	tuvisteis	teníais	tened (vosotros)	
tienen	tuvieron	tenían	tengan (Uds.)	
VENIR 오다				
vengo	vine	venía		viniendo
vienes	viniste	venías	ven (tú)	
viene	vino	venía	venga (Ud.)	
venimos	vinimos	veníamos		
venís	vinisteis	veníais	venid (vosotros)	
vienen	vinieron	venían	vengan (Uds.)	
VER 보다				
veo	vi	veía		viendo
ves	viste	veías	ve (tú)	
ve	vio	veía	vea (Ud.)	
vemos	vimos	veíamos		
veis	visteis	veíais	ved (vosotros)	
ven	vieron	veían	vean (Uds.)	
VOLVER 돌아오다				
vuelvo	volví	volvía		volviendo
vuelves	volviste	volvías	vuelve (tú)	
vuelve	volvió	volvía	vuelva (Ud.)	
volvemos	volvimos	volvíamos		
volvéis	volvisteis	volvíais	volved (vosotros)	
vuelven	volvieron	volvían	vuelvan (Uds.)	

UNIDAD 0 - Antes de empezar

A ¡Hola! Me llamo Maribel

듣기

1  001

Profesora:	¡Hola! Me llamo Maribel y soy la profesora de español. Vamos a presentarnos. A ver, empieza tú, ¿cómo te llamas?
Estudiante 1:	Me llamo Marcelo.
Profesora:	¿De dónde eres, Marcelo?
Estudiante 1:	Soy brasileño, de Porto Alegre.
Estudiante 2:	Yo me llamo Isabelle y soy francesa.

선생님: 안녕하세요! 내 이름은 마리벨이고 스페인어 선생님이에요. 우리 서로 소개합시다. 자, 시작해 봐요, 이름이 뭐죠?

학생1: 저의 이름은 마르셀로예요.

선생님: 어느 나라 출신이죠, 마르셀로?

학생1: 브라질, 포르투 알레그레 출신이에요.

학생2: 저의 이름은 이사벨레이고 프랑스 사람이에요.

B ¿Cómo se escribe? ¿Cómo se pronuncia?

듣기

4  002

Las vocales: A – E – I – O – U

Las consonantes: B – C – D – F – G – H – J – K – L – M – N – Ñ – P – Q – R – S – T – V – W – X – Y – Z

Los conjuntos de letras: CH – LL

5  003

ca: casa – **que**: queso – **qui**: quiero – **co**: color – **cu**: cuatro

ga: gato – **gue**: guerra – **gui**: guitarra – **go**: agosto – **gu**: agua

za: zapato – **ce**: cerrado – **ci**: cine – **zo**: zoo – **zu**: azul

ja: jamón – **je** / **ge**: jefe / genio – **ji** / **gi**: jirafa / gitano – **jo**: jota – **ju**: julio

7  004

1 erre-o-eme-e-erre-o
2 de-i-a-zeta
3 ge-o-ene-zeta-a-ele-uve-o
4 erre-i-be-e-erre-a
5 ge-i-eme-e-ene-e-zeta
6 pe-a-de-i-ene

10  005

alemán – alemana – japonés – profesor – estudiante – profesora – brasileño – hospital – estudiar – libro – lección – compañero – madre

독일 남자 – 독일 여자 – 일본 남자 – 남자 선생님 – 학생 – 여자 선생님 – 브라질인 – 병원 – 공부하다 – 책 – 과(課) – 동료 – 어머니

12  006

fiesta – hotel – cine – hospital – restaurante – flamenco – tango – bar – chocolate – café – salsa – playa – paella – guitarra – siesta

축제 – 호텔 – 영화관 – 병원 – 식당 – 플라멩코 – 탱고 – 바 – 초콜릿 – 커피 – 소스 – 해변 – 빠에야 – 기타 – 낮잠

C Mapas de España y América Latina

읽기

스페인어

스페인어 또는 카스테야노는 스페인과 라틴 아메리카 19개국의 공식 언어이다. 또한, 4억 5천만 이상의 사람들이 쓰는 언어로 중국어 다음으로 많이 사용된다. 스페인어는 프랑스어, 이탈리아어, 포르투갈어, 루마니아어처럼 라틴어를 기원으로 한다. 스페인에서는 카탈루냐어, 갈리시아어, 바스크어도 공식 언어이다.

스페인 지역 형용사

(남) 안달루시아의 / (여) 안달루시아의
(남) 아라곤의 / (여) 아라곤의
(남) 아스투리아스의 / (여) 아스투리아스의
(남) 발레아레스 제도의 / (여) 발레아레스 제도의
(남) 카나리아 제도의 / (여) 카나리아 제도의
(남) 칸타브리아 태생의 / (여) 칸타브리아 태생의
(남) 카스티야이레온의 / (여) 카스티야이레온의
(남) 카스티야–라만차의 / (여) 카스티야–라만차의
(남) 카탈루냐의 / (여) 카탈루냐의
(남) 에스트레마두라의 / (여) 에스트레마두라의
(남) 갈라시아의 / (여) 갈라시아의
(남) 마드리드의 / (여) 마드리드의
(남) 무르시아의 / (여) 무르시아의
(남) 발렌시아의 / (여) 발렌시아의
(남) 바호스 피레네오스 주에 속한 프랑스령의 / (여) 바호스 피레네오스주에 속한 프랑스령의

라틴 아메리카 지역 형용사

(남) 아르헨티나의 / (여) 아르헨티나의
(남) 볼리비아의 / (여) 볼리비아의
(남) 콜롬비아의 / (여) 콜롬비아의
(남) 코스타리카의 / (여) 코스타리카의
(남) 쿠바의 / (여) 쿠바의
(남) 칠레의 / (여) 칠레의
(남) 도미니카의 / (여) 도미니카의
(남) 에콰도르의 / (여) 에콰도르의
(남) 과테말라의 / (여) 과테말라의
(남) 온두라스의 / (여) 온두라스의
(남) 멕시코의 / (여) 멕시코의
(남) 니카라과의 / (여) 니카라과의
(남) 파나마의 / (여) 파나마의
(남) 파라과이의 / (여) 파라과이의
(남) 페루의 / (여) 페루의
(남) 푸에르토리코의 / (여) 푸에르토리코의
(남) 살바도르의 / (여) 살바도르의
(남) 우루과이의 / (여) 우루과이의
(남) 베네수엘라의 / (여) 베네수엘라의

UNIDAD 1 - Saludos

1A ¡Encantado!

듣기

2  007

EN CLASE

Isabelle: ¡Hola, Marcelo!, ¿qué tal?

Marcelo: Bien, ¿y tú?

Isabelle: Muy bien. Mira, esta es Ulrike, una nueva compañera, es alemana.

Marcelo: ¡Hola! ¡Encantado! ¿Eres de Berlín?

Ulrike: Sí, pero ahora vivo en Madrid.

EN UN HOTEL

Recepcionista: Su nombre, por favor.

Fernando: Yo me llamo Fernando Álvarez y ella es Carmen Hernández.

Recepcionista: ¿De dónde son ustedes?

Fernando: Somos argentinos, de Buenos Aires.

Recepcionista: Ah, Buenos Aires... Aquí están sus tarjetas, bienvenidos a Madrid.

Fernando: Gracias.

EN UNA OFICINA

Díaz: ¡Buenos días!, señor Álvarez, ¿qué tal está?

Álvarez: Muy bien, gracias. Mire, le presento a Marta Rodríguez, la nueva directora.

Díaz: Encantado de conocerla, yo me llamo Gerardo Díaz, y soy el responsable de administración.

Rodríguez: Mucho gusto, Gerardo.

교실에서

이사벨레: 안녕, 마르셀로! 잘 지내?

마르셀로: 잘 지내, 너는?

이사벨레: 아주 잘 지내. 봐 봐, 이쪽은 울리케, 새로운 동료인데 독일 사람이야.

마르셀로: 안녕! 만나서 반가워! 너는 베를린 출신이니?

울리케: 맞아, 그런데 지금은 마드리드에 살아.

호텔에서

접수처 직원: 성함을 말씀해 주세요.

페르난도: 저는 페르난도 알바레스이고, 이 분은 카르멘 에르난데스예요.

접수처 직원: 어느 나라 분들이시죠?

페르난도: 저희는 아르헨티나에서 왔어요, 부에노스 아이레스요.

접수처 직원: 아, 부에노스아이레스……. 카드 여기 있습니다, 마드리드에 오신 것을 환영합니다.

페르난도: 감사합니다.

사무실에서

디아스: 좋은 아침입니다, 알바레스 씨! 어떻게 지내세요?

알바레스: 아주 잘 지내요, 감사합니다. 보세요, 새로운 대표님이신 마르타 로드리게스 씨를 소개합니다.

디아스: 만나서 반갑습니다, 제 이름은 헤라르도 디아스예요, 경영 부서 책임자죠.

로드리게스: 반갑습니다, 헤라르도 씨.

4 (008)

En una cafetería

Luis: ¡Hola, Eva!, ¿qué tal?

Eva: Bien, ¿y tú?

Luis: Muy bien. Mira, este es Roberto, un compañero nuevo.

Eva: ¡Hola! ¡Encantada! ¿De dónde eres?

Roberto: Soy cubano.

카페에서

루이스: 안녕, 에바! 어떻게 지내?

에바: 잘 지내, 너는?

루이스: 아주 잘 지내. 자, 이 사람은 로베르토, 새로운 동료야.

에바: 안녕! 만나서 반가워! 어느 나라 사람이야?

로베르토: 난 쿠바 사람이야.

7 (009)

1 China: chino / china
2 Irán: iraní / iraní
3 Reino Unido: británico / británica
4 Turquía: turco / turca
5 Sudáfrica: sudafricano / sudafricana
6 Colombia: colombiano / colombiana
7 Brasil: brasileño / brasileña
8 Francia: francés / francesa
9 Polonia: polaco / polaca
10 Suecia: sueco / sueca
11 Alemania: alemán / alemana
12 Canadá: canadiense / canadiense

1 중국: (남) 중국 사람 /(여) 중국 사람
2 이란: (남) 이란 사람 / (여) 이란 사람
3 영국: (남) 영국 사람 / (여) 영국 사람
4 터키: (남) 터키 사람 / (여) 터키 사람
5 남아프리카: (남) 남아프리카 사람 / (여) 남아프리카 사람
6 콜롬비아: (남) 콜롬비아 사람 / (여) 콜롬비아 사람
7 브라질: (남) 브라질 사람 / (여) 브라질 사람
8 프랑스: (남) 프랑스 사람 / (여) 프랑스 사람
9 폴란드: (남) 폴란드 사람 / (여) 폴란드 사람
10 스웨덴: (남) 스웨덴 사람 / (여) 스웨덴 사람
11 독일: (남) 독일 사람 / (여) 독일 사람
12 캐나다: (남) 캐나다 사람 / (여) 캐나다 사람

9 (010)

1 Secretaria: Hola, su nombre, por favor.

Claudia: Sí, me llamo Claudia Pereyra.

Secretaria: ¿Cómo se escribe su apellido?

Claudia: Pe-e-erre-e-i griega-erre-a.

Secretaria: ¿De dónde es usted, señora Pereyra?

Claudia: Soy argentina.

Secretaria: Muy bien, esta es su tarjeta.

Claudia: Gracias.

2 Secretaria: Hola, ¿me dice su nombre?

Francisco: Sí, me llamo Francisco Rodríguez.

Secretaria: ¿Puede repetir, por favor?

Francisco: Fran-cis-co Ro-drí-guez.

Secretaria: ¿De dónde es usted?

Francisco: Soy español, de Toledo.

Secretaria: Vale. Aquí tiene su tarjeta.

Francisco: Muchas gracias.

3 Secretaria: Buenos días, ¿me dice su nombre?

Elizabeth: Sí, claro, me llamo Elizabeth Henríquez.

Secretaria: ¿Puede deletrearlo, por favor?

Elizabeth: Sí, e-ele-i-zeta-a-be-e-te-hache es mi nombre y hache-e-ene-erre-i-cu-u-e-zeta mi apellido.

Secretaria: ¿Y de dónde es usted?

Elizabeth: Soy venezolana.

Secretaria: Bien, gracias, aquí tiene su tarjeta.

Elizabeth: Gracias a usted.

4 Secretaria: Buenos días, señor.

Manuel: Buenos días, me llamo Manuel Jiménez.

Secretaria: ¿Jiménez con ge o con jota?

Manuel: Con jota.

Secretaria: Aquí está. ¿De dónde es usted?

Manuel: Soy mexicano.

Secretaria: Muy bien, aquí tiene su tarjeta.

Manuel: Muchas gracias.

1 비서: 안녕하세요, 성함을 말씀해 주세요.

클라우디아: 네, 저는 클라우디아 페레이라예요.

비서: 성을 어떻게 쓰죠?

클라우디아: p, e, r, e, y, r, a예요.

비서: 어느 나라에서 오셨죠, 페레이라 씨?

클라우디아: 저는 아르헨티나 사람이에요.

비서: 좋습니다, 여기 명함 받으세요.

클라우디아: 감사합니다.

2 비서: 안녕하세요, 성함 말씀해 주실래요?

프란시스코: 네, 프란시스코 로드리게스입니다.

비서: 다시 말씀해 주실래요?

프란시스코: 프란, 시스, 코, 로, 드리, 게스.

비서: 어느 나라에서 오셨어요?

프란시스코: 저는 스페인, 톨레도 사람이에요.

비서: 좋습니다, 여기 명함 받으세요.

3 비서: 안녕하세요, 성함 말씀해 주실래요?

엘리자베스: 네, 물론이죠, 엘리자베스 엔리케스예요.

비서: 알파벳을 불러주실래요?

엘리자베스: 네, 이름은 e, l, i, z, a, b, e, t, h 이고 성은 h, e, n, r, i, q, u, e, z예요.

비서: 어느 나라에서 오셨어요?

엘리자베스: 베네수엘라 사람이에요.

비서: 좋아요, 감사합니다, 여기 명함 받으세요.

엘리자베스: 고마워요.

4 비서: 좋은 아침입니다.

마누엘: 좋은 아침입니다, 내 이름은 마누엘 히메네스예요.

비서: 히메네스가 g로 시작하나요? 아니면 j로 시작하나요?

마누엘: j로 시작해요.

비서: 여기 있네요. 어느 나라에서 오셨어요?

마누엘: 멕시코 사람이에요.

비서: 좋습니다, 여기 명함 받으세요.

마누엘: 감사합니다.

1B ¿A qué te dedicas?

듣기

4  `011`

Me llamo Manolo García. Soy médico. Soy sevillano, pero vivo en Barcelona. Trabajo en un hospital. Mi mujer se llama Amelia, es profesora y trabaja en un instituto. Ella es catalana. Tenemos dos hijos, Sergio y Elena; los dos son estudiantes. Sergio estudia en la universidad, y Elena, en el instituto.

저의 이름은 마놀로 가르시아예요. 저는 의사예요. 세비야 출신이지만 바르셀로나에서 살고 있어요. 병원에서 일해요. 아내의 이름은 아멜리아이고 선생님이라 학교에서 일해요. 카탈루냐 출신이지요. 우리는 자식이 두 명 있어요, 세르히오와 엘레나. 둘 다 학생이에요. 세르히오는 대학교에, 엘레나는 고등학교에 다닙니다.

읽기

9

제 이름은 엘라이네 아라우호이고 건축사입니다. 브라질 사람이지만 대학에서 석사 과정을 공부하기 때문에 지금은 마드리드에 살고 있어요. 주말에는 식당에서 일을 합니다. 저는 미혼이지만 컴퓨터 관련 회사에서 일하는 스페인 남자 친구가 있어요.

듣기

1 `012`

1 ¿De dónde eres?
2 ¿De dónde son ustedes?
3 ¿Cómo te llamas?
4 ¿Quién es este?
5 ¿Dónde vives?
6 ¿Dónde trabaja usted?
7 ¿Dónde viven ustedes?
8 ¿Cómo se llama el marido de Ana?

1 너는 어느 나라 출신이야?
2 당신들은 어느 나라 출신인가요?
3 너는 이름이 뭐야?
4 이 분은 누구세요?
5 너는 어디에 살아?
6 어디에서 일하세요?
7 당신들은 어디에 살아요?
8 아나의 남편은 이름이 뭐예요?

1C ¿Cuál es tu número de móvil?

듣기

2 `013`

cero – uno – dos – tres – cuatro – cinco – seis – siete – ocho – nueve – diez

0 – 1 – 2 – 3 – 4 – 5 – 6 – 7 – 8 – 9 – 10

4 `014`

1 ■ María, ¿cuál es tu número de teléfono?
 ● El nueve-tres-seis cinco-cuatro-siete ocho-tres-dos.
 ■ ¿Puedes repetir?
 ● Nueve-tres-seis-cinco-cuatro-siete-ocho-tres-dos.
 ■ Gracias.

2 ■ Jorge, ¿me das tu teléfono?
 ● Sí, es el nueve-cuatro-cinco cuatro-cero-uno ocho-tres-dos.
 ■ Gracias.

3 ■ Marina, ¿cuál es tu número de teléfono?
 ● Mi móvil es el seis-ocho-seis cinco-dos seis-uno tres-seis.
 ■ ¿Y el de tu casa?
 ● Sí, es el nueve-uno cinco-tres-nueve ocho-dos seis-siete.
 ■ Vale, gracias.

4 ■ Información, dígame.
 ● ¿Puede decirme el teléfono del Aeropuerto de Barajas?
 ■ Sí, tome nota, es el nueve-cero-dos tres-cinco-tres cinco-siete-cero.
 ● ¿Puede repetir?
 ■ Sí, nueve-cero-dos tres-cinco-tres cinco-siete-cero.
 ● Gracias.

5 ■ Información, dígame.
 ● ¿Puede decirme el teléfono de la Cruz Roja?
 ■ Sí, tome nota, es el nueve-uno-cinco-tres-tres-seis-seis-seis-cinco.
 ● ¿Puede repetir?
 ■ Sí, nueve-uno-cinco-tres-tres-seis-seis-seis-cinco.

6 ■ Información, dígame.
 ● Buenos días, ¿puede decirme el teléfono de Radio-taxi?

■ Tome nota, por favor. El número solicitado es: nueve-uno-cuatro-cero-cinco-uno-dos-uno-tres. El número solicitado es: nueve-uno-cuatro-cero-cinco-uno-dos-uno-tres.

1 ■ 마리아, 네 전화번호가 뭐니?
 ● 9, 3, 6, 5, 4, 7, 8, 3, 2야.
 ■ 다시 말해 줄래?
 ● 9, 3, 6, 5, 4, 7, 8, 3, 2.
 ■ 고마워.

2 ■ 호르헤, 나한테 네 번호 줄래?
 ● 그래, 9, 4, 5, 4, 0, 1, 8, 3, 2야.
 ■ 고마워.

3 ■ 마리나, 네 전화번호가 뭐니?
 ● 내 휴대폰 번호는 6, 8, 6, 5, 2, 6, 1, 3, 6이야.
 ■ 집 전화번호는?
 ● 응, 9, 1, 5, 3, 9, 8, 2, 6, 7이야.
 ■ 그래, 고마워.

4 ■ 안내 데스크입니다. 말씀하세요.
 ● 바라하스 공항 전화번호 좀 말씀해 주실래요?
 ■ 네, 메모하세요. 9, 0, 2, 3, 5, 3, 5, 7, 0이에요.
 ● 다시 말씀해 주실래요?
 ■ 네, 9, 0, 2, 3, 5, 3, 5, 7, 0입니다.
 ● 감사합니다.

5 ■ 안내 데스크입니다, 말씀하세요.
 ● 적십자 전화번호 좀 말씀해 주실래요?
 ■ 네, 메모하세요, 9, 1, 5, 3, 3, 6, 6, 6, 5입니다.
 ● 다시 말씀해 주실래요?
 ■ 네, 9, 1, 5, 3, 3, 6, 6, 6, 5입니다.

6 ■ 안내 데스크입니다. 말씀하세요.
 ● 안녕하세요, 라디오 택시 전화번호 말씀해 주실래요?
 ■ 메모하세요. 요청하신 번호는 9, 1, 4, 0, 5, 1, 2, 1, 3입니다. 요청하신 번호는 9, 1, 4, 0, 5, 1, 2, 1, 3입니다.

7  `015`

once – doce – trece – catorce – quince – dieciséis – diecisiete – dieciocho – diecinueve – veinte

11 – 12 – 13 – 14 – 15 – 16 – 17 – 18 – 19 – 20

9 `016`

quince – uno – cuatro – veinte – ocho – siete – tres – once – cinco – seis – catorce – nueve – dieciocho – diecinueve – dos – trece – dieciséis

15 – 1 – 4 – 20 – 8 – 7 – 3 – 11 – 5 – 6 – 14 – 9 – 18 – 19 – 2 – 13 – 16

10 

En un gimnasio

Felipe: ¡Buenas tardes!

Rosa: ¡Hola!, ¿qué deseas?

Felipe: Quiero apuntarme al gimnasio.

Rosa: Tienes que darme tus datos. A ver, ¿cómo te llamas?

Felipe: Felipe Martínez.

Rosa: ¿Y de segundo apellido?

Felipe: Franco.

Rosa: ¿Dónde vives?

Felipe: En la calle Goya, número ochenta y siete, tercero izquierda.

Rosa: ¿Teléfono?

Felipe: Seis-ocho-seis cero-cinco-cinco cero-nueve-siete.

Rosa: ¿Profesión?

Felipe: Profesor.

Rosa: Bueno, ya está; el precio es...

체육관에서

펠리페: 안녕하세요!

로사: 안녕하세요! 뭐 필요하세요?

펠리페: 체육관에 등록하고 싶어요.

로사: 자, 개인 정보를 말씀해 주세요. 성함이 어떻게 되세요?

펠리페: 펠리페 마르티네스예요.

로사: 두 번째 성은요?

펠리페: 프랑코요.

로사: 어디에 사세요?

펠리페: 고야 거리 87번지 3층 왼쪽예요.

로사: 전화번호는요?

펠리페: 6-8-6 0-5-5 0-9-7

로사: 직업은 어떻게 되세요?

펠리페: 선생님입니다.

로사: 좋습니다, 이제 됐어요. 가격은…….

1D COMUNICACIÓN Y CULTURA

읽기

1

인사

스페인어로는 격식체 혹은 비격식체로 소통할 수 있다. 격식체란, '당신'에 해당하는 'usted (Ud.)'를 사용하는 경우인데 모르는 사람이나 나이가 더 많은 사람 또는 직장에서 상사나 교수, 의사 등과 이야기할 때이다. 격식체에서는 성 앞에 'señor (Sr.)'와 'señora (Sra.)'를 붙여 쓰기도 한다. : Sr. Pérez.

비격식체에서는 대화할 때 이름을 부르고, 만났을 때 '¡hola!', 헤어질 때 '¡hasta luego!' 또는 '¡adiós!', '¡hasta mañana!', '¡hasta pronto!'라고 말한다.

격식체나 비격식체에서 공통적으로 사용하는 인사말은 오전에는 '¡buenos días!' 오후에는 '¡buenas tardes!', 밤에는 '¡buenas noches!'이다.

듣기

4 

- Hola, yo me llamo Francisco. Vivo en Getafe, un pueblo de Madrid. Estudio en la universidad de mi pueblo. Mi número de móvil es seis-cero-ocho dos-nueve-uno cero-siete-seis.

- Hola, me llamo Claudia y soy músico. Toco la guitarra. Soy argentina, pero vivo en Barcelona desde hace cinco años. Mi número de celular es seis-cero-nueve tres-cuatro dos-seis siete-uno.

- Yo soy Elizabeth. Soy de un pueblo, pero vivo en Caracas porque soy informática y trabajo en la universidad. Mi número de celular es seis-ocho-cero dos-tres-uno siete-seis-cinco-co.

- Yo soy Manuel, soy mexicano. Vivo en Málaga porque trabajo en una escuela de música, soy profesor de niños de ocho años. Mi celular es el seis-cero-seis dos-uno-cero tres-dos-nueve.

– 안녕, 내 이름은 프란시스코야. 난 마드리드에서 가까운 지역, 헤타페에 살아. 우리 동네에 있는 대학교에 다니고. 내 휴대폰 번호는 6-0-8 2-9-1 0-7-6이야.

– 안녕, 내 이름은 클라우디아이고 음악가야. 난 기타를 연주해. 아르헨티나 사람이고 5년 전부터 바르셀로나에 살고 있어. 내 휴대폰 번호는 6-0-9 3-4 2-6 7-1이야.

– 나는 엘리자베스야. 난 시골 출신인데 정보처리사로 대학교에 일을 해서 카라카스에 살아. 내 휴대폰 번호는 6-8-0 2-3-1 7-6-5이야.

– 나는 마누엘이고 멕시코 사람이야. 말라가에서 사는데 음악 학교에서 여덟 살짜리 아이들을 가르치는 일을 해. 내 휴대폰 번호는 6-0-6 2-1-0 3-2-9이야.

1 AUTOEVALUACIÓN

읽기

1

A 저의 이름은 피터 툭입니다. 영어 선생님이에요. 마드리드에 살고 초등학교에서 일합니다. 저는 독신이에요.

B 저의 이름은 마리아 로드리게스예요. 브라질, 리우데자네이루 출신이고요. 저의 남편은 브루노이고, 역시 브라질 사람이에요. 우리는 선생님입니다.

C 저의 이름은 요시에 키가와이고 일본, 도쿄 출신이에요. 전 결혼했어요. 제 남편 이름은 미츠오이고 우리는 키미코와 켄이라는 자녀 두 명이 있어요. 두 아이는 초등학교에 다녀요.

듣기

3 

1 Martínez	2 Romero	3 Marín
4 Serrano	5 López	6 Moreno
7 Jiménez	8 Pérez	9 Díaz
10 Martín	11 Vargas	12 García
13 Díez		

UNIDAD 2 - Familias

2A ¿Estás casado?

듣기

2 

- Hola, soy Jorge. Estoy casado y esta es mi familia. Mi mujer se llama Rosa y tenemos dos hijos: Isabel, de doce años, y David, de diez. Vivimos en Fuenlabrada, cerca de Madrid. Soy profesor de autoescuela.

- Yo soy Luis. No tengo hermanos, no tengo novia, estoy soltero y vivo en Sevilla con mis padres y mi abuela. Mi padre se llama Manuel y tiene cincuenta y ocho años. Mi madre se llama Rocío y tiene cincuenta y seis años. Mi abuela tiene setenta y nueve años y se llama Carmen. Soy estudiante de Medicina.

– 안녕하세요, 저는 호르헤입니다. 저는 결혼을 했고 여기는 저의 가족입니다. 아내의 이름은 로사이고 우리는 자녀가 두 명 있습니다. 열두 살 된 이사벨과 열 살 다빗입니다. 우리는 마드리드에서 가까운 푸엔라브라다에서 삽니다. 저는 자동차 운전 학원 강사입니다.

– 저는 루이스입니다. 저는 형제가 없고 여자 친구도 없습니다. 저는 미혼이고 세비야에서 부모님과 할머니랑 삽니다. 아버지 성함은 마누엘이고 58세입니다. 어머니는 로시오이고 56세이십니다. 할머니는 79세이시고 성함은 카르멘이십니다. 저는 의대생입니다.

2C ¿Qué hora es?

듣기

2 021

1 las tres y media	2 las dos menos cuarto
3 las diez y cuarto	4 la una
5 las doce y cinco	6 las ocho menos veinte
7 las doce y diez	8 las cinco y media
9 la una menos cuarto	

1 세 시 반	2 두 시 십오 분 전
3 열 시 십오 분	4 한 시
5 열두 시 오 분	6 여덟 시 이십 분 전

7 열두 시 십 분   8 다섯 시 반
9 한 시 십오 분 전

읽기

4

영업 시간

1 노르웨이에서 사람들은 오후 5시에 점심 식사를 한다.
2 세네갈에서는 8시나 8시 반에 저녁을 먹는다.
3 멕시코에서 은행들은 오후에 열지 않는다.
4 스페인에서 사람들은 2시에 점심을 먹는다.
5 스페인 사람들은 밤 10시에 저녁을 먹는다.
6 미국에서 많은 가게들은 밤에 연다.
7 프랑스에서 식당들은 12시에 연다.
8 브라질에서 은행들은 10시에 연다.
9 영국에서 약국들은 오후 5시에 닫는다.
10 스페인에서 대부분의 상점들은 오후 2시에서 5시에
   닫는다.

듣기

7  022

veintiuno – veintidós – veintitrés – veinticuatro
– treinta – treinta y uno – cuarenta – cincuenta – cincuenta y dos – sesenta – setenta –
ochenta – noventa – cien – ciento tres – ciento
once – doscientos / doscientas – trescientos
/ trescientas – cuatrocientos / cuatrocientas
– quinientos / quinientas – seiscientos / seis-
cientas – mil – dos mil – cinco mil

21 – 22 – 23 – 24 – 30 – 31 – 40 – 50 – 52
– 60 – 70 – 80 – 90 – 100 – 103 – 111 – 200 –
300 – 400 – 500 – 600 – 1000 – 2000 – 5000

8 023

a dos
b veinticinco
c cincuenta
d treinta y siete
e trescientos veintitrés
f ciento treinta y cinco
g ochocientos cincuenta
h mil quinientos ochenta y nueve
i mil novecientos noventa y ocho
j mil novecientos ochenta y cinco

a 2   b 25   c 50   d 37   e 323   f 135   g 850   h 1589
i 1998   j 1985

9 024

1 ■ Hola, Clara, ¿cuántos años tienes?
  ● Doce.

---

2 ■ ¿Cuánto son las naranjas?
  ● Uno con diez.

3 ■ ¿Cuánto es el paquete de café?
  ● Uno treinta.

4 ■ ¿En qué año nació usted?
  ● En mil novecientos cuarenta y siete.

5 ■ Por favor, ¿cuántos kilómetros hay entre
    Madrid y Barcelona?
  ● Seiscientos cincuenta.

6 ■ Por favor, ¿cuánto es el café y la cerve-
    za?
  ● Tres euros.

7 ■ Perdone, ¿qué hora es?
  ● Son las nueve.

8 ■ ¿Cuántas páginas tiene el libro?
  ● Quinientas cuarenta páginas.

9 ■ ¿Cuántos días tiene el mes de marzo?
  ● Treinta y un días.

10 ■ ¿Dónde vives?
   ● En la calle Alcalá, número sesenta y
     seis.

1 ■ 안녕, 클라라. 너 몇 살이지?
  ● 열두 살이야.

2 ■ 오렌지 얼마예요?
  ● 1유로 10센트예요.

3 ■ 커피 한 봉지 얼마예요?
  ● 1유로 30센트예요.

4 ■ 당신은 몇 년도에 태어났어요?
  ● 1947년에요.

5 ■ 실례합니다, 마드리드와 바르셀로나 사이가 몇 Km
    예요?
  ● 650km요.

6 ■ 실례합니다, 커피랑 맥주 얼마예요?
  ● 3유로예요.

7 ■ 실례합니다, 몇 시예요?
  ● 아홉 시예요.

8 ■ 그 책은 몇 쪽이에요?
  ● 540쪽이에요.

9 ■ 3월은 며칠까지 있죠?
  ● 31일이요.

10 ■ 너는 어디에 사니?
   ● 알칼라 거리 66번지에 (살아).

---

1 y 2  025

teléfono – lápiz – ventana – hotel – profesor –
hermano – familia – música

전화기 – 연필 – 창문 – 호텔 – 교사 – 형제 – 가족
– 음악

3 026

profesora – español – café – gramática –
mesa – vivir – hablar – médico – autobús –
Pilar – alemán – brasileña – familia – libro
– examen

교사 – 스페인어 – 커피 – 문법 – 책상 – 살다 –
말하다 – 의사 – 버스 – 필라르 – 독일인 – 브라질인
– 가족 – 책 – 시험

2D COMUNICACIÓN Y CULTURA

읽기

1

히스패닉 가족

스페인 사람이나 라틴 아메리카 사람이 자기 가족에 대해
이야기할 때는 자기 부모님이나 형제에 대해서만
이야기하지 않는다. 할머니, 할아버지, 삼촌, 숙모, 사촌들과
다른 친척들에 대해서도 이야기한다.
게다가 가족 모임을 빈번하게 갖는다. 생일이나 크리스마스
어버이날 등 가장 중요한 기념일을 함께 모여 축하한다.
그런 날이면 집이나 식당에서 모두 함께 식사한다.
한편, 몇몇 라틴 아메리카 국가들에서 15세가 된 소녀들은
특별한 축하를 받는다. 많은 선물을 받고 가족과 친구들이
식당에서 모두 함께 식사한다.

2

성이 두 개

대부분의 히스패닉 국가들에서 모든 사람들은 성이 두 개다.
보통 첫 번째 성은 아버지 쪽에서, 두 번째 성은 어머니
쪽에서 받는다. 이렇게 두 개의 성이 모든 서류에 나오며
결혼을 해도 성이 바뀌지 않고 평생을 간다.

듣기

6  027

1 Dos de los actores españoles más famosos en el mundo son Penélope Cruz y su
  marido, Javier Bardem. Mónica, la hermana
  de Penélope, y Pilar y Carlos, la madre y
  el hermano de Javier, también son actores.

2 La familia Alcántara celebra la primera comunión de su hija María. Junto a la niña
  están sus padres, Antonio y Merche, sus
  hermanos, Carlitos y Toni, y su abuela, Herminia.

3 Mario Vargas Llosa, Premio Nobel de Literatura, y su mujer, Patricia, tienen dos hijos, Álvaro y Gonzalo, y una hija, Morgana. Mario y Patricia son primos.

1 세계적으로 가장 유명한 두 명의 스페인 배우는 페넬로페 크루스와 남편인 하비에르 바르뎀이다. 페넬로페의 여동생인 모니카와 하비에르의 어머니 필라르와 형 카를로스 또한 배우이다.

2 알칸타라 가족은 딸 마리아의 첫 번째 영성체식을 축하한다. 마리아 옆에 부모인 안토니오와 메르체, 형제들인 카를리토스와 토니, 할머니 에르미니아가 있다.

3 노벨 문학상을 수상한 마리오 바르가스 요사는 부인 파트리시아와 두 명의 아들, 알바로와 곤살로와 딸 모르가나를 두고 있으며 마리오와 파트리시아는 사촌이다.

2 AUTOEVALUACIÓN

듣기

5 028

Salidas:

- El tren Altaria exprés, situado en el andén número tres, con destino Zaragoza, efectuará su salida a las quince treinta y cinco.
- El tren Talgo, con destino Málaga, situado en el andén número seis, saldrá dentro de quince minutos, a las catorce treinta.
- El AVE, con destino Sevilla, sale a las diez en punto, del andén número dos.

Llegadas:

- El AVE, procedente de Sevilla, tiene su llegada a las veinte horas, en el andén número once.
- El Alaris, procedente de Valencia, efectuará su entrada por el andén número ocho, a las dieciséis cuarenta y cinco horas.
- El tren Talgo, procedente de Vigo, hará su entrada en el andén número cuatro, a las diecisiete horas.

출발:

– 3번 플랫폼에 있는 사라고사행 알타리아 익스프레스 기차는 15시 35분에 출발합니다.

– 6번 플랫폼에 있는 말라가행 탈고 기차는 15분 안에, 14시 30분에 출발할 예정입니다.

– 2번 플랫폼에 있는 세비야행 아베 기차는 10시 정각에 출발합니다.

도착:

– 세비야에서 출발한 아베 기차는 11번 플랫폼으로 20시에 도착합니다.

– 발렌시아에서 출발한 알라리스 기차는 8번 플랫폼으로 16시 45분에 들어올 예정입니다.

– 비고에서 출발한 탈고 기차는 4번 플랫폼으로 17시에 들어올 예정입니다.

UNIDAD 3 - El trabajo

3A Rosa se levanta a las siete

듣기

4 029

- ■ Y tú, Juan, ¿a qué hora te levantas?
- ● Bueno, yo me levanto pronto, a las siete, más o menos, me ducho rápidamente y tomo un café.
- ■ Y tu mujer, ¿a qué hora se levanta?
- ● Pues a las siete y media. Ella también se acuesta más tarde, sobre las doce de la noche.
- ■ ¿Y tus hijos?
- ● Ellos cenan, ven un poco la tele y se acuestan temprano, a las diez.
- ■ ¿Y a qué hora se levantan?
- ● A las ocho, porque entran al colegio a las nueve.
- ■ ¿Y los días de fiesta también os levantáis todos temprano?
- ● ¡Ah, no!, ni hablar, los domingos nos levantamos más tarde, a las diez, porque, claro, también nos acostamos más tarde.

■ 그리고 후안, 너는 몇 시에 일어나?

● 나는 일찍, 대략 일곱 시쯤 일어나. 샤워를 빨리 하고 커피를 마셔.

■ 그럼 네 아내는 몇 시에 일어나?

● 음, 일곱 시 반. 아내는 더 늦게, 밤 열두 시쯤 자거든.

■ 너희 애들은?

● 애들은 저녁 먹고 텔레비전 조금 보고 일찍 자, 열 시에.

■ 몇 시에 일어나는데?

● 여덟 시에. 왜냐하면 학교에 아홉 시까지 가거든.

■ 휴일에도 모두 그렇게 일찍 일어나?

● 아니지! 절대 아니지. 일요일에는 더 늦게, 열 시에 일어나. 왜냐하면 우리가 더 늦게 자거든.

읽기

6

알레호 카르펜티에르 발레 지방 학교 (쿠바, 하바나)

이 학교에는 아홉 살부터 열네 살까지의 학생들이 다닌다. 수업이 오전과 오후에 모두 있어 시간표가 빡빡하다. 오전에는 매일 일곱 시 십오 분에 수업이 시작하기 때문에 몇몇 학생들은 오전 다섯 시에 일어난다. 발레 수업은 열두 시에 끝나고 끝나면 학생들은 근처의 다른 학교로 간다. 거기서 또래의 다른 아이들처럼 언어, 수학, 지리 등의 과목을 공부한다. 오후 여섯 시에 수업이 끝나고 가끔 발레 학교로 돌아가 여덟 시까지 한다.

3B ¿Estudias o trabajas?

읽기 & 듣기

2 030

- Lucía es técnico de sonido y trabaja en una emisora de radio, la Cadena Día. Tiene veintinueve años y no está casada. Vive en Valencia, y habla inglés y francés perfectamente. Todos los días trabaja de ocho a tres, menos los sábados y domingos. Los días laborables se levanta a las siete y sale de casa a las siete y media. Va al trabajo en autobús. Los sábados por la noche siempre sale con sus amigos a cenar y a bailar, por eso se acuesta muy tarde, a las tres o las cuatro de la madrugada.

- Carlos es bombero. Trabaja en el ayuntamiento de Toledo. Vive en un pueblo cerca de Toledo y va al trabajo en tren. Tiene treinta y cuatro años, está casado y no tiene hijos. Trabaja en turnos de veinticuatro horas, un día sí y otro no. Si trabaja el sábado o el domingo, después tiene dos días libres. Siempre se levanta muy temprano, a las siete o las ocho de la mañana, por eso normalmente no sale por las noches. Cena a las diez, después ve la tele y a las once y media se acuesta.

– 루시아는 음향 기술자이고 카데나 디아라는 라디오 방송국에서 일한다. 스물아홉 살이고 결혼하지 않았다. 발렌시아에 살고 영어와 프랑스어를 완벽하게 한다. 토요일과 일요일을 빼고는 날마다 여덟 시부터 세 시까지 일한다. 일하는 날에는 일곱 시에 일어나서 일곱 시 반에 집에서 나온다. 직장까지 버스를 타고 간다. 토요일 밤에는 항상 친구들과 외출해서 저녁을 먹고 춤을 추러 간다. 그래서 새벽 세 시나 네 시에, 매우 늦게 잠자리에 든다.

– 카를로스는 소방관이다. 톨레도 시청에서 일한다. 톨레도 근처의 마을에서 살고 기차로 직장에 다닌다. 서른네 살이고 결혼은 했지만 자녀가 없다. 스물네 시간을 교대로 돌아가며 일하기 때문에 하루 일하면 그 다음 날은 일하지 않는다. 만약 토요일과 일요일을 이어서 일하면 그 뒤에 이틀을 쉰다. 항상 아침 일곱 시나 여덟 시에 일찍 일어난다. 그래서 보통 밤에 외출하지 않는다. 열 시에 저녁을 먹고 텔레비전을 보고 열한 시 반에 잠자리에 든다.

3C ¿Qué desayunas?

듣기

3 031

- **1** ■ Philip, ¿qué se toma en Alemania para desayunar?
- ● Hay muchas cosas. Algunos toman pan con mantequilla y salami y un huevo. Otros toman muesli con yogur. Y té, mucha gente toma té. Algunos toman café, claro.

2 ■ Claudia, ¿qué se desayuna en Argentina?

● Bueno, generalmente tomamos tostadas con dulce de leche o medialunas. Y para beber, mate, té o café con leche.

3 ■ Elizabeth, ¿qué se desayuna en Venezuela?

● La gente toma café con leche y arepas rellenas de queso o carne mechada, o también empanadas de harina de maíz.

4 ■ Manuel, ¿qué desayuna la gente en México?

● En México desayunamos fuerte. El platillo central suele ser huevos con frijoles y tortillas, y para beber, jugo de frutas.

1 ■ 필립, 독일에서는 아침 식사로 뭘 먹어?

● 많은 게 있다. 어떤 사람들은 버터 바른 빵이랑 살라미, 달걀을 먹어. 또 어떤 사람들은 시리얼, 말린 과일에 요구르트를 넣어 먹고. 그리고 차, 많은 사람들이 차를 마셔. 물론 어떤 사람들은 커피를 마시고.

2 ■ 클라우디아, 아르헨티나에서는 아침 식사로 뭘 먹어?

● 일반적으로 우리는 둘세 데 레체(dulce de leche, 우유가 들어간 단 잼)을 바른 토스트나 메디아루나(medialuna, 부드럽고 조그만 빵)를 먹어. 마실 거로는 마테, 차, 아니면 카페라테를 마셔.

3 ■ 엘리자베스, 베네수엘라에서는 아침 식사로 뭘 먹어?

● 사람들은 카페라테랑 치즈나 돼지고기가 들어간 아레파(arepa, 옥수수 빵), 아니면 엠빠나다(empanada, 밀가루나 옥수수로 만든 만두 같은 빵)를 먹어.

4 ■ 마누엘, 멕시코에서 사람들은 아침 식사로 뭘 먹어?

● 멕시코에서는 아침을 많이 먹어. 메인 요리는 보통 프리홀(frijoles, 팥을 간 것 같은 음식)과 토르티야가 들어간 달걀 요리이고, 마실 거로는 과일 주스를 마셔.

6 🎧 032

Camarera:	Buenos días, ¿qué desean?
Madre:	Yo quiero un desayuno andaluz, ¿y tú, hijo?
Hijo:	Yo solo quiero un zumo.
Madre:	Toma algo más: un bollo o una tostada.
Hijo:	No, mamá, solo quiero un zumo de naranja.
Madre:	Bueno, pues un andaluz y un zumo de naranja.
Camarera:	Muy bien.

웨이터: 안녕하세요. 무엇을 드릴까요?

엄마: 저는 안달루시아식 아침 식사를 주세요. 아들, 너는?

아들: 저는 주스 한 잔만 주세요.

엄마: 뭐 더 먹어, 보요(bollo, 단 빵)나 토스트.

아들: 아니에요, 엄마, 오렌지 주스 한 잔만 마실래요.

엄마: 좋아. 그럼 안달루시아식 하나랑 오렌지 주스 한 잔 주세요.

웨이터: 좋습니다.

1 🎧 033

gato – agua – gota – guerra – guion

고양이 – 물 – (액체) 방울 – 전쟁 – 시나리오

3 🎧 034

1 guapo	**2** cigarrillos	**3** guitarra
4 gafas	**5** pagar	**6** guerra
7 Guatemala	**8** goma	

1 잘생긴	2 담배	3 기타
4 안경	5 지불하다	6 전쟁
7 과테말라	8 고무	

3D COMUNICACIÓN Y CULTURA

읽기

1

음식과 일과시간

스페인 사람들은 보통 아침 식사에 카페라테와 함께 쿠키, 시리얼, 토스트나 보요(bollo, 단 빵)를 먹는다. 많은 사람들이 바나 카페에서 아침 식사를 한다. 그런 경우 츄러스와 함께 커피나 핫초코를 마시는 게 매우 보편적이다. 점심 식사는 보통 다른 나라들에서보다 더 늦게 먹는다, 오후 두 시에서 네 시 사이에. 점심이 제일 중요한 식사이며 많은 식당에 꽤 저렴한 메뉴들이 있다.

저녁 식사도 다른 나라들에서보다 더 늦게 먹는다, 대략 저녁 여덟 시에서 밤 열 시 사이에 먹는다.

대부분의 상점들과 영업소는 오전 열 시부터 오후 두 시까지, 오후 다섯 시부터 여덟 시까지 열려 있다. 그러나 최근에는 하루 종일 여는 가게들도 많다.

듣기

4 🎧 035

■ Adriana, tú eres argentina, ¿no?

● Sí, claro.

■ ¿Y de qué ciudad?

● De Buenos Aires.

■ Cuéntame un poco los horarios habituales... Por ejemplo, ¿a qué hora os levantáis?

● Nos levantamos muy temprano, a las cinco y media o las seis, porque el trabajo está lejos... y, bueno, normalmente empezamos a trabajar a las ocho.

■ ¿Y hasta qué hora trabajáis?

● Hasta las seis... sí, en las oficinas hasta las seis de la tarde. Paramos una hora para almorzar, entre las doce y las dos: comemos algo rápido y, ya, volvemos al trabajo.

■ ¿Y en las tiendas?

● Bueno, el horario de las tiendas es distinto: abren también sobre las ocho de la mañana y cierran a las ocho o las nueve de la noche, y no cierran al mediodía, ¿eh?, no es como en España. Ah, y los bancos también tienen otro horario: abren a las diez y cierran a las tres, y por la tarde ya no abren.

■ Y una cosa, Adriana: cuando la gente sale del trabajo, ¿va directamente a su casa?

● Sí, sí, eso es lo normal, vamos a casa. Tenemos otra hora más para volver, claro. Cenamos entre las ocho y las nueve y media; y no nos acostamos tarde, sobre las once más o menos.

■ Oye, ¿y los niños?, ¿qué horario tienen en el colegio?

● Estudian solo o por la mañana o por la tarde: creo que es de ocho a doce en el turno de la mañana y de una a cinco los que estudian por la tarde.

■ 아드리아나, 너는 아르헨티나 사람이지, 그렇지 않아?

● 맞지, 물론.

■ 어느 도시 출신이야?

● 부에노스아이레스.

■ 거기 일과 시간은 어떤지 조금 이야기해 줘. 예를 들면, 너희는 몇 시에 일어나?

● 우리는 아주 일찍 일어나, 다섯 시 반이나 여섯 시. 왜냐하면 직장이 멀거든……. 음, 보통 여덟 시에 일을 시작해.

■ 몇 시까지 일하는데?

● 여섯 시까지……. 그래, 사무실에서는 오후 여섯 시까지 일해. 열두 시부터 두 시 사이에 점심시간 한 시간 쉬어. 빨리 먹고 다시 일하러 가지.

■ 그럼, 가게들은?

● 음, 가게들 영업 시간은 달라. 여는 건 아침 여덟 시경에 같이 여는데 닫는 건 밤 여덟 시나 아홉 시야. 점심 시간에도 안 닫아, 스페인 같지 않아. 아, 은행들은 근무 시간대가 또 다르다. 열 시에 열고 세 시에 닫아. 오후에는 열지 않아.

■ 그리고 하나 더, 아드리아나, 사람들은 퇴근하면 집으로 바로 가?

● 그럼, 그럼, 보통은 그렇지, 집에 가지. 돌아가는 데도 물론 시간이 걸리니까. 여덟 시랑 아홉 시 반 사이에 우리는 저녁 식사를 해. 우리는 그렇게 늦게 자지 않아, 열한 시경에 자.

■ 그럼, 아이들은? 학교 일과는 어떤데?

● 오전이나 오후에만 공부해. 여덟 시부터 열두 시까지 오전반이고 한 시부터 다섯 시까지가 오후반이야.

6 (036)

- Susana se levanta normalmente a las siete, se ducha, se viste, desayuna algo rápido y sale de casa a las ocho. Su trabajo empieza a las nueve. Primero va a la compra y después prepara la comida para unas treinta personas.

- Emilio se levanta tarde porque no trabaja por la mañana. Desayuna un café con leche y dos tostadas mientras lee el periódico. Come pronto porque sale de casa a las tres. Va a la universidad en tren. Sus clases empiezan a las cuatro y terminan a las ocho de la tarde.

- Jaime se levanta muy temprano porque prepara el desayuno de sus hijos y los lleva al colegio. Después va en coche a su trabajo, que está a las afueras de la ciudad. Trabaja en unos grandes almacenes atendiendo a los clientes. Su horario es de nueve de la mañana a cinco de la tarde. Cuando sale del trabajo, recoge a los niños y los lleva a casa.

– 수사나는 보통 일곱 시에 일어나 샤워를 하고 옷을 입고 서둘러 아침 식사를 하고 집에서 여덟 시에 나간다. 직장이 아홉 시부터 시작한다. 우선 장을 보러 가고 그 후 30인분의 식사를 준비한다.

– 에밀리오는 늦게 일어난다. 왜냐하면 오전에는 일을 하지 않기 때문이다. 신문을 읽으면서 카페라테랑 토스트 두 개로 아침 식사를 한다. 점심을 일찍 먹고 집에서 세 시에 나간다. 기차로 대학에 간다. 수업은 네 시에 시작해서 오후 여덟 시에 끝난다.

– 하이메는 아주 일찍 일어난다. 왜냐하면 자녀들의 아침 식사를 준비하고 학교에 데려다주기 때문이다. 그리고는 차를 타고 도시 외곽에 있는 직장에 간다. 커다란 창고 같은 상점에서 손님들을 상대하는 일을 한다. 근무 시간은 오전 아홉 시에서 오후 다섯 시이다. 퇴근하면 아이들을 집으로 데려온다.

UNIDAD 4 – La casa

4A ¿Dónde vives?

읽기 & 듣기

2 (037)

Rosa y Miguel tienen una tienda de ropa en el centro de Madrid. Tienen dos hijos y viven fuera de la ciudad en un chalé adosado con dos plantas.
En la planta baja hay un recibidor, una cocina con un pequeño comedor, un salón grande y un aseo.
En la planta de arriba hay tres dormitorios y un cuarto de baño. La casa tiene también un jardín pequeño.

로사와 미겔은 마드리드 시내에 옷 가게를 가지고 있다. 자녀가 두 명이고 도시 외곽의 2층 짜리 단독 주택에 산다. 아래층에는 현관, 작은 식사 공간이 있는 부엌, 커다란 거실과 화장실이 있다.
위층에는 침실 세 개와 욕실이 하나 있다. 집에는 작은 정원도 있다.

4 (038)

- ¿Cuántas plantas tiene tu casa?
- Dos. Es un chalé adosado.
- ¿Dónde está el cuarto de baño?
- En la planta de arriba. Y en la planta baja hay un pequeño aseo.
- ¿Tiene comedor?
- Sí, uno pequeño, al lado de la cocina.
- ¿Cuántos dormitorios tiene?
- Tres, están todos en la planta de arriba.
- ¿Tenéis garaje?
- No, aparcamos en la calle.

- 너희 집은 몇 층이야?
- 2층이야. 옆 집과 붙어 있는 단독 주택이야.
- 욕실이 어디에 있어?
- 위층에. 아래층에는 작은 화장실이 있어.
- 식사 공간이 있어?
- 응, 주방 옆에 작게 있어.
- 침실은 몇 개야?
- 세 개. 모두 위층에 있어.
- 주차장 있어?
- 아니, 우리는 길에다 주차해.

5 (039)

- Manu, ¿cómo es tu piso?
- Mi piso es muy pequeño, porque vivo solo. Tiene un dormitorio, un salón comedor pequeño, una cocina y un cuarto de baño, que está al lado del dormitorio.
- ¿Nada más?
- Bueno, tengo una terraza grande y ahí tengo muchas plantas.

- 마누, 네 아파트 어때?
- 아주 작아, 왜냐하면 나는 혼자 살거든. 침실이 하나고 거실 겸 식사 공간이 작게 하나 있어. 주방도 있고, 욕실은 침실 옆에 있어.
- 그게 다야?
- 음, 커다란 테라스가 하나 있고 난 거기에 화분을 많이 두었어.

8 (040)

primero-primera / segundo-segunda / tercero-tercera / cuarto-cuarta / quinto-quinta / sexto-sexta / séptimo-séptima / octavo-octava / noveno-novena / décimo-décima

첫 번째 / 두 번째 / 세 번째 / 네 번째 / 다섯 번째 / 여섯 번째 / 일곱 번째 / 여덟 번째 / 아홉 번째 / 열 번째

10 (041)

1 - ¿Sería tan amable de indicarme dónde vive el señor González?
- En el cuarto derecha.
- Muchas gracias.

2 - ¿Me podría decir dónde vive doña Manuela Rodríguez?
- En el segundo izquierda.
- Gracias.

3 - ¿En qué piso vive la señorita Herrero?
- En el tercero A.

4 - ¿Me podría enviar este paquete a mi domicilio, en la avenida del Mediterráneo, cinco, sexto B?
- Por supuesto, señor Acedo.

5 - ¿El señor de la Fuente, por favor?
- Es el inquilino del ático.
- Muchas gracias.

6 - ¿Vive aquí la señorita Laura Barroso?
- Sí, es la hija de los vecinos del quinto E.

1 - 곤살레스 씨가 어디에 사는지 친절하게 말씀해 주실 수 있을까요?
- 4층 오른쪽이에요.
- 감사합니다.

2 - 마누엘라 로드리게스 부인이 어디에 사는지 말씀해 주실 수 있나요?
- 2층 왼쪽이에요.
- 감사합니다.

3 - 에레로 양이 어디에 살죠?
- 3층 A에요.

4 - 이 상자를 우리 집인, 메디테라네오 거리 5번지 6층 B호로 보내 주실 수 있나요?
- 물론이지요, 아세도 씨.

5 - 실례지만, 푸엔테 씨인가요?
- 꼭대기 안쪽 집이에요.
- 감사합니다.

6 - 여기에 라우라 바로소 양이 사나요?
- 네, 5층 E호에 사는 이웃집 딸이에요.

4B Interiores

듣기

6  042

- Inverpiso, ¿dígame?
- Buenos días. Llamo para informarme sobre los chalés anunciados en el periódico de ayer.
- Con mucho gusto. Mire, el primero está en la calle Alonso Cano. Tiene ciento treinta y ocho metros cuadrados. Hay cuatro dormitorios en la planta de arriba y dos baños, calefacción individual y ascensor.
  El segundo es una casa de tres plantas en Torrelodones. Tiene trescientos once metros cuadrados, con jardín y piscina. Hay un salón comedor y un baño en la planta baja, y cinco dormitorios y otros dos cuartos de baño en la planta superior. El garaje es para dos coches.
  El tercer chalé está en una urbanización en Pozuelo. Tiene trescientos metros cuadrados construidos en dos plantas. Tiene un amplio salón y cuatro dormitorios. Hay un cuarto de baño en cada planta. Los materiales son de primera calidad. Hay piscina comunitaria.

- 여보세요, 인터피소입니다.
- 안녕하세요. 어제 신문 광고에 나왔던 단독 주택에 대해 궁금한 게 있어서 전화했어요.
- 반갑습니다. 자, 첫 번째 것은 알론소 카노 거리에 있어요. 크기는 138㎡이고 위층에 침실이 네 개, 욕실이 두 개, 개별난방이고 엘리베이터가 있어요.
  두 번째 것은 토렐로도네스에 있는 3층짜리예요. 크기는 311㎡이고, 정원이랑 수영장이 있어요. 아래층에는 식사 공간이 있는 거실이 있고 욕실이 하나 있어요. 침실 다섯 개랑 다른 욕실 두 개는 위층에 있어요. 두 대가 주차 가능한 주차장이 있고요.
  세 번째 단독 주택은 포수엘로 지역에 있어요. 크기는 300㎡이고, 2층이에요. 거실이 넓고 침실이 네 개예요. 각 층마다 욕실이 있고요. 자재는 아주 좋은 것으로 만들어졌고 공용 수영장이 있습니다.

4C Visita a Córdoba

듣기

2  043

Recepcionista:	Parador de Córdoba, ¿dígame?
Carlos:	Buenas tardes. ¿Puede decirme si hay habitaciones libres para el próximo fin de semana?
Recepcionista:	Sí. ¿Qué desea, una habitación individual o doble?

Carlos:	Una doble, por favor. ¿Qué precio tiene?
Recepcionista:	Cien euros por noche más IVA.
Carlos:	De acuerdo. Hágame la reserva, por favor.
Recepcionista:	¿Cuántas noches?
Carlos:	Viernes y sábado, si es posible.
Recepcionista:	No hay problema.
Carlos:	¿Hay piscina?
Recepcionista:	Sí, señor, hay una.
Carlos:	¿Admiten tarjetas de crédito?
Recepcionista:	Sí, por supuesto.

- 안내데스크: 코르도바 파라도르입니다, 여보세요.
- 카를로스: 안녕하세요. 다음 주말에 빈방 있나요?
- 안내데스크: 네. 어떤 걸 원하세요? 트윈 침대요, 아니면 더블이요?
- 카를로스: 더블로 부탁해요. 가격이 어떻게 되지요?
- 안내데스크: 하루에 100유로이고 세금은 별도입니다.
- 카를로스: 좋습니다. 예약할게요.
- 안내데스크: 며칠 밤으로 할까요?
- 카를로스: 금요일과 토요일로요, 가능하면요.
- 안내데스크: 문제 없습니다.
- 카를로스: 수영장이 있나요?
- 안내데스크: 네, 손님, 하나 있습니다.
- 카를로스: 신용 카드로 될까요?
- 안내데스크: 그럼요, 물론이지요.

4  044

Recepcionista:	¿Me dice su nombre y apellidos, por favor?
Carlos:	Carlos López Ruiz.
Recepcionista:	¿Dirección?
Carlos:	Calle de Velázquez, número sesenta y seis, en Madrid.
Recepcionista:	¿Número de teléfono, por favor?
Carlos:	Nueve-uno cinco-seis-nueve ocho-ocho cuatro-siete.
Recepcionista:	Entonces, una habitación doble para las noches del viernes y sábado, ¿no es así?
Carlos:	Sí, correcto, muchas gracias. Hasta el viernes.
Recepcionista:	¡Hasta el viernes! Buenas tardes.

- 안내데스크: 성함을 말씀해 주시겠어요?
- 카를로스: 카를로스 로페스 루이스입니다.
- 안내데스크: 주소는요?
- 카를로스: 마드리드의 벨라스케스 거리 66번지예요.
- 안내데스크: 전화번호는요?

- 카를로스: 9–1 5–6 9–8–8 4–7.
- 안내데스크: 그럼, 더블 침대 방으로 금요일과 토요일 밤이지요, 맞습니까?
- 카를로스: 네, 맞아요. 감사합니다. 금요일에 뵙겠습니다.
- 안내데스크: 금요일에 뵐게요. 좋은 오후 보내세요.

읽기 & 듣기

5  045

Los patios

Los patios son lugares comunes para encontrarse, para jugar, para charlar, para descansar. Hay muchos tipos de patios: el patio del colegio, donde los niños pasan el recreo; el patio andaluz, en el sur de España, lleno de macetas con flores, que en verano protege del calor y es un lugar de descanso y de conversación.

En las ciudades tenemos el patio interior, donde la gente tiende la ropa y habla con los vecinos de enfrente.

En Hispanoamérica muchas casas coloniales conservan bellos patios llenos de plantas tropicales que ayudan a pasar las horas más calurosas del día.

En la ciudad andaluza de Córdoba, el segundo fin de semana de mayo se celebra el Festival de los Patios. Los vecinos abren sus casas, y vecinos y turistas pueden visitar sus hermosos patios.

파티오(안뜰)

파티오는 일반적으로 누군가를 만나고, 놀며, 이야기를 나누고, 휴식을 취하는 장소이다. 매우 많은 형태의 파티오가 있다. 초등학교의 파티오에서는 아이들이 레크레이션을 하고, 스페인의 남쪽 안달루시아의 파티오는 꽃이 있는 화분들로 가득 차 있어 여름에는 더위로부터 보호해 주는 휴식과 대화의 장소이다.

도시에는 (건물) 내부에 파티오가 있어서 빨래를 널거나 맞은편 이웃과 이야기를 나누기도 한다.

라틴 아메리카에서 식민지 시대의 많은 집들은 열대 식물이 가득 찬 아름다운 파티오의 모습을 간직하고 있다. 이곳은 하루 중 가장 더운 때를 보낼 때 도움이 된다.

안달루시아의 도시 코르도바에서는 5월의 두 번째 주말에 파티오 축제가 열린다. 사람들이 집을 개방해서 이웃들과 관광객들이 아름다운 파티오를 방문할 수 있게 한다.

듣기

1 046

queso – cuarto – cuanto – quinto – casa – comedor

치즈 – 4 – 얼마 – 다섯 번째의 – 집 – 식당

읽기

2

1 스페인의 남부 안달루시아에서는 집들이 하얀색이고 테라스를 가지고 있다. 많은 집들에 파티오가 있고, 파티오는 식물과 꽃들로 장식되어 있다.

2 북부에는 대부분의 집들이 돌로 만들어져 있으며 추위를 막기 위해 벽이 두껍다. 또한, 눈이나 물이 쌓이는 것을 방지하기 위해 기와지붕들이 기울어져 있다. 대부분 과수원을 가지고 있어 땅에서 나는 것들을 재배한다.

3 지중해 해안에는 많은 집들이 관광객들을 위해 지어졌다. 단독 형태의 작은 집들, 원룸, 커다란 호텔들이 전통적인 주택들과 섞여 있다.

4 많은 사람들이 도시에 산다. 그곳에서 우리는 아파트와 원룸 블록들을 볼 수 있다. 서로 붙어서 지어진 단독 주택들은 도시 외곽으로 갈수록 점점 더 흔하다.

듣기

7 047

Entrevistador:	Patricia, ¿dónde pasas tus vacaciones?
Patricia:	Tengo una casa en Valencia, en el mar Mediterráneo. Es un chalé de dos plantas, con un jardín muy bonito, y está cerca de la playa. Siempre paso unos días allí con mi familia y algunos amigos.
Entrevistador:	¿Con quién vas este año?
Patricia:	Este año voy con mi marido, nuestro amigo Juan y su mujer. La casa no es muy grande. Tiene solo dos dormitorios, pero es muy cómoda, con dos cuartos de baño, una cocina pequeña y un salón precioso con vistas al mar. También tiene una terraza para tomar el sol.
Entrevistador:	¿Coméis en casa?
Patricia:	No, normalmente comemos en algún restaurante cerca de la playa. Por la noche hacemos la cena en casa y cenamos en el jardín.
Entrevistador:	Bueno, pues os deseamos unas buenas vacaciones.

회견자: 파트리시아, 휴가를 어디서 보내나요?

파트리시아: 지중해 지역인 발렌시아에 집이 있어요. 해변 가까이에 있는 2층으로 된 단독 주택이고 아주 예쁜 정원도 있어요. 가족과 몇몇 친구들과 함께 거기서 항상 며칠을 보내요.

회견자: 올해는 누구랑 가나요?

파트리시아: 올해는 남편이랑, 친구 후안과 그의 아내랑 같이 가요. 집이 크지 않아요. 침실이 두 개밖에 없지만 집이 아주 편안해요. 욕실 두 개, 작은 부엌이랑 바다가 보이는 예쁜 거실이 있어요. 일광욕을 할 수 있는 테라스도 있고요.

회견자: 집에서 점심 식사를 하나요?

파트리시아: 아니요, 보통 해변 근처 식당에서 먹어요. 밤에는 집에서 저녁을 준비해서 정원에서 먹어요.

회견자: 그렇군요, 휴가 잘 보내시길 바랍니다.

UNIDAD 5 – Comer

5A Comer fuera de casa

듣기

2  048

Camarero:	Buenos días, señores, ¿qué quieren comer?
Juan:	De primer plato nos pone un gazpacho para mí y una ensalada para la señora.
Camarero:	¿Y de segundo?
Teresa:	¿La carne es de ternera?
Camarero:	Sí, señora. Es muy buena.
Teresa:	Entonces, me pone carne con tomate. ¿Y tú, Juan?
Juan:	Yo prefiero unos huevos con chorizo.
Camarero:	¿Y para beber?
Juan:	El vino de la casa y una botella de agua, por favor.
Camarero:	Muy bien, muchas gracias. (...)
Camarero:	Y de postre, ¿qué desean?
Juan:	Para mí, unas natillas.
Teresa:	Pues, yo quiero arroz con leche.
Camarero:	Enseguida se lo traigo, muchas gracias.

웨이터: 안녕하세요, 점심 식사로 뭐 드실래요?

후안: 첫 번째 코스로 나는 가스파초, 이 사람한테는 샐러드 주세요.

웨이터: 두 번째 코스는요?

테레사: 고기가 소고기인가요?

웨이터: 네, 부인. 고기가 아주 좋아요.

테레사: 그러면, 나한테는 토마토랑 같이 주세요. 후안, 당신은요?

후안: 난 소시지가 들어간 달걀 요리가 더 좋아요.

웨이터: 음료수는요?

후안: 하우스 와인이랑 물 한 병 주세요.

웨이터: 좋습니다, 감사합니다. (……)

웨이터: 그리고 디저트로는 무엇을 드시겠습니까?

후안: 저는 나티야스 주세요.

테레사: 그럼, 저는 아로스 콘 레체 먹을래요.

웨이터: 바로 가져다드릴게요, 감사합니다.

읽기 & 듣기

7 049

Hoy comemos fuera

En España, comer es algo que nos gusta compartir con amigos, familiares, compañeros de trabajo o estudio. Para la mayoría de los españoles es más importante la compañía que el tipo de restaurante.

Al escoger un restaurante preocupa la higiene, la calidad de los alimentos y la dieta equilibrada. En un país como España, con un clima agradable, de largos días con luz, el comer o cenar fuera de casa es un hábito extendido. Es durante los días festivos cuando más se visitan bares y restaurantes.

<u>오늘 우리는 외식합니다.</u>

스페인에서 식사기란 친구, 가족, 직장 동료 혹은 학교 친구들과 함께하며 즐기는 것이다. 대부분의 스페인 사람들한테는 식당의 종류보다는 누구와 함께 하느냐가 더 중요하다.

식당을 정할 때는 위생 상태, 음식의 질 그리고 균형 잡힌 식단인지를 신경 쓴다. 스페인 같은 나라는 날씨가 쾌적하고 낮이 길기 때문에 점심이나 저녁 식사 때 외식을 하는 관습이 널리 퍼져 있다.

공휴일에는 사람들이 바나 식당들을 더 많이 찾는다.

5B ¿Te gusta el cine?

듣기

3  050

Mi marido y yo siempre tenemos problemas para decidir qué hacer durante el fin de semana. A mí me gusta ir al cine los viernes y, el sábado por la mañana, ir de compras. Por el contrario, a mi marido le gusta pasar el fin de semana en el campo: andar, hacer deporte... El domingo por la tarde, lo que más le gusta es ver un partido de fútbol por la tele, mientras yo navego por internet. Durante la semana lo tenemos más fácil: a los dos nos gusta leer y oír música en nuestro tiempo libre.

남편과 나는 주말에 무엇을 할지 정하는 것이 항상 고민이다. 난 금요일에는 영화관에 가고 토요일 오전에는 쇼핑 가는 것을 좋아한다. 반대로 남편은 주말에 걷거나 운동하는 등 야외에서 보내는 것을 좋아한다. 일요일 오후에 남편이 제일 좋아하는 것은 내가 인터넷 서핑을 하는 동안, 텔레비전으로 축구 경기를 보는 것이다. 우리는 주중에는 무엇을 할지 좀 더 쉽게 정하는 편이다. 우리 둘 모두 여가 시간에 책 읽고 음악 듣는 것을 좋아한다.

읽기

8

– 내 이름은 마리솔이고 26세 미혼이에요. 경제학을 공부하고 동네 체육관에서 일해요. 나는 여행을 가서 새로운 장소들을 발견하고 수다 떠는 것을 좋아해요. 스페인을 함께 여행할 친구들을 찾고 있어요. *세비야.*

– 내 이름은 미겔이고 25세예요. 학원에서 그래픽 아트를 공부해요. 나는 축구와 비디오게임 하는 것과 디스코텍에 가는 것을 너무 좋아해요. 남자든 여자든 비슷한 취향을 가진 친구들을 찾고 있어요. *마드리드.*

– 내 이름은 티아고이고, 나는 브라질 리우데자네이루 사람이에요. 나는 해변에 가거나 인터넷 서핑, 비디오 게임을 좋아해요. TV로 농구 경기를 보는 것도 좋아해요. 나에게 연락하지 않을래요? *리우데자네이루.*

– 내 이름은 올가이고 서른두 살의 기자예요. 내가 사는 지방의 지역 신문에서 일하지요. 난 영화 보는 것, 가볍게 술 한잔하는 것, 탱고 추는 것을 좋아하고 방문한 도시들의 사진을 찍는 것을 좋아해요. 연락 주세요. *부에노스아이레스.*

5C Receta del Caribe

듣기

4  051

> Queridos amigos y amigas, hoy vamos a hacer un delicioso refresco de plátano. Bueno, ¿estáis preparados? Aquí van los ingredientes: en primer lugar vamos a necesitar tres plátanos y un vaso de leche. Como el refresco será solo para cuatro personas, vamos a utilizar únicamente un cuarto de taza de azúcar y un cuarto de taza de zumo de limón y, por último, media cucharadita de vainilla y ocho cubitos de hielo. Y ahora, para su elaboración, sigue las siguientes instrucciones:
>
> - Primero, pela los plátanos y córtalos en rodajas.
> - A continuación, mezcla los plátanos, la leche, el azúcar, el zumo de limón y la vainilla en una batidora.
> - Añade los cubitos de hielo y mézclalos con los otros ingredientes.
> - Reparte la mezcla en cuatro vasos.
> - Finalmente, invita a tus amigos.

친구 여러분, 오늘 우리는 바나나가 들어간 맛있는 음료수를 만들 겁니다. 좋습니다. 여러분, 준비됐나요? 재료가 다음과 같이 들어갑니다. 우선 바나나 세 개랑 우유 한 잔이 필요할 겁니다. 음료수가 단지 4인분 이기 때문에, 설탕과 레몬주스를 1/4컵만 사용할 겁니다. 끝으로 바닐라 시럽 반 숟가락과 얼음 8개를 넣습니다. 그리고 이제 다음 지시에 따라 작업하면 됩니다.

– 먼저 바나나 껍질을 벗겨서 토막으로 자릅니다.

– 다음으로, 바나나와 우유, 설탕, 레몬주스, 바닐라 시럽을 믹서기에 넣고 갈아줍니다.

– 얼음을 넣고 다른 재료들과 섞어 줍니다.

– 음료를 네 개의 컵에 나눕니다.

– 끝으로, 친구들을 초대해서 나눠 줍니다.

9 052

> **¿Productos de América?**
>
> Bienvenidos a nuestro programa. Hoy hablamos del origen de algunos productos. Atención a las siguientes informaciones:
>
> 1 Casi todas las piñas de los supermercados son de Hawái, pero los cultivadores originales son los indios de Cuba y Puerto Rico.
>
> 2 Es cierto que hay una variedad de cacahuete (también llamado en América "maní") que procede de Georgia, pero sus cultivadores originales son los indios de Bolivia y Perú.
>
> 3 Los italianos preparan una deliciosa salsa de tomate, pero los cultivadores originarios del tomate son los indios de México.
>
> 4 Ecuador es el mayor productor de plátanos del mundo, pero los plátanos son de origen africano.
>
> 5 Brasil es el mayor productor de café del mundo, pero el café también es de origen africano.
>
> 6 Las patatas son muy populares en Irlanda, pero proceden originalmente de Perú y Ecuador.

아메리카산(産)인가요?

저희 프로그램에 들어오신 것을 환영합니다. 오늘은 몇몇 재료들의 원산지에 대해 이야기해 보겠습니다. 다음 정보를 잘 들어 보세요.

1 슈퍼마켓의 거의 모든 파인애플은 하와이산이에요. 하지만 원래는 쿠바와 푸에르토리코 원주민들이 경작을 시작했습니다.

2 조지아에서 건너온 땅콩(라틴 아메리카에서는 '마니'라고도 부른다.)의 종류는 확실히 다양합니다. 하지만 원래는 볼리비아와 페루 원주민들이 경작을 시작했습니다.

3 이탈리아 사람들은 맛있는 토마토 소스를 만듭니다. 하지만 토마토는 원래 멕시코 원주민들이 경작을 시작했습니다.

4 에콰도르는 전 세계에서 가장 많은 바나나를 생산합니다. 하지만 바나나는 아프리카에서 왔습니다.

5 브라질은 전 세계에서 가장 많은 커피를 생산합니다. 하지만 커피 또한 아프리카에서 왔습니다.

6 감자는 아일랜드에서 매우 대중적입니다. 하지만 원래는 페루와 에콰도르가 원산지랍니다.

1 053

> Isabel - vivir - vino - bueno - Ávila - viajar - botella - abuelo - hablar - muy bien - beber

이사벨 – 살다 – 와인 – 좋은 – 아빌라 – 여행하다 – 병 – 할아버지 – 말하다 – 매우 잘 – 마시다

2 054

> 1 ¿Dónde vive Isabel?
> 2 Cuba es una isla preciosa.
> 3 Vicente es abogado y trabaja en Sevilla.
> 4 Las bebidas están en la nevera.
> 5 Este vino es muy bueno.
> 6 Valeriano viaja mucho en avión.
> 7 Beatriz es de Venezuela.
> 8 Esta bicicleta es muy barata.
> 9 En Valencia no hay bastantes ambulancias.
> 10 La abuela de Bibiana está muy bien.

1 이사벨은 어디에 사는가?
2 쿠바는 아름다운 섬이다.
3 비센테는 변호사이고 세비야에서 일한다.
4 음료수는 냉장고에 있다.
5 이 포도주는 아주 좋은 거다.
6 발레리아노는 비행기로 여행을 많이 한다.
7 베아트리스는 베네수엘라 출신이다.
8 이 자전거는 매우 싸다.
9 발렌시아에는 구급차가 충분하지 않다.
10 비비아나의 할머니는 아주 건강하시다.

4 055

> 1 Yo vivo en Barcelona.
> 2 Este batido tiene vainilla.
> 3 Camarero, un vaso de agua, por favor.
> 4 A Isabel le gusta viajar y bailar tangos.
> 5 Beber agua es muy bueno.
> 6 ¿Este verano vas de vacaciones?
> 7 La botella está vacía.
> 8 El banco abre a las nueve.

1 나는 바르셀로나에 산다.
2 이 셰이크에는 바닐라 시럽이 들어가 있다.
3 웨이터, 물 한 잔 부탁해요.
4 이사벨은 여행하는 것과 탱고 추는 것을 좋아한다.
5 물을 마시는 것은 아주 좋다.
6 이번 여름에 너는 휴가를 가니?
7 이 병은 비어 있다.
8 이 은행은 아홉 시에 연다.

5 056

1 bala	2 poca	3 barra	4 beso
5 vino	6 pera	7 vaca	8 pisa
9 pata	10 pez		

1 총알	2 적은	3 막대기	4 입맞춤
5 와인	6 배	7 암소	8 밟기
9 (동물, 사물의) 다리	10 물고기		

5D COMUNICACIÓN Y CULTURA

읽기

1

– 페루식당 라 야마

아마도 마드리드에서 가장 맛있는 페루식당/ 맛있는 페루
음식들
산 프란시스코 거리 12번지 (쏠 호텔 뒤편), 전철역 쏠,
전화번호: 91 654 20 82 / 91 654 20 83,
마드리드, 우편번호 28050,
www.restaurante_lallama.com

– 구이식당 라 에스탄시아 아사도르

아르헨티나 초원의 전통 스타일대로 만든 고기 요리
스페인에서 유일한 크리오요 맛
새끼염소, 아르헨티나 고기, 갈리시아 고기, 돼지고기,
생선을 석쇠에 구운 음식
주차 가능, 페투니아스 거리 66번지,
전화번호: 93 730 20 39, 바르셀로나
www.asadorlaestancia.com

– 비다 나투랄

채식주의 식당/ 친환경 재료로 만든 채식주의 요리
스프, 샐러드, 파스타, 피자와 다양한 후식 전문
콘스티투시온 거리 112번지,
전화번호: 986 25 32 95 (폰테베드라)

– 라 알푸하라

튀긴 생선 요리, 소금을 뿌려 오븐에 구운 생선 요리, 붉은 고기
그라나다 프라자 4번지,
전화번호: 958 00 34 20, 그라나다(주차 가능)
www.rest_laalpujarra.es

– 엘 파델, 지중해 요리

테스팅 메뉴, 꼬치, 타파스, 직장인을 위한 일일 메뉴,
가족과 업무 모임을 위한 연회장
50미터에 주차 가능,
마르케사 데 톨레도 거리 5번지(세고비아),
전화번호: 921 34 05 22 www.rest_elpadel.es

– 카사 페페

구운 닭고기, 소, 양, 염소의 젖으로 만든 치즈,
시드라를 곁들인 초리소, 내장탕,
아스투리아스 파바다
인판타 거리 54번지, 전화번호: 949 31 50 92
구아달라하라
www.casapepe.com

듣기

2 

Buenos días, hoy hablamos de comida, española y también de otros países hispanos.
Hay platos españoles e hispanoamericanos
conocidos en todo el mundo. De México, el
guacamole, que se hace con aguacate; de

Perú es muy famoso el cebiche, pescado
con limón, un plato que también se come en
Ecuador y en otros países sudamericanos; las
exquisitas arepas de Colombia y Venezuela,
que se comen con jamón, con queso y otros
muchos ingredientes; y como no, la famosa
carne asada típica de Argentina, una de las
mejores carnes del mundo.
En España hay un pescado y un marisco excelente en todo el país, pero especialmente
en la zona de Galicia. También en el norte, en
Asturias, el plato más popular es la fabada. En
Andalucía, donde en los meses de verano las
temperaturas son extremadamente altas, tienen una sopa fría, a base de verduras, llamada
gazpacho. Por último no podemos olvidar uno
de los platos más internacionales, la paella,
típico de la costa mediterránea, y, en especial,
de Valencia.

안녕하세요. 오늘은 스페인 음식과 다른 히스패닉 음식에
대해 이야기해 보겠습니다. 세계적으로 유명한 스페인
음식과 히스패닉 음식들이 있습니다. 멕시코는 아보카도로
만드는 구아카몰레, 페루는 생선에 레몬즙을 넣은 세비체
요리가 유명하지요. 세비체는 에콰도르와 다른 남미
국가에서도 먹습니다. 콜롬비아와 베네수엘라는 맛있는
옥수수 빵인 아레파스가 있습니다. 이 빵은 햄이랑 치즈,
다른 재료들을 넣어 같이 먹습니다. 물론, 전 세계적으로
가장 좋은 소고기 중 하나인 아르헨티나의 소고기 구이
요리도 있습니다. 스페인은 전국적으로 생선과 해산물이
좋은데 특히 갈리시아 지역의 생선과 해산물이 좋습니다.
스페인 북부의 산악지역인 아스투리아스에는 파바다가
가장 유명합니다. 여름 온도가 매우 높은 안달루시아
지방에는 야채를 주재료로 하는 가스파초라는 차가운
수프가 있습니다. 끝으로, 잊을 수 없는 요리인 빠에야는
가장 세계적인 요리 중 하나로 지중해 해안, 특히
발렌시아의 대표적인 요리입니다.

UNIDAD 6 – El barrio

6A ¿Cómo se va a Goya?

듣기

3 y 4 

Sergio: Perdone, queremos dos billetes de metro, por favor.

Taquillero: ¿Sencillos o de diez viajes?

Sergio: Sencillos. ¿Cuánto es?

Taquillero: Diez euros.

Sergio: Aquí tiene. Perdone, ¿puede de-cirme cómo se va de Aeropuerto a Goya?

Taquillero: Pues desde aquí es muy fácil: tome usted la línea ocho hasta Mar de Cristal y cambie a la línea cuatro dirección Argüelles. La dé-cima estación es Goya.

Sergio: Muchas gracias. ¿Puede darme un plano del metro?

Taquillero: Sí, claro, tome.

세르히오: 실례합니다, 지하철 표 두 장 주세요.
매표소 직원: 일회용이요, 아니면 10회용이요?
세르히오: 일회용이요. 얼마예요?
매표소 직원: 10유로요.
세르히오: 여기 있어요. 실례합니다, 공항에서 고야까지
어떻게 가는지 말씀해 주실 수 있나요?
매표소 직원: 그건 여기서 (가기) 아주 쉬워요. 8호선을
타고 마르 데 크리스탈까지 가서
아르구에예스 방향의 4호선으로 갈아타세요.
열 번째 역이 고야입니다.
세르히오: 감사합니다, 지하철 노선도 하나 주실래요?
매표소 직원: 물론이죠, 받으세요.

읽기

8

전철로 알아보는 마드리드

마드리드 전철은 약 290㎞이다. 모두 12개의 노선이 있고
300개의 역이 있다. 운행 시간은 매일 아침 여섯 시부터
새벽 한 시 반까지이다.
전철이 운행하지 않는 시간대에는 시벨레스 광장에서 출발
하는 야간 버스가 운행한다.
표는 정기권 외에도 두 종류가 있다. 한 번만 탈 수 있는
일회용과 열 번을 탈 수 있는 전철-버스 티켓인데 이 표는
버스에서도 사용할 수 있다.
표는 창구나 기계에서 살 수 있다. 전철-버스 티켓은
구멍가게나 전매품을 파는 가게인 키오스코에서도 살 수
있다.

6B Cierra la ventana, por favor

듣기

1 059

1 ■ Carlos, siéntate en tu sitio, por favor.
  ● Voy.

2 ■ Venga a mi oficina, quiero hablar con usted.
  ● Ahora mismo.

3 ■ Pon la televisión, empieza el partido de fútbol.
  ● Vale.

4 ■ Cierra la ventana, por favor, tengo frío.
  ● Sí, claro.

5 ■ Tome la primera a la derecha y después siga recto.
  ● Muchas gracias.

6 ■ Tuerce a la derecha, esa es la calle.

● Ah, sí, tienes razón.

7 ■ Haz los deberes antes de cenar.

● Vale, mamá.

8 ■ Por favor, siéntese. Ahora le atiende el doctor.

● Bien, gracias.

9 ■ ¿Dígame?

● ¿Está el señor López?

10 ■ Alejandro, contesta al teléfono, por favor.

● Vale.

---

1 ■ 카를로스, 제발 네 자리에 앉아.

● 가요.

2 ■ 제 사무실로 오세요, 당신과 이야기를 나누고 싶습니다.

● 바로 가지요.

3 ■ 텔레비전 켜 봐, 축구 경기 시작해.

● 알았어.

4 ■ 창문 좀 닫아 줘, 나 추워.

● 그래, 알았어.

5 ■ 첫 번째 길에서 오른쪽으로 돌고 직진하세요.

● 감사합니다.

6 ■ 오른쪽으로 바꿔, 그쪽이 길이야.

● 아, 그렇구나, 네 말이 맞다.

7 ■ 저녁 먹기 전에 숙제해라.

● 알았어요, 엄마.

8 ■ 앉으세요. 이제 의사 선생님께서 봐 주실 거예요.

● 좋아요, 감사합니다.

9 ■ 여보세요?

● 로페스 씨 계신가요?

10 ■ 알레한드로, 전화 받아 줘.

● 알았어.

4  060

Jefe: Señor Hernández, ¿puede venir a mi oficina, por favor?

Sr. Hernández: Sí, claro.

(...)

Sr. Hernández: ¿Se puede?

Jefe: Sí, sí, pase y cierre la puerta, por favor... Siéntese. Tengo una reunión en el banco el próximo lunes y necesito la información de su departamento.

Sr. Hernández: No hay problema, está todo preparado.

Jefe: Bien, haga el informe antes del lunes y ponga todos los datos de este año.

상사: 에르난데스 씨, 내 사무실로 올 수 있나요?

에르난데스 씨: 네, 물론이죠.

(......)

에르난데스 씨: 들어가도 되나요?

상사: 네, 네, 들어오시고 문을 닫아 주세요. 앉으세요. 다음 주 월요일에 은행에서 회의가 있어서 에르난데스 씨 부서에 대한 정보가 필요해요.

에르난데스 씨: 문제 없습니다, 모든 게 준비됐어요.

상사: 좋아요, 월요일 전에 보고서를 작성해서 올해에 대한 모든 자료를 올리세요.

6C Mi barrio es tranquilo

읽기

2

– 드디어 내가 아파트를 갖게 됐어요! 시내에 있지만 조용해요. 너무 좋아요. 아주 예뻐요. 조금 작기는 해요, 방이 두 개밖에 없거든요. 하지만 나는 괜찮아요. 메모하세요. 콜론 거리에 있고 25번지 3층 왼쪽이에요. 오늘 오후에 올 수 있나요?
클라라

– 좋아요, 오늘 오후 일곱 시에 갈게요. 아파트가 콜론 거리에 있고 조용하다는 거죠? 이상하네요, 그 거리는 아주 시끄러운데. 우리 집에서 어떻게 가지요? 근처에 가까운 버스 정류장이 없는 걸로 아는데, 아닌가요? 좋아요, 전철로 가지요, 더 빠르니까요.
에바

듣기

1 061

rey - arroz - perro - reloj - rojo - arriba - caro - pero - diario - soltera - para

왕 – 쌀 – 개 – 시계 – 붉은 – 위에 – 비싼 – 그러나 – 일기 – 독신의 – 위하여

2 062

1	Roma	2	Inglaterra	3	Perú
4	cartero	5	compañero	6	rosa
7	pizarra	8	terraza	9	armario
10	ruido				

1 로마   2 영국   3 페루
4 우편집배원   5 동료   6 장미꽃
7 칠판   8 테라스   9 옷장
10 소음

6D COMUNICACIÓN Y CULTURA

읽기

1

말라사냐 동네

① 마드리드의 이 동네는 새롭고 대안적인 분위기와 밤 문화로 유명하다. 영국 런던의 캠던 타운, 뉴욕의 동부, 리스본의 바이샤 지역만큼이나 대중들이 매우 좋아하는 곳이다.

② 추에카 전철 역과 산 베르나르도 역 사이에 있다.

③ 밤에 말라사냐 거리는 수많은 바와 호프집, 식당이 사람들로 가득 찬다. 그래서 많은 동네 주민들이 소음과 방문객들이 벌인 행동들에 대해 불평한다.

④ 이곳의 이름은 젊은 재단사 마누엘라 말라사냐에서 비롯되었는데 그는 1808년 5월 2일 마드리드를 방어하다가 나폴레옹 군대에 의해 살해당했다.

⑤ 동네 한 가운데에 도스 데 마요(5월2일) 광장이 있고 이곳에서 낮에는 동네 아이들이 놀고 밤에는 모든 도시의 젊은이들이 모여든다.

듣기

3 063

Pilar: ¿Sí?

Andrés: ¡Hola, Pilar! Soy Andrés.

Pilar: ¡Hola, Andrés! ¡Cuánto tiempo sin hablar contigo!

Andrés: ¿Qué tal te va por Palma de Mallorca?

Pilar: ¡Estoy muy contenta! Es una ciudad muy tranquila.

Andrés: ¿No te aburres en una ciudad tan pequeña?

Pilar: No, hay muchas cosas interesantes para conocer y, además, está el mar. Y me encantan sus calles antiguas y su catedral.

Andrés: ¿Cómo te mueves por la ciudad?

Pilar: Vamos de un lado a otro en autobús o en bicicleta, porque normalmente hace muy buen tiempo.

Andrés: ¿Conoces a mucha gente ya? ¿Tienes amigos?

Pilar: Comparto piso con dos compañeras de clase y tenemos un grupo de amigos de la universidad.

Andrés: ¿Y qué haces los fines de semana?

Pilar: Depende... Algunos sábados quedamos para hacer deporte, otros días conocemos pueblos y playas de la isla... Es todo muy bonito. Bueno, ¿y cuándo vienes a Palma para pasar unos días en mi casa?

Andrés: Ahora tengo mucho trabajo en la oficina, pero el mes próximo puedo pedir unos días y coger un avión para estar contigo y conocer tu nueva casa. ¿Qué te parece?

Pilar: ¡Fantástico! ¡Nos vemos el mes que viene!

필라르: 네?

안드레스: 안녕, 필라르! 나 안드레스야.

필라르: 안녕, 안드레스! 너랑 얘기한 지 정말 오래됐다!

안드레스: 팔마 데 마요르카에서는 어때?

필라르: 아주 만족해! 아주 조용한 도시야.

안드레스: 그렇게 작은 도시에서 지루하지 않아?

필라르: 아니, 알면 재미있는 것들이 많아, 그리고 바다가 있잖아. 오래된 거리들이랑 성당이 너무너무 좋아.

안드레스: 도시에서는 어떻게 다녀?

필라르: 버스나 자전거로 이쪽저쪽 다녀. 보통은 날씨가 아주 좋거든.

안드레스: 이제 사람들 좀 많이 알아? 친구 생겼어?

필라르: 반 친구 두 명이랑 아파트에서 같이 살아. 대학교에 친구 그룹도 있고.

안드레스: 주말에는 뭐 해?

필라르: 그때그때 달라. 토요일에는 가끔 운동을 하고, 어떤 날은 시골이나 해변에 가고…… 모두 다 너무 예뻐. 그건 그렇고, 언제 팔마에 와서 우리 집에서 며칠 보낼래?

안드레스: 지금은 사무실에 일이 너무 많아, 하지만 다음 달에는 며칠 휴가 신청해서 비행기를 타고 네 옆에 있을 수 있을 거야. 너의 새 집도 보고. 어떻게 생각해?

필라르: 환상적이야! 다음 달에 보자!

읽기

4

산티아고 데 콤포스텔라

산티아고 데 콤포스텔라는 스페인 북서쪽에 위치한 도시이며 약 10만 명의 주민이 살고 있다. 관광이 매우 발달한 도시이다.

나는 산티아고를 좋아한다. 왜냐하면 아주 쾌적하고 알면 흥미로운 일들이 아주 많기 때문이다. 내가 제일 좋아하는 것은 구시가지인 데 그곳에는 로마네스크 양식의 성당이 중세 광장들에 둘러싸여 있다. 광장에는 분위기 좋은 테라스들이 있고 건물 지지대들이 일렬로 서 있어 길을 만들고 있으며 그 길에는 가게, 바, 식당들이 가득하다. 전철이 없지만 버스가 잘 연결되어 있다.

걷거나 자전거로 또는 말을 타고 산티아고 길을 순례한 뒤에 이 도시를 방문할 수 있다. 하지만 비행기로 더 빨리 갈 수도 있는데 이 도시에는 전 세계로부터 비행기들이 도착하는 현대적 공항도 있다.

6 AUTOEVALUACIÓN

읽기

4

<u>보고 싶은 글로리아,</u>

아바나에서 이 글을 써. 이 도시는 환상적이야. 내 호텔은 '엘 베다도'라고 불리는 예쁜 동네에 있어. 그 거리를 조용하게 산책할 수 있고 공예품 파는 시장과 가게들, 식당이 있는 시장도 있어. 바다 바로 옆이야. 대부분의 집들은 1층이나 2층이고 파란색, 노란색, 분홍색 등 다양한 색으로 칠해져 있어. 또 다른 흥미로운 도시로 '아바나 비에하'라고 있는데 가장 오래된 지역이야. 성당, 영국 호텔, 주피터 신전(엘 카피톨리오)처럼 보존이 아주 잘 되어 있는 건물들도 있어. 거리들은 아주 비좁고 제법 차가 많지만 근처를 산책하고, 아이스크림을 먹으며, 광장 어디에든 앉아있는 게 아주 기분 좋아.
사진도 많이 찍었어!
안녕,
욜란다

UNIDAD 7 – Salir con los amigos

7A ¿Dónde quedamos?

읽기 & 듣기

2 

Madre: ¿Sí, dígame?

Pedro: ¿Está Antonio?

Madre: Sí, ¿de parte de quién?

Pedro: Soy Pedro.

Madre: Enseguida se pone.

(…)

Antonio: ¿Pedro?

Pedro: ¡Hola, Antonio! ¿Qué haces?

Antonio: Nada, estoy viendo la tele.

Pedro: ¿Vamos al cine esta tarde?

Antonio: Venga, vale, ¿y qué ponen?

Pedro: Podemos ver la última película de Almodóvar, ¿no?

Antonio: ¡Estupendo! ¿Cómo quedamos?

Pedro: ¿A las siete en la puerta del metro?

Antonio: No, mejor a las ocho. ¿De acuerdo?

Pedro: Vale. ¡Hasta luego!

어머니: 여보세요?

페드로: 안토니오 있어요?

어머니: 그래, 누구니?

페드로: 페드로예요.

어머니: 금방 바꿔 줄게.

(……)

안토니오: 페드로?

페드로: 안녕, 안토니오! 뭐해?

안토니오: 아무 것도 안 해, 텔레비전 보고 있어.

페드로: 오후에 영화관 갈래?

안토니오: 좋아, 그러자. 무슨 영화 하는데?

페드로: 알모도바르의 최신 영화 볼 수 있어, 싫어?

안토니오: 너무 좋아! 어떻게 만날까?

페드로: 지하철 입구에서 7시 어때?

안토니오: 아니야, 8시가 좋겠어. 괜찮아?

페드로: 좋아. 이따 봐!

듣기

5 

Alicia: ¿Sí?

Begoña: ¿Está Alicia?

Alicia: Sí, soy yo.

Begoña: ¡Hola! Soy Begoña.

Alicia: ¡Hola! ¿Qué hay?

Begoña: Voy a salir de compras esta tarde. ¿Vienes conmigo?

Alicia: Lo siento, hoy no puedo, tengo mucho trabajo. Mejor mañana.

Begoña: Bueno, vale. ¿A qué hora? ¿Te parece bien a las seis?

Alicia: Sí, de acuerdo.

Begoña: Hasta mañana.

Ángel: ¿Diga?

Rosa: Hola, Ángel, soy Rosa.

Ángel: ¿Qué tal?

Rosa: Muy bien. Te llamo porque Luis y yo vamos a ir el sábado a Segovia, ¿por qué no te vienes?

Ángel: ¿El sábado? No puedo, lo siento, es el cumpleaños de mi madre y voy a comer a su casa. Pero podemos quedar después, ¿Por qué no venís a casa a cenar?

Rosa: ¿A cenar el sábado? Vale, se lo digo a Luis y si podemos, luego te llamo. ¿Te parece bien?

Ángel: Estupendo. Espero tu llamada.

Rosa: Hasta luego.

Ángel: Hasta luego.

알리시아: 네?

베고냐: 알리시아 있어요?

알리시아: 네, 전데요.

베고냐: 안녕! 나 베고냐야.

알리시아: 안녕! 무슨 일이야?

베고냐: 오늘 오후에 쇼핑 갈 건데, 같이 갈래?

알리시아: 미안, 오늘은 안 돼. 일이 많아. 내일이 더 좋아.

베고냐: 좋아, 알았어. 몇 시에? 6시 괜찮아?

알리시아: 응, 좋아.

베고냐: 내일 봐.

앙헬: 여보세요?

로사: 안녕, 앙헬, 나 로사야.

앙헬: 잘 지내?

로사: 아주 잘 지내. 너한테 왜 전화했냐면, 루이스랑 내가 토요일에 세고비아에 갈 건데 너도 같이 가지 않을래?

앙헬: 토요일? 난 못 가, 미안해. 우리 어머니 생신이셔서 어머니 집으로 점심 먹으러 가. 하지만 그 이후에는 만날 수 있어. 너희가 저녁 먹으러 우리 집으로 오지 않을래?

로사: 토요일에 저녁 먹으러? 좋아, 루이스한테 말하고 우리가 가능하면 너한테 전화할게. 괜찮아?

앙헬: 완전 좋지. 전화 기다릴게.

로사: 나중에 봐.

앙헬: 나중에 봐.

9 

> ■ Inmobiliaria Miramar. Buenos días.
>
> ● Buenos días. ¿Puedo hablar con el señor Álvarez?
>
> ■ No está en este momento. ¿Quiere dejarle un recado?
>
> ● Sí, por favor, dígale que la señora García va mañana a las once y media para hablar con él.
>
> ■ Muy bien, le dejo una nota.
>
> ● Muchas gracias. Adiós.
>
> ■ Adiós.

■ 미라마르 부동산입니다, 안녕하세요.

● 좋은 아침입니다. 알바레스 씨랑 이야기할 수 있을까요?

■ 지금 없는데요. 메시지 남기실래요?

● 네, 부탁해요. 가르시아 부인이 내일 열한 시 반에 이야기하러 간다고 전해 주세요.

■ 좋습니다, 메모 남길게요.

● 감사합니다, 안녕히 계세요.

■ 안녕히 계세요.

7B ¿Qué estás haciendo?

듣기

4 (067)

> 1 ■ Rosa, ¿qué estás haciendo?
>
> ● ¿Ahora mismo? Estoy peinándome porque voy a salir.
>
> 2 ■ ¡Luis, al teléfono!
>
> ● ¡No puedo, estoy duchándome!

> 3 ■ Niños, ¿qué hacéis?
>
> ● ¡Nada, mamá, nos estamos lavando las manos!
>
> 4 ■ ¡Qué ruido hacen los vecinos!
>
> ● Sí, están levantándose ahora porque salen de viaje.
>
> 5 ■ ¡Hola! ¿Está Roberto?
>
> ● Sí, pero está afeitándose, llama más tarde.
>
> 6 ■ ¿Y Clara? ¿Dónde está?
>
> ● En el baño, está duchándose.
>
> 7 ■ Joana, ¿qué haces?
>
> ● Me estoy pintando para salir.
>
> 8 Pero hija, ¿todavía te estás vistiendo? Vas a llegar tarde al colegio.
>
> 9 ■ ¿Está libre el baño?
>
> ● No, Jordi se está bañando.
>
> 10 ■ ¿Qué haces, Laura?
>
> ● Me estoy pintando para salir, enseguida acabo.

1 ■ 로사, 뭐 하고 있어?

● 지금? 나가려고 머리 손질하고 있어.

2 ■ 루이스, 전화왔어!

● 못 받아, 샤워하고 있어!

3 ■ 얘들아, 뭐하니?

● 아무 것도 안 해요, 엄마. 손 씻고 있어요!

4 ■ 이웃집에서 엄청 소리가 나네!

● 맞아, 그들은 여행 가려고 지금 일어나고 있어.

5 ■ 안녕, 로베르토 있니?

● 응, 그런데 지금 면도하고 있어, 좀 있다가 다시 전화해.

6 ■ 그럼 클라라는? 어디에 있어?

● 욕실에, 샤워하고 있어.

7 ■ 조아나, 뭐 하니?

● 외출하려고 화장하고 있어.

8 ■ 그런데, 딸, 아직도 옷을 입고 있는 거야? 그러다 학교에 늦어.

9 ■ 욕실 비었어?

● 아니, 조르디가 목욕하고 있어.

10 ■ 라우라, 뭐해?

● 외출하려고 화장 중이야, 금방 끝나.

1 (068)

> ¡Vale! – ¡Hasta luego! – ¡Qué bien! – ¡Qué va! – ¡Qué bonito! – ¡Es horrible! – ¡Estupendo!

좋아! – 나중에 봐! – 멋지다! – 무슨 소리야! – 예쁘다! – 끔찍해! – 훌륭해!

2 

> 1 Claudia Schiffer es bastante fea, ¿verdad?
>
> 2 ¿Vamos al cine?
>
> 3 Mira qué bolso me he comprado.
>
> 4 Tengo un piso nuevo.
>
> 5 Bueno, me voy, ¡hasta luego!
>
> 6 Hay paella para comer.
>
> 7 Mira la tele, cuántas noticias malas.

1 클라우디아 쉬퍼는 아주 못생겼어, 그렇지?

2 우리 영화관 갈까?

3 내가 어떤 가방을 산 건지 봐 봐.

4 나 새 아파트를 갖게 됐어.

5 좋아, 나는 간다, 다음에 봐!

6 점심에는 파에야가 있다.

7 텔레비전 봐, 얼마나 나쁜 소식들이 많은지.

3 (070)

> 1 ■ Claudia Schiffer es bastante fea, ¿verdad?
>
> ● ¡Qué va!
>
> 2 ■ ¿Vamos al cine?
>
> ● Vale.
>
> 3 ■ Mira qué bolso me he comprado.
>
> ● ¡Qué bonito!
>
> 4 ■ Tengo un piso nuevo.
>
> ● ¡Qué bien!
>
> 5 ■ Bueno, me voy, ¡hasta luego!
>
> ● ¡Hasta luego!
>
> 6 ■ Hay paella para comer.
>
> ● ¡Estupendo!
>
> 7 ■ Mira la tele, cuántas noticias malas.
>
> ● ¡Es horrible!

1 ■ 클라우디아 쉬퍼는 아주 못생겼어, 그렇지?

● 무슨 소리야!

2 ■ 우리 영화관 갈까?

● 좋아.

3 ■ 내가 어떤 가방을 산 건지 봐 봐.

● 와, 예쁘다!

4 ■ 나 새 아파트를 갖게 됐어.

● 와, 잘됐다!

5 ■ 좋아, 나는 간다, 다음에 봐!

● 다음에 봐!

6 ■ 점심에는 빠에야가 있다.

● 훌륭해!

7 ■ 텔레비전 봐, 얼마나 나쁜 소식들이 많은지.

● 끔찍해!

듣기

2  071

> **1** Tiene el pelo largo y rubio. Tiene los ojos verdes. ¡No tiene bigote!
>
> **2** Tiene los ojos oscuros. Tiene el pelo corto y la barba negra.

1 머리가 길고 금발이다. 초록색 눈을 가지고 있다. 콧수염은 없다!

2 어두운 색 눈이다. 머리는 짧고 검은 턱수염이 있다.

3 072

> **1** Es moreno y tiene los ojos oscuros. Es alto y lleva bigote. Tiene el pelo corto y liso.
>
> **2** Es delgada y baja. Tiene el pelo largo y rubio y los ojos azules. No lleva gafas.
>
> **3** Es alta y delgada. Tiene el pelo moreno, corto y liso y los ojos oscuros.
>
> **4** Es bajo y gordo. Tiene los ojos claros y es calvo. Es mayor y lleva bigote y barba. Sí lleva gafas.

1 피부가 검고 눈은 어두운 색이다. 키 큰 남자이고 콧수염이 있다. 머리가 짧고 매끄럽다.

2 날씬하고 키 작은 여자이다. 머리가 길고 금발이며 눈은 파란색이다. 안경을 쓰지 않는다.

3 키 크고 날씬한 여자다. 짧고 매끄러운 검은 머리를 가졌고 눈은 어두운 색이다.

4 키 작고 뚱뚱한 남자이다. 눈은 밝은 색이며 대머리다. 나이가 많고 콧수염과 턱수염이 있다. 그렇다, 안경을 쓴다.

12 073

> Guantanamera, guajira guantanamera
> Guantanamera, guajira guantanamera
> Yo soy un hombre sincero, de donde crece la palma
> Yo soy un hombre sincero, de donde crece la palma
> Y antes de morirme quiero, echar mis versos del alma
> Guantanamera, guajira guantanamera
> Guantanamera, guajira guantanamera
> Mi verso es de un verde claro, y de un jazmín encendido
> Mi verso es de un verde claro, y de un jazmín encendido
> Mi verso es un ciervo herido,
> que busca en el monte amparo
> Guantanamera, guajira guantanamera
> Guantanamera, guajira guantanamera

> Guantanamera, guajira guantanamera
> Guantanamera, guajira guantanamera
> Por los pobres de la tierra, quiero yo mi suerte echar
> Por los pobres de la tierra, quiero yo mi suerte echar
> El arrullo de la tierra, me complace más que el mar
> Guantanamera, guajira guantanamera
> Guantanamera, guajira guantanamera
> Guantanamera, guajira guantanamera
> Guantanamera, guajira guantanamera
> Guantanamera, guajira guantanamera

관타나모 여인이여, 관타나모 시골 여인이여
관타나모 여인이여, 관타나모 시골 여인이여
나는 종려나무가 자라는 마을 출신의 진실한 사람이라오.
나는 종려나무가 자라는 마을 출신의 진실한 사람이라오.
죽기 전에 내 영혼의 시를 던져 주고 싶소.
관타나모 여인이여, 관타나모 시골 여인이여
관타나모 여인이여, 관타나모 시골 여인이여
내 시는 연한 초록빛이지만 정열에 불타는 진홍색이라네.
내 시는 연한 초록빛이지만 정열에 불타는 진홍색이라네.
내 시는 상처 입은 새끼 사슴이라네,
산에서 피난처를 찾는
관타나모 여인이여, 관타나모 시골 여인이여
관타나모 여인이여, 관타나모 시골 여인이여
관타나모 여인이여, 관타나모 시골 여인이여
관타나모 여인이여, 관타나모 시골 여인이여
이 땅의 가난한 사람들에게 나는 내 운명을 던져 주고 싶소.
이 땅의 가난한 사람들에게 나는 내 운명을 던져 주고 싶소.
이 땅의 사랑 노래가 바다보다 더 나를 기쁘게 한다네.
관타나모 여인이여, 관타나모 시골 여인이여
관타나모 여인이여, 관타나모 시골 여인이여
관타나모 여인이여, 관타나모 시골 여인이여
관타나모 여인이여, 관타나모 시골 여인이여

7D COMUNICACIÓN Y CULTURA

읽기

1

토요일 밤

젊은이들에게 토요일 밤은 아주 특별하다. 공부할 필요도 없고, 일할 필요도 없고, 불규칙동사들을 공부할 필요도 없다. 그렇다면 토요일 밤에 젊은이들은 무엇을 하나? 사람마다 다르다. 모든 사람들이 취향이 같은 것은 아니다.

토마스 – 18세, 코스타리카

내 또래의 많은 여자아이들을 알지만 보통은 내 친구들과 외출하는 것을 더 좋아한다. 우리가 함께 하는 것을 좋아하는 이유는 많다. 돈이 충분히 있을 때는 영화관에 가거나 카페에 간다. 돈이 없으면 다른 친구의 집에 가서 음악을 듣는다.

카롤리나 – 17세, 페루

나는 외출을 많이 하지 않는다. 왜냐하면 부모님이 엄격하기 때문이다. 밤에 나가는 것을 허락하신 적이 거의 없다.

그래서 난 집에서 텔레비전을 본다.

라파엘 – 23세, 알리칸테

나는 항상 여자 친구와 친구들과 외출을 한다. 보통 우리는 영화관에 가고 뭔가를 먹는다. 가끔 우리는 누군가의 집에 모여 비디오게임을 한다.

듣기

3  074

> ■ Estamos en la Gran Vía de Madrid y vamos a entrevistar a algunas personas para saber qué hacen los fines de semana. ¡Hola! Buenas tardes, ¿eres de Madrid?
>
> ● Sí, claro.
>
> ■ ¿Puedes contarnos qué haces normalmente los fines de semana?
>
> ● Pues los viernes salgo con mis amigas. Normalmente comemos unas tapas en algún bar o alguna terraza y luego vamos a la discoteca.
>
> ■ ¿Y los sábados?
>
> ● Pues los sábados, a veces voy al cine por la tarde con mis amigas.
>
> ■ ¿Y por la noche también sales con tus amigas?
>
> ● Sí, comemos unas tapas y luego vamos a la discoteca...
>
> ■ ¿Otra vez?
>
> ● Sí, nos gusta mucho bailar. Normalmente me acuesto muy tarde y el domingo duermo casi todo el día.
>
> ■ Muchas gracias.
>
> ■ ¡Hola! Buenas tardes, ¿es de Madrid?
>
> ● Sí, claro.
>
> ■ ¿Puede contarnos qué hace normalmente los fines de semana?
>
> ● Pues los viernes por la noche siempre voy al cine con mi novia. Los sábados juego al fútbol por la mañana y por la noche, normalmente, vamos al teatro o a un concierto.
>
> ■ ¿Y los domingos?
>
> ● Pues normalmente vamos al Rastro por la mañana, después tomamos un aperitivo y luego nos vamos a algún restaurante a comer... A mi novia también le gusta ir a los museos de Madrid y muchos domingos vamos a ver exposiciones: al Museo del Prado, al Museo Reina Sofía...

■ 저희는 마드리드 그란비아에 있고 몇몇 사람들에게 주말에 무엇을 하는지 인터뷰를 하려고 합니다. 안녕하세요, 마드리드 사람이세요?

● 네, 물론이죠.

■ 보통 주말에 뭐 하시는지 말해 주실 수 있나요?

● 그게, 금요일에는 친구들과 외출해요. 보통은 바나 테라스에서 타파를 먹고 디스코텍에 가요.

■ 그럼 토요일은요?

● 토요일에는 가끔 오후에 여자 친구들이랑 영화관에 가요.

■ 밤에도 여자 친구들이랑 외출하나요?

● 네, 타파를 좀 먹고 나중에 디스코텍에 가요.

■ 또요?

● 네, 우리는 춤추는 걸 너무 좋아해요. 보통은 아주 늦게 자고 일요일에는 거의 하루 종일 자요.

■ 감사합니다.

■ 안녕하세요, 마드리드 분이세요?

● 네, 물론이에요.

■ 주말에 보통 뭐 하시는지 말씀해 주실 수 있나요?

● 금요일 밤에는 항상 여자 친구랑 영화관에 가요. 토요일 오전에는 축구를 하고 밤에는 보통 연극을 보러 가거나 음악회를 가요.

■ 그럼 일요일은요?

● 보통 우리는 오전에 벼룩시장에 가고 그 다음 간단히 음료 한잔하고 식당에 가서 식사를 해요. 내 여자 친구는 마드리드 미술관에 가는 것도 좋아해서 우리는 일요일마다 자주 전시회를 보러 가요. 프라도 미술관도 가고, 레이나 소피아 미술관도 가고…….

7 AUTOEVALUACIÓN

읽기

2

■ 나는 루이사의 남자 형제가 좋다. 그는 항상 웃고 있으며 나는 그와 함께 모든 것에 대해 이야기할 수 있다.

● 그 말이 사실이다. 그 사람은 모든 사람들에게 선물을 하고 친구가 많다고 루이사는 말한다.

■ 하지만 루이사의 남자 친구는 완전히 다르다. 돈 쓰는 것을 전혀 좋아하지 않고 말을 많이 하지 않는다.

● 그렇다, 아주 진지하다, 하지만 언제나 매우 예의 바르게 행동하는데 루이사는 그런 점을 좋아한다.

UNIDAD 8 – De vacaciones

8A Por favor, ¿para ir a la catedral?

읽기 & 듣기

3 

Luis: Buenos días, perdone, ¿puede decirme cómo se va a la plaza de Armas?

Recepcionista: Sí, ¡cómo no! Es muy sencillo. Al salir del hotel gire a la derecha y siga todo recto hasta el final de la calle. Entonces gire a la izquierda. Siga recto y tome la tercera calle a la derecha, la avenida del Sol, y al final de la avenida, a la derecha, se encuentra la plaza de Armas.

Luis: Entonces, salgo a la derecha, giro a la izquierda y en la avenida del Sol giro a la derecha. La plaza está al final de la calle, a la derecha, ¿no es así?

Recepcionista: Así es, señor. En quince minutos puede estar allí.

Luis: Muchas gracias. ¡Hasta luego!

루이스: 안녕하세요, 실례하지만 아르마스 광장까지 어떻게 가는지 말씀해 주실래요?

호텔 데스크 직원: 네, 물론이죠! 아주 간단해요. 호텔에서 나가서 오른쪽으로 꺾으시고, 그 길이 끝날 때까지 직진하세요. 그런 다음 좌회전 하세요. 직진해서 세 번째 골목에서 오른쪽으로 꺾으면 솔 거리가 나오고 그 거리 끝 오른쪽에 아르마스 광장이 있어요.

루이스: 즉, 내가 나가서 오른쪽으로 갔다가 왼쪽으로 솔 거리에서 오른쪽으로 꺾으면 그 길 끝 오른쪽에 광장이 있다, 그 말씀 아닌가요?

호텔 데스크 직원: 그렇습니다. 십오 분이면 가실 수 있어요.

루이스: 고맙습니다. 나중에 봐요!

5 

---

1 Desde el hotel

■ Perdone, ¿puede decirme dónde está la farmacia más cercana?

● Tome la calle Santo Domingo, gire la primera a la derecha y, después, la primera a la izquierda.

2 Desde la iglesia de San Francisco

■ Por favor, ¿puede decirme cómo se va a la iglesia de Santa Teresa?

● Gire a la izquierda, después tome la segunda calle a la derecha, la calle Nueva Alta, y al final de la calle, a la izquierda, está la iglesia de Santa Teresa.

---

1 호텔에서부터

■ 실례합니다, 제일 가까운 약국이 어디에 있는지 말씀해 주실 수 있나요?

● 산토 도밍고 거리로 가시다가 첫 번째 골목에서 오른쪽으로 꺾으세요. 그런 다음 왼쪽 첫 번째 길로 가시면 돼요.

2 샌프란시스코 교회에서부터

■ 실례합니다, 산타 테레사 교회에 어떻게 가는지 말씀해 주실 수 있나요?

● 왼쪽으로 돌아서 가시다가 두 번째 거리에서 오른쪽으로 가시면 누에바 알타 거리가 나와요. 그 길 끝에 왼쪽에 산타 테레사 교회가 있어요.

8B ¿Qué hizo Rosa ayer?

듣기

6 

Ayer, como todos los días, me levanté a las

siete de la mañana y me preparé para ir a trabajar. Al llegar al hospital, como todos los días, atendí a los enfermos de la consulta y visité a los pacientes de las habitaciones. A las cinco de la tarde, como todos los días, acabé de trabajar y pasé por el supermercado a comprar algo para la cena. A las seis de la tarde llegué por fin a casa, muy cansada, como todos los días. Pero ayer fue diferente: mi marido me invitó a un concierto y después cenamos en mi restaurante favorito.

매일 그렇듯이 어제 나는 오전 7시에 일어나 직장에 갈 준비를 했다. 매일 그렇듯이 병원에 도착해 진료소 환자들을 상담했고 입원해 있는 환자들을 방문했다. 매일 그렇듯이 오후 5시에는 일을 마치고 저녁거리로 뭔가를 사기 위해 슈퍼에 갔다. 매일 그렇듯이 오후 6시 마침내 피곤한 상태로 집에 도착했다. 하지만 어제는 달랐다. 남편이 음악회에 나를 초대했고 그 다음 내가 좋아하는 식당에서 우리는 저녁을 먹었다.

8 (078)

Soledad: ¡Oh, qué semana tan terrible! Por fin de vuelta a casa.

Federico: ¿Dónde estuviste?

Soledad: El lunes fui a Caracas para visitar a un cliente, y el martes volamos, mi jefe y yo, a Madrid, para firmar un contrato. Estuvimos dos días de conversaciones y, al fin, lo logramos. El jueves nos fuimos a Río de Janeiro para cerrar unos asuntos pendientes y hoy por fin vuelvo a casa. Y a ti, ¿cómo te fue?

Federico: Hasta el martes estuve acá, en Buenos Aires, preparando cosas para irme al día siguiente a Lima, donde estuve trabajando dos días y aproveché para conocer esa linda ciudad. Hoy fui al aeropuerto a primera hora y terminé mi semana de trabajo. ¿Qué te parece si cenamos juntos?

Soledad: Me parece muy buena idea.

솔레다드: 오우, 끔찍한 한 주야! 마침내 집에 돌아왔어.

페데리코: 어디 갔었는데?

솔레다드: 월요일에 나는 손님을 만나려고 카라카스에 갔다가 화요일에 계약을 체결하려고 상사랑 마드리드로 갔어. 우리는 이틀 간 대화를 나누었고 마침내 해냈지. 목요일에 우리는 진행 중인 일들을 마감하려고 리우데자네이루에 갔어. 그리고 오늘 마침내 집으로 돌아온 거야. 너는, 어떻게 보냈어?

페데리코: 화요일까지는 거기, 부에노스아이레스에 있었어. 그 다음날 리마에 갈 일을 준비하면서. 리마에서 이틀 간 일하면서는 틈을 내 아름다운 도시를 찾아다녔어. 오늘 제일 이른 시간에 공항에 가서 이번 주 일을 끝냈지. 우리 저녁 같이 먹는 거 어때?

솔레다드: 아주 좋은 생각이야.

1 y 2  079

> 1 Llevó gafas.
> 2 Comió mucho.
> 3 ¿Abro la puerta?
> 4 ¿Hablo más alto?
> 5 Entro a las ocho.
> 6 Trabajo por la mañana.
> 7 Estudió Geografía.

1 안경을 썼다.
2 많이 먹었다.
3 내가 문을 열까?
4 내가 더 큰 소리로 말할까?
5 나는 8시에 들어간다.
6 나는 오전에 일한다.
7 지리를 공부했다.

8C ¿Qué tiempo hace hoy?

듣기

6  080

> En Toledo, durante los meses de invierno (diciembre, enero y febrero) hace mucho frío y algunas veces nieva. Durante la primavera (marzo, abril y mayo), suben las temperaturas y empieza a hacer buen tiempo. En verano (junio, julio y agosto), hace mucho calor: todos los días hace mucho sol y las temperaturas son muy altas. En otoño (septiembre, octubre y noviembre), los días son más cortos, el cielo está nublado y a veces llueve y hace viento.

톨레도의 겨울(12월, 1월, 2월)은 무척 춥고 가끔 눈이 온다. 봄(3월, 4월, 5월)에는 온도가 상승해 날씨가 좋아지기 시작한다. 여름(6월, 7월, 8월)에는 날씨가 매우 덥다. 매일 햇빛이 강렬하고 기온이 매우 높다. 가을(9월, 10월, 11월)에는 낮이 가장 짧고 하늘은 구름이 껴 있다. 가끔 비가 오고 바람이 분다.

8 081

> Estas son las condiciones meteorológicas para el día de hoy en algunas zonas de Sudamérica. Tenemos tiempo inestable en Brasil, con fuertes lluvias y bajas temperaturas, sobre todo en el interior, donde tenemos ocho grados centígrados en estos momentos. En la zona del Caribe, por el contrario, hace muy buen tiempo, con mucho sol y una temperatura de veintidós grados centígrados. Tiempo inestable en la República de México, con fuerte viento y cielo nublado. La temperatura en la capital es de quince grados centígrados. Próximo parte meteorológico en una hora.

다음은 오늘 남미 지역의 기상 상황입니다. 브라질은 불안정한 기후로 비가 강하게 오며 온도가 낮습니다. 특히 내륙 지역이 그렇고, 현재 온도는 섭씨 8도입니다. 반대로, 카리브 지역은 날씨가 매우 좋아 해가 강하고 온도는 22도입니다. 멕시코는 강한 바람과 구름 낀 하늘로 불안정한 기후를 보이며 멕시코 수도의 기온은 15도입니다. 다음 기상 안내는 한 시간 뒤입니다.

읽기

9

멕시코로 휴가를 즐기러 오세요!
전통 축제에 우리와 함께 해요!

카니발: 카니발 축제는 2월에 열린다. 금요일에 시작해 그 다음 주 화요일에 끝난다. 이 기간에 사람들은 길거리, 호텔, 집에서 아주 활기찬 분위기 가운데에 춤을 춘다. 여자들은 지역의 아름다운 지역 전통 의상을 입고 전통 춤을 춘다.

고난 주간: 고난 주간은 3월이나 4월에 있다. 시골 사람들은 행렬을 하고 초를 들고 꽃을 바친다. 예수님의 고난과 죽음에 대한 주요 행위들을 공연하기도 한다.

망자의 날: 11월 1일은 모든 국민들이 단 것과 음식, 꽃을 들고 죽은 사람들의 묘에 찾아간다. 밤에 묘지에서 촛불들을 켜는 광경이 인상적인 볼거리이다.

성탄절과 새해 축제: 이 축제는 12월 24일에 시작해 1월 6일에 끝난다. 1월 6일에는 세 명의 동방 박사가 장난감과 단 것들을 아이들의 신발 속에 두고 간다.

8D COMUNICACIÓN Y CULTURA

읽기 & 듣기

2 082

> ### Vacaciones en España
>
> Hay tantas cosas que ver en España que es difícil seleccionar las más interesantes. Si empezamos por el noroeste, podemos visitar Galicia y allí pararnos a ver Santiago de Compostela y su catedral. Siguiendo por la costa cantábrica, el viajero descubre paisajes inolvidables de praderas suaves y pequeñas playas entre acantilados. Desde el País Vasco nos dirigimos a Cataluña, que mira al Mediterráneo. La ciudad catalana más importante es Barcelona, puerto de mar y punto de partida y llegada de barcos de todo el mundo. Podemos seguir nuestro viaje por la costa mediterránea para disfrutar de las ciudades y playas que llegan hasta Almería y Málaga, en Andalucía. También la comunidad andaluza merece una atención especial por los restos de cultura árabe que se pueden ver en Córdoba, Sevilla y Granada, especialmente. Desde Córdoba podemos ir a Madrid, atravesando la Mancha, la tierra de Don Quijote, el héroe de Cervantes. Aquí acaba nuestro viaje por esta vez, pero aún nos quedan por ver muchos otros paisajes y ciudades.

스페인에서의 휴가

스페인에는 볼거리가 매우 많아 가장 흥미로운 것을 정하기가 어렵다. 북서쪽에서 한다면 갈리시아를 가 볼 수 있고, 근처의 산티아고데콤포스텔라와 그 지역의 성당을 잠시 멈춰서 볼 수 있다. 칸타브리아 해안을 따라가면 벼랑 사이로 부드러운 초원과 작은 해변들이 펼쳐진 잊을 수 없는 풍경을 발견하게 된다. 바스크 지방에서 우리는 지중해가 보이는 카탈루냐 방향으로 향한다. 카탈루냐의 가장 중요한 도시는 바르셀로나로, 여기는 항구이자 전 세계의 배들이 도착하고 출발하는 장소이기도 하다. 지중해 해안을 따라 도시들과 해변 풍경을 즐기다 보면 안달루시아에 있는 알메리아와 말라가까지 이어진다. 안달루시아 지방도 아랍 문화의 잔재들이 있어 특별한 관심을 가질 필요가 있다. 특별히 코르도바, 세비야, 그라나다에서 이 유물들을 볼 수 있다. 코르도바부터는 세르반테스의 영웅, 돈키호테의 땅인 라 만차를 지나 마드리드로 갈 수 있다. 여기에서 우리의 이번 여행은 끝이 난다, 하지만 우리에게는 아직 볼거리가 많은 다른 도시들이 남아 있다.

읽기

5

사라의 블로그

나는 세마나 산타(고난 주간)에 친구들과 함께 스페인의 남쪽에 있는 그라나다에 갔어요. 아주 재미있는 여행이었죠. 그라나다는 아랍 사람들이 세운 도시예요. 우리는 알람브라를 방문했어요. 그 건물과 정원은 유럽에 있는 이슬람 예술에 있어 가장 중요한 한 쌍을 이루죠. 밤에는 사크라몬테 지역에서 저녁을 먹고 플라멩코 공연을 봤어요. 그 다음 날 우리는 시에라 네바다에 올라가 환상적인 날씨와 함께 스키를 탔어요. 또 다른 날에는 해변에 갔어요. 거기 주민들의 말에 따르면 그곳은 일 년 중 320일 이상이 해가 뜬다고 해요. 우리는 알무녜카르 해변에서 해수욕을 하고 바다 옆 식당에서 아주 맛있는 쌀 요리를 먹었어요. 환상적인 나날들이었어요. 여러분 모두에게 이 여행을 추천합니다.

듣기

8 083

> Hoy estamos en Barcelona, junto al mar Mediterráneo. Es la segunda ciudad más poblada de España. Barcelona fue la sede de la Exposición Universal de 1929 y de los Juegos Olímpicos de 1992. Muchos personajes importantes nacieron en esta ciudad:
>
> - Montserrat Caballé, una de las grandes cantantes de la ópera, nació en Barcelona en 1933. En 1987 conoció al líder del grupo de rock Queen, Freddie Mercury. Con él grabó la canción «Barcelona», el himno oficial de las Olimpiadas de 1992.
>
> - Joan Miró, pintor y escultor catalán mundialmente conocido, nació en Barcelona a finales del siglo XIX. En el Museo Joan Miró de Barcelona están las mejores obras de este artista. Murió en Palma de Mallorca en

1983.

- Joan Manuel Serrat, músico y poeta español, nació en Barcelona en 1943. Es un artista muy querido y admirado en toda España e Hispanoamérica. Entre sus canciones podemos encontrar poemas de grandes poetas como Machado, Lorca, Miguel Hernández o Pablo Neruda.

- Arancha Sánchez Vicario, tenista profesional, nació en Barcelona en 1971. Se convirtió en la número uno del mundo, después de ganar el torneo de tenis de Roland Garros por segunda vez.

우리는 오늘 지중해 옆에 있는 바르셀로나에 있다. 바르셀로나는 스페인에서 두 번째로 인구 밀도가 높은 도시이다. 또한, 바르셀로나는 1929년 세계 박람회, 1992년 올림픽 경기 개최지였다. 많은 주요 인물들이 이 도시에서 태어났다.

– 위대한 오페라 가수 중 하나인 몬세라트 카바예가 1933년 바르셀로나에서 태어났으며 1987년에는 그룹 퀸의 리더인 프레디 머큐리를 알게 되었다. 그리고 머큐리와 함께 1992년 올림픽 공식 주제가인 〈바르셀로나〉를 함께 녹음했다.

– 세계적으로 유명한 카탈루냐의 화가이자 조각가인 조안 미로는 19세기 말에 바르셀로나에서 태어났다. 바르셀로나의 조안 미로 미술관에는 이 예술가의 최고의 작품들이 있다. 1983년 팔마 데 마요르카에서 사망했다.

– 스페인의 음악가이자 시인인 조안 마누엘 세라트는 1943년 바르셀로나에서 태어났다. 그는 스페인과 라틴 아메리카 전역에서 사랑받고 존경받은 예술가이다. 그의 노래에는 마차도, 로르카, 미겔 에르난데스 또는 파블로 네루다 같은 위대한 시인들의 시를 찾아볼 수 있다.

– 프로 테니스 선수인 아란차 산체스 비카리오는 바르셀로나에서 1971년에 태어났다. 롤랑 가로 테니스 대회에서 두 번 우승을 차지하면서 세계 제일의 선수가 되었다.

8 AUTOEVALUACIÓN

듣기

5  084

Sara: El pasado mes de mayo, después de un año de mucho trabajo, tuve quince días de vacaciones. Fui en tren a Galicia y me alojé en un hotel maravilloso. Pasé unos días estupendos yo sola, sin salir prácticamente de la playa.

Lucía: Mi sitio favorito para pasar las vacaciones es la Isla de Capri. Hace veinte años que fui por primera vez. Este verano llegué a la isla en barco, como siempre, para pasar mi mes de vacaciones con un grupo de amigos. Capri no es la misma de hace veinte años, pero sigue siendo única.

Carlos: Tengo muy buen recuerdo de las últimas vacaciones que pasé con mi familia en Atacama, al norte de Chile; está a unos cuatro mil metros de altura. Alquilamos un coche para recorrer toda la zona, uno de los desiertos más secos del mundo, con unas salinas impresionantes. Fueron unas vacaciones memorables.

사라: 일 년간 많은 일을 한 뒤인 지난 5월, 나는 15일간의 휴가를 갔다. 기차로 갈리시아에 가서 너무나 좋은 호텔에 묵었다. 해변을 거의 떠나지 않은 채 혼자서 며칠을 멋지게 보냈다.

루시아: 휴가를 보내기에 내가 좋아하는 곳은 카프리 섬이다. 20년 전에 처음 갔다. 이번 여름에도 언제나처럼 배로 가서 친구들과 함께 휴가 달을 보냈다. 카프리는 20년 전과 같지 않지만 여전히 유일한 곳이다.

카를로스: 칠레 북부 고도 약 4천 미터에 위치한 아타카마에서 가족들과 보낸 마지막 휴가에 대해 나는 아주 좋은 추억이 있다. 세계적으로 가장 건조한 사막들 중 하나이며 아주 인상적인 소금 광산들이 있는 그 지역 전체를 돌기 위해 우리는 자동차를 빌렸다. 아주 기억에 남는 휴가였다.

UNIDAD 9 – Compras

9A ¿Cuánto cuestan estos zapatos?

듣기

3  085

Celia: Mira estos zapatos, Álvaro, son preciosos.

Álvaro: No están mal, pero a mí me gustan más aquellos marrones.

Celia: Oiga, ¿cuánto cuestan estos zapatos negros?

Dependiente: Noventa euros.

Celia: ¿Y aquellos marrones?

Dependiente: Ciento quince euros.

Celia: ¿Ciento quince euros? Gracias, tengo que pensarlo.

Álvaro: Celia, ¿qué te parece esta camisa para mí?

Celia: Bien, ¿cuánto cuesta?

Álvaro: Solo sesenta euros. Voy a probármela.

Celia: Vale.

(...)

Celia: A ver... pues no te queda bien, ¿eh?

Álvaro: No, no, a mí tampoco me gusta.

Celia: Toma, pruébate esta chaqueta, es muy bonita.

Álvaro: A ver... Pues sí, parece que me queda bien, ¿no?

Celia: Muy bien, es tu talla.

Álvaro: ¿Cuánto cuesta?

Celia: Ciento veinte euros, es un poco cara.

Álvaro: Bueno, pero me gusta mucho, me la llevo.

Celia: Mira, ¿qué te parece este gorro? ¿Cómo me queda?

Álvaro: Bien, muy bien.

Celia: Pues me lo llevo, solo cuesta cinco euros.

(...)

Dependiente: Una chaqueta y un gorro de lana... Muy bien, son ciento veinticinco euros. ¿Pagan en efectivo o con tarjeta?

Álvaro: En efectivo.

셀리아: 이 신발 좀 봐, 알바로, 너무 예뻐.

알바로: 나쁘지 않네. 하지만 나는 저 밤색이 더 좋아.

셀리아: 저기요, 이 검은 신발 얼마예요?

점원: 90유로예요.

셀리아: 저 밤색은요?

점원: 115유로요.

셀리아: 115유로요? 감사합니다. 생각해 봐야겠네요.

알바로: 셀리아, 나한테 이 셔츠 어때?

셀리아: 좋아, 얼마야?

알바로: 60유로밖에 안 돼. 입어 볼래.

셀리아: 좋아.

(……)

셀리아: 보자……. 근데, 너한테 안 어울려, 그치?

알바로: 그래, 그래, 나도 맘에 안 들어.

셀리아: 그것 봐, 이 재킷 입어 봐, 아주 예쁘다.

알바로: 보자……. 그래, 나한테 어울리는 것 같아, 안 그래?

셀리아: 아주 잘 어울려, 네 사이즈네.

알바로: 얼마야?

셀리아: 120유로, 조금 비싸다.

알바로: 그래, 하지만 아주 마음에 들어, 이걸로 할래.

셀리아: 이것 봐, 이 모자 어때? 나한테 어울려?

알바로: 좋아, 아주 잘 어울려.

셀리아: 그래, 이걸로 해야지, 5유로밖에 안 해.

(……)

점원: 재킷 하나랑 모로 된 모자 하나…… 좋습니다, 125유로예요. 현금으로 내실래요? 카드로 내실래요?

알바로: 현금이요.

9B Mi novio lleva corbata

듣기

3  086

- Mi amiga Bárbara es estudiante y le gusta mucho la ropa informal. Hoy lleva unos pantalones verdes, una camiseta roja y un collar a juego con los pendientes.

- Javier es el novio de Bárbara y también es estudiante. Hoy lleva unos pantalones vaqueros, una camisa de lunares y unas zapatillas marrones.

- Ignacio es informático, trabaja en una gran empresa de informática. Le gusta vestir bien. Para la reunión de hoy se ha puesto una camisa azul, muy elegante, y una corbata blanca. También lleva un traje oscuro.

- Marta trabaja de diseñadora en unos grandes almacenes y casi siempre lleva ropa elegante. Hoy lleva un vestido verde y unos zapatos blancos.

- Charlie es el primo de Bárbara y es fotógrafo. Hoy lleva unos pantalones rojos, una camisa blanca y unas playeras amarillas.

– 내 친구 바르바라는 학생이고 캐주얼 한 옷을 많이 좋아 한다. 오늘은 초록색 바지와 빨간색 셔츠를 입고 목걸이와 귀걸이를 맞추어 했다.

– 하비에르는 바르바라의 남자 친구이며 역시 학생이다. 오늘은 청바지와 둥그런 문양이 있는 셔츠를 입고 밤색 운동화를 신었다.

– 이그나시오는 정보 통신 분야 일을 하며 커다란 통신 회사 에서 일한다. 옷을 잘 입는 것을 좋아한다. 오늘 회의를 위해서 아주 우아한 파란색 셔츠를 입고 하얀색 넥타이를 했다. 어두운 색의 양복을 입었다.

– 마르타는 대형 마켓의 디자이너로 일하며 거의 항상 우아 하게 옷을 입는다. 오늘은 초록색 원피스를 입고 하얀색 신발을 신었다.

– 찰리는 바르바라의 사촌으로 사진사이다. 오늘은 빨간색 바지, 하얀색 셔츠를 입고 노란색의 납작하고 편한 신발을 신었다.

1  087

jamón – jugar – rojo – julio – joven – gimnasia – jefe – jirafa – geranio – genio – gato – goma – agua – guerra – guitarra – guapo – águila – Guadalajara – gota

햄 – 놀다 – 붉은 – 7월 – 젊은 – 체육 – 상사 – 기린 – 제라늄 – 천재 – 고양이 – 고무 – 물 – 전쟁 – 기타 – 잘생긴 – 독수리 – 과달라하라 – 방울

2 088

gusto – hago – jabón – pagar – hijo

취향 – hacer(하다) 1인칭 – 비누 – 지불하다 – 자녀

9C Buenos Aires es más grande que Toledo

듣기

5  089

Luis: Voy a preparar mi maleta para el viaje, a ver... ¿qué llevo? Mira, estos zapatos están bien, ¿no?

Carla: No, para ir a la montaña, las botas son mejores que los zapatos.

Luis: Tienes razón. ¿Llevo los vaqueros?

Carla: No, para el frío son mejores los pantalones de pana.

Luis: Bueno, llevo los dos y ya está.

Carla: ¿Por qué llevas la maleta azul?

Luis: Pues porque es mejor que la gris, tiene ruedas.

Carla: Yo prefiero la gris, caben más cosas. Toma el paraguas, guárdalo.

Luis: ¿El rojo? No, este es peor que el negro.

Carla: Lo siento, el negro ya está en mi maleta.

루이스: 여행 가방을 쌀 거야. 보자…… 뭘 가져갈까? 봐 봐, 이 구두 좋지, 아니야?

카를라: 안 좋아, 산에 가려면 구두보다는 부츠가 나아.

루이스: 네 말이 맞다. 청바지 가져갈까?

카를라: 아니야, 추운 데는 코듀로이 바지가 나아.

루이스: 좋아, 둘 다 가져갈게. 다 됐다.

카를라: 왜 파란 가방을 가져가는 거야?

루이스: 그게, 회색보다 나으니까. 바퀴가 있거든.

카를라: 난 회색이 더 좋아, 더 많이 들어가니까. 우산 받아, 넣어 둬.

루이스: 빨간색? 아니야, 이게 검은색보다 나빠.

카를라: 미안, 검은색은 이미 내 가방 안에 있어.

9D COMUNICACIÓN Y CULTURA

듣기

1 090

María: A mí me encanta la ciudad en la que vivo. Es grande, tiene más de tres millones de habitantes y mucha oferta cultural y de ocio. Puedes ir al cine, al teatro, hay varias salas de conciertos, museos y también grandes parques donde relajarte o practicar deportes. Es verdad que es una ciudad ruidosa porque hay mucho tráfico. Otro problema es la contaminación, porque la gente utiliza poco el transporte público (el metro, el autobús...), pero a mí me encanta mi ciudad.

Jordi: Yo vivo en una ciudad pequeña, no llega al medio millón de habitantes y la verdad es que me gusta mucho vivir aquí. No hay una gran oferta cultural, pero tenemos mucha más tranquilidad que en una ciudad grande. Nuestros hijos viven más en contacto con la naturaleza porque hay muchos parques y tenemos la playa muy cerca. Seguro que en el futuro, si nuestros hijos van a la universidad, cambiaremos de ciudad, pero de momento no, este es el mejor lugar para vivir.

마리아: 나는 내가 사는 도시가 너무 좋다. 크다. 인구가 3백만 명 이상이고 문화나 여가 활동 거리가 많다. 영화관이나 공연장에 가도 되고, 음악당과 박물관도 많다. 휴식을 취하고 운동을 할 수 있는 커다란 공원들도 있다. 자동차가 많아 시끄러운 것도 사실이다. 다른 문제는 환경오염이다. 사람들이 지하철, 버스 등의 대중교통을 조금 사용하기 때문이다. 하지만 난 내 도시가 너무 좋다.

조르디: 나는 작은 도시에 산다. 인구가 5천 명이 안 된다. 사실, 난 여기서 사는 게 너무 좋다. 문화적 혜택은 크지 않다. 하지만 대도시보다 훨씬 조용하다. 공원이 많고 가까이 해변도 있어서 우리 자식들은 자연과 더 접하며 지낸다. 앞으로 우리 아이들이 대학에 가면 도시를 바꿔야 할 것이라고 생각한다. 하지만 지금은 아니다. 이곳이 살기에 가장 좋은 곳이다.

읽기

6

피카소의 게르니카에 대한 짧은 이야기

1937년, 스페인 내전이 한창일 때 공화국 정부는 파블로 피카소에게 파리에서 열리는 국제박람회 스페인관에 전시하기 위한 그림을 맡겼다. 이즈음 나치의 비행기가 스페인 북부 에우스카디의 한 마을, 게르니카를 공격했다. 마을은 완전히 파괴되었고 수많은 사망자가 발생했다. 파카소는 전쟁 중에 있는 사람들의 아픔과 고통을 담기 위해 그림을 그렸다. 제2차 세계대전 중에 게르니카 그림은 뉴욕현대미술관(MOMA)으로 옮겨졌다. 피카소의 바람대로, 그림은 민주주의 정부가 들어서자 1981년에 스페인에 도착했다. 현재는 스페인의 수도에 있는 레이나 소피아 국립현대 미술관에 전시되어 있으며 매년 수백만 명이 그림을 보고 있다.

UNIDAD 10 – Salud y enfermedad

10A La salud

듣기

2  091

rodilla – pierna – pecho – hombro – brazo – mano – cuello – dedo – cara – oreja – espalda – pie

무릎 – 다리 – 가슴 – 어깨 – 팔 – 손 – 목 – 손가락 – 얼굴 – 귀 – 등 – 발

3 

1 A Pedro le duele la cabeza.
2 A Daniel le duelen las muelas.
3 A Carmen le duelen los oídos.
4 A Julia le duele la espalda.
5 A Victoria le duele el estómago.
6 Ana tiene fiebre.
7 A Ricardo le duele la garganta.

1 페드로는 머리가 아프다.
2 다니엘은 어금니가 아프다.
3 카르멘은 귀가 아프다.
4 훌리아는 등이 아프다.
5 빅토리아는 배가 아프다.
6 아나는 열이 있다.
7 리카르도는 목이 아프다.

읽기 & 듣기

4 

A **Sara:** ¡Hola, Ángel!, ¿qué tal estás?

Ángel: No muy bien.

Sara: ¿Qué te pasa?

Ángel: Tengo una gripe muy fuerte.

Sara: ¿Y qué tomas cuando estás así?

Ángel: De momento, nada.

Sara: ¿Por qué no te tomas una aspirina con un vaso de leche con miel y te vas a la cama?

Ángel: Sí, creo que es lo mejor.

B **Raúl:** ¡Qué mala cara tienes! ¿Qué te pasa?

Luisa: Me duele muchísimo el estómago.

Raúl: ¿Por qué no vas al médico?

Luisa: Sí, voy a ir mañana.

Raúl: Mira, tómate un té y acuéstate sin cenar.

Luisa: Sí, creo que es lo mejor.

A **사라:** 안녕, 앙헬! 잘 지내?

앙헬: 그렇게 잘 지내지 못해.

사라: 무슨 일이야?

앙헬: 독감이 너무 심해.

사라: 그런 상태에서 뭐 먹고 있어?

앙헬: 당장은 아무것도 안 먹어.

사라: 왜 아스피린이랑 우유에 꿀을 넣어 마시고 침대로 가지 않는 거야?

앙헬: 그래, 그게 낫겠다.

B **라울:** 얼굴이 안 좋네! 무슨 일이야?

루이사: 배가 너무 아파.

라울: 왜 의사한테 안 가?

루이사: 응, 내일 가려고.

라울: 봐 봐, 차 한 잔 마시고 저녁 먹지 말고 자.

루이사: 그래, 그게 낫겠다.

듣기

8 

Paciente 1

■ Buenos días, ¿qué le ocurre?

● No me siento muy bien. Creo que tengo la gripe.

■ Tome una aspirina cada ocho horas y beba mucho zumo de naranja.

Paciente 2

■ Buenas tardes, ¿qué problema tiene?

● Me duele la garganta cuando hablo.

■ A ver... No está muy mal, pero tome leche con miel y no hable mucho.

Paciente 3

■ Buenos días, ¿qué le pasa?

● Mire, doctor, me duele mucho el estómago desde hace días.

■ Vaya, pues no tome café, ni fume. Coma frutas y ensaladas. Y tome estas pastillas.

환자 1

■ 안녕하세요, 무슨 일이세요?

● 컨디션이 안 좋아요. 감기 걸린 거 같아요.

■ 8시간마다 아스피린 드시고 오렌지 주스를 많이 드세요.

환자 2

■ 안녕하세요, 어떤 문제가 있으세요?

● 말할 때 목이 아파요.

■ 봅시다, 그렇게 나쁜 건 아니에요, 하지만 우유에 꿀을 넣어 드시고 말을 많이 하지 마세요.

환자 3

■ 안녕하세요, 무슨 일이세요?

● 선생님, 보세요, 며칠 전부터 배가 너무 아파요.

■ 맙소사, 그러면 커피랑 담배를 하지 마세요. 과일과 샐러드를 드시고 이 약을 드세요.

10B Antes salíamos con los amigos

듣기 & 읽기

2 

Elena y Emilio ya son padres. Su vida cambió cuando, de repente, se encontraron con... dos bebés en los brazos.

Elena: Antes de ser padres teníamos una vida social muy activa: viajábamos, íbamos al cine, salíamos con los amigos, teníamos mucho tiempo libre. Emilio jugaba al *hockey*, yo estudiaba alemán...

Emilio: Ahora todo es distinto. Dedicamos todo nuestro tiempo a Álvaro y Adrián, que son maravillosos.

엘레나와 에밀리오는 이제 부모가 되었다. 갑자기 두 아기가 팔에 안기면서 삶이 바뀌었다.

엘레나: 부모가 되기 전에 우리는 굉장히 활발하게 바깥 활동을 했었어. 여행도 가고, 영화관도 가고, 친구들과 어울려 다니고, 시간이 많았는데. 에밀리오는 하키를 하고 난 독일어도 공부하고······.

에밀리오: 지금은 모든 게 달라졌어. 우리 시간을 전부 알바로와 아드리안에게 바치고 있잖아. 애들이 너무 경이로워.

8 

Martina tiene noventa y dos años. Cuando era pequeña no iba a la escuela. Vivía con su madre y sus cuatro hermanos en un pueblo pequeño del sur de España. A los ocho años, ya trabajaba en el campo con su familia: empezaba a las seis de la mañana y acababa a las seis de la tarde. No sabía leer, ni escribir, pero tenía muchas ilusiones y planes para el futuro. A los diecinueve años se casó y tuvo su primer hijo. Los fines de semana iba con su marido a vender las verduras de su huerta en los mercadillos de los pueblos vecinos. Solo los domingos por la tarde descansaban y se reunían con sus vecinos en la plaza del pueblo.

마르티나는 92세이다. 어렸을 때 학교를 다니지 않았다. 어머니와 네 명의 형제들과 스페인 남부의 시골 마을에서 살았다. 여덟 살 때 이미 들에서 가족과 일했다. 아침 여섯 시에 시작해서 오후 여섯 시에 일을 마쳤다. 읽을 줄도 쓸 줄도 몰랐지만 미래에 대해 많은 꿈과 계획들을 가지고 있었다. 열아홉 살에 결혼해 첫 아이를 낳았다. 주말이면 남편과 과수원에서 재배한 야채들을 이웃 마을의 시장에 팔러 갔다. 일요일 오후에만 마을 광장에서 쉬고 이웃들과 모이곤 했다.

10C Voy a trabajar en un hotel

읽기

1

안녕, 페르난도!

드디어 학기가 끝났어! 난 이번 여름에 계획이 많아. 7월에는 카디스 호텔에서 한 달간 일할 거야, 왜냐하면 유럽 여행을 위해 돈을 모으고 싶거든. 난 마리아랑 런던에 가고 싶어, 우리는 영어를 조금 공부할 거야. 돌아오는 길에는 내 동생이랑 파리에 갈 거야. 동생이 거기서 프랑스어를 공부하고 있어. 보면 알겠지만, 난 여름을 아주 바쁘게 보낼 거야. 너는 뭐 할 거야? 얘기해 줘.

안녕,

산티아고.

듣기

1 

alemán – café – teléfono – cantante – árbol – canción – examen – estudiar – ordenador – ventana – periódico – móvil – pintura – música

독일의 – 커피 – 전화 – 가수 – 나무 – 노래 – 시험
– 공부하다 – 컴퓨터 – 창문 – 신문 – 휴대폰 – 그림
– 음악

2  098

> 1 Andrés me llamó por teléfono para salu-
> darme.
> 2 Bárbara trabaja en una empresa de infor-
> mática en México.
> 3 Yo estudié decoración en Milán.
> 4 Antes Raúl vivía cerca de aquí, pero ahora
> está viviendo en Valencia.
> 5 Aquí hace más calor que allí.
> 6 Ella es más guapa que él.
> 7 Los teléfonos móviles son muy cómodos.
> 8 Esta casa es más céntrica que tu piso.

1 안드레스는 안부 인사차 나한테 전화를 했다.

2 바르바라는 멕시코의 정보 통신 회사에서 일한다.

3 나는 밀라노에서 디자인을 공부했다.

4 전에 라울은 여기 가까이 살았다, 하지만 지금은
발렌시아에 살고 있다.

5 여기가 저기보다 더 덥다.

6 그 여자는 그 남자보다 인물이 좋다.

7 휴대폰은 많이 편하다.

8 이 집은 네 아파트보다 더 시내 쪽이다.

10D COMUNICACIÓN Y CULTURA

읽기

1

A 15세기 스페인 사람들이 페루에 들어오기 전에
잉카인들은 안데스 산맥 중심에 있는 산에 살았다.
케추아라고 불리는 언어를 사용했으며 거대한 제국을
이루었다.

B 제국의 수도 쿠스코는 해발 3200미터에 세워졌다.
산에 둘러싸여 있었고 성채로 요새화되어 있었다.
잉카인들에게 쿠스코는 세계의 중심이었다.

C 잉카인들은 태양, 달, 천둥 신을 믿었다. 하지만 산과 호수
식물들도 경배했다.

D 집은 돌로 만들어졌으며 건초로 지붕이 되어 있고 방은
하나였다. 그 안에서 잉카인들은 웅크리고 앉아 식사를
했다. 밤에는 담요를 두르고 잤다.

E 잉카인들은 돌로 포장된 길을 중요한 연락망으로
만들었다. 깎아지른 산중턱 바위를 계단으로 나누었다.
절벽을 가로지르기 위해 (새끼줄 같은) 식물 끈으로 만든
다리들을 매달아 놓기도 했다.

F 제국에는 팔백만 명의 사람들이 살았던 것으로 추정한다.
농부들은 땅을 경작했고 야마 떼를 키웠다. 수공업자들은
사기와 직물로 된 물건들을 제작했다.

3

피레네

7월 1일 금요일

다음 주에 나는 세 명의 친구들이랑 휴가를 떠난다. 우리는
피레네 산맥에서 캠핑을 할 예정이다. 나는 내 블로그를
계속 하기 위해 노트북을 가져갈 것이다.

7월 8일 금요일

어제 우리는 강가 옆에 있는 캠프장에 텐트를 쳤다. 날씨가
매우 더워 물에 몸을 담갔다. 산들의 풍경이 너무 장관이라
나는 사진을 많이 찍을 거다. 내일 우리는 강에서 카누를 탈
것이다.

7월 9일 토요일

어제 우리는 카누를 타고 너무 재미있게 보냈다. 하지만
물이 매우 찼다. 나는 물에 여러 번 빠졌다. 오늘은 산으로
트래킹을 하려고 한다. 나는 나침반과 구급상자를 가져갈
것이다.

듣기

5  099

> ■ Hoy vamos a hablar con la alpinista Elisa
> Urrutia. Está en España después de escalar
> el monte Everest. Elisa, ¿qué planes tienes
> para la próxima temporada?
>
> ● No voy a hacer ninguna escalada el año
> próximo. La temporada pasada acabé ago-
> tada y tengo que darme un poco de des-
> canso. El próximo curso voy a hacer una
> campaña escolar en el País Vasco. Quiero
> ir por los colegios y hablar con los chicos y
> chicas sobre este deporte.
>
> ■ ¿Cuánto tiempo vas a dedicar a esta ac-
> tividad?
>
> ● Voy a dedicarme unos tres meses. Después
> quiero montar un centro de alpinismo y or-
> ganizar excursiones por la montaña.
>
> ■ ¿Y vas a ser una de las instructoras?
>
> ● Bueno, ese es mi objetivo. También quiero
> estar un poco más en casa. El año pasa-
> do me casé y creo que es el momento de
> pensar en organizar mi familia. Ahora es-
> toy esperando mi primer hijo. Va a nacer el
> próximo otoño y estoy muy ilusionada.
>
> ■ ¡Enhorabuena, Elisa! ¡Te deseamos mucho
> éxito para todos tus planes!

■ 오늘은 산악인 엘리사 우루티아와 이야기를 나누어
보겠습니다. 에베레스트 산을 오른 뒤에 지금은 스페인에
있는데요. 엘리사 다음 시즌에는 어떤 계획을 가지고
있나요?

● 내년에는 그 어떤 등반도 안 할 예정이에요. 지난
시즌에 너무 지쳐서 저 자신에게 약간의 휴식을 주어야
해요. 다음 학기에 바스크 지역에서 학교 캠프를 할
예정이에요. 학교에 가서 아이들과 이 스포츠에 대해
이야기를 나누고 싶어요.

■ 그런 활동에 시간을 얼마나 보낼 건가요?

● 약 삼 개월 정도 하려고요. 그다음에는 산악 등반 센터를
만들어서 산에서 하는 야외 활동을 계획해 보고 싶어요.

■ 가르치는 사람이 될 건가요?

● 네, 그게 제 목표예요. 또, 집에서 시간을 더 많이 보내고
싶어요. 작년에 결혼했으니까 가족을 이룰 계획을 세울
때인 거 같아요. 지금 첫 아들을 기다리고 있어요. 이제
가을에 태어날 거예요. 기대가 너무 커요.

■ 축하해요, 엘리사! 모든 계획들이 성공적으로 잘 되길
바랍니다.

10 AUTOEVALUACIÓN

듣기

5 100

> | Mánager: | Este disco suena muy bien, es mejor que el otro. |
> |---|---|
> | Escorpión 1: | Sí, estoy de acuerdo. |
> | Mánager: | Va a estar en las tiendas en la próxima semana y creo, amigos míos, que va a tener gran futuro. |
> | Escorpión 2: | ¿Y cuándo nos vamos de gira? |
> | Mánager: | En diciembre vamos a dar unos conciertos por toda España y, si todo va bien, nos vamos a Sud-américa. |
> | Escorpión 3: | ¿Y vamos a salir en televisión? |
> | Mánager: | Claro, y también tengo prepara-da nuestra propia página web. |
> | Escorpión 1: | ¿Cuándo vamos a ir a Barcelo-na? |
> | Mánager: | En septiembre, antes de em-pezar la gira. ¿A que no sabéis quién va a cantar con vosotros? |
> | Escorpión 2: | Ni idea. |
> | Mánager: | Jennifer Lopez. |
> | Escorpión 3: | ¡Vaya sorpresa! |

매니저: 이 음반 듣기 좋아요. 다른 것보다 더 좋아요.

스콜피언 1: 그래요, 동의해요.

매니저: 다음 주에 가게에 출시될 거예요. 내 생각에는
앞으로 잘 나갈 거 같아요, 여러분.

스콜피언 2: 우리는 언제 순회공연을 하죠?

매니저: 12월에 스페인 전역에서 콘서트를 몇 회 할
겁니다. 그리고, 모든 게 잘 되면 남미로 갈
겁니다.

스콜피언 3: 우리가 텔레비전에 나가요?

매니저: 물론이죠, 우리 홈페이지도 준비되어 있어요.

스콜피언 1: 바르셀로나에는 언제 가죠?

매니저: 9월이요, 순회공연을 시작하기 전예요. 그런데
누가 우리랑 노래할 건지 여러분 몰라요?

스콜피언 2: 전혀 몰라요.

매니저: 제니퍼 로페스.

스콜피언 3: 놀랍군요!

UNIDAD 0 – Antes de empezar

A ¡Hola! Me llamo Maribel P. 8

3
1 alemana   2 español
3 brasileña   4 francés
5 italiana

B ¿Cómo se escribe? ¿Cómo se pronuncia? P. 10~11

7
1 ROMERO   2 DÍAZ
3 GONZALVO   4 RIBERA
5 GIMÉNEZ   6 PADÍN

9 alemán – alemana – japonés – profesor – estudiante – profesora – brasileño – hospital – estudiar – libro – lección – compañero – madre

11 y 12
1 E   2 H   3 L   4 G   5 M
6 D   7 J   8 A   9 C   10 N
11 N   12 B   13 I   14 F   15 K

C Mapas de España y América Latina P. 14

14
1 Sagrada Familia (España)
2 La Giralda (España)
3 La Alhambra (España)
4 Playa de Cancún (México)
5 Museo Guggenheim (España)
6 Murallas romanas (España)
7 Plaza el Zócalo (México)
8 Cataratas de Iguazú (Argentina y Paraguay)
9 Machu Picchu (Perú)
10 La Casa Rosada (Argentina)

UNIDAD 1 – Saludos

1A ¡Encantado! P. 16~17

1
1 C   2 A   3 B   4 D

3 y 4
Qué tal / y tú / Mira / ¡Hola! ¡Encantada! / eres

6
1 China chino china
2 Irán iraní iraní
3 Reino Unido británico británica
4 Turquía turco turca
5 Sudáfrica sudafricano sudafricana
6 Colombia colombiano colombiana
7 Brasil brasileño brasileña
8 Francia francés francesa
9 Polonia polaco polaca
10 Suecia sueco sueca
11 Alemania alemán alemana
12 Canadá canadiense canadiense

9
1 Claudia Pereyra, argentina
2 Francisco Rodríguez, español
3 Elizabeth Henríquez, venezolana
4 Manuel Jiménez, mexicano

1B ¿A qué te dedicas? P. 18~19

1
1 F   2 I   3 E   4 A   5 H
6 D   7 B   8 J   9 C   10 G

3
1 la vendedora   2 la secretaria
3 la conductora   4 la cocinera
5 la futbolista   6 la cantante
7 la actriz   8 la jardinera
9 la guía   10 la pianista

5
1 Es médico.
2 Es sevillano.
3 Viven en Barcelona.
4 Trabaja en un instituto.
5 Es catalana.
6 Tienen dos hijos.
7 Los hijos estudian: Sergio en la universidad y Elena en el instituto.

6
1 es / es   2 trabaja
3 es   4 tenemos
5 come   6 es
7 como / soy   8 trabajan
9 viven   10 tienes
11 somos / es / soy
12 es

7

TÚ	USTED
¿Dónde vives?	¿Dónde vive usted?
¿Cómo te llamas?	¿Cómo se llama usted?
¿Tienes hijos?	¿Tiene hijos usted?
¿De dónde eres?	¿De dónde es usted?
¿A qué te dedicas?	¿A qué se dedica usted?

9
1 llamo   2 soy   3 Soy
4 vivo   5 trabajo   6 tengo
7 trabaja

1C ¿Cuál es tu número de móvil? P. 20~21

1 y 2
1 uno   3 tres   6 seis
8 ocho   9 nueve

3
2 + 3 = cinco
3 + 5 = ocho
4 + 4 = ocho
8 – 6 = dos
9 – 4 = cinco
1 – 0 = uno

4
1 936 547 832
2 945 401 832
3 686 52 61 36 y 91 539 82 67
4 902 353 570
5 91 533 66 65
6 91 405 12 13

8
4 x 4 = dieciséis
9 x 2 = dieciocho
3 x 6 = dieciocho
5 x 3 = quince
2 x 6 = doce
4 x 5 = veinte
2 x 8 = dieciséis
7 x 2 = catorce
3 x 4 = doce

10
1 ¿qué deseas?
2 cómo te llamas
3 vives
4 686 055 097
5 Profesor

11 NOMBRE: Felipe
APELLIDOS: Martínez Franco
DOMICILIO ACTUAL: calle Goya
NÚMERO: 87
PISO: 3.º
PUERTA: izquierda
TELÉFONO: 686 055 097
PROFESIÓN: profesor
CORREO ELECTRÓNICO:
femartinez@gmail.com

12 1 dónde 2 Dónde 3 Cómo
4 Dónde 5 qué 6 dónde
7 Qué 8 qué 9 Cuál

1D COMUNICACIÓN Y CULTURA

P. 22~23

2 1 Tú 2 Tú 3 Tú
4 Usted 5 Tú 6 Usted

3 1 a 2 f 3 d 4 c 5 e 6 b

4

NOMBRE	PROFESIÓN
Claudia	músico
Francisco	estudiante
Elizabeth	informática
Manuel	profesor
CIUDAD	MÓVIL
Barcelona	609 342 671
Getafe	608 291 076
Caracas	680 231 765
Málaga	606 210 329

1 AUTOEVALUACIÓN

P. 34

1 1 Dónde
2 Dónde trabaja
3 De dónde es
4 Cómo se llama
5 De dónde es
6 hacen

2 1 ■ Hola, me llamo Manuel,
y soy español. ¿Cómo te
llamas tú?
● Me llamo Marta.
2 ■ Buenos días, señor Jiménez,
¿cómo está usted?
● Bien, gracias, ¿y usted?
3 ■ Mira, señora Rodríguez, le
presento al señor Márquez.
● Encantada.
▼ Mucho gusto.

4 ■ Hola, Laura. ¿Qué tal?
● Hola, Manu, muy bien. Mira,
esta es Marina, una nueva
compañera.
■ Hola, ¿qué tal?
▼ Bien, ¿y tú?
■ Muy bien.

3 Díaz (9)   Martínez (1)
Vargas (11)   Díez (13)
Marín (3)   Martín (10)
Serrano (4)   López (5)
Moreno (6)   Romero (2)
Jiménez (7)   García (12)
Pérez (8)

4 1 Tú 2 Usted 3 Usted
4 Usted 5 Tú 6 Tú
7 Tú

Ejercicios practicos

p.121

1 1 eres 2 es 3 somos
4 son 5 soy 6 es
7 Sois 8 Eres 9 es
10 Eres 11 son 12 somos

2 1 Él 2 Nosotras
3 Nosotros 4 Vosotros
5 Tú 6 Ellos / Ustedes
7 Yo 8 Ellas / Ustedes
9 Tú 10 Ella / Usted

3 Masculino: el hotel, el coche, el
hombre, el libro, el camarero, el
compañero, el hospital, el hijo
Femenino: la casa, la oficina,
la leona, la mujer, la calle, la
azafata, la gata, la lección

4 1 el gato blanco
2 el niño simpático
3 el profesor amable
4 la actriz buena
5 el taxista bueno
6 el turista alemán
7 el abogado chino
8 la pianista inglesa
9 la periodista estadounidense

5 1 Yo estudio Matemáticas.
2 Nosotros comemos en casa.
3 Rosa no bebe agua.

4 Luis y Ana viven en Galicia.
5 Nosotras trabajamos mucho.
6 ¿Tú vives en París?
7 ¿Usted habla inglés?
8 Yo trabajo en un banco.
9 ¿Ustedes escriben los datos?
10 Mi marido no habla mucho.
11 ¿Tú trabajas aquí?
12 ¿Dónde vive usted?
13 ¿Dónde trabaja usted?
14 ¿Dónde trabajas tú?
15 Yo vivo en Valencia.

6 1 Ella 2 Ellos 3 Ellos
4 Ellos 5 Él / Ella / Usted
6 Vosotros/as
7 Él 8 Ellas

UNIDAD 2 – Familias

2A ¿Estás casado?

P. 26~27

1 1 c 2 a 3 b

3 a David b Rosa
c Isabel d Jorge
e Luis f Rocío
g Carmen h Manuel

4 1 ¿Dónde vive Jorge?
2 ¿Qué es Jorge?
3 ¿Cómo se llama el padre de
Luis?
4 ¿Qué estudia Luis?
5 ¿Cuántos años tiene Carmen?

5 1 mujer 2 hijo
3 madre 4 hermana
5 padre 6 abuela
7 marido

8 a Verdadero b Verdadero
c Falso d Falso
e Falso f Falso
g Falso h Falso

9
1 dos coches
2 dos profesores
3 dos ventanas
4 dos compañeras
5 dos ciudades
6 dos cuadernos
7 dos chicos
8 dos hoteles
9 dos teléfonos
10 dos ordenadores

10 Singular: hermano, madre, hijo, abuela

Plural: hermanas, padres, hijas, abuelas

2B ¿Dónde están mis gafas? P. 27~28

1
1 I 2 C 3 B 4 K 5 J
6 L 7 H 8 G 9 A 10 E
11 D 12 F

2
1 al lado 2 debajo
3 al lado 4 delante
5 entre 6 detrás
7 detrás 8 al lado
9 entre 10 encima

4
1 tu 2 Su 3 tu
4 su 5 mis 6 Nuestra
7 Sus 8 sus 9 vuestro
10 su

5
1 tus 2 mi 3 mi
4 mis 5 su 6 mi
7 tu

6
1 estos 2 Esta 3 este
4 Esta 5 Estas

7
1 ▪ Este es Miguel con sus libros.
 • ¿Es aficionado a la poesía?

2 ▪ Estos somos nosotros con nuestras guitarras.
 • ¿Sois aficionados a la música?

3 ▪ Esta es Sara con su cuadro.
 • ¿Es aficionada al arte?

4 ▪ Estos son María y Juan con sus bicicletas.
 • ¿Son aficionados al deporte?

5 ▪ Estas son mis hermanas con sus raquetas.
 • ¿Son aficionadas al tenis?

2C ¿Qué hora es? P. 30~31

1
1 las tres y media
2 las dos menos cuarto
3 las diez y cuarto
4 la una
5 las doce y cinco
6 las ocho menos veinte
7 las doce y diez
8 las cinco y media
9 la una menos cuarto

6
1 c 2 d 3 b 4 f 5 a
6 g 7 e

7
24 veinticuatro
40 cuarenta
52 cincuenta y dos
70 setenta
90 noventa
111 ciento once
300 trescientos/as
400 cuatrocientos/as
600 seiscientos/as

8
a 2 b 25 c 50
d 37 e 323 f 135
g 850 h 1589 i 1998
j 1985

9
1 12 2 1, 10 3 1, 30
4 1947 5 650 6 3 €
7 9:00 8 540 9 31
10 66

Pronunciación y ortografía

3 profesora, español, café, gramática, mesa, vivir, hablar, médico, autobús, Pilar, alemán, brasileña, familia, libro, examen

4 música: médico, gramática
ventana: profesora, mesa, brasileña, familia, libro, examen
hotel: español, café, vivir, hablar, autobús, Pilar, alemán

2D COMUNICACIÓN Y CULTURA P. 32~33

1
1 Falso 2 Verdadero
3 Falso 4 Verdadero
5 Falso

2 Santiago Lozano Pardo.

3
1 Padres, hermanos, abuelos, tíos, primos y otros parientes.
2 Para celebrar las fiestas más importantes como los cumpleaños, la Navidad, el día del Padre y el día de la Madre. Comen todos juntos en casa o en un restaurante.
3 Se hacen muchos regalos y toda la familia y los amigos van a comer a un restaurante.
4 Dos, el primero el del padre y el segundo el de la madre.

6
1 marido 2 hermana
3 madre 4 hermano
5 hija 6 padres
7 hermanos 8 abuela
9 mujer 10 hijos
11 hija 12 primos

2 AUTOEVALUACIÓN P. 34

1
1 c 2 a 3 d 4 b 5 f 6 e

2
a veintisiete
b cincuenta y dos
c ciento dieciséis
d doscientos treinta y ocho
e cuatrocientos cincuenta y seis
f quinientos diez
g mil novecientos ochenta y siete
h dos mil tres
i dos mil novecientos noventa y nueve
j cuatro mil cien

3
1 Estos hoteles son muy caros.
2 Mis hermanas están casadas.
3 Mis hermanos tienen dos hijos.
4 Mis compañeros son japoneses.
5 Estas profesoras son simpáticas.

6 Estos libros no son
interesantes.

7 Estos profesores no son
españoles.

8 Estas chicas están solteras.

9 Mis gatos son jóvenes.

10 ¿Tus padres son catalanes?

4 1 están   2 tiene   3 está
4 tengo   5 tienen   6 está
7 está   8 tenemos
9 tienen

5 SALIDAS:
Altaria Zaragoza: 15:35
Talgo Málaga: 14:30
AVE Sevilla: 10:00

LLEGADAS:
AVE Sevilla: 20:00
Alaris Valencia: 16:45
Talgo Vigo: 17:00

Ejercicios practicos   P. 123

1 1 hermanos   2 hoteles
3 amigas   4 profesores
5 lápices   6 sillas
7 teleavisiones 8 diccionarios
9 mapas   10 autobuses

2 1 mi   2 Mis
3 Mi   4 Su
5 Nuestra   6 su

3 1 está   2 está
3 están   4 están
5 está   6 está
7 están   8 estás
9 estoy   10 estamos

4 1 está encima de
2 está detrás
3 está entre
4 están debajo de
5 está detrás de
6 está delante de

5 1 Este   2 Este   3 Este
4 Estos   5 Estas   6 Esta

---

6 1 coche   2 profesora
3 abuelo   4 cuarto
5 sofá   6 tía
7 marido   8 es
9 autobús   10 autobús

UNIDAD 3 – El trabajo

3A Rosa se levanta a las siete

1 1 D 2 F 3 A 4 C 5 B 6 E

3 ■ Y tú, Juan, ¿a qué hora te
levantas?
● Bueno, yo me levanto pronto,
a las siete, más o menos, me
ducho rápidamente y tomo un
café.
■ Y tu mujer, ¿a qué hora se
levanta?
● Pues a las siete y media. Ella
también se acuesta más tarde,
sobre las doce de la noche.
■ ¿Y tus hijos?
● Ellos cenan, ven un poco la tele
y se acuestan temprano, a las
diez.
■ ¿Y a qué hora se levantan?
● A las ocho, porque entran al
colegio a las nueve.
■ ¿Y los días de fiesta también os
levantáis todos temprano?
● ¡Ah, no!, ni hablar, los
domingos nos levantamos más
tarde, a las diez, porque, claro,
también nos acostamos más
tarde.

5 1 Carmen empieza su trabajo a
las ocho.
2 ¿A qué hora empieza la
película?
3 Mi padre va al trabajo en
autobús.
4 Yo vuelvo a mi casa a las siete.
5 ¿Cuándo vuelven de
vacaciones tus hermanos?
6 ¿Vamos a casa de la abuela?
7 ¿Cómo vas al trabajo?
8 ¿Vais al colegio en autobús?

---

9 ¿A qué hora sales de casa?

10 ¿A qué hora empiezan las
clases?

6 1 Cuatro horas cuarenta y cinco
minutos al día, pero algunos
días tienen dos horas más por
la tarde.
2 No, van a otra escuela que
está cerca.
3 Desde los nueve hasta los
catorce años.
4 A las seis de la tarde.

7 1 desde / hasta
2 a / de
3 Por / desde / hasta
4 por / por
5 desde / hasta
6 hasta

3B ¿Estudias o trabajas?   

1 1 lunes   2 martes
3 miércoles   4 jueves
5 viernes   6 sábado
7 domingo

3 Lucía:
1 es   2 de / a
3 se levanta   4 Va / en
5 por / sale
6 por / se acuesta

Carlos:
1 vive   2 tiene
3 temprano / a / de
4 sale / se acuesta

4 1 ¿A qué hora te levantas
normalmente?
2 ¿A qué hora empiezas las
clases / el trabajo?
3 ¿A qué hora terminas las
clases / el trabajo?
4 ¿A qué hora llegas a casa?
5 ¿Cómo vas a la escuela / al
trabajo?
6 ¿Qué haces después de
cenar?
7 ¿Cuándo ves la televisión?
8 ¿Te duchas por la mañana o
por la noche?
9 ¿A qué hora te acuestas
normalmente?

10 ¿A qué hora te levantas los domingos?

11 ¿A qué hora te acuestas los sábados?

12 ¿Sales los sábados por la noche?

6 hospital: médico/a, enfermero/a

universidad: estudiante, profesor/a

oficina: informático/a, secretario/a

supermercado: cajero/a, dependiente/a

restaurante: cocinero/a, camarero/a

7 1 h 2 g 3 f 4 b 5 e
6 a 7 d 8 c

3C ¿Qué desayunas?   P. 40~41

2 1 F 2 A 3 C 4 B 5 H
6 E 7 G 8 D 9 I

3 1 Philip

Nacionalidad: alemana

Desayuno: pan con mantequilla y salami y un huevo, o muesli con yogur, y té o café.

2 Claudia

Nacionalidad: argentina

Desayuno: tostadas con dulce de leche, medialunas y mate, té o café con leche.

3 Elizabeth

Nacionalidad: venezolana

Desayuno: café con leche y arepas rellenas de queso o carne mechada, o empanadas de harina de maíz.

4 Manuel

Nacionalidad: mexicano

Desayuno: huevos con frijoles, tortillas y jugo de frutas.

5 1 – 3 – 2 – 5 – 4 – 6 – 7

Pronunciación y ortografía

2 1 guapo 2 cigarrillos
3 guitarra 4 gafas
5 pagar 6 guerra
7 Guatemala 8 goma

3D COMUNICACIÓN Y CULTURA   P. 42~43

2 1 Falso 2 Falso
3 Falso 4 Verdadero
5 Falso 6 Verdadero

4 1 A las cinco y media o las seis.

2 Entre las doce y las dos.

3 De ocho de la mañana a ocho o nueve de la noche.

4 No, por la tarde los bancos no están abiertos.

5 Entre las ocho y las nueve y media.

6 No, estudian o por la mañana o por la tarde.

6 1 se levanta 2 se ducha
3 desayuna 4 ocho
5 comida 6 cocinera
7 se levanta 8 tostadas
9 sale 10 universidad
11 empiezan 12 profesor
13 muy 14 desayuno
15 coche 16 Trabaja
17 horario 18 niños
19 dependiente

3 AUTOEVALUACIÓN   P. 44

1 1 a 2 e 3 c 4 b 5 g
6 d 7 f

2 1 empieza 2 vuelvo
3 vamos 4 empezáis
5 van 6 vuelve
7 vuelves

3 1 se ducha 2 se acuesta
3 te afeitas 4 me baño
5 se viste 6 os acostáis
7 se levantan 8 te levantas
9 me ducho

4 1 a / de 2 por
3 desde / hasta 4 por
5 por / a 6 a / a / de
7 a / por / por

5 1 – 5 – 3 – 4 – 2 – 6

6 1 son 2 se levanta
3 se acuesta 4 duermen
5 es 6 va
7 pierden 8 tienen
9 se acuestan 10 duermen
11 empiezan 12 tienen
13 terminan

Ejercicios practicos   P. 125

1 1 se levantan / se levanta
2 Te duchas / me ducho
3 os acostáis / Nos acostamos
4 se afeita
5 se levantan
6 me acuesto

2 1 empieza 2 vuelvo
3 vamos 4 empezáis
5 van 6 vuelva
7 vengo 8 salgo
9 vienen 10 voy
11 vuelven 12 sale
13 vienen 14 empiezas
15 volvemos

3 1 a / de 2 por
3 desde / hasta 4 por
5 por / a 6 de / a / de
7 a / por 8 a
9 en / a / a 10 de / de / a / de

4 1 b 2 e 3 a 4 c 5 d

5 1 c 2 a 3 d 4 e 5 b

6 1 qué desean
2 y tú
3 una tostada
4 también
5 zumo de naranja
6 dos

UNIDAD 4 – La casa

4A ¿Dónde vives?

P. 46~47

3
1 Falso 2 Falso
3 Verdadero 4 Verdadero
5 Falso 6 Falso
7 Verdadero 8 Falso
9 Verdadero 10 Falso

4
1 plantas
2 cuarto de bano
3 comedor
4 dormitorios
5 garaje

5
1 Es muy pequeño.
2 Uno.
3 Al lado del dormitorio.
4 Sí, tiene una terraza grande.

9
1 primer 2 segundo
3 primera 4 tercera
5 quinta

10
1 4.º derecha 2 2.º izquierda
3 3.º A 4 6.º B
5 atico 6 5.º E

4B Interiores

P. 48~49

1
1 frigorífico 2 microondas
3 horno 4 armarios
5 mesa 6 sillas
7 sofa 8 sillones
9 libreria 10 mesita
11 alfombra 12 banera
13 espejo 14 lavabo

2
1 haces 2 te duchas
3 ves 4 comes
5 duermes 6 escuchas
7 guardas 8 te lavas
9 lees 10 calientas

3
1 El 2 un
3 una 4 Los
5 unos 6 Las
7 La 8 un

4
1 hay 2 están
3 hay 4 hay
5 está 6 están
7 Está 8 Hay

6
1 138 m² / 4 dormitorios / 2 baños
2 311 m² / 5 dormitorios / 3 baños
3 300 m² / 4 dormitorios / 2 baños

4C Visita a Córdoba

P. 50~51

1
1 e 2 b 3 f 4 a 5 c 6 d

2
1 individual 2 doble
3 Cien euros 4 Viernes
5 sábado 6 piscina

4
Nombre: Carlos
Apellidos: López Ruiz
Dirección: c/ de Velázquez, n.º 66
Ciudad: Madrid
N.º de telefono: 91 569 88 47
Sencilla o doble: doble
N.º de noches: 2 (sabado y domingo)

6
1 Verdadero 2 Falso
3 Verdadero 4 Falso
5 Falso 6 Falso

Pronunciación y ortografía

3
1 cuando 2 quien
3 cuatro 4 tranquilo
5 cocina 6 querer
7 química 8 comer
9 médico 10 Ecuador
11 pequeño 12 quinientos
13 campo 14 acostarse
15 peluquero 16 quince

4D COMUNICACIÓN Y CULTURA

P. 52~53

1
1 D 2 A 3 C 4 B

2
1 D 2 C 3 B 4 A

3
1 en el sur de España
2 plantas y flores
3 son de piedra
4 muchas viviendas destinadas al turismo
5 vive en las afueras

4
1 En Andalucía.
2 De piedra.
3 En la costa mediterránea.
4 En las ciudades.
5 En las urbanizaciones de las afueras de las ciudades.

7
1 c 2 c 3 a 4 b 5 b 6 c

4 AUTOEVALUACIÓN

P. 54

1
1 en el dormitorio
2 en la cocina
3 en el salón
4 en el salón
5 en el cuarto de baño
6 en la cocina
7 en el cuarto de baño
8 en el salón

2
1 sillones, mesita, librería, televisión, equipo de música, sofa, lampara…
2 lavavajillas, fregadero, horno, frigorífico, mesa, sillas, lavadora, microondas…
3 armario, cama, lámpara, mesilla…
4 lavabo, ducha, bañera, espejo, toalla…

3
primero, segundo, tercero, cuarto, quinto, sexto, séptimo, octavo, noveno, décimo

4
1 hay 2 está
3 Hay 4 están
5 hay 6 está
7 está

5
1 una 2 la / unos
3 un / la 4 unas
5 un / un 6 las / el
7 una / un 8 los

6
1 c 2 e 3 b 4 a 5 d

7
A Buenas tardes, ¿hay habitaciones libres?
B Si, tenemos una individual y dos dobles. ¿Que tipo de habitacion desea?
A Una doble.
B ¿Para cuantas noches?

A Para el fin de semana. ¿Cual
   es el precio de la habitacion?

B Con desayuno, 90 euros.

A ¿Admiten tarjetas de credito?

B Si, por supuesto.

Ejercicios practicos P. 127

1 a noveno   b primero
   c tercera   d sexto
   e octava   f décimo
   g cuarto   h segunda
   i quinta   j séptima

2 1 La   2 un   3 Los / la
   4 La / la 5 Los 6 La / la
   7 el   8 un / las 9 el / los
   10 Los / las

3 1 los   2 las / las / la
   3 la / la   4 El / la
   5 Los / los 6 Los
   7 el / los 8 las / la
   9 un / una 10 una / el / un

4 1 hay   2 hay   3 hay
   4 están 5 Hay 6 está
   7 están 8 hay 9 hay
   10 están

5 1 ¿Dónde está la leche?
   2 ¿Hay café en la cafetera?
   3 ¿Dónde hay un vaso?
   4 ¿Dónde están tus amigos?
   5 ¿Dónde hay sillas? / ¿Cuántas
     sillas hay en el salón?
   6 ¿Cómo están tus padres?
   7 ¿Dónde está el microondas?
   8 ¿Dónde están los coches? /
     ¿Cuántos coches hay en el
     garage?

6 1 frigorífico 2 seis
   3 sillón   4 televisión
   5 lavadora 6 norte
   7 unos   8 la
   9 recepcionista 10 los

UNIDAD 5 – Comer

5A Comer fuera de casa P. 90~91

1 1 arroz a la cubana
   2 tortilla de patatas
   3 gazpacho

2 TERESA
   primer plato: ensalada
   segundo plato: carne con tomate
   bebida: vino y agua
   postre: arroz con leche

   JUAN
   primer plato: gazpacho
   segundo plato: huevos
   con chorizo
   bebida: vino y agua
   postre: natillas

4 1 C 2 G 3 I 4 B 5 H
   6 K 7 F 8 A 9 L 10 E
   11 J 12 D

5 1 copa 2 taza 3 cuchara
   4 vaso 5 jarrón 6 jarra
   7 plato 8 mantel

8 1 Falso 2 Verdadero 3 Falso
   4 Falso 5 Verdadero

5B ¿Te gusta el cine? P. 58~59

2 1 k 2 c 3 e 4 b 5 f
   6 l 7 h 8 j 9 a 10 g
   11 d 12 i

3

	ELENA	LUIS
el cine	SÍ	NO
andar por el campo	NO	SÍ
ir de compras	SÍ	NO
navegar por internet	SÍ	NO
leer	SÍ	SÍ
el fútbol	NO	SÍ
la música	SÍ	SÍ

4 1 le gusta   2 le gusta
   3 me gustan 4 les gusta
   5 nos gustan 6 os gusta
   7 le gusta   8 te gustan
   9 les gusta 10 le gusta

---

8 1 Marisol.
   2 A Olga.
   3 Olga.
   4 A Miguel y Tiago.
   5 Miguel.
   6 Tiago.

5C Receta del Caribe P. 60~61

2 3 plátanos / 1 vaso de leche / ¼
   taza de azucar / ¼ taza de zumo
   de limón / ½ cucharadita de
   vainilla / 8 cubitos de hielo

3 1 b 2 d 3 a 4 c 5 e

5 1 Bebe   2 Come
   3 Camina 4 Descansa
   5 Evita   6 Toma

6 1 Habla más bajo, por favor. /
     Hable más bajo, por favor.
   2 Escribe tu nombre, por favor. /
     Escriba su nombre, por favor.
   3 Termina el trabajo, por favor.
     / Termine el trabajo, por favor.
   4 Abre la puerta, por favor. /
     Abra la puerta, por favor.
   5 Cierra la ventana, por favor. /
     Cierre la ventana, por favor.
   6 Escucha lo que digo, por
     favor. / Escuche lo que digo,
     por favor.
   7 Toma más verduras, por
     favor. / Tome más verduras,
     por favor.
   8 Ordena tu cuarto, por favor. /
     Ordene su cuarto, por favor.
   9 Añade azúcar al zumo, por
     favor. / Añada azúcar al
     zumo, por favor.
   10 Limpia la mesa, por favor. /
     Limpie la mesa, por favor.

8 1 Cuba y Puerto Rico
   2 Bolivia y Perú
   3 Mexico
   4 África
   5 África
   6 Perú y Ecuador

3 1 Yo vivo en Barcelona.

2 Este batido tiene vainilla.

3 Camarero, un vaso de agua, por favor.

4 A Isabel le gusta viajar y bailar tangos.

5 Beber agua es muy bueno.

6 ¿Este verano vas de vacaciones?

7 La botella esta vacia.

8 El banco abre a las nueve.

5 1 bala 2 poca 3 barra

4 beso 5 vino 6 pera

7 vaca 8 pisa 9 pata

10 pez

5D COMUNICACIÓN Y CULTURA

P. 62~63

1 1 En Sol.

2 En el restaurante El Pádel.

3 Comida vegetariana.

4 En el restaurante La Estancia.

5 En el restaurante El Pádel.

6 En el restaurante La Alpujarra.

7 La Estancia y La Alpujarra.

8 10 €.

9 En el restaurante Vida Natural.

10 Casa Pepe.

2 1 g 2 b 3 e 4 c 5 h
6 a 7 f 8 d

5 AUTOEVALUACIÓN

P. 64

1 1.er plato
-gazpacho: tomates, pepinos, aceite, vinagre, pimientos.

2.º plato
-paella: arroz, pollo, gambas, calamares.

Postre
-flan: huevos, leche, azúcar.

2 Actividad libre.

3 1 les 2 nos 3 le
4 me 5 te 6 os
7 le

4 1 A Rosa no le gustan los animales.

2 A ellos les gusta salir.

3 A nosotros nos gusta ver la tele.

4 A mí no me gusta el futbol.

5 ¿A ti te gusta el flan?

6 A Pepe no le gusta la fruta.

7 ¿A vosotros os gusta nadar?

5 1 Baja 2 Come 3 Abre
4 Escribe 5 Escucha 6 Ayuda
7 Bebe

6 1 d 2 f 3 a 4 c 5 b 6 e

7 A ¿Me deja la carta, por favor?

B Sí, ahora mismo. Un momento.   ¿Qué quiere el señor de primero?

A Una sopa de fideos, por favor.

B ¿Y de segundo?

A Pollo con patatas.

B ¿Que desea para beber?

A Agua mineral.

B ¿Y de postre?

A Un helado de vainilla.

B ¿Desea algo más?

A No, muchas gracias.

Ejercicios practicos
p.129

1 1 le gustan 2 quiere
3 quiere 4 nos gusta
5 le gustan 6 quiere
7 le gusta 8 queremos
9 quieren 10 les gusta

2 Posibles respuestas:

1 A Luis le gustan mucho los helados. / A Luis le encantan los helados. / A Luis no le gustan los helados.
A Marta le gusta jugar al tenis.

3 A los niños no les gustan las Matemáticas.

4 A Elvira le encanta montar en bici.

5 A Juanjo le gustan mucho las películas de ciencia-ficción.

6 A nosotros nos encanta viajar.

---

7 A ellas les gusta mucho ir de compras.

8 A mi marido le encanta la ópera.

9 ¿A vosotros os gusta la comida española?

10 ¿A ti te gusta la carne?

11 A mí me encanta la música clásica.

12 A mis hermanas les gustan las plantas.

3 1 A Pablo le gusta mucho ir al cine.

2 A mí no me gusta el café.

3 A Pablo y a Rosa les gusta nadar.

4 A Ana no le gusta nada hacer los deberes.

5 A nosotros no nos gustan los lunes.

6 A ellas les gusta viajar mucho.

7 ¿A vosotros os gustan los gatos?

8 A mi tío le encanta la música clásica.

9 ¿Te gustan los caracoles?

10 A Ismael no le gusta mucho trabajar.

11 A María no le gusta mucho el gazpacho.

12 A los niños no les gustan las verduras.

4 1 Bebe agua.

2 Come más.

3 Escribe en tu cuaderno.

4 Corta el pan.

5 Trabaja más.

6 Habla menos.

7 Estudia Historia.

8 Entra por aquí.

9 Mira a la pizarra.

10 Abre la puerta.

5 Primero: sopa de fideos, ensalada, espárragos con mayonesa, queso

Segundo: merluza a la plancha, escalope de ternera, pollo asado, chuletas de cordero

Postre: natillas, helado, fruta, flan

Bebida: vino blanco, cerveza, agua mineral, vino tinto

6 1 bailar
2 viajar
3 nadar
4 leer
5 andar
6 navegar por internet
7 montar en bicicleta
8 ir al teatro
9 ver una pelicula
10 hacer deporte

7 1 d   2 e   3 c   4 f   5 g
6 b   7 a

UNIDAD 6 – El barrio

6A ¿Cómo se va a Goya?   P. 66~67

1 b

2 1 dos billetes de metro
2 ¿Cuánto es?
3 cómo se va
4 décima estación
5 Puede darme

5 1 Perdone   2 Tome
3 cambie

8 1 Sí. Desde las seis de la mañana.
2 No. Porque ya está cerrado.
Sí, hay autobuses nocturnos.
3 Una.
4 Metrobús.
5 Sí.
6 En el metro (taquillas y máquinas),en quioscos y estancos.

6B Cierra la ventana, por favor   P. 68~69

1 1 j   2 b   3 c   4 d   5 f
6 e   7 g   8 h   9 i   10 a

2 1 tuerce / sigue   2 Haz
3 Ve   4 Cierra
5 dime   6 Siéntese
7 ponga   8 Haga

3 1 pase   2 cierre
3 Siéntese   4 haga
5 ponga

5 1 ¿Puede venir a mi oficina? (Ahora mismo)
2 ¿Puedes poner la televisión? (Vale / Sí, claro)
3 ¿Puede cerrar la ventana? (Sí, claro / Ahora mismo)
4 ¿Puedes hacer hoy tú la cena? (Sí, claro / Vale)
5 ¿Puedes decirme la hora, por favor? (Sí, claro / Ahora mismo)
6 ¿Puede salir a la pizarra, por favor? (Ahora mismo)
7 ¿Puedes pasarme la sal? (Sí, claro)
8 ¿Puede encender el ordenador? (Ahora mismo)
9 ¿Puedes despertarme a las ocho? (Vale / Sí, claro)
10 ¿Puede llamar a Luis la semana próxima? (Sí, claro)

6C Mi barrio es tranquilo   P. 70~71

3 1 Un poco pequeño.
2 En la c/ Colón, n.° 25 – 3.° izquierda.
3 Es una calle tranquila.
4 En metro.

4 1 está / es   2 está
3 es   4 es
5 está / es / está   6 está
7 está   8 es
9 Están   10 está / está

5 Los coches están lejos / cerca de mi casa / en el garaje.
Los coches son baratos.

Esta calle está lejos / cerca de mi casa.
Esta calle es ruidosa / muy tranquila.
Los billetes de metro son baratos.
La parada de autobús está lejos / cerca de mi casa.
Las calles son estrechas.
Mi barrio es tranquilo.
Mi barrio está lejos.

Pronunciación y ortografía

2 1 Roma   2 Inglaterra
3 Perú   4 cartero
5 compañero   6 rosa
7 pizarra   8 terraza
9 armario   10 ruido

6D COMUNICACIÓN Y CULTURA   P. 72~73

1 a 3   b 1   c 5   d 4   e 2

2 1 Falso   2 Falso
3 Falso   4 Verdadero
5 Falso

3 1 contenta
2 tranquila / pequeña
3 mar
4 antiguas / catedral
5 autobús / bicicleta
6 bueno
7 dos compañeras de clase
8 hace deporte
9 pueblos / playas
10 tiene mucho trabajo

5 1 y   2 pero   3 porque
4 y   5 pero   6 pero
7 porque

6 AUTOEVALUACIÓN   P. 74

1 1 haz   2 guarda
3 cierra   4 conecta
5 apaga

2 1 c   2 e   3 b   4 h   5 g
6 f   7 d   8 a

3 1 es   2 está   3 están
4 está   5 es   6 es
7 están   8 está   9 es
10 es

4 1 Falso   2 Verdadero
3 Falso   4 Verdadero
5 Falso

5 Actividad libre.

    P. 131

1
1 duerma   2 haz
3 sal   4 ponga
5 tenga   6 váyase
7 ven   8 diga
9 hierva   10 cierre
11 tuerce   12 sigue
13 acuéstese   14 pon
15 venga   16 siéntate
17 póngase   18 toma

2
1 Salga   2 Cierra
3 Ten   4 ponte
5 Acuéstate   6 Haga
7 Di   8 Vete / duerme
9 Siéntese   10 Ven

3
1 están   2 está   3 es
4 está   5 está   6 son
7 es   8 está   9 son
10 es, está   11 es   12 está, es

4
1 es   2 son   3 está
4 está   5 es   6 es
7 Estás   8 es   9 Estáis
10 son

5
1 céntrico   2 billete
3 bueno
4 viajo   5 arroz   6 perro
7 bien   8 ven   9 diga
10 vete

UNIDAD 7 – Salir con los amigos

7A ¿Dónde quedamos?   P. 76~77

3
1 Ir al cine.
2 En la puerta del metro.
3 A las ocho.

4
1 Vienes conmigo
2 Lo siento
3 no puedo
4 Te parece bien
5 ¿por qué no te vienes?
6 lo siento
7 ¿Te parece bien?

6 Bueno, vale.
Sí, de acuerdo.
Vale. Estupendo.

8   3-5-1-6-7-4-2
- Inmobiliaria Miramar. Buenos días.
- Buenos días. ¿Puedo hablar con el senor Alvarez?
- No está en este momento. ¿Quiere dejarle un recado?
- Sí, por favor, digale que la señora García va mañana a las once y media para hablar con él.
- Muy bien, le dejo una nota.
- Muchas gracias. Adiós.
- Adiós.

7B ¿Qué estás haciendo?   P. 78~79

1
1 Verdadero   2 Verdadero
3 Falso   4 Verdadero
5 Verdadero   6 Falso
7 Verdadero   8 Verdadero
9 Falso   10 Verdadero

2
1 No está durmiendo, está escuchando música.
2 No está escribiendo, está pintando.
3 No están hablando, están cantando.
4 No están estudiando, están viendo la tele.
5 No está leyendo, está navegando por internet.
6 No están discutiendo, están hablando.

3
1 me   2 me   3 nos
4 se   5 se   6 se
7 Me   8 te   9 se
10 Me

2
1 ¡Qué va!
2 Vale.
3 ¡Qué bonito!
4 ¡Qué bien!
5 ¡Hasta luego!
6 ¡Estupendo!
7 ¡Es horrible!

7C ¿Cómo es?   P. 80~81

1
1 1 A 2 D 3 B 4 C 5 E 6 F

2
1 pelo / ojos / bigote
2 ojos / pelo / barba

3
1 D 2 A 3 B 4 C

7
1 b 2 c 3 e 4 a 5 f 6 d

8
1 tacaño   2 callado
3 hablador   4 alegre
5 educado   6 generoso

9
1 es   2 generosas
3 gusta   4 favorita
5 gustan   6 Odia
7 gustan

7D Comunicación y cultura   P. 82~83

1
1 Falso   2 Verdadero
3 Verdadero   4 Verdadero
5 Falso

3
1 Ella   2 Él   3 Ella
4 Él   5 Él   6 Ella

7 AUTOEVALUACIÓN   P. 84

1
a El documental Exiliados.
b En el teatro Lope de Vega.
c Un concierto flamenco.

d A las 22:30 h
e El Real Madrid y el Barcelona.
f Güelcom
g Bodas de sangre, de Garcia Lorca.
h David Bisbal.

2 Posibles respuestas:
1 educado   2 generoso
3 simpático   4 tacaño
5 callado   6 serio

3 Ana se está riendo.
Pilar está comiendo.
Sergio está escuchando música.
David y Rosa están discutiendo.
Pedro está hablando por teléfono.

Ejercicios practicos P. 133

1
1 Estoy duchándome.
2 Está afeitándose.
3 ¿Todavía estás bañándote?
4 Estamos arreglándonos.
5 Los niños ya están acostándose.
6 María está lavándose los dientes.
7 Estoy pintándome las uñas.
8 Está vistiéndose.

2
1 momento 2 recado
3 Muchas gracias

3
1 d 2 a 3 f 4 b 5 h
6 e 7 c 8 g

4
Tiene el pelo negro, corto, liso.
Tiene los ojos oscuros.
Tiene / Lleva bigote, gafas.
Es joven, delgado.

UNIDAD 8 – De vacaciones

8A Por favor, ¿para ir a la catedral? P. 86~87

4
1 Tome / a la derecha / a la izquierda
2 a la izquierda / a la derecha / a la izquierda

7 1 c 2 d 3 b 4 f 5 e 6 a

8 1 e 2 b 3 c 4 d 5 f 6 a

8B ¿Qué hizo Rosa ayer? P. 88~89

2 1 d 2 b 3 c 4 f 5 e 6 a

3
1 Ayer no leí el periódico.
2 El lunes Juan y yo comimos en un restaurante nuevo.
3 Anoche cenamos con María.
4 Mis amigos no trabajaron el sábado por la noche.
5 ¿Compraste ayer el periódico?
6 Eduardo llevo al niño al colegio.
7 ¿Salisteis el viernes por la noche?
8 La semana pasada conocí a los padres de Juan.
9 ¿Llamaste a Juan ayer?
10 El sábado pasado vimos una película.

4
1 naciste 2 comimos
3 viajé 4 salisteis
5 cambiaron

5
1 atendí 2 visité
3 acabé 4 pasé
5 llegué 6 invitó
7 cenamos

7
1 estuvieron 2 fue
3 Fuiste 4 fue
5 fueron

8

	Soledad	Federico
lunes	Caracas	Buenos Aires
martes	Madrid	Buenos Aires
miércoles	Madrid	Lima
jueves	Río de Janeiro	Lima
viernes	Buenos Aires	Buenos Aires

9
1 te levantaste 2 empezaste
3 saliste 4 fuiste
5 comiste 6 estuviste
7 llegaste 8 cenaste
9 viste 10 te acostaste

Pronunciación y ortografía

1 1 b 2 b 3 a 4 a 5 a
6 a 7 b

8C ¿Qué tiempo hace hoy? P. 90~91

1 1 a 2 e 3 b 4 d 5 f 6 c

5
1 enero 2 hace
3 veces 4 primavera
5 julio 6 mucho
7 altas 8 noviembre
9 hace

8

	BRASIL	CARIBE	MÉXICO
tiempo	Lluvias	Hace sol	Hace viento y está nublado
temperatura	8 ℃	22 ℃	22 ℃

9
1 En las fiestas de Navidad y Año Nuevo.
2 Las fiestas de Navidad y Año Nuevo.
3 El día de los Muertos.
4 En Carnaval.
5 En Carnaval.
6 En Semana Santa.

8D COMUNICACIÓN Y CULTURA P. 92~93

3
1 Verdadero 2 Falso
3 Verdadero 4 Falso
5 Verdadero

5 Estuvo en Granada. Fue con sus amigos. Suele hacer buen tiempo.

8
1 Falso 2 Falso
3 Verdadero 4 Falso
5 Verdadero 6 Falso

8 AUTOEVALUACIÓN P. 94

1
1 En el estanco.
2 En el quiosco.
3 En la farmacia.
4 En el mercado.
5 En el hospital.
6 En la comisaría.

2
1 Falso 2 Verdadero
3 Falso 4 Verdadero
5 Verdadero 6 Verdadero

3 b – d – a – c – e

4
1 levanté 2 desayunamos
3 fue 4 fui
5 estuvieron 6 comimos
7 preparó 8 ayudé
9 fuimos

5 Sara:
1 En Galicia 2 El tren
3 Sola 4 Quince dias
Lucia:
1 En Capri 2 El barco
3 Con amigos 4 Un mes

Carlos:

1 En Chile 2 El coche

3 Con su familia 4 ---

Ejercicios practicos P. 135

1 1 salí 2 Viste

3 jugamos 4 invitaron

5 vivió 6 escuché

7 escribió 8 llegó

9 compraste 10 ganó

2 1 estuvimos / Fuimos

2 Fue

3 fuisteis / Fuimos

4 fue

5 fui / Estuve

3 1 ¿Fuiste al teatro el jueves?

2 ¿Visteis la última película de Pedro Almodóvar?

3 ¿Elena mandó un correo electrónico a Carlos?

4 ¿Estuviste en la montaña el fin de semana pasado?

5 ¿Joan Miró vivió en París?

6 ¿Comisteis fabada en Asturias?

7 ¿Conociste a los padres de Elena el verano pasado?

8 ¿Tus hijos se levantaron muy tarde ayer?

9 ¿Fuisteis a la playa el verano pasado?

10 ¿Fuiste el último en llegar?

11 ¿Trabajasteis hasta muy tarde ayer?

4 1 estuvo 2 hizo 3 fue

4 está 5 hace

5 1 medicinas 2 verano

3 agosto 4 otoño

5 verano 6 frío

7 llueve 8 termino

9 fue 10 fue

UNIDAD 9 – Compras

9A ¿Cuánto cuestan estos zapatos? P. 96~97

2 1 preciosos

2 No están mal

3 cuánto cuestan

4 Gracias

5 qué te parece

6 Vale

7 a mí tampoco

8 talla

9 me la llevo

10 ¿Cómo me queda?

11 me lo llevo

12 En efectivo

5 1 Sí, me la llevo.

2 Sí, me los llevo.

3 Sí, me la llevo.

4 Sí, me los llevo.

5 Sí, me lo llevo.

6 Sí, me la llevo.

6 1 lo 2 las 3 lo / la

4 los 5 los 6 la

7 1 Yo te invito.

2 ¿Tú me invitas?

3 Ellos nos invitan.

4 Nosotros las invitamos.

5 ¿Vosotros me invitáis?

6 Ella los invita.

7 Mario os invita.

8 Diego te invita.

9 ¿Ustedes la invitan?

10 Alberto no me invita.

9B Mi novio lleva corbata P. 98~99

2 1 Marta 2 Charlie

3 Ignacio 4 Bárbara

5 Javier

7 1 g 2 c 3 a 4 b 5 h

6 e 7 f 8 d

2 gusto, hago, jabón, pagar, hijo

9C Buenos Aires es más grande que Toledo P. 100~101

2 1 Falso 2 Verdadero

3 Verdadero 4 Falso

5 Verdadero 6 Falso

3 1 tan / como 2 que

3 tan / como 4 como

5 que 6 más / que

7 menos, que

4 1 mejores 2 mejores

3 mejor 4 peor

6 1 menor 2 mayor

3 menor 4 mayor

7 1 b 2 f 3 g 4 a 5 d

6 c 7 e

8 1 El avión es más rapido que el tren.

2 Nueva York es más grande que París.

3 Los coches son más seguros que las motos.

4 Vivir en el campo es más aburrido que vivir en la ciudad.

5 La comida casera es mejor que la comida rapida.

6 En verano hace mejor que en invierno.

10 1 estas 2 este 3 esto

4 esta 5 aquel 6 aquello

7 esa 8 Eso

9D COMUNICACIÓN Y CULTURA P. 102~103

1 1 grande

2 mucha

3 contaminación

4 público

5 tranquilidad

6 naturaleza

7 futuro

8 universidad

5 1 b 2 e 3 a 4 d 5 c

7 1 Verdadero 2 Verdadero
3 Falso 4 Falso
5 Verdadero 6 Falso
7 Verdadero

9 AUTOEVALUACIÓN `P. 104`

1 1 marrones 2 blanca
3 marrón 4 negros
5 negro 6 azul
7 roja 8 moderno
9 negros 10 negras
11 negra

2 1 f 2 c 3 d 4 b 5 e 6 a

3 1 los 2 las 3 lo
4 lo 5 la 6 lo
7 lo / lo 8 lo

4 1 esto 2 ese / mayor
3 Aquella
4 aquellas / estas / más

5 1 moderno 2 limpio
3 ruidoso 4 oscuro
5 caro 6 corto

Ejercicios practicos `P. 137`

1 3 – 6 – 1 – 8 – 5 – 2 – 9 – 4 – 7 – 10

2 1 lo 2 la 3 la
4 lo 5 los 6 los
7 lo 8 las 9 lo
10 los 11 las 12 la
13 lo

3 1 te 2 nos
3 os 4 me
5 te / me 6 los
7 la 8 las
9 te / me 10 nos / os / lo

4 1 más / que
2 más / que
3 tan / como
4 más / que
5 menos / que / tan
6 mejor
7 peor
8 mejores
9 mayor

UNIDAD 10– Salud y enfermedad

10A La salud `P. 106~107`

3 1 A Pedro le duele la cabeza.
2 A Daniel le duelen las muelas.
3 A Carmen le duelen los oidos.
4 A Julia le duele la espalda.
5 A Victoria le duele el estómago.
6 Ana tiene fiebre.
7 A Ricardo le duele la garganta.

5 1 Tiene gripe.
2 Tomarse una aspirina con un vaso de leche con miel e irse a la cama.
3 Le duele el estómago.
4 Tomarse un te y acostarse sin cenar.

6 1 le duelen 2 me duelen
3 les duele 4 te duele
5 nos duele 6 le duele

7 1 a 2 e 3 b 4 d 5 f 6 c

8 • El paciente n.° 1 tiene la gripe. Consejo del médico: tomar aspirinas y beber zumo de naranja.

• Al paciente n.° 2 le duele la garganta. Consejo del médico: tomar leche con miel y no hablar mucho.

• Al paciente n.° 3 le duele el estómago. Consejo del médico: no tomar café ni fumar, comer fruta y ensaladas, y tomar unas pastillas.

10B Antes salíamos con los amigos `P. 108~109`

3 1 Falso 2 Verdadero
3 Falso 4 Falso
5 Verdadero

4 1 tenían 2 viajaban
3 estudia 4 juega
5 salían 6 gustaba

5 1 era 2 Entrenaba
3 jugábamos 4 íbamos
5 acompañaba 6 íbamos
7 era

7 1 Antes no vivía en un chalé.
2 Antes no desayunaba en la cama.
3 Antes no comía en restaurantes caros.
4 Antes no regalaba joyas a su mujer.
5 Antes no tenía un coche deportivo.
6 Antes no navegaba en barco.

8 1 a 2 b 3 a 4 b 5 b 6 b

10C Voy a trabajar en un hotel `P. 110~111`

1 1 tiene 2 va 3 va a viajar
4 van 5 van a

2 1 c (Santiago va a trabajar en un hotel porque quiere ahorrar dinero)
2 d (Va a viajar por Europa porque tiene un mes de vacaciones)
3 b (Él y Mariá van a ir a Londres porque quieren mejorar su inglés)
4 e (Van a visitar Paris porque quiere estar unos días con su hermano)
5 a (Su hermano está en Paris porque quiere aprender frances)

3 1 Van a bañarse.
2 Van a ver una obra de teatro.
3 Va a tener un hijo.
4 Van a comprar un coche.
5 Va a casarse.
6 Van a besarse.

5 1 d 2 e 3 f 4 a 5 b 6 c

Pronunciación y ortografía

1

ESDRÚJULAS	LLANAS	AGUDAS
teléfono	cantante	alemán
periódico	árbol	café
música	examen	canción
	ventana	estudiar
	móvil	ordenador
	pintura	

2 1 Andrés me llamó por teléfono para saludarme.

2 Bárbara trabaja en una empresa de informática en México.

3 Yo estudié decoración en Milán.

4 Antes Raúl vivía cerca de aquí, pero ahora está viviendo en Valencia.

5 Aquí hace más calor que allí.

6 Ella es más guapa que él.

7 Los teléfonos móviles son muy cómodos.

8 Esta casa es más céntrica que tu piso.

10D COMUNICACIÓN Y CULTURA

P. 112~113

1 1 A 2 E 3 D 4 C 5 F 6 B

2 1 Los incas hablaban quechua.

2 Los campesinos vivían de la tierra y de los rebaños.

3 Los incas adoraban a varios dioses.

4 Vivían en pequeñas casas de piedra.

5 En la época de los incas, había importantes vías de comunicación.

6 Cuzco está a 3200 m de altitud.

3 Los verbos en azul expresan futuro, y los verbos en verde, pasado.

5 1 No, no va a hacer ninguna escalda el próximo verano.

2 Porque la temporada pasada acabó agotada.

3 Organizar excursiones por la montaña.

4 Se casó.

5 Va a tener un hijo.

10 AUTOEVALUACIÓN

P. 114

1 1 c 2 e 3 b 4 d 5 f 6 a

2 1 eran   2 vivían

3 trabajaba   4 estudiaba

5 hacía   6 escribía

7 iban

3 1 fui

2 tenía / jugaba

3 gustaba / gusta

4 tenían

5 fueron

6 jugaba / era

7 fumaba

8 era

9 acosté

10 acosté

4 1 ¿Vas a estudiar?

2 ¿Vais a ir al cine?

3 ¿Lorenzo va a escuchar música?

4 ¿Tu novio va a comprar ropa?

5 ¿Vas a navegar por Internet?

6 ¿Vais a hacer los ejercicios de español?

7 ¿Van a ir al fútbol?

8 ¿Tus padres van a ir a la opera?

9 ¿Vas a viajar en barco?

10 ¿Vamos a quedar con Alba?

5 1 La próxima semana.

2 En diciembre.

3 Sí, el manager la tiene preparada.

4 Van a ir a Barcelona.

5 Jennifer Lopez.

Ejercicios practicos

P. 139

1 1 me / duelen   2 me / duele

3 le / duelen   4 Te / duele

5 me / duele

2 1 ganaba   2 entrabas

3 era   4 vivíamos

5 iban   6 me levantaba

7 leíais   8 hacía

9 compraban   10 salías

11 veía

3 1 Elías no tenía mucho dinero.

2 Cuando era joven, no comía muchas verduras.

3 ¿Dónde vivían Juan y Marta cuando estaban en Argentina?

4 Antes le veía casi todos los días.

5 Daniel no estudiaba español en la uela.

6 ¿Cuál era su asignatura favorita cuando iba al colegio?

7 ¿Dónde vivías en Argentina?

8 ¿A qué hora te acostabas cuando eras pequeño?

4 1 Ayer, a la salida del colegio, llovía mucho.

2 ¿Dónde iban Isabel y Fernando cuando los visiteis?

3 ¿A qué hora salías del colegio cuando eras pequeño?

4 Yo tenía dos horas de la clase cuando estudiaba español.

5 Antes siempre desayunábamos en una cafetería.

5 1 van a comer

2 vas a celebrar

3 vamos a participar

4 Vais a jugar

5 Vas a ayudar

6 va a viajar

7 voy a visitar

8 vamos a trabajar

9 van a comprar

10 Voy a repasar

6 1 rodilla   2 estómago

3 cabeza   4 dedo

5 pecho   6 muelas

Notas

Notas

NUEVO
ESPAÑOL EN MARCHA 1
한국어판

지은이 Francisca Castro, Pilar Díaz, Ignacio Rodero,
Carmen Sardinero
편역 김재선
펴낸이 정규도
펴낸곳 (주) 다락원

초판 1쇄 발행 2018년 1월 7일
초판 7쇄 발행 2025년 2월 11일

편집 이숙희, 장지은
디자인 구수정, 주희연

다락원
주소 경기도 파주시 문발로 211
전화 (02)736-2031 (내선 420~426)
팩스 (02)738-1714

출판등록 1977년 9월 16일 제300-1977-23호
공급처 (주) 다락원
구입문의 전화: (02)736-2031 (내선 250~252)
팩스: (02)732-2037

Nuevo Español En Marcha 1 © SGEL S.A., 2014
Avda. Valdelaparra 29. 28108 Madrid, Spain
Korean translation copyright © 2018, DARAKWON
All rights reserved. This Korean edition published by
arrangement with SGEL S.A.

ISBN 978-89-277-3195-5 18770
978-89-277-3194-8(SET)

http://www.darakwon.co.kr
다락원 홈페이지를 통해 주문하시면 상세한 출판 정보와 함께
MP3 자료 등 다양한 어학 정보를 얻으실 수 있습니다.

© Salvador Dalí. Fundación Gala – Salvador Dalí. VEGAP. Madrid, 2006. Pág. 103

© Sucesión Pablo Picasso. VEGAP. Madrid, 2006. Pág. 103

© Wilfredo Lam. VEGAP. Madrid, 2006. Pág. 103

Ilustraciones: Pablo Torrecilla

excepto: Maravillas Delgado (Unidad 2, pág. 28 marcadores de lugar. Unidad 5, pág. 60. Unidad 8, pág. 86. Apéndice gramatical unidad 2, pág. 122 marcadores de lugar), Shutterstock (Unidad 2, pág. 31. Unidad 3, pág. 41. Unidad 5, pág. 62 Restaurante La Estancia y Vida Natural. Unidad 9, pág. 97. Unidad 10, pág. 113 imágenes de fondo de página web de ejercicio 3 e imagen de ejercicio 5. Referencia gramatical, unidad 8, pág. 134 imágenes de las estaciones del año) y Thinkstock (Unidad 5, pág. 62 Restaurante peruano La llama y Restaurante la Alpujarra. Unidad 9, pág. 98 colores).

Cartografía: SGEL (páginas 12, 13, 92)

Fotografías: **BIRGITTA FRÖHLICH:** Unidad 6: pág. 67. **CORDON PRESS:** Unidad 1: pág. 15; pág. 23 fotos 1 y 4. **Unidad 2:** pág. 33 foto 3. **Unidad 6:** pág. 72. **Unidad 9:** pág. 103 todas las fotos excepto fotos 2 y 5. **DREAMSTIME:** Unidad 1: pág. 16 foto A; pág. 22; pág. 80 ejercicio 3 foto D. **HÉCTOR DE PAZ:** Unidad 1: pág. 16 foto D. **Unidad 3:** pág. 40 fotos desayunos A-H. **Unidad 4:** pág. 47; pág. 48 fotos cocina y baño. **LATINSTOCK:** Unidad 4: pág. 48 foto salón. **THINKSTOCK:** Unidad 1: pág. 17 foto 3. **Unidad 2:** pág. 29 ejercicio 6. **Unidad 3:** pág. 41 carta Cafetería Teide. **Unidad 4:** pág. 51; pág. 52 fotos A, B y C. **Unidad 5:** pág. 59 foto Olga; pág. 61; pág. 63 mapas. **Unidad 6:** pág. 73. **Unidad 7:** pág. 77; pág. 82. **Unidad 8:** pág. 90 fotos a, b, d y e; pág. 91 foto superior; pág. 92. **Unidad 9:** pág. 102. **Unidad 10:** pág. 106 fotos de Ana, Victoria y Carmen de ejercicio 3; pág. 109; pág. 110 fotos 1, 2, 4 y 6; pág. 112; pág. 113 todas las fotos del ejercicio 3 excepto foto de cabecera de página web de Pirineos. **THOMAS HOERMANN:** Antes de empezar: pág. 8. **Unidad 1:** pág. 16 fotos A, B y C; pág. 21. **Unidad 2:** pág. 19 foto del ejemplo. **Unidad 3:** pág. 39 foto centro; pág. 41 ejercicio 5. **Unidad 9:** pág. 95; Unidad 10: pág. 107. **SHUTTERSTOCK:** Resto de fotografías, de las cuales, solo para uso de contenido editorial: **Antes de empezar:** pág. 11 foto B (Cenk Ertekin / Shutterstock.com), foto D (criben / Shutterstock.com), foto J (Kobby Dagan / Shutterstock.com) y foto N (Igor Bulgarin / Shutterstock.com); pág. 14 foto 1 (Luciano Mortula / Shutterstock.com) y foto 5 (Ignacio Soto / Shutterstock.com). **Unidad 1:** pág. 23 foto 2 (Featureflash / Shutterstock.com), foto 3 (Maxisport / Shutterstock.com), foto 5 (Joe Seer / Shutterstock.com), foto 6 (s_bukley / Shutterstock.com), foto 7 (Helga Esteb / Shutterstock.com) y foto 8 (s_bukley / Shutterstock.com). **Unidad 2:** pág. 33 foto 1 (Featureflash / Shutterstock.com), pág. 34 (Toniflap Shutterstock.com). Unidad 3: pág. 42 (Iakov Filimonov / Shutterstock.com). **Unidad 5:** pág. 57 (Tupungato / Shutterstock.com). **Unidad 6:** pág. 65 (Tupungato / Shutterstock.com); pág. 67 ejercicio 7 (Jorg Hackemann / Shutterstock.com); pág. 70 (Kushch Dmitry / Shutterstock.com); pág. 71 foto autobús (Tupungato / Shutterstock.com) y foto calle (Deymos / Shutterstock.com). **Unidad 7:** pág. 80 ejercicio 4, Salma Hayek (Featureflash / Shutterstock.com) y Antonio Banderas (Featureflash / Shutterstock.com). **Unidad 8:** pág. 91 foto inferior (Naaman Abreu / Shutterstock.com). **Unidad 9:** pág. 103 foto 5 (PSHAW-PHOTO / Shutterstock.com).

NUEVO
ESPAÑOL
EN
MARCHA
한국어판
1

▶ NUEVO ESPAÑOL EN MARCHA 1: 본책 + 워크북 + MP3 무료 다운로드
▶ NUEVO ESPAÑOL EN MARCHA 2: 본책 + 워크북 + MP3 무료 다운로드
▶ NUEVO ESPAÑOL EN MARCHA 3: 본책 + 워크북 + MP3 무료 다운로드
▶ **NUEVO ESPAÑOL EN MARCHA 4:** 본책 + 워크북 + MP3 CD

값 **18,000**원
(본책 + 워크북 + MP3 무료 다운로드)

18770
ISBN 978-89-277-3195-5
978-89-277-3194-8(set)

1

NUEVO
ESPAÑOL
EN
MARCHA

한국어판 | 워크북

FRANCISCA CASTRO VIÚDEZ

PILAR DÍAZ BALLESTEROS

IGNACIO RODERO DÍEZ

CARMEN SARDINERO FRANCOS

편역 김재선

+ MP3 무료 다운로드

다락원

NUEVO ESPAÑOL EN MARCHA
한국어판 시리즈는

스페인 어학 전문 출판사인 SGEL S.A.의 대표 코스북 Nuevo Español En Marcha 시리즈를 한국인 학습자들에게 유용하도록 번역문과 정답을 추가하여 보다 쉽게 학습할 수 있도록 구성한 종합 코스북이다.

단원별로 말하기, 듣기, 읽기, 쓰기 등 다양한 활동에서 제시된 본문의 핵심 문법 및 어휘를 부록에 별도로 정리하고 한국어 번역을 추가함으로써 학습자들이 혼자서도 내용을 다시 정리하고 복습할 수 있게 하였다.

YOUTUBE의 SGEL 채널에서 제공되는 단원별 영상을 보며, 배운 내용이 실생활에서 어떻게 쓰이는지에 대해서도 직접 보고 이해할 수 있도록 하였다.

편역 김재선

한국외국어대학교 스페인어과 졸업,
동대학원에서 석사 학위를 취득하고
스페인 마드리드 콤플텐세 대학교에서
스페인 문학 전공으로 박사 학위를 취득했다.
현재는 한국외국어대학교에서
스페인어와 문학 강의를 하고 있다.

저서
¡Hola, Español! 1: 스페인어 1
(공저, 2016, 이화여자대학교출판문화원)
¡Hola, Español! 2: 스페인어 2
(공저, 2016, 이화여자대학교출판문화원)
세계 속의 한류
(공저, 2022, 역락)

역서
– 다윈의 거북이 (2009, 지식을만드는지식)
– 맨 끝줄 소년 (2014, 지식을만드는지식)
– 야행성 동물 (2023, 지식을만드는지식) 외 다수

NUEVO ESPAÑOL EN MARCHA

한국어판 | 워크북

1

Ilustraciones: Maravillas Delgado (págs.: 9, 24, 25, 26, 29, 30, 32, 38, 39, 43, 45, 46, 48) y Pablo Torrecilla (págs.: 5, 16).

Fotografías: Héctor de Paz (pág.17), Cordon Press (pág. 36); el resto de Shutterstock, de las cuales, solo para uso de contenido editorial, pág. 15 foto a (krechet / Shutterstock.com), foto c /Migel / Shutterstock.com), foto f (Igor Bulgarin / Shutterstock.com), pág. 31 foto de Juan Luis Guerra (Miguel Campos / Shutterstock.com)

NUEVO
ESPAÑOL EN MARCHA 1
한국어판 | 워크북

지은이 Francisca Castro, Pilar Díaz, Ignacio Rodero, Carmen Sardinero
편역 김재선
펴낸이 정규도
펴낸곳 (주) 다락원

초판 1쇄 발행 2018년 1월 7일
초판 7쇄 발행 2025년 2월 11일

편집 이숙희, 장지은
디자인 구수정, 주희연

다락원
주소 경기도 파주시 문발로 211
전화 (02)736-2031 (내선 420~426)
팩스 (02)738-1714

출판등록 1977년 9월 16일 제300-1977-23호
공급처 (주) 다락원
구입문의 전화: (02)736-2031 (내선 250~252)
　　　　　　 팩스: (02)732-2037

Nuevo Español En Marcha 1 © SGEL S.A., 2014
Avda. Valdelaparra 29. 28108 Madrid, Spain
Korean translation copyright © 2018, DARAKWON
All rights reserved. This Korean edition published by arrangement with SGEL S.A.

이 책의 한국어판 저작권은 SGEL S.A.와 독점 계약한 다락원에 있습니다. 저자 및 출판사의 허락 없이 이 책의 일부 또는 전부를 무단 복제 · 전제 · 발췌할 수 없습니다. 구입한 후 철회는 회사 내규에 부합하는 경우에 가능하므로 구입 문의처에 문의하시기 바랍니다. 분실 · 파손 등에 따른 소비자 피해에 대해서는 공정거래위원회에서 고시한 소비자 분쟁 해결 기준에 따라 보상 가능합니다. 잘못된 책은 바꿔 드립니다.

ISBN 978-89-277-3195-5 18770
　　　 978-89-277-3194-8(SET)

http://www.darakwon.co.kr
다락원 홈페이지를 통해 주문하시면 상세한 출판 정보와 함께 MP3 자료 등 다양한 어학 정보를 얻으실 수 있습니다.

CONTENIDOS 목차

UNIDAD 1　　Saludos 인사　　　　4

UNIDAD 2　　Familias 가족　　　　8

PRACTICA MÁS 1　추가 연습 문제 1　　12

UNIDAD 3　　El trabajo 직업　　　　14

UNIDAD 4　　La casa 집　　　　18

PRACTICA MÁS 2　추가 연습 문제 2　　22

UNIDAD 5　　Comer 식사하기　　　　24

UNIDAD 6　　El barrio 동네　　　　28

PRACTICA MÁS 3　추가 연습 문제 3　　32

UNIDAD 7　　Salir con los amigos 친구들과 외출하기　　34

UNIDAD 8　　De vacaciones 휴가　　　　38

PRACTICA MÁS 4　추가 연습 문제 4　　42

UNIDAD 9　　Compras 쇼핑　　　　44

UNIDAD 10　　Salud y enfermedad 건강과 질병　　48

PRACTICA MÁS 5　추가 연습 문제 5　　52

TRANSCRIPCIONES 듣기 대본·읽기 지문 번역　　54

SOLUCIONES 정답　　　　56

VOCABULARIO 어휘　　　　62

1 Saludos

001

A ¡Encantado!

1 Relaciona. 알맞은 것끼리 연결해 보세요.

1 ¡Hola!, ¿qué tal?
2 ¿De dónde eres?
3 ¿Cómo te llamas?
4 Este es Rubén.
5 Mucho gusto.
6 ¿Eres español?

a Encantado.
b Soy japonesa.
c Me llamo Mayumi.
d Bien, ¿y tú?
e ¡Hola!, Rubén, ¿qué tal?
f No, soy cubano.

2 Escribe las preguntas. 질문을 써 보세요.

1 **A** *¿De dónde eres?*
   B Soy andaluz.

2 **A** ¡Hola!, ¿_______________?
   B Bien, ¿y usted?

3 **A** ¿_______________?
   B No, soy mexicana.

4 **A** ¿_______________?
   B Soy francesa.

5 **A** ¿_______________?
   B Renate, ¿y tú?

3 Completa la tabla. 빈칸을 채워 보세요.

TÚ	USTED
¿Cómo te llamas?	¿Cómo se llama?
	¿De dónde es usted?
¿Cómo estás?	

4 Completa los diálogos con los elementos del recuadro. 박스 안의 단어들을 사용하여 대화를 완성해 보세요.

soy ● eres ● cómo ● y tú

1 **A** Hola, ¿*cómo* te llamas?
   B Anil, ¿y tú?
   A Safiya.
   B ¿_______________ francesa?
   A No, _______________ nigeriana. ¿_______________?
   B Yo soy paquistaní.

pero ● en ● esta ● gracias ● dónde

2 **PABLO:** María, mira, *esta* es Susanne.
   MARÍA: Hola, Susanne, ¿qué tal?
   SUSANNE: Bien, _______________.
   MARÍA: ¿De _______________ eres?
   SUSANNE: Soy francesa, _______________ ahora vivo _______________ Madrid.

presento ● gracias ● buenos ● encantado

3 **SUSANA:** Buenos días, Sr. López.
   SR. LÓPEZ: _______________ días, Susana.
   SUSANA: Mire le _______________ a la nueva directora, Julia Linares.
   SR. LÓPEZ: _______________ de conocerla.
   JULIA: _______________, igualmente.

5 Completa la tabla. 빈칸을 채워 보세요.

PAÍS	NACIONALIDAD	
	masculino	femenino
Francia	francés	francesa
Portugal		portuguesa
Marruecos		marroquí
Brasil	brasileño	
		peruana
Canadá	canadiense	
	alemán	
Polonia	polaco	
Bielorrusia		bielorrusa
	irlandés	
México		

6 Escribe los nombres que se deletrean. Cinco son apellidos y cinco son ciudades.

알파벳으로 표기된 단어를 써 보세요. 다섯 개의 성(이름)과 다섯 개의 도시에 관한 단어입니다.

1 Ese – a – ene – ce – hache – e – ceta
Sánchez

2 Erre – o – de – erre – i – ge – u – e – ceta
____

3 Ceta – o – erre – erre – i – elle – a
____

4 Eme – a – erre – te – i – ene – e – ceta
____

5 Hache – u – e – erre – te – a
____

6 Be – o – ge – o – te – a
____

7 Uve – a – ele – e – ene – ce – i – a
____

8 Uve – a – erre – ese – o – uve – i – a
____

9 Te – u – ene – e – ceta
____

10 A – ene – ce – a – erre – a
____

B ¿A qué te dedicas?

1 Busca en esta sopa de letras los nombres de ocho profesionales. 알파벳 박스에서 여덟 개의 직업을 찾아 보세요.

P	E	L	U	Q	U	E	R	A	B
R	T	Y	Ñ	P	O	U	J	K	Ñ
O	Z	C	A	R	T	E	R	O	L
F	M	E	T	A	X	I	S	T	A
E	C	R	A	B	O	G	A	D	A
S	V	W	P	D	O	S	M	O	A
O	R	E	R	A	M	A	C	L	C
R	E	P	T	V	E	B	W	M	T
A	Y	P	O	U	D	L	U	Q	R
P	O	U	T	R	I	M	W	D	I
Z	Q	R	T	B	C	M	N	R	Z
A	R	V	X	L	A	P	G	F	D

2 Forma frases, como en el modelo.
보기와 같이 문장을 만들어 보세요.

1 Él / llamar por teléfono / todos los días.
Él llama por teléfono todos los días.

2 Rosa / tener / tres hijos.
____

3 Ignacio / hablar / inglés y francés.
____

4 Nosotros / comer / en casa los domingos.
____

5 ¿Usted / hablar / ruso?
____

6 ¿Vosotros / vivir / en España?
____

7 Ellos / vivir / en París.
____

8 Layla / estudiar / en la universidad.
____

9 Yo / no trabajar / ni estudiar.
____

10 ¿Usted / trabajar / aquí?
____

3 Completa la tabla. 빈칸을 채워 보세요.

SER	TENER
soy	tengo
	tienes
somos	
son	

4 Completa las frases con *tener* o *ser*.
tener 동사와 *ser* 동사를 사용하여 문장을 완성해 보세요.

1 Elena *tiene* dos hijos.
2 Roberto _______ de Buenos Aires.
3 ¿De dónde _______ Jorge y Claudia?
4 **A** ¿_______ ustedes americanos?
   B No, _______ ingleses.
5 Yo _______ un novio español.
6 Mi amiga Gisela _______ brasileña.
7 **A** ¿_______ novio (vosotras)?
   B Ella sí, pero yo no _______.
8 **A** ¿Tú _______ peruana?
   B No, _______ boliviana.
9 **A** Julia _______ mi hermana, _______ profesora.
   B Yo también _______ profesora.
10 Mi hija _______ una casa en Mallorca.
11 **A** (Nosotros) _______ argentinos. Y vosotros, ¿de dónde _______?
   B _______ chilenos.
12 **A** ¿(Tú) _______ hijos?
   B No, no _______ hijos.

5 Forma frases tomando un elemento de cada columna. 각 칸의 단어들을 사용하여 문장을 만들어 보세요.

Luis y yo	habla	Derecho
Renate	trabajo	traductora
Yo	estudiamos	madrileños
Ángel y Rosa	es	cuatro idiomas
	tienen	en un restaurante
	somos	dos hijos
		cocineros

1 Relaciona los números con su transcripción en letras. 다음 숫자를 스페인어로 알맞게 쓴 것을 찾아 연결해 보세요.

a 934 694 325

b 608 541 275

c 956 439 803

d 963 352 041

e 972 376 921

f 608 342 105

1 nueve, cinco, seis; cuatro, tres, nueve; ocho, cero, tres.

2 nueve, seis, tres; tres, cinco, dos; cero, cuatro, uno.

3 seis, cero, ocho; tres, cuatro, dos; uno, cero, cinco.

4 nueve, tres, cuatro; seis, nueve, cuatro; tres, dos, cinco.

5 nueve, siete, dos; tres, siete, seis; nueve, dos, uno.

6 seis, cero, ocho; cinco, cuatro, uno; dos, siete, cinco.

2 Escribe los números de teléfono.

전화번호를 스페인어로 써 보세요.

a 913 567 826
nueve, uno, tres; cinco, seis, siete; ocho, dos, seis.

b 925 073 941
____

c 626 254 685
____

d 620 654 392
____

e 953 981 856
____

3 Completa. 빈칸을 채워 보세요.

once		trece
		dieciséis
		diecinueve

4 🎧 (001) Escucha y completa las fichas.

다음을 듣고 빈칸을 채워 보세요.

NOMBRE: Manuel ______________________
APELLIDOS: __________________________
NACIONALIDAD: ______________________
PROFESIÓN: _________________________
CIUDAD: ______________ TEL.: _________
CORREO ELECTRÓNICO: manuel.romero@gmail.com

NOMBRE: Isabel _______________________
APELLIDOS: __________________________
NACIONALIDAD: ______________________
PROFESIÓN: _________________________
CIUDAD: ______________ TEL.: _________
CORREO ELECTRÓNICO: ________________

5 Completa la tarjeta con tus datos.

여러분에 관한 내용으로 카드를 완성해 보세요.

NOMBRE: ____________________________
APELLIDOS: __________________________
NACIONALIDAD: ______________________
PROFESIÓN: _________________________
CIUDAD: ______________ TEL.: _________
CORREO ELECTRÓNICO: ________________

6 Completa las frases con la información correspondiente a las fichas.

카드에 나와 있는 정보를 바탕으로 문장을 완성해 보세요.

NOMBRE: **José**
APELLIDOS: **Martínez López**
TRABAJO: **secretario**
DOMICILIO: **Sevilla**
NACIONALIDAD: **española**

NOMBRE: **Noelia**
APELLIDOS: **Montoro Ruiz**
TRABAJO: **pianista**
DOMICILIO: **Cáceres**
NACIONALIDAD: **cubana**

1 Se llama José Martínez ______. Es ______. ______ en Sevilla y es ______.

2 ______ Noelia ______ ______. Es ______. ______ en Cáceres y es ______.

7 Completa con los verbos del recuadro. Cada uno se repite varias veces.

박스 안에 제시된 동사들을 사용하여 문장을 완성해 보세요. 동사마다 중복되어 사용됩니다.

> llamarse • estudiar • vivir • ser
> tener • trabajar • hablar • estar

A

Hola, (1) *me llamo* Antonio Rodríguez, (2)________ taxista. (3)________ con mi familia en Toledo. Estoy casado y (4)________ un hijo de quince años. Mi mujer (5)________ Susana y (6)________ peluquera, (7)________ en una peluquería cerca de nuestra casa. Mi hijo (8)________ en el instituto, (9)________ un buen estudiante. En mi casa (10)________ también mi madre, tiene 68 años y (11)________ viuda. Ella nos ayuda en el trabajo de la casa.

B

Yo (12)________ Luisa y (13)________ enfermera. (14)________ andaluza, pero (15)________ en Tarragona. (16)________ en un hospital, claro. (17)________ soltera, pero tengo una familia muy grande. Mis hermanos y mis padres (18)________ en Barcelona.

C

Mira esta foto, (19)________ Javier, mi novio. (20)________ 23 años y (21)________ informático, (22)________ en una empresa de ordenadores.(23)________ inglés y francés, (24)________ muy inteligente.

Familias

A ¿Estás casado?

1 Relaciona. 알맞은 것끼리 연결해 보세요.

1	¿Tienes hermanos?	**a**	No, estoy soltera.
2	¿Estás casada?	**b**	Rocío.
3	¿Cuántos hijos tienen ustedes?	**c**	Yo estoy casado, ¿y tú?
4	¿Cómo se llama tu madre?	**d**	Sí, una abuela.
5	¿Estás casado o soltero?	**e**	Dos, un niño y una niña.
6	¿Tienes abuelos?	**f**	Sí, uno mayor que yo.
7	¿De dónde es tu padre?	**g**	Cincuenta.
8	¿Cuántos años tiene tu madre?	**h**	Es de Córdoba.
9	¿Dónde vives?	**i**	En un apartamento en Madrid.
10	¿Dónde trabaja tu padre?	**j**	En un restaurante.

2 Completa la descripción de las familias con el verbo *ser, tener* o *llamarse*.

ser, tener, llamarse 동사를 사용하여 가족들을 묘사해 보세요.

LAURA

Yo vivo con mi familia. Mi padre (1)____________ Jaime y (2)____________ abogado. Mi madre, Paloma, (3)____________ 45 años y (4)____________ bibliotecaria. Mi hermano Víctor (5)____________ estudiante, (6)____________ mayor que yo, (7)____________ 20 años. Además (8)____________ dos hermanas pequeñas. (9)____________ Elena y Estrella. (10)____________ muy simpáticas.

PABLO

Yo vivo en Madrid y mi familia en un pueblo. (1)____________ dos hermanas, María (2)____________ la mayor, (3)____________ 21 años y estudia medicina. Isabel (4)____________ la menor, (5)____________ 18 años y estudia en el instituto. Las dos (6)____________ muchos amigos. Mi madre (7)____________ Rosa, (8)____________ médica y mi padre (9)____________ Francisco y (10)____________ economista.

3 Mira el árbol genealógico y completa las frases. 가족 관계도를 보고 문장을 완성해 보세요.

José Luis ∞ Mercedes
→ Miguel ∞ Marisa | Jorge ∞ Adela
→ Irene, Celia | Álvaro

CELIA: Mercedes es mi *abuela.*

MARISA: Miguel es mi ____________________

MERCEDES: Jorge es mi ____________________

IRENE: Jorge es mi ____________________

IRENE: Marisa es mi ____________________

MIGUEL: Marisa es mi ____________________

ÁLVARO: José Luis es mi ____________________

CELIA: Miguel y Marisa son mis ____________

ÁLVARO: José Luis y Mercedes son mis __________

ADELA: Celia es mi ____________________

4 Escribe el plural. 복수형을 써 보세요.

1 Juan es colombiano.
Rosa y María son colombianas.

2 Mi padre es profesor.
Mis padres ____________________________.

3 Yo tengo un gato.
Nosotros ____________________________.

4 Él está casado.
Ellos ____________________________.

5 Este hotel es caro.
Estos ____________________________.

6 ¿Tu compañero es español?
¿Tus ____________________________.

7 Este chico es estudiante.
Estos ____________________________.

8 ¿Tu bolígrafo es nuevo?
¿____________________________?

9 La ventana está abierta.
____________________________.

10 Esta es la amiga de mi hermana.
____________________________.

B ¿Dónde están mis gafas?

1 Encuentra el nombre de los objetos en la sopa de letras.
알파벳 박스에서 사물을 가리키는 명사를 찾아 보세요.

O	B	C	R	D	P	M	G	U	V	F
R	P	O	W	S	S	B	P	W	R	M
D	I	C	C	I	O	N	A	R	I	O
E	N	H	G	L	F	R	R	E	P	V
N	B	E	U	L	A	M	A	L	P	I
A	Y	B	M	A	P	A	G	O	J	L
D	N	L	I	B	R	O	U	J	Z	W
O	B	N	M	G	A	F	A	S	C	P
R	Z	A	E	L	R	P	S	R	T	U

2 Esta es la clase de idiomas, pero el profesor no está. Responde a las preguntas con ayuda de las preposiciones del recuadro.
어학 수업 시간에 선생님이 안 계십니다. 박스 안의 전치사를 사용하여 질문에 답해 보세요.

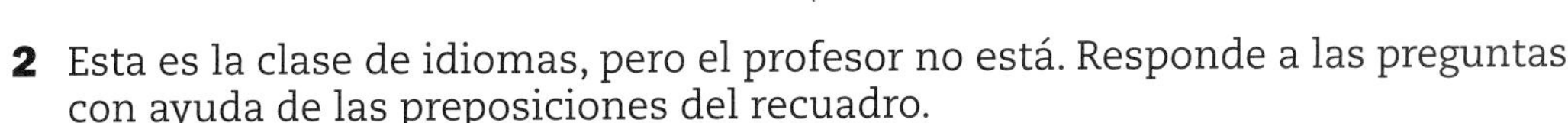

> al lado de (x2) ● encima de (x3) ● debajo de ● entre ● detrás ● delante ● en

1 ¿Dónde están Laura, María y Jorge?
Laura, María y Jorge están _al lado de_ la ventana.

2 ¿Dónde están los diccionarios?
Los diccionarios están ______________ la mesa.

3 ¿Dónde está Jorge?
Jorge está ______________ Laura y María.

4 ¿Dónde está la mochila de Laura?
La mochila de Laura está ______________ la silla.

5 ¿Dónde está el cuaderno?
El cuaderno está ______________ la silla.

6 ¿Dónde está Laura?
Está ______________ de la ventana.

7 ¿Dónde está el balón?
El balón está ______________ de la silla.

8 ¿Dónde está el mapa?
El mapa está ______________ la pared.

9 ¿Dónde está el ordenador?
El ordenador está ______________ la mesa.

10 ¿Dónde está el ratón?
El ratón está ______________ del ordenador.

3 Sigue el modelo. 보기와 같이 써 보세요.

1 hermano (yo)
Este es mi hermano.

2 padres (yo)
Estos _______________________ .

3 madre (tú)
¿_______________________ ?

4 tíos (él)
_______________________ .

5 libros (tú)
_______________________ .

6 hermanas (yo)
_______________________ .

7 abuelos (ella)
_______________________ .

8 teléfono (Ud.)
¿_______________________ ?

9 móvil (yo)
_______________________ .

10 coche (ella)
¿_______________________ ?

C ¿Qué hora es?

1 Escribe la hora correcta debajo de cada reloj.
각각의 시계 아래에 정확한 시간을 스페인어로 써 보세요.

_______________________   _______________________

_______________________   _______________________

_______________________   _______________________

_______________________   _______________________

2 Completa. 빈칸을 채워 보세요.

a 25   *veinticinco.*
b 87   _______________ y siete.
c 94   noventa _______________ .
d 103   _______________ tres.
e 115   _______________ quince.
f 230   doscientos _______________
g 321   trescientos _______________
h 446   _______________ cuarenta y seis.
i 535   _______________ treinta y cinco.
j 1212   mil _______________
k 1936   _______________ treinta y seis.
l 1998   mil novecientos _______________ .
ll 2550   dos mil _______________

3 🎧 002 Escucha a esta persona hablar de los horarios de su país y escribe la hora.

다음 사람이 자기 나라의 일과 시간에 대해 이야기하는 것을 듣고 빈칸에 시간을 써 보세요.

Desayuno: Desayunan a las _______________ .
Comida: A las _______________ .
Cena: _______________ .
Los niños empiezan las clases a las _______________ .
Los bancos abren a las _______________ y cierran a las _______________ .
Las tiendas abren a las _______________ y cierran a las _______________ .

4 Escribe sobre los horarios en tu país.
여러분의 나라의 일과 시간에 대해 써 보세요.

En mi país la gente desayuna a las _______________ ,
come a las _______________ y cena a las _______________ .
Los niños empiezan las clases a las _______________ .
Los bancos abren a las _______________ y cierran a las
_______________ .
Las tiendas abren a las _______________ y cierran a las
_______________ .

5 Lee el texto y señala verdadero o falso.

다음 글을 읽고 참(V)인지 거짓(F)인지 표시해 보세요.

HIJOS ADOPTADOS

Manolo y Nuria son gallegos, viven en Santiago de Compostela. Manolo es administrativo y tiene 36 años. Su mujer, Nuria, tiene 34 años y es peluquera. Tienen dos hijos: Marcos y Benito. Pero los hijos no son gallegos, ni españoles. Marcos es ecuatoriano, tiene 8 años, y Benito, de 7 años, es colombiano. Los dos son adoptados. Ahora forman una familia feliz.

1   Manolo y Nuria no son españoles. ☐
2   La familia vive en España. ☐
3   Nuria es peluquera. ☐
4   Manolo y Nuria tienen tres hijos. ☐
5   Marcos y Benito son hijos adoptados. ☐

6 Ordena las frases.

단어를 순서대로 나열해 문장을 완성해 보세요.

1   simpática / es / hermana / mi / muy.
   Mi hermana es muy simpática.
2   ¿vives / tus / tú / padres / con?
   ____
3   ¿padres / tus / viven / dónde?
   ____
4   mayor / hermano / mi / médico / es.
   ____
5   marido / alemana / empresa / trabaja / una / en / mi.
   ____
6   vive / padres / abuelo / mi / con / mis.
   ____
7   ¿estudian / hijos / universidad / en / tus / la?
   ____

7 🎧 003 Escucha y completa los datos.

다음을 듣고 빈칸을 채워 보세요.

	VUELO	HORA	Puerta embarque
Lima		7.55	6 C
Santiago	064	12.05	
Buenos Aires	1289		5 B
México	576	18.35	
Roma		23.10	10 A

8 Corrige los errores. 틀린 부분을 알맞게 고쳐 보세요.

1   Mis padres es italianos.
   Mis padres son italianos.
2   ¿Dónde está mis lápices?
   ____
3   Enrique tiene dos reloj.
   ____
4   El diccionario está encima de mesa.
   ____
5   Mi hermano estudio Medicina.
   ____
6   Son la una y cuarto.
   ____
7   Esta sofá es muy cómodo.
   ____
8   En mi país la gente cena las diez.

9 Completa las frases con las palabras del recuadro. 박스 안의 단어들을 사용하여 문장을 완성해 보세요.

tu • sus • este • ~~esta~~ (x2) • estos • estas • mi tus • vuestro • mis

1   *Esta* no es mi mesa.
2   _______ hijo tiene un perro.
3   ¿De qué color es _______ coche, Juan?
4   ¿Son _______ los libros de _______ compañeros, Laura?
5   María no vive en casa de _______ padres.
6   _______ son mis amigas Marta y Nieves.
7   **A:** Mi mujer y yo tenemos un hijo.
   B: ¿Y cuántos años tiene _______ hijo?
8   _______ chico no es mi hermano, es mi primo.
9   En _______ foto estamos mi hermano y yo con _______ padres en la playa.

Practica más 1

1 Completa las tablas. 빈칸을 채워 보세요.

	Trabajar	Comer	Vivir
yo	trabajo	como	vivo
	trabajas		
él			
nosotros			
			vivís
ellos		comen	

Tener	Ser
	soy
tienes	
	somos
tenéis	

2 Completa las frases con uno de los verbos del ejercicio 1.

연습 문제 1번에 나온 동사들을 사용하여 문장을 완성해 보세요.

1 Ángel y Susi _tienen_ dos hijos.

2 Ida _____ peruana, _____________ peluquera y _____________ en una peluquería.

3 Nosotros _____________ los domingos en un restaurante chino.

4 A ¿Dónde _____________ usted?

  B En Málaga, ¿y usted?

5 A ¿_____________ hijos?

  B No, estoy soltero.

6 Rosa y Emilio _______ profesores y __________ en una escuela de idiomas.

7 Julia _______ estudiante y __________ con sus padres.

8 A ¿Dónde _____________ ustedes?

  B Yo, en un restaurante.

  C Y yo en una empresa de informática.

9 Nosotros no _____________ hijos.

10 Ellos __________ españoles, pero __________ en Cuba.

3 Escribe en la columna correspondiente.

주어진 단어를 알맞은 칸에 써 넣어 보세요.

> ~~silla~~ ~~ordenador~~ *mapa* *sofá* *diccionario*
> *libro* **móvil** *gafas* *televisión* *mesa*
> *ventana* cuaderno **hotel** chico

Masculino	Femenino
ordenador	silla

4 Escribe las preguntas. 질문을 써 보세요.

1 A ¿De _dónde eres_?

  B Soy peruana.

2 A ¿_____________________ español?

  B No, soy mexicano.

3 A ¿Dónde _____________________?

  B Yo en Valencia.

  C Y yo en Sevilla.

4 A ¿A qué _____________________?

  B Soy administrativo.

5 A ¿_____________________?

  B En una empresa de informática.

6 A ¿_____________________?

  B Roberto Martínez.

7 A ¿_____________________ madrileñas?

  B No, somos andaluzas.

8 A ¿_____________________?

  B No, estoy soltera.

9 A ¿_____________________?

  B Sí, un niño y una niña.

5 Escribe el plural de estos nombres.

명사의 복수형을 써 보세요.

1 la mesa — *las mesas*
2 el reloj — _______________
3 el hombre — _______________
4 la mujer — _______________
5 el paraguas — _______________
6 el estudiante — _______________
7 la abuela — _______________
8 la madre — _______________
9 el autobús — _______________
10 el móvil — _______________
11 la hija — _______________

6 Completa con el posesivo adecuado.

알맞은 소유사를 써 보세요.

1 ¿Cómo se llama _tu_ hijo? (tú)
2 ¿Dónde están _______ gafas? (yo)
3 ¿De dónde es _______ profesora? (tú)
4 ¿Dónde están _______ libros? (tú)
5 ¿Dónde están _______ hermanas? (usted)
6 ¿Dónde está _______ padre? (usted)
7 ¿De dónde es _______ novia? (él)
8 ¿Dónde está _______ diccionario? (yo)

7 Escribe los números que faltan.

빠진 숫자를 써 보세요.

1 diez, _______________ , doce, _______________ ,
catorce, _______________ , dieciséis,
_______________ , dieciocho, _______________ .

2 veinte, _______________, cuarenta,
_______________, sesenta, _______________,
ochenta, _______________.

3 _______________, doscientos, _______________ ,
cuatrocientos, _______________, seiscientos,
_______________, ochocientos, _______________ ,
mil.

8 En cada frase hay un error. Encuéntralo y corrígelo.

각 문장에 잘못된 부분이 있습니다. 찾아서 알맞게 고쳐 보세요.

1 ¡Buenas días, señor Martínez!
Buenos. _______________

2 Me llamo Mary y soy inglés.
____

3 Ellos vive en París.
____

4 Yo trabaja en un banco.
____

5 Mi madre es peluquero.
____

6 ¿De dónde sois ustedes.?
____

7 Roberto y Ana tiene dos hijos.
____

8 Mi compañera está de Brasil.
____

9 Nosotras somos italiana.
____

10 En mi país la gente comen a las 12.
____

11 La reloj de Luis es nuevo.
____

12 Esta mapa es de América del Sur.
____

3 El trabajo

A Rosa se levanta a las siete

1 Forma frases. 문장을 만들어 보세요.

1 María / bañarse / por la mañana.
   María se baña por la mañana.

2 Jorge / levantarse / muy tarde.
   ____

3 ¿Tú / acostarse / antes de las 12?
   ¿_____________________________?

4 Mi novio no / afeitarse / todos los días.
   ____

5 Clarita / peinarse / sola.
   ____

6 Yo / acostarse / antes que mi mujer.
   ____

7 Mis padres / levantarse / temprano.
   ____

8 Peter / sentarse / en la última fila.
   ____

2 Completa con la preposición adecuada.
알맞은 전치사를 사용하여 문장을 완성해 보세요.

> a (al) de desde hasta en por

1 El lunes próximo vuelvo _a_ mi país.

2 La farmacia está abierta _______ las diez _______ la mañana _______ las ocho _______ la tarde.

3 Rebeca sale _______ casa _______ las 8.

4 Yo voy _______ trabajar _______ metro y vuelvo _______ casa andando.

5 ¿_______ qué hora te levantas?

6 Los bancos abren _______ ocho _______ tres.

7 Los sábados _______ la mañana voy _______ gimnasio.

8 Raúl y Luisa vuelven _______ las vacaciones mañana.

9 En esta escuela hay clases _______ la mañana y _______ la tarde.

10 Yo trabajo _______ casa.

11 No he visto _______ Juan _______ el verano pasado.

3 Relaciona. 관계있는 것끼리 연결해 보세요.

1 ir	a despertarse
2 dormir	b salir
3 abrir	c volver
4 entrar	d terminar
5 acostarse	e levantarse
6 empezar	f cerrar

4 Completa la tabla. 빈칸을 채워 보세요.

Acostarse	Volver	Ir
me acuesto		
te	vuelves	
se		va
	volvemos	
os acostáis		
		van

5 Busca en la sopa de letras estas formas verbales. 알파벳 박스에서 아래 동사의 변화형을 찾아 보세요.

> ~~ir, yo~~ • cerrar, ella • empezar, nosotros
> salir, yo • venir, vosotros • cerrar, yo
> venir, yo • empezar, usted • salir, ellos

C	E	M	P	E	Z	A	M	O	S
I	W	R	V	O	Y	Ñ	E	M	A
E	C	I	E	R	R	A	M	H	L
R	V	E	N	G	O	B	P	X	G
R	M	Q	I	Z	M	Ñ	I	K	O
O	U	Z	S	S	A	L	E	N	C
Z	W	R	T	M	B	O	Z	Q	L
V	B	R	E	T	U	M	A	X	L

6 Completa con el verbo en presente.
동사의 현재변화형을 사용하여 완성해 보세요.

1 **A** Hola, María, ¿de dónde *vienes* (venir)?

   B _______ (venir) de comprar unos regalos y _______ (ir) ahora mismo al supermercado, que _______ (cerrar) a las 9.

2 **A** ¿_______ (ir, nosotros) mañana a la playa?

   B Si _______ (acostarse, nosotros)pronto hoy, sí.

3 **A** ¿A qué hora _______ (empezar) la película?

   B A las 12, pero yo _______ (acostarse) ya, estoy muy cansada.

4 **A** Es tarde, ¿_______ (volver, nosotros) a casa?

   B Sí, ¿_______ (ir, nosotros) en metro o en taxi?

5 ¿Tú _______ (levantarse) muy temprano?

B ¿Estudias o trabajas?

1 Une estas fichas correctamente y encontrarás los días de la semana.
다음 주어진 음절을 사용해서 요일을 만들어 보세요.

LU	SÁ	NES	CO	BA	GO

MIN	DO	NES	JUE	VIER

MIÉR	TES	MAR	VES	LES	DO

1 *LU* _______
2 _______ _______
3 _______ _______
4 _______ _______
5 _______ _______
6 _______ _______
7 _______ _______

2 Relaciona las imágenes con las profesiones.
다음 직업과 맞는 이미지를 찾아 연결해 보세요.

1 músico ☐
2 conductor ☐
3 policía ☐
4 pintor ☐
5 estudiante ☐
6 camarero ☐
7 enfermera ☐

3 Relaciona. 알맞은 것끼리 연결해 보세요.

1 músico   a oficina
2 estudiante   b aeropuerto
3 camarero/a   c orquesta
4 enfermero/a   d restaurante
5 dependiente   e universidad
6 azafata   f hospital
7 secretario/a   g supermercado

4 Escribe algunas frases sobre estas personas. Utiliza el vocabulario del ejercicio anterior.
다음 사람들에 대한 문장을 써 보세요. 위의 연습 문제에 나온 어휘를 사용해 보세요.

1 Paloma es azafata y trabaja en _______________.
2 Celia es dependienta y _____________________.
3 Ana y Luisa _________ enfermeras y _________.
4 Mi hermana __________ y ____________ una oficina.
5 Jaime y Pedro _____________________ restaurante.

Hospital

5 Nuria vive en Granada con su hija. Mira los dibujos y escribe frases sobre su vida. Utiliza los verbos del recuadro.

누리아는 딸과 함께 그라나다에 삽니다. 그림을 보고 박스 안의 동사들을 사용하여 문장을 완성해 보세요.

> ir a nadar ● ducharse ● leer ● cenar ● trabajar ● llevar al colegio
> desayunar ● recoger ● ~~levantarse~~

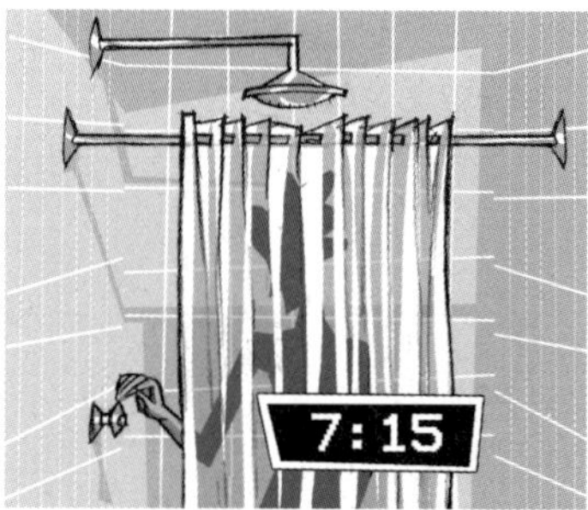

1 Nuria _se levanta_ a las siete.

2 Nuria ___________________________ .

3 Nuria ___________________ con su hija a las 7.30.

4 ___________________ a la niña a las 8.

5 ___________________ en el colegio desde las 9 hasta las 17.

6 ___________________ a su hija a las 17.30.

7 ___________________ a la piscina a las 18.00.

8 ___________________ con su hija a las 20.00.

9 ___________________ un libro antes de dormirse.

6 Completa el texto con las palabras del recuadro.

박스 안의 단어를 사용하여 지문을 완성해 보세요.

> *soy   muy   trabajo   porque   salgo   fines*
> *el   cine   y   semanas   cantantes   ~~de~~*

Hola, me llamo Paula y soy _de_ Madrid. Tengo 28 años y ________ periodista. ________ en la redacción de la revista *Clarita*. Mi trabajo es ________ interesante ________ conozco a mucha gente: artistas, políticos, ________ … Todas las ________ hago un reportaje ________ una entrevista.

Los ________ de semana ________ con mis amigos. El sábado vamos a bailar y ________ domingo, al ________ .

C ¿Qué desayunas?

1 🎧 (004) Cuatro personas están en una cafetería. Escucha y completa qué desayuna cada uno.
4명의 사람들이 카페에 있습니다. 잘 듣고 각각 아침 식사로 무엇을 원하는지 써 보세요.

¿Qué toman?

A ________________ y tostada. ________________ de queso ____________ una magdalena y

B ________________________ . ________________________ . ________________________ .

2 Relaciona las palabras de la columna de la izquierda con las de la derecha. Hay más de una posibilidad.
왼쪽에 있는 단어와 오른쪽에 있는 단어를 알맞게 연결해 보세요. 중복 선택도 가능합니다.

1 zumo	**a** con tomate y aceite
2 pan	**b** de jamón
3 café	**c** con leche
4 aceite	**d** de oliva
5 bocadillo	**e** con limón
6 té	**f** con mantequilla
	g de queso
	h de frutas

3 Responde a las siguientes preguntas.
다음 질문에 답해 보세요.

1 ¿A qué hora desayunas?

____

2 ¿Qué desayunas normalmente?

____

3 ¿A qué hora comes normalmente? ¿Y los domingos?

____

4 ¿Tomas café después de comer?

____

5 ¿Meriendas? ¿Qué meriendas?

____

6 ¿A qué hora cenas?

____

4 Completa con g o gu.
g 혹은 gu를 써서 완성해 보세요.

1 __itarra
2 para__ayo
3 re__alo
4 __oma
5 Uru__ay
6 cole__io
7 __erra
8 domin__o
9 pa__ar
10 Norue__a

005

A ¿Dónde vives?

1 Mira las fotos y escribe debajo en qué lugar de la casa están. En el recuadro tienes el lugar de la casa donde tienes que situarlo.

사진 속 물건들이 집 안 어디에 위치하는지 써 보세요.

> dormitorio • cocina • comedor • ~~jardín~~ • salón • garaje • cuarto de baño

1 *Jardín*

2

3

4

5

6

7

2 ¿En qué piso vive cada personaje?

다음 사람들은 어디에 사나요?

1 Doña Matilde en el 1.º izda.

En el primero izquierda.

2 Don Federico en el 4.º dcha.

____

3 Juan y Manuel en el 3.º C.

____

4 Mi hermana en el 2.º izda.

____

5 La señora González en el 10.º dcha.

____

6 El señor Vergara en el 1.º dcha.

____

3 Lee el anuncio de *venta de pisos* y completa las frases. 집 매매에 관한 광고를 읽고 문장을 완성해 보세요.

1 El piso de General Ricardos tiene dos habitaciones y un __________ completo. La __________ está amueblada.

2 Los __________ del piso de Salamanca tienen mucha luz.

3 La única casa que tiene __________ es la de Urgel.

4 Por 250 000 euros tenemos un piso en Chamartín con un __________ pequeño.

5 El apartamento de Pirámides tiene un gran __________ .

Venta de pisos

▶ **General Ricardos:** 2 dormitorios, cocina amueblada, baño completo: **190 000 €.**

▶ **Salamanca:** 90 m², 3 dormitorios, muy luminoso: **450 000 €.**

▶ **URGEL:** 70 m², 2 dormitorios, garaje, cerca del metro: **180 000 €.**

▶ **Chamartín:** 3 dormitorios, planta baja, pequeño jardín: **250 000 €.**

▶ **Pirámides:** apartamento, 60 m², 1 dormitorio, salón muy grande, junto a la estación de cercanías: **200 000 €.**

B Interiores

1 ¿En qué parte de la casa pueden estar las siguientes cosas? Hay varias opciones.

다음 물건들은 집 안 어디에 있을까요?

> *sillones   lavabo   lavavajillas*
> ~~*armarios*~~   *espejo   equipo de música*
> *mesa   bañera   microondas*

Salón	Cocina	Cuarto de baño
	armarios	

2 Completa los huecos con el artículo determinado (*el / la / los / las*).

정관사 *el/la/los/las*를 사용하여 빈칸을 채워 보세요.

1 Compro _el_ periódico todas las mañanas.
2 _____ casa de Isidro es muy grande.
3 _____ amigos de Juan son muy jóvenes.
4 Yo vivo en _____ centro de Madrid.
5 Trabajo con _____ hermanas de Ángela.
6 _____ metro está cerca de _____ plaza Mayor.
7 _____ comedor de mi casa tiene dos ventanas.
8 ¿Están _____ platos en _____ lavavajillas?
9 Tengo _____ entradas para _____ concierto.
10 _____ mesa y _____ sillas de madera están en _____ jardín.

3 Completa los huecos con el artículo indeterminado (*un / una / unos / unas*).

부정관사 *un/una/unos/unas*를 사용하여 빈칸을 채워 보세요.

1 Este hotel tiene _una_ piscina estupenda.
2 ¿Trabajas en _____ empresa de informática?
3 Este es _____ restaurante muy bueno.
4 Tengo _____ libros de arte preciosos.
5 Este piso tiene _____ cuarto de baño muy grande.
6 Tengo _____ pantalones nuevos.
7 Rosa vive en _____ chalé adosado.
8 Estudio en _____ colegio bilingüe.
9 ¿Quieres _____ vaso de leche?
10 ¡Hace _____ día estupendo!
11 Al lado de la habitación hay _____ cuarto de baño.
12 En la habitación hay _____ hombre y _____ mujer.
13 En el frutero hay _____ naranjas y _____ manzana.

4 Completa los huecos con el artículo determinado o indeterminado correspondiente.

알맞은 정관사 혹은 부정관사를 사용하여 빈칸을 채워 보세요.

1 _El_ libro está en mi cartera pero no sé dónde están _____ gafas.
2 Cerca de mi casa hay _____ mercado.
3 _____ pizarra está en _____ pared.
4 _____ campos de fútbol están al final del parque.
5 Allí está _____ tienda de fotografía.
6 Me levanto a _____ seis todos los días.
7 Pablo tiene _____ coche muy viejo.
8 Cerca de mi casa hay _____ estación de autobuses.
9 Jesús es _____ marido de _____ amiga de mi hermana.

5 Ordena las siguientes frases.

다음 단어들을 순서대로 나열해서 문장을 완성해 보세요.

1 dos restaurantes / mi casa / cerca de / hay.
Cerca de mi casa hay dos restaurantes.
2 Barcelona / el Museo Picasso / está / en.
____
3 Bilbao / cerca de / está / Santander.
____
4 hay / mi casa / una estación / junto a.
____
5 lavabo / espejo / está / encima / del / el.
____
6 está / ordenador / habitación / el / hermano / la / en / mi / de.
____
7 ¿banco / aquí / hay / cerca / dónde / de / un?
____
8 cine / niños / está / los / Andrés / el / con / en

6 Completa las frases con.

다음 동사들을 사용하여 문장을 완성해 보세요.

> hay • está • están • tiene • tienen

1 El dormitorio _está_ al final del pasillo.
2 ¿_______ una farmacia por aquí cerca?
3 ¿Dónde _______ los servicios, por favor?
4 En la plaza _______ un museo.
5 La estantería _______ a la derecha de la tv.
6 ¿_______ unos grandes almacenes cerca de tu casa?
7 Mis abuelos _______ una casa en el campo.
8 ¿Dónde _______ la calle General Ricardos?
9 ¿_______ tu madre microondas en la cocina?
10 El espejo _______ en el cuarto de baño.

7 🎧 (005) Escucha a Carmen hablar de su casa y di si las frases son verdaderas o falsas. Corrige las falsas. 카르멘이 집에 대해 이야기하는 것을 듣고 다음 문장이 참(V)인지 거짓(F)인지 말해 보세요. 거짓인 경우 알맞게 고쳐 보세요.

1 La casa de Carmen está en la ciudad. ☐
2 La casa de Carmen es muy bonita. ☐
3 La casa tiene dos cuartos de baño. ☐
4 El comedor tiene chimenea. ☐
5 La cocina está cerca del salón. ☐
6 La casa no tiene garaje. ☐
7 El jardín es pequeño. ☐
8 Tiene muchos árboles y flores. ☐
9 En la casa no hay piscina. ☐

---

8 Completa el texto con las palabras del recuadro.
박스 안의 단어들을 사용하여 지문을 완성해 보세요.

> está • en • dormitorios • quinta • librería • ~~grande~~ • porque • cocina • hay • televisión • el

Elena García

Mi piso no es muy (1) _grande_ , pero es muy cómodo. (2)___________ en un edificio antiguo, (3)___________ el centro de Madrid. Mi piso está en la (4)___________ planta, pero en mi edificio no (5)___________ ascensor. Tiene dos (6)___________, un salón-comedor y un cuarto de baño, la (7)___________ y una terraza pequeña con dos plantas.
Mi habitación preferida es (8)___________ salón (9)___________ es grande y cómodo: hay dos sofás, una (10)___________, un equipo de música, una mesa, sillas y, lo mejor, una (11)___________ con muchos libros.
La cocina es muy pequeña, solo tengo lo necesario.

C Visita a Córdoba

1 Pon las siguientes frases en un orden lógico.
다음 문장들을 논리적 순서대로 나열해 보세요.

a Pago la cuenta. ☐
b Relleno la ficha en la recepción. ☐
c Paso la noche en el hotel. ☐
d Subo a mi habitación. ☐
e Llego al hotel. ☑
f Desayuno. ☐
g Me marcho del hotel. ☐

2 ¿Qué se dice en estas situaciones?
다음과 같은 상황에서 어떻게 말할까요?

1 Quieres pasar el próximo fin de semana en un hotel con tu amigo/a. Telefoneas al hotel. ¿Qué preguntas?

____

2 Quieres saber cuánto cuesta la habitación.

____

3 Quieres saber si el uso de la piscina está incluido en el precio.

____

4 Quieres saber si el IVA está incluido en el precio.

____

5 Quieres saber si se puede pagar con tarjeta de crédito.

____

3 Lee el correo de María y contesta a las preguntas. 마리아의 이메일을 읽고 질문에 답해 보세요.

Querido Roberto:

Te escribo esta carta desde la habitación de mi hotel en Córdoba. Mis amigos y yo estamos de viaje por Andalucía.
El hotel es estupendo, tiene de todo: restaurante, piscina, pistas de tenis... y unas vistas preciosas.
Mañana vamos de excursión por el barrio judío y visitamos la Mezquita.
Al día siguiente vamos a Sevilla, y el último día tenemos una cena de despedida en el restaurante del hotel.
Nos vemos a la vuelta.
Besos.

María

1 ¿En qué ciudad está María?

____

2 ¿Qué opina María del hotel?

____

3 ¿Qué instalaciones tiene el hotel?

____

4 ¿Qué otra ciudad piensan visitar?

____

Practica más 2

Unidades 3 y 4

1 Relaciona. 알맞은 것끼리 연결해 보세요.

1 ¿Dónde trabaja Héctor? `c`
2 ¿A qué hora se levanta María? ☐
3 ¿Por qué te levantas temprano? ☐
4 ¿A qué se dedica Lucía? ☐
5 ¿Qué desayuna David? ☐
6 ¿Qué hacen ustedes después de comer? ☐
7 ¿Veis la tele por la tarde? ☐

a A las siete.
b Un café con leche y un bollo.
c En un hospital.
d Dormimos la siesta.
e Porque hago gimnasia antes de desayunar.
f No, solo por la noche.
g Es secretaria.

2 Escribe la forma correspondiente.
인칭에 알맞은 동사 형태로 써 보세요.

1 Acostarse, él *se acuesta.*
2 Empezar, yo _______________
3 Volver, tú _______________
4 Levantarse, yo _______________
5 Sentarse, Ud. _______________
6 Ir, nosotros _______________
7 Venir, yo _______________
8 Salir, yo _______________
9 Volver, nosotros _______________
10 Ir, él _______________
11 Empezar, ellos _______________
12 Acostarse, yo _______________
13 Dormir, ella _______________
14 Venir, Ud. _______________
15 Sentarse, yo _______________
16 Ducharse, ellos _______________
17 Volver, yo _______________
18 Vivir, vosotros _______________
19 Ser, ella _______________
20 Despertarse, Uds. _______________
21 Desayunar, tú _______________
22 Tener, yo _______________
23 Comer, nosotros _______________
24 Practicar, vosotros _______________

3 Completa con el verbo entre paréntesis en la forma adecuada.

괄호 안의 동사를 알맞은 형태로 바꾸어 빈칸을 채워 보세요.

Elena y Alberto

(1) _viven_ (vivir) en Barcelona. Alberto (2)___________ (ser) informático y trabaja en un banco. (3)___________ (Levantarse) a las siete de la mañana, (4)___________ (desayunar) y (5)___________ (salir) de casa a las siete y media. (6)___________ (Ir) a su trabajo en metro.

Elena (7)___________ (levantarse) a las ocho y (8)___________ (empezar) a trabajar a las nueve. (9)___________ (Ir) en coche porque la oficina está lejos de su casa.

Alberto (10)___________ (comer) en un restaurante y por la tarde (11)___________ (ir) a un gimnasio. Elena (12)___________ (salir) de trabajar a las cinco y (13)___________ (volver) a casa. Los martes y jueves (14)___________ (practicar) yoga. A las nueve y media (15)___________ (cenar, ellos) juntos, (16)___________ (ver) un poco la tele o (17)___________ (leer) y después (18)___________ (acostarse).

4 Completa con las preposiciones.
주어진 전치사를 사용하여 빈칸을 채워 보세요.

> *de (x 3)   a (x 4)   en (x 2)   hasta*

Raquel se levanta todos los días (1) _a_ las 8 (2)______ la mañana. Toma un desayuno rápido y sale (3)______ casa (4)______ las ocho y media. Va a la oficina (5)______ autobús. Solo trabaja media jornada, (6)______ nueve (7)______ tres. Vuelve a casa (8)______ el coche de un compañero. Llega (9)______ las tres y media, come y a las cuatro y media duerme la siesta (10)______ las cinco.

5 Completa las frases con información verdadera sobre ti.
여러분에 관한 정보로 문장을 완성해 보세요.

1 Los días laborables yo me levanto ___________ y desayuno ___________.

2 Los sábados me levanto ___________ y desayuno ___________.

3 A mediodía como en ___________________.

4 Por la tarde ___________________.

5 Ceno a las ___________ y después ___________.

6 Relaciona. 알맞은 내용을 찾아 연결해 보세요.

1 ¿Cuántos dormitorios tiene tu casa?   [g]
2 ¿Tienes jardín?   ☐
3 ¿Dónde está el ordenador?   ☐
4 ¿En qué piso vives?   ☐
5 ¿Dónde están los niños?   ☐
6 ¿Hay mucha gente en el cine?   ☐
7 ¿Qué estudias?   ☐
8 ¿Tienen habitaciones libres?   ☐

a Sí, delante de la casa.
b En el dormitorio.
c Están arriba, jugando.
d Medicina.
e En el tercero izquierda.
f Sí, claro, ¿cuántas necesita?
g Tres.
h No, hoy no hay mucha.

7 Completa la tabla. 빈칸을 채워 보세요.

1	el secretario	la secretaria
2	el	la dependienta
3		la presidenta
4	el recepcionista	
5	el cocinero	
6		la médica
7	el estudiante	
8	el	la periodista

8 Forma las preguntas. 질문을 만들어 보세요.

¿Dónde / hay / está / están...

> ~~el cuarto de baño?~~ • un supermercado?
> la parada del autobús n.º 5?
> una silla para sentarme? • la casa de Miguel?
> una estación de metro? • los libros de Julia?

¿Dónde está el cuarto de baño? ___________

____

____

____

____

____

____

9 Completa con las palabras del recuadro.
박스 안의 단어들을 사용하여 대화를 완성해 보세요.

> *reserva   habitación   **doble**   por noche*
> ***habitaciones libres   precio***

• Hotel Medina. ¿Dígame?
■ Hola, buenos días, ¿puede decirme si tiene ___________ para Semana Santa?
• Sí, ¿qué desea, ___________ o individual?
■ Dos individuales, si es posible, pero ¿qué ___________ tienen?
• Son 60 euros ___________ y por ___________.
■ Muy bien, quiero hacer la ___________.

006

A Comer fuera de casa

1 Mira los dibujos y escribe las comidas favoritas de Amalia y Juan.

그림을 보고 아말리아와 후안이 좋아하는 음식을 써 보세요.

Amalia

1 _judías verdes_

2 _________________________

3 _________________________

4 _________________________

Juan

1 _________________________

2 _________________________

3 _________________________

4 _________________________

2 Localiza la palabra que no pertenece a su grupo. 같은 부류에 속하지 않는 단어에 표시해 보세요.

1 sopa, gazpacho, _merluza_, ensalada.

2 escalope, chuletas, pescado, flan.

3 arroz con leche, judías, fruta, helado.

4 espárragos, vino, cerveza, agua.

5 plátano, naranja, manzana, escalope.

3 Ordena las siguientes frases. Después utilízalas para completar la conversación en el restaurante.

주어진 단어를 순서대로 나열해 문장을 만들어 보세요. 그리고 식당에서의 대화를 완성해 보세요.

1 postre / de / fruta del tiempo / dos / los / para.
   De postre, fruta del tiempo para los dos.

2 quiero / de / yo / primero / sopa de fideos.
   ____

3 merluza / segundo / quiero / de.
   ____

4 ensalada / yo / y.
   ____

5 yo / pues / pollo asado.
   ____

6 agua / beber / para / por favor.
   ____

CAMARERO: Buenas, ¿qué van a tomar de primero?

JORGE: _________________________

ANA: _________________________

CAMARERO: ¿Y de segundo?

JORGE: _________________________

ANA: _________________________

CAMARERO: ¿Qué quieren para beber?

JORGE: _________________________

CAMARERO: ¿Y de postre?

ANA: _________________________

CAMARERO: Gracias, señores.

B ¿Te gusta el cine?

1 Observa las habitaciones de Carmen y de Pablo. ¿Qué actividades les gusta realizar en su tiempo libre? 카르멘과 파블로의 방을 살펴보세요. 두 사람은 시간이 날 때 어떤 여가 활동을 하는 것을 좋아하나요?

> esquiar • escuchar música clásica • escuchar rock
> montar en bicicleta • navegar por internet • ver la televisión
> hacer fotos • estar con animales • leer
> cuidar las plantas • ir al cine

Carmen

Pablo

1 A Carmen le gusta la música clásica.

2 A Pablo _______________________

3 A los dos _______________________

4 _______________________

5 _______________________

6 _______________________

7 _______________________

8 _______________________

9 _______________________

10 _______________________

11 _______________________

2 ¿Qué aficiones compartes y no compartes con Pablo y Carmen?

여러분은 파블로, 카르멘과 어떤 취미를 공유할 수 있고 어떤 취미를 공유할 수 없나요?

1 A mí _______________________

2 A mí no _______________________

3 _______________________

4 _______________________

3 Ordena las siguientes preguntas. Después, contéstalas. 주어진 단어들을 순서대로 나열해 질문을 만들어 보세요. 그리고 답해 보세요.

1 ¿a tus amigos / gusta / informática / les / la?
¿A tus amigos les gusta la informática?
Sí, les gusta mucho. / No, no les gusta.

2 ¿ciclismo / a ti y a tu compañero / gusta / os / el?

____

____

3 ¿animales / te / los / gustan?

____

____

4 ¿ver / le / televisión / gusta / la / a tu amigo?

____

____

5 ¿el / terror / gusta / te / cine / de?

____

____

6 ¿paella / te / la / gusta?

____

____

4 Escribe frases con el verbo "gustar" y expresa tus gustos como en el ejemplo.

gustar 동사를 사용하여 문장을 써 보세요. 그리고 보기와 같이 여러분의 취향을 표현해 보세요.

1 zumo de naranja
Me gusta / no me gusta el zumo de naranja.

2 los plátanos

3 las verduras

4 la leche

5 los cacahuetes

6 las patatas

7 el café

8 el té

5 Reacciona según tus gustos con : a mí también/tampoco o a mí sí/no.

여러분의 취향에 따라 '*a mí también/tampoco* 혹은 *a mí sí/no*'를 사용하여 대답해 보세요.

1 Me gusta mucho ir al cine.

2 No me gusta nada la música latina.

3 Me gustan las películas de ciencia ficción.

4 No me gusta bailar.

5 Me gusta leer libros de viajes.

6 Me gusta ver partidos de fútbol en la tele.

7 No me gusta comer en restaurantes.

8 Me gusta ir de compras.

C Receta del Caribe

1 Completa la tabla con el imperativo de los verbos. 동사의 명령형으로 빈칸을 채워 보세요.

INFINITIVO	IMPERATIVO	
	tú	**usted**
Hablar	*habla*	*hable*
Trabajar		
Comer		
Abrir		
Beber		

2 Completa la receta con el imperativo de los verbos del recuadro.

주어진 동사들의 명령형을 사용하여 요리법을 완성해 보세요.

> añadir ~~lavar~~ servir mezclar cortar

1 *Lava* la lechuga y los tomates.
2 ___________ las verduras en trozos pequeños.
3 ___________ el atún a las verduras troceadas.
4 ___________ el aceite, el vinagre y la sal en una taza.
5 ___________ la ensalada mezclada con el aliño anterior.

ENSALADA MEDITERRÁNEA

Ingredientes
- Una lechuga.
- Dos tomates.
- Una cebolla pequeña.
- Una lata de atún.
- Aceite, vinagre y sal.

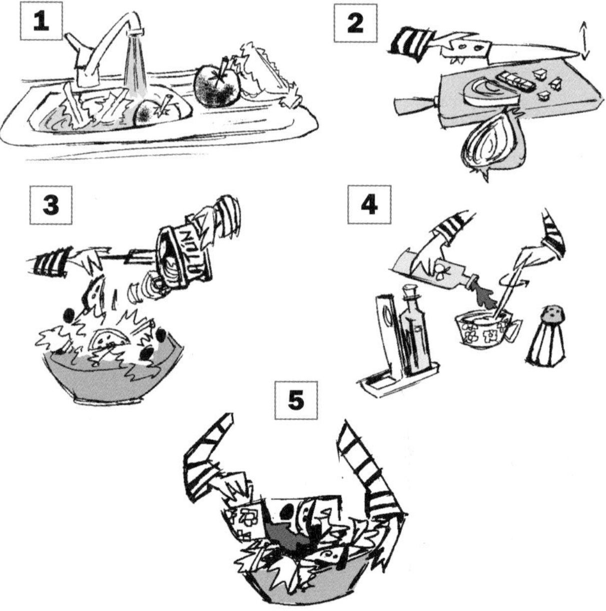

3 Completa las frases con el imperativo de los siguientes verbos entre paréntesis.

괄호 안 동사의 명령형을 사용하여 문장을 완성해 보세요.

CONSEJOS

Aprender a cocinar puede ser fácil y divertido, pero recuerda siempre lo siguiente:

1 *Prepara* (preparar) todos los ingredientes, antes de empezar.

2 ___________ (comprar) siempre productos de primera calidad.

3 ___________ (elaborar) siempre un menú equilibrado.

4 ___________ (usar) siempre aceite de oliva.

5 ___________ (añadir) algún detalle imaginativo a tus platos.

6 ___________ (recoger) bien la cocina, una vez terminado tu trabajo.

4 Clasifica estos platos en la carta del Menú:

다음 요리들을 메뉴판에 구분해서 써 보세요.

> helado • sopa de fideos • vino blanco
> fruta • ensalada mixta • cerveza
> merluza a la plancha • escalope de ternera
> pollo asado • agua mineral • flan
> chuletas de cordero • vino tinto • gazpacho
> judías verdes con jamón

Restaurante Miramar

Primer plato

____
____
____
____

Menú del día **10 €**

Segundo plato

____
____
____
____

Postre

____
____
____

Bebidas

____
____
____

5 🎧 Lee y escucha el siguiente texto y contesta a las preguntas.

다음 글을 읽고 들어 보세요. 그리고 질문에 답해 보세요.

LA DIETA MEDITERRÁNEA

¿En qué se basa esta cultura gastronómica? Se basa, principalmente, en el aceite de oliva, el pan y el vino. Con estos productos básicos se alimentan los pueblos mediterráneos desde hace más de cinco mil años.

Los países mediterráneos consumen como grasa principal el aceite de oliva, que favorece la disminución del colesterol. También consumen gran cantidad de pescados azules, legumbres y frutas, y menos carne.

Las primeras investigaciones sobre esta dieta se centran en Grecia y en España, donde se estudian las características de su cocina, sus ingredientes, técnicas de cocción, etc., y se llega a la conclusión de que la dieta de estos países es la ideal para mantener una buena salud.

1 ¿Cuáles son los alimentos básicos de la dieta mediterránea?

____

2 ¿Desde cuándo utilizan estos alimentos los pueblos mediterráneos?

____

3 ¿Por qué es bueno para la salud el aceite de oliva?

____

4 ¿Qué alimentos sustituyen a la carne en la dieta mediterránea?

____

5 ¿En qué países se basan las primeras investigaciones sobre esta dieta?

007-008

A   ¿Cómo se va a Goya?

1 Completa los diálogos con los verbos del recuadro en el tiempo adecuado.

박스 안의 동사를 알맞게 바꾸어 대화를 완성해 보세요.

> cambiar • tomar • ir • bajar

1 **A** Perdona, ¿cómo se _va_ de Moncloa a Goya?

    B Mira, _________ la línea 3 en dirección Legazpi, _________ en la primera estación, Argüelles, y allí _________ a la línea 4.

2 **A** Perdone, ¿cómo _________ de Sol a Nuevos Ministerios?

    B _________ la línea 2 en dirección Cuatro Caminos, allí _________ a la línea 6, es la primera estación.

3 **A** Perdona, ¿cómo se _________ de Goya a Argüelles?

    B Es muy fácil, _________ la línea 4 y _________ en la última estación.

2 Completa con las siguientes preposiciones.

다음 전치사를 사용하여 빈칸을 채워 보세요.

> ***a (al)***   ***de***   ***en***   ***desde***   ***hasta***

1 Las estaciones _de_ metro abren _a_ las 6 _________ la mañana.

2 Quiero un billete _________ diez viajes.

3 ¿Cómo se va _________ la plaza Mayor?

4 _________ Argüelles _________ Metropolitano hay tres estaciones.

5 Yo voy _________ casa _________ trabajo _________ metro.

6 Maribel va _________ su trabajo _________ coche.

7 Luis, ¿puedes venir _________ mi oficina, por favor?

8 Mis vecinos salen _________ su casa _________ las 7.

9 Trabajo _________ las siete _________ la tarde.

10 _________ mi casa _________ la oficina tardo una hora.

3 (007) Escucha la conversación y señala verdadero (V) o falso (F).

대화를 듣고 참(V)인지 거짓(F)인지 써 보세요.

1 Beatriz está en su hotel. ☐

2 Marta trabaja lejos de la plaza de España. ☐

3 Marta espera a Beatriz en su trabajo. ☐

4 (007) Escucha otra vez y marca en el plano el recorrido del que están hablando.

다시 들어 보고 이야기하고 있는 여정을 지도에 표시해 보세요.

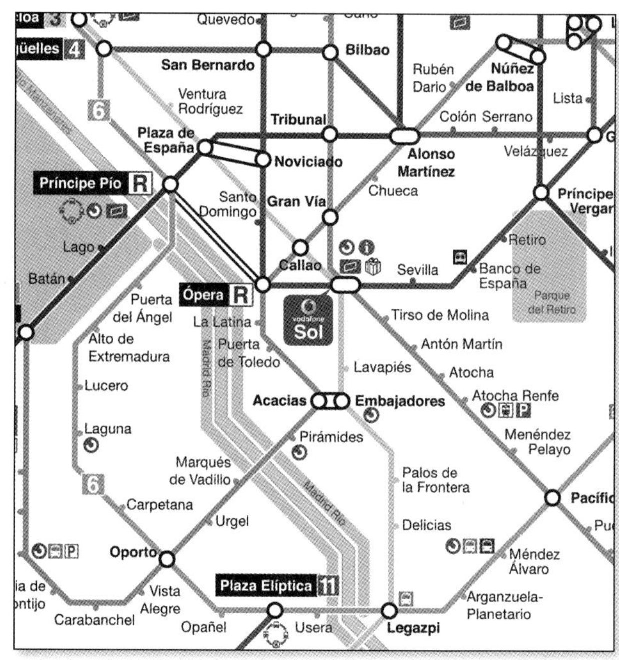

B Cierra la ventana, por favor

1 Relaciona. 알맞은 것끼리 연결해 보세요.

1	Pon	**a**	más despacio
2	Habla	**b**	la cuenta
3	Ven	**c**	la luz
4	Haz	**d**	la puerta
5	Cierra	**e**	todo recto
6	Pide	**f**	aquí
7	Enciende	**g**	la televisión
8	Recoge	**h**	los ejercicios
9	Tuerce	**i**	la mesa
10	Sigue	**j**	a la derecha

2 Transforma las frases anteriores.
위의 문장들을 보기와 같이 바꿔 보세요.

1 *¿Puedes poner la televisión?*
2 _______________________________
3 _______________________________
4 _______________________________
5 _______________________________
6 _______________________________
7 _______________________________
8 _______________________________
9 _______________________________
10 _______________________________

3 Completa la tabla. 빈칸을 채워 보세요.

INFINITIVO	PRESENTE	IMPERATIVO
cerrar	cierro	cierra
empezar		
encender		
seguir	sigo	sigue
pedir		
guardar	guardo	

4 Forma el imperativo. 명령형으로 바꾸어 써 보세요.

1 Cerrar / el libro.
Cierra el libro.
2 Empezar / a trabajar.
____
3 Encender / el ordenador.
____
4 Christian / sentarse allí.
____
5 Seguir / por aquí (Ud.).
____
6 Pedir / dinero / a tus padres.
____
7 Acostarse / pronto.
____
8 Levantarse ya / son las diez.
____
9 Darme / un vaso de agua.
____
10 Dejarme / tu coche.
____
11 Darme / su pasaporte (Ud.).
____

5 Jaime tiene que ordenar la habitación. Escribe las instrucciones que le da su madre.
하이메는 방을 정리해야 합니다. 어머니가 건네준 지침을 써 보세요.

Guardar la ropa limpia en el armario.
Poner la ropa sucia en la lavadora.
Hacer la cama.
Colocar los libros en la estantería.
Poner los CD en su sitio.

1 *Guarda la ropa limpia en el armario.*
2 _______________________________
3 _______________________________
4 _______________________________
5 _______________________________

C — Mi barrio es tranquilo

1 Escribe la letra adecuada.
그림을 보고 내용에 알맞은 알파벳을 써 보세요.

a	b	c	d

1 Está al lado del cuaderno gris grande y es de otro color. ☐

2 Está a la izquierda de otro cuaderno que también es pequeño. ☐

3 Es grande y está entre un cuaderno grande y uno pequeño. ☐

4 Es blanco y está a la derecha de un cuaderno gris. ☐

2 Completa con *es* / *está*.
*es/está*를 사용하여 대화를 완성해 보세요.

ROSA: ¿Tu piso (1) _es_ grande?

ANDRÉS: No, solo tiene 40 m², (2)________ muy pequeño, pero me gusta porque (3)________ en un barrio muy céntrico.

ROSA: ¿(4)________ cerca del trabajo?

ANDRÉS: Sí, muy cerca. Solo tiene un problema: que mi calle (5)________ muy ruidosa y no duermo bien por las noches. ¿Y tu piso, cómo (6)________?

ROSA: Pues (7)________ muy tranquilo y tiene mucha luz, me encanta. Pero tengo un problema: (8)________ muy lejos del trabajo. Tardo casi una hora en llegar todos los días.

3 Escribe el adjetivo contrario.
반대되는 형용사를 써 보세요.

1 largo _corto_

2 rápido ________________

3 alto ________________

4 grande ________________

5 fácil ________________

6 ruidoso ________________

7 barato ________________

8 bonito ________________

9 ancho ________________

10 claro ________________

11 delgado ________________

4 De estas frases solo dos son correctas. Busca los errores en las frases incorrectas y corrígelas.
다음 문장들 중 두 문장만 옳은 표현입니다. 각 문장에서 틀린 부분을 찾아 알맞게 고쳐 보세요.

1 Salamanca _está_ una ciudad muy bonita, tiene muchos monumentos importantes. _Es._

2 Mi casa es en un barrio muy tranquilo y silencioso. ________

3 Este problema de matemáticas es muy difícil. ________

4 Roberto está rubio, delgado y bastante alto, está ahora en el colegio. ________

5 Fumar está malo para la salud. ________

6 Esa estación de metro es al lado de mi casa y la parada del autobús está enfrente. ________

7 Los alumnos son en la clase de historia. ________

8 ¿Está cerca de aquí la estación del metro? ________

9 Estos ejercicios no son bien. ________

10 ¿Es tu hermano en tu casa? ________

11 Mi correo electrónico es lleno. ________

12 La taza es vacía. ________

13 Mi hermano es en cama, porque es enfermo. ________

14 Este ejercicio no es bien. ________

15 Este libro está muy bueno. ________

5 Relaciona. 알맞은 것끼리 연결해 보세요.

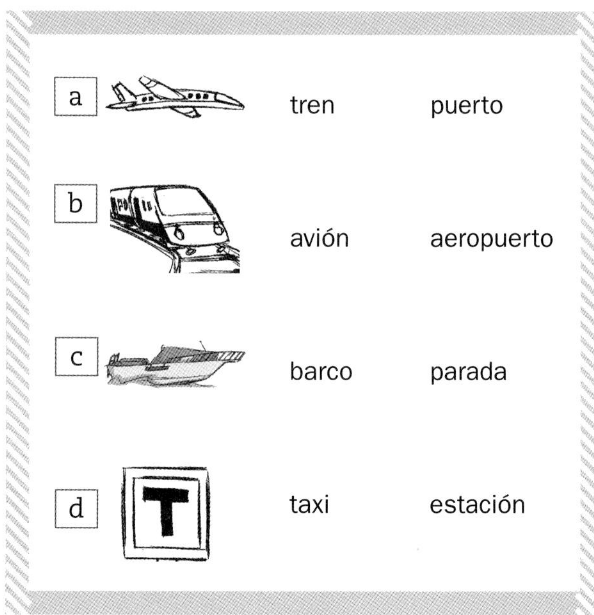

6 Haz la encuesta. 인터뷰를 해 보세요.

ENCUESTA

1 ¿Qué medio de transporte utilizas normalmente?

- **a** metro ☐
- **b** autobús ☐
- **c** coche ☐
- **d** otro ☐

2 ¿Cuánto dinero gastas aproximadamente en transporte durante un mes?

- **a** 0-10 € ☐
- **b** 11-20 € ☐
- **c** más de 21 € ☐

3 ¿Qué medio de transporte prefieres para hacer viajes largos?

- **a** avión ☐
- **b** coche ☐
- **c** tren ☐
- **d** barco ☐

4 ¿Crees que el transporte público es…?

- **a** barato ☐
- **b** sucio ☐
- **c** cómodo ☐
- **d** rápido ☐

5 ¿Cuántos kilómetros andas al día aproximadamente?

- **a** 0-1 km ☐
- **b** 2-4 km ☐
- **c** 5-7 km ☐
- **d** más de 7 km ☐

---

7 〔008〕 ¿Te gusta la música latina? Escucha estos cuatro ritmos musicales. ¿Puedes relacionarlos con sus nombres?

여러분은 라틴 음악을 좋아하나요? 다음 네 개의 리듬을 들어 보세요. 음악 명칭에 알맞게 연결할 수 있나요?

a tango _______   **b** ranchera _______   **c** flamenco _______   **d** salsa _______

8 Completa el texto con estas palabras. 주어진 단어들을 사용하여 지문을 완성해 보세요.

> ritmos ~~cultura~~ cantantes baila salsa canciones popular

MÚSICA LATINA

La música es un elemento muy importante de la (1) _cultura_ hispanoamericana. En América se mezclan los (2)_______ indígenas con los africanos y con los que llevaron los españoles.

Además del tango, la ranchera o la (3)_______, son famosos el merengue, la cumbia, el bolero y, sobre todo, la bachata, que se (4)_______ en la República Dominicana y en muchos otros lugares del mundo. La bachata aparece en los pueblos pero en los años 70 se hace también muy (5)_______ en las ciudades.

Los temas de estas (6)_______ hablan casi siempre de amor y se acompañan de instrumentos de cuerda y percusión. Uno de los (7)_______ más famosos es Juan Luis Guerra.

9 Después de corregir el texto, contesta verdadero (V) o falso (F).

위 글을 알맞게 고치고, 참(V)인지 거짓(F)인지 답해 보세요.

1 El tango, la salsa y el flamenco son ritmos típicos de Hispanoamérica. ☐

2 La bachata nace en las ciudades. ☐

3 Las canciones de bachata suelen tratar de amor. ☐

4 La bachata se toca solo con un instrumento. ☐

Practica más 3

Unidades 5 y 6

1 Busca en esta sopa de letras el nombre de los alimentos.

다음 알파벳 박스에서 음식 재료의 이름을 찾아 보세요.

P	E	H	U	E	V	O	R	Q
L	I	M	O	N	M	Y	P	U
A	G	U	H	C	E	L	O	E
T	O	M	A	T	E	B	L	S
A	P	A	T	A	T	A	L	O
N	A	R	A	N	J	A	O	Z
O	P	J	A	M	O	N	R	X

2 Relaciona estos ingredientes con su plato.

음식과 재료를 알맞게 연결해 보세요.

1	arroz	**a**	flan
2	huevo	**b**	gazpacho
3	fideos	**c**	tortilla
4	lechuga	**d**	ensalada
5	tomate	**e**	sopa
6	patatas	**f**	paella
7	leche		
8	aceite		

3 Escribe debajo el nombre de la actividad.

각 이미지가 어떤 여가 활동인지 써 보세요.

4 Mira la tabla y escribe las frases correspondientes. 표를 보고 알맞은 문장을 써 보세요.

	ANA	RAÚL
El cine	✓	✓
Ir de compras	✓	✗
La música clásica	✗	✓
Nadar	✗	✓
Leer	✓	✓
Andar	✗	✓
Viajar	✓	✓
Bailar	✓	✓
Internet	✓	✗
Las motos	✗	✗
Las plantas	✗	✓
El fútbol	✗	✓

1 *A Ana y a Raúl les gusta el cine.*

2 *A Ana le gusta ir de compras, pero a Raúl no.*

3 _______________________________________

4 _______________________________________

5 _______________________________________

6 _______________________________________

7 _______________________________________

8 A los dos _______________________________

9 _______________________________________

10 ______________________________________

11 ______________________________________

12 ______________________________________

5 ¿Qué verbos son regulares y cuáles irregulares? Escribe el imperativo (*tú*) de cada uno. 어떤 동사가 규칙형이고 어떤 동사가 불규칙형인가요? 각 동사의 2인칭 명령형을 써 보세요.

> ~~terminar~~ • ~~empezar~~ • hablar • abrir • venir • hacer • mirar • pasar • poner cerrar • coger • dar • tomar • escribir sentarse • comer • decir • volver

VERBOS REGULARES	VERBOS IRREGULARES
infinitivo / imperativo	infinitivo / imperativo
terminar / termina	*empezar / empieza*

6 Escribe otra vez el párrafo siguiente con los adjetivos y adverbios contrarios. Haz los cambios necesarios para que el texto tenga sentido. 반대되는 형용사와 부사를 사용하여 다음 지문을 다시 써 보세요. 의미가 통하도록 필요한 부분을 바꾸세요.

> Yo vivo en una ciudad muy grande y ruidosa. Los edificios son muy modernos y altos. Las calles son anchas y hay muchos coches. El piso donde vivo es pequeño, y el alquiler caro, porque está cerca del centro. Hay muchas tiendas, pero son caras para mí.

Yo vivo en una ciudad muy pequeña _______________

____

____

____

7 Completa con el verbo *ser* o *estar*. *ser*나 *estar* 동사를 사용하여 빈칸을 채워 보세요.

1 Mi calle _es_ ancha y larga.

2 El piso de Enrique no me gusta porque _________ pequeño y _________ muy lejos del centro.

3 Estos pisos _________ demasiado caros.

4 La casa de mi abuela _________ en el barrio antiguo de Barcelona.

5 Comer verduras y pescado _________ muy bueno para la salud.

6 **A** Alberto, estos problemas _________ mal.

 B Es que _________ muy difíciles.

7 **A** Hola, Alicia, ¿qué tal _________?

 B Bien, gracias.

8 La parada del autobús _________ enfrente de mi casa.

9 Mis vecinos _________ de Venezuela.

10 Rodolfo _________ en Caracas de vacaciones.

8 Relaciona. 알맞은 것을 연결해 보세요.

1	¿Te gusta la carne?	e
2	¿Qué quieren de primero?	☐
3	¿Y de postre?	☐
4	¿Qué haces los domingos?	☐
5	¿Puedes venir un momento?	☐
6	Siéntese, por favor.	☐
7	¿Qué quieren beber?	☐
8	¿Os gusta el cine?	☐

a Un flan, por favor.
b Voy a bailar.
c Vino tinto y agua.
d A mí sí, pero a él no.
e No mucho, prefiero el pescado.
f Sí, ahora voy.
g Gracias.
h Sopa de pescado y ensalada.

009-010

A ¿Dónde quedamos?

1 (009) Ordena las siguientes conversaciones. Después escucha y comprueba.

다음 대화를 순서대로 나열해 보세요. 그리고 듣고 확인해 보세요.

1 MARÍA: ¿A qué hora te viene bien?

RICARDO: De acuerdo. ¡Hasta mañana!

MARÍA: No, mejor a las seis y media.

RICARDO: Lo siento, hoy no puedo, tengo que ir de compras con mi hermano. ¿Te parece bien mañana?

MARÍA: ¿Por qué no vamos a tomar algo después de trabajar?

RICARDO: ¿A las seis?

María: *¿Por qué no vamos a tomar algo después de trabajar?*

Ricardo:

2 DANIEL: ¿Y si nos tomamos un café antes?

CARMEN: No puedo, lo siento. Voy a cenar con unos amigos.

DANIEL: ¿Vamos al cine esta noche?

CARMEN: Bueno, de acuerdo. ¿Vamos al Café Central?

DANIEL: Estupendo. Nos vemos allí a las cinco.

DANIEL:

2 Imagínate que eres Ricardo o Carmen. Escribe diferentes razones por las que no puedes quedar para salir.

여러분이 리카르도나 카르멘이라고 상상해 보세요. 외출할 수 없는 다른 이유들을 써 보세요.

3 (010) Carolina y Pedro están en Radio Centro hablando sobre sus espectáculos favoritos. Escucha sus comentarios y di si las frases siguientes son verdaderas o falsas.

카롤리나와 페드로는 라디오 센트로에서 좋아하는 공연에 대해 이야기하고 있습니다. 이야기를 듣고 참(V)인지 거짓(F)인지 말해 보세요.

1 A Pedro le gusta ir a los conciertos de rock. ☑

2 A Carolina le gusta la música moderna. ☐

3 No les gusta volver a casa andando. ☐

4 A Pedro le gustan los espectáculos musicales. ☐

5 A Carolina no le gusta la ópera. ☐

6 A ellos no les gusta ir al cine. ☐

4 Completa las siguientes conversaciones telefónicas con las frases del recuadro.

박스 안의 표현들을 사용하여 전화 대화를 완성해 보세요.

> ***Ahora se pone***   **No está en este momento**
> ***¿De parte de quién?***

1   **A**   ¿Dígame?

     B   Buenas tardes, ¿está Ramón?

     A   (1) _______________________________

     B   Soy Arturo.

2   **A**   ¿Sí?

     B   ¿Está Manuel?

     A   Un momento. (2) _________________

3   **A**   ¿Diga?

     B   *¿Está Vicente, por favor?*

     A   (3) _________________ ¿De parte de quién?

5 Relaciona cada pregunta con su respuesta.

각 질문에 따른 알맞은 대답을 연결해 보세요.

1   ¿Y el domingo? ☐

2   Entonces, ¡hasta el domingo! ¿De acuerdo? ☐

3   ¿A qué hora quedamos? ☐

4   ¿Está Enrique? ☐

5   Vale. ¿Vamos en mi coche o en el tuyo? ☐

6   Soy Pilar. Te llamaba para ver si vienes este fin de semana a la sierra. ¿Qué te parece el sábado? ☐ *d*

a   Pues, podemos quedar a las 11.

b   Sí, soy yo.

c   Podemos ir en el mío.

d   No, ese día no puedo. Viene mi hermano a comer a casa.

e   De acuerdo, nos vemos el domingo.

f   Sí, ese día me viene bien.

6 Escribe las preguntas para las siguientes respuestas. 다음 답변이 나올 수 있는 질문을 써 보세요.

1   *¿Está Pilar?*

     No, Pilar no está. Está trabajando.

2   _______________________________

     Puedes llamarla a las 3 de la tarde.

3   _______________________________

     Lo siento, mañana no puedo ir al cine.

4   _______________________________

     No, las seis es un poco pronto; mejor a las ocho.

5   _______________________________

     (Quedamos) a las cinco.

6   _______________________________

     (Quedamos) en la puerta de mi casa.

7 Lee el texto y di si las frases siguientes son verdaderas o falsas.

지문을 읽고 다음 문장이 참(V)인지 거짓(F)인지 말해 보세요.

La noche madrileña

Cerca de la Puerta del Sol nos encontramos con una de las zonas más populares de Madrid: la plaza de Santa Ana y la calle de las Huertas. Barrio de escritores como Cervantes, Lope de Vega o Quevedo, es en la actualidad una zona en la que se pueden encontrar al mismo tiempo teatros, cervecerías, bares de tapas, restaurantes y locales de copas, que están abiertos hasta altas horas de la noche.

Su ambiente es una mezcla de edades y procedencias, y es una buena opción si lo que quieres es disfrutar de la noche madrileña.

La plaza de Santa Ana es el punto de encuentro de gran cantidad de personas que luego se reparten por la calle de las Huertas y alrededores.

Plaza de Santa Ana

1   La Puerta del Sol está en Madrid. ☐

2   El barrio donde vivió Cervantes está cerca de la Puerta del Sol. ☐

3   Cervantes, Lope de Vega y Quevedo no vivieron en la misma ciudad. ☐

4   No hay restaurantes en la calle de las Huertas. ☐

5   En esta zona de Madrid se reúnen personas mayores y jóvenes. ☐

6   La gente queda a menudo en la plaza de Santa Ana. ☐

B ¿Qué estás haciendo?

1 Mira el cuadro de *Las meninas*. ¿Qué están haciendo los personajes?

〈라스 메니나스〉 그림을 보세요. 사람들이 무엇을 하고 있나요?

1 Velázquez _está pintando_ (pintar).

2 Las meninas _________ (jugar) con la princesa.

3 La princesa __________ (mirar) al perro.

4 El perro __________ (descansar).

5 Los reyes __________ (ver) la escena.

6 Un hombre _________ (salir) de la habitación.

2 Subraya la forma apropiada del verbo.

알맞은 동사형에 표시해 보세요.

1 Soy vegetariano. No _como_ / *estoy comiendo* carne.

2 ¿Dónde está Juan? *Hace* / *Está haciendo* la comida.

3 ¿Qué periódico *lees* / *estás leyendo* últimamente?

4 Todas las mañanas *hago* / *estoy haciendo* deporte.

5 No te entiendo, no *hablo* / *estoy hablando* francés.

6 ¿Cuántos años *tienes* / *estás teniendo*?

7 Lo siento, no puede ponerse en este momento porque *duerme* / *está durmiendo*.

8 No podemos hablar con él ahora. *Trabaja* / *Está trabajando* en este momento.

9 Juan no está en la biblioteca. *Estudia* / *está estudiando* en casa de una amiga.

3 Completa el texto con la forma correcta del verbo (presente o *estar* + gerundio).

알맞은 동사 형태(현재형 혹은 *estar* + 현재분사)를 사용하여 지문을 완성해 보세요.

> **Pepa** (1) _vive_ (vivir) en Badajoz, pero en este momento (2)_____________ (pasar) unos días en Barcelona con unos amigos. Esta semana Pepa y sus amigos (3)____________ (visitar) los monumentos más importantes de la ciudad.
>
> Hoy, como hace buen tiempo, sus amigos (4)____________ (bañarse) en la playa. Barcelona (5)____________(tener) unas playas preciosas, pero a Pepa no (6)____________ (gustar) la playa. Ella y su amiga Lara (7)____________ (ver) el Museo Picasso. Luego, por las noches todos juntos (8)____________ (cenar) en algún restaurante del puerto.

4 Pon las palabras en el orden correcto.

주어진 단어들을 알맞게 나열해 보세요.

1 para / me / un / preparando / examen / estoy.
Me estoy preparando para un examen.

2 ¿haciendo / qué / ahora / estás?
____

3 un / comiendo / bocadillo / están.
____

4 haciendo / cena / estamos / la.
____

5 está / marido / trabajando / mi.
____

6 semana / mucho / esta / lloviendo / está.
____

7 están / película / mis / viendo / amigos / una.
____

8 estamos / y / Claudia / proyecto / nuevo / yo / trabajando / en / un.
____

9 cuarto / bañándose / las / en / niñas / el / están / de / baño / grande.
____

10 ¿qué / haciendo / los / están / su / niños / habitación / en?
____

5 ¿Qué están haciendo? Utiliza la forma correcta del verbo con el pronombre reflexivo correspondiente. 무엇을 하고 있나요? 재귀대명사와 동사를 알맞게 활용해 써 보세요.

1 María / lavarse la cara.
María se está lavando la cara.

2 Luis / afeitarse.

3 Mi hermano / ducharse.

4 (yo) / peinarse.

5 Susana y Rosa / pintarse los labios.

6 Miguel / bañarse.

7 Mi hijo / peinarse.

8 (él) / cepillarse los dientes.

9 Mi madre / secarse el pelo en el cuarto de baño.

10 Mis hermanos / vestirse para ir al concierto.

C ¿Cómo es?

1 ¿Son verdaderas o falsas estas frases sobre el cuadro *Las meninas* de Velázquez?
벨라스케스의 〈라스 메니나스〉 그림에 대한 다음 문장들이 참(V)인가요, 아니면 거짓(F)인가요?

1 El pintor tiene el pelo corto. [F]
2 La infanta lleva gafas. ☐
3 Las meninas son rubias. ☐
4 Una menina es rubia. ☐
5 El pintor tiene barba y bigote. ☐
6 El pintor es calvo. ☐
7 La infanta es alta. ☐

2 Describe, utilizando las palabras del recuadro, a los siguientes personajes del cuadro.
박스 안의 단어들을 사용하여 그림 속 등장인물들을 묘사해 보세요.

> pelo largo • pelo rubio • barba
> pelo moreno • bigote • gafas
> joven • jóvenes • mayor • alto

Velázquez _______________________________

____

La infanta Margarita _______________________

____

Las meninas _______________________________

____

3 Escribe los contrarios. 반대말을 써 보세요.

1 tacaño _______________
2 _______________ hablador
3 simpático _______________
4 serio _______________
5 _______________ educado

4 ¿Cómo crees que son estas personas? Utiliza los adjetivos de los ejercicios anteriores.
이 사람들은 어떤 사람들이라고 생각하나요? 위 연습 문제에 나온 형용사들을 사용해 써 보세요.

El hombre: _______________________________

____

La mujer: _______________________________

____

De vacaciones

A Por favor, ¿para ir a la catedral?

1 Relaciona las preguntas con las respuestas.
다음 질문에 알맞은 대답을 연결해 보세요.

> 1 ¿Para qué vas a correos? ☐
> 2 ¿Para qué vas a la farmacia? ☐
> 3 ¿Para qué vas a la estacion? ☐
> 4 ¿Para qué vas al estanco? ☐
> 5 ¿Para qué vas al mercado? ☐
> 6 ¿Para qué vas al quiosco? ☐

> a Para comprar medicinas.
> b Para comprar el periódico.
> c Para coger el tren.
> d Para comprar carne y pescado.
> e Para enviar una carta.
> f Para comprar sellos.

3 Escribe tres conversaciones más como las del ejercicio 2.
연습 문제 2번과 같은 대화를 써 보세요.

1 A quiere ir a un parque.

  A ______________________________

  B ______________________________

    ____

2 A quiere ir al teatro.

  A ______________________________

  B ______________________________

    ____

3 A quiere ir a un restaurante.

  A ______________________________

  B ______________________________

    ____

2 Mira el plano de calles y completa las conversaciones.
지도를 보고 다음 대화를 완성해 보세요.

1 A Por favor, ¿para ir a la iglesia?

  B Gire la primera a la derecha y después tome la ______________________.

2 A ¿Puede decirme cómo se va a la estación de autobuses, por favor?

  B Siga todo recto y tome ______________ ______________ y después gire por la segunda a la izquierda.

3 A ¿El hotel Colón, por favor?

  B Siga recto y tome ______________ ______________________ y ______________________ ______________________

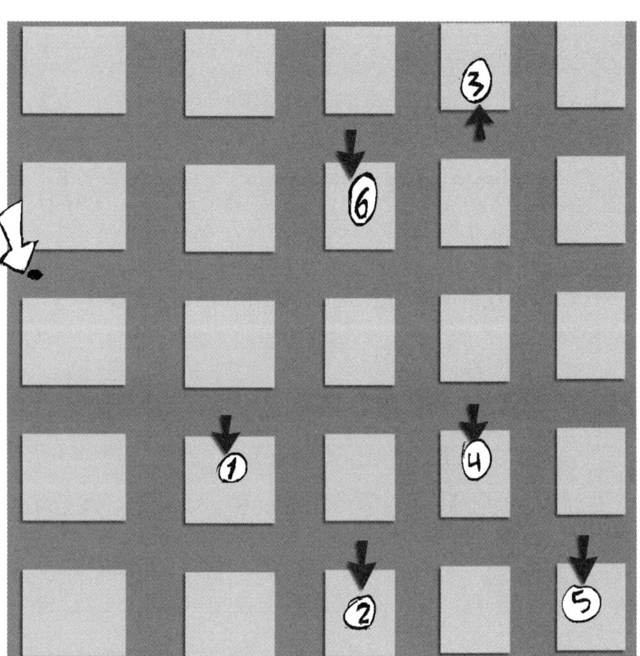

1 Iglesia **2** Estación de autobuses **3** Hotel Colón **4** Restaurante **5** Parque **6** Teatro

4 Completa las frases con las preposiciones del recuadro.

박스 안의 전치사들을 사용하여 문장을 완성해 보세요.

> *a (x 4)*   *en (x 3)*   *de (x 6)*   *hasta (x 2)*
> *al (x 2)*   *por (x 2)*

1 Hay una farmacia _en_ la calle Santa Marta.

2 Para encontrar la estación, siga _____ el final _____ la calle.

3 El cine está _____ la derecha del restaurante.

4 La iglesia _____ San Juan es un edificiocio muy bonito.

5 Hay un hotel _____ la primera calle _____ la izquierda.

6 _____ la puerta del Sol hay una estación _____ metro.

7 El mercado está _____ lado_____ la estación _____ tren.

8 ¿Cómo se va_____ la plaza Mayor?

9 Vaya_____ la calle_____ Santo Domingo_____ llegar_____ cine Avenida.

10 Gire_____ la segunda_____ la derecha.

5 Lee esta poesía y relaciona los dibujos con los nombres.

다음 시를 읽고 그림에 맞는 명사를 연결해 보세요.

La plaza tiene una ,

la tiene un ,

el tiene una ,

la , una blanca .

Ha pasado un ,

¿quién sabe por qué pasó?

y se ha llevado la plaza con su y

su , con su y su ,

su y su blanca .

Antonio Machado

> **a** Dama   **b** Caballero   **c** Torre   **d** Balcón   **e** Flor
>
> **1** ☐   **2** ☐   **3** ☐   **4** ☐   **5** ☐

B ¿Qué hizo Rosa ayer?

1 Completa la tabla. 빈칸을 채워 보세요.

INFINITIVO	PRETÉRITO INDEFINIDO	
	yo	él / ella
ver	vi	vio
ir	fui	
		comió
escuchar		
	leí	
empezar		
	estuve	
	jugué	
salir		
	viví	
nacer		
		trabajó

2 Relaciona las frases. Pon el verbo de A en presente y el de B en pretérito indefinido.

다음 문장들을 연결해 보세요. A는 현재형으로 B는 단순과거형으로 써 보세요.

A. 1 Normalmente _trabajo_ (trabajar) ocho horas al día, pero ☐ c

2 Ana, normalmente, _______ (ir) en coche al trabajo, pero ☐

3 Mateo _______ (ver) la televisión por las noches, pero ☐

4 Ana y Mateo _______ (ir) a la playa los fines de semanas, pero ☐

5 Normalmente _______ (llover) mucho en invierno, pero ☐

6 Mateo y yo normalmente _______ (ir) de camping en agosto, pero ☐

B. a el verano pasado _______ (estar) en un hotel.

b el fin de semana pasado _______ (jugar) al tenis.

c ayer _empecé_ (empezar) a las 9 de la mañana y terminé a las 9 de la noche.

d el año pasado _______ (nevar) mucho.

e ayer _______ (ir) en autobús.

f ayer por la noche _______ (escuchar) música.

3 Completa la conversación con el pretérito indefinido de los verbos señalados.
주어진 동사의 단순과거형을 사용하여 대화를 완성해 보세요.

A Ayer fue mi cumpleaños. ¡Ya tengo 30 años!

B Vaya, ¡felicidades! ¿Dónde (1) _estuviste_ (estar)?

A (2)________ (ir) a un restaurante italiano con mis amigos.

B ¿Qué (3)________ (comer / vosotros)?

A Todos (4)________ (pedir) pasta.

B ¿Qué tal lo (5)________ (pasar)?

A Nos lo (6)________ (pasar) muy bien y nos (7)________ (reír) mucho. ¿Cuándo es tu cumpleaños?

B (8)________ (ser) ayer.

A ¡Anda! ¡Qué casualidad! ¡Muchas felicidades!

B ¡Gracias!

4 Mira la agenda de Guillermo. Ordena las preguntas y contéstalas.
기예르모의 스케줄을 보세요. 단어를 순서대로 나열하여 질문을 만들고 답해 보세요.

JUNIO

Miércoles   Examen de español.

Jueves   Llamar a Tomás.

Viernes   Tomar el tren a las 11:30.

Sábado   Cumpleaños de María.
Quedamos a las 5.

Domingo   Al cine con Tomás.

Lunes   Nota del examen.

Martes   Ir al gimnasio.

1 ¿por / llamó / a / teléfono / quién / jueves / el?
____

2 ¿tomó / qué / tren / el / día?
____

3 ¿hora / tren / a / salió / qué / el?
____

4 ¿fue / el / sábado / de / cumpleaños / quién / el?
____

5 ¿hora / quedaron / qué / a?
____

6 ¿fue / el / quién / cine / domingo / al / con?
____

7 ¿la / examen / nota / cuándo / del / vio?
____

8 ¿el / adónde / martes / fue?
____

C   ¿Qué tiempo hace hoy?

1 (011) Completa con las palabras del recuadro. Después, escucha y comprueba.
박스 안의 단어들을 사용하여 빈칸을 채워 보세요. 그리고 듣고 확인해 보세요.

avión • Más tarde • despedí • río • salieron • ~~estuve~~ • Después • Finalmente • cogí • hice

UN PAÍS MARAVILLOSO

Desde niña, siempre deseé conocer la selva. Este verano (1) _estuve_ en Perú, un país maravilloso.

Al día siguiente de mi llegada a Lima, (2)________ un (3)________ a Iquitos, preciosa ciudad tropical, como sacada de una película: los mototaxis, los mercados de fruta, las casas y el (4)________ Amazonas.

(5)________ entramos en la selva, dispuestos a pescar pirañas, bañarme en el Amazonas, comer plátano frito…

(6)________, paramos en un pueblo en medio de la selva. En unos segundos un montón de niños (7)________ de sus casas y me rodearon con sus rostros sonrientes.

(8)________, me (9)________ unas fotos con ellos y me (10)________ muy contenta de llevarme un recuerdo auténtico del Amazonas.

2 Corrige las frases a partir de la información del texto anterior.

앞의 지문을 참고하여 문장을 알맞게 고쳐 보세요.

1 Nunca desee conocer la selva.

2 Al tercer día nos marchamos a Iquitos.

3 En Iquitos vimos el río Paraná.

4 En el Amazonas se pescan tiburones.

5 En la selva no nos bañamos en el río.

6 En el pueblo de la selva conocimos a un grupo de jóvenes.

7 No me llevé ningún recuerdo del Amazonas.

8 No me hice fotos con los niños.

3 ¿Qué tiempo hizo ayer en Sudamérica? ¿Y hoy, qué tiempo hace?

어제 남미의 날씨는 어땠나요? 그리고 오늘 날씨는 어떤가요?

	Perú	**México**	**Argentina**	**Brasil**
Ayer	viento y lluvia	calor y nublado	frío	nublado y lluvia
Hoy	frío y nieve	lluvia	viento	frío y viento

Ayer en Perú hizo viento y llovió. Hoy hace frío y nieva.

1

2

3

4 Lee el siguiente anuncio de una revista de viajes y contesta a las preguntas.

여행 잡지에 나온 다음 광고를 읽고 질문에 답해 보세요.

Datos básicos

Población: unos 118 millones de habitantes.
Moneda: peso mexicano (1 € = 17 pesos).
Documentación: pasaporte.

Cuándo ir

Los mejores meses del año son de octubre a mayo.

Cómo llegar

Vuelos directos diarios con Iberia y Aeroméxico.

Visitas imprescindibles

Ciudad de México: el Museo Nacional y las pirámides de Teotihuacán.
Oaxaca: ruinas de Monte Albán.
Chiapas: pirámides mayas.
Playas de Cancún.

Información: www.visitmexico.com

1 ¿Cuántos habitantes tiene México?

2 ¿Cuántos pesos mexicanos puedes comprar con 300 €?

3 ¿Qué compañías tienen vuelo directo todos los días desde España?

4 Di seis buenos meses para ir a México.

5 ¿Dónde están las pirámides de Teotihuacán? ¿Y las pirámides mayas?

6 ¿Si vas a México tienes que llevar el bañador? ¿Para qué?

Practica más 4

Unidades 7 y 8

1 Responde con *estar* + gerundio.

현재진행형으로 답해 보세요.

1 A Hola, Pablo, ¿qué haces?

B Nada especial, _estoy viendo_ (ver) una peli en internet.

2 A ¿Dónde está Javier?

B En su habitación, _____________ (estudiar) porque mañana tiene un examen.

3 A Luis, ¿tienes café hecho?

B No, ahora mismo lo _____________ (hacer).

4 A ¿Y tus hijos, a qué _____________ (jugar)?

B _____________ (jugar) al fútbol en el parque.

5 A ¿Y tu marido, dónde está?

B No lo sé, creo que _____________ (leer) el periódico.

6 A ¿Tu madre no viene con nosotras?

B No puede, _____________ (hacer) la comida para todos.

7 A ¿Y Clara, qué está haciendo, no la oigo?

B Tranquilo, _____________ (dormir).

8 A Hola, ¿está Carlos?

B Sí, pero en este momento _____________ (ducharse).

2 Completa el texto con el tiempo correcto de los verbos del recuadro. (Presente o *estar* + gerundio).

박스 안의 동사들을 알맞은 형태로 바꾸어 지문을 완성해 보세요. (현재형 혹은 현재진행형)

> enseñar • estar • hablar • gustar
> ir • comentar • preguntar • ~~comprar~~

Hoy es el cumpleaños de Beatriz, y Amanda (1) _está comprando_ un regalo para ella. Está en una librería y (2) _____________ con el dependiente. Amanda le (3) _____________ sobre libros de cine y el dependiente le (4) _____________ las últimas novedades. Amanda y Beatriz (5) _____________ al cine todos los fines de semana. A la salida (6) _____________ la película. A veces no (7) _____________ de acuerdo porque a Amanda (8) _____________ el cine de terror y a Beatriz no.

3 Completa las frases con el pretérito indefinido de los verbos del recuadro.

박스 안의 동사들을 단순과거형으로 바꾸어 문장을 완성해 보세요.

> *viajar* *volver* *vivir* *ganar* *estar* *irse*
> ~~tocar~~ *dejar* *comprar* *alojarse*

1 A Patricia le _tocó_ la lotería.

2 Ella _____________ mucho dinero.

3 Ella y sus amigos _____________ de viaje.

4 (Ellos) _____________ en avión.

5 (Ellos) _____________ en el Caribe.

6 (Ellos) _____________ en un hotel en la playa.

7 Todos _____________ una experiencia inolvidable.

8 Patricia no _____________ a casa hasta un mes después.

9 Patricia no _____________ su trabajo.

10 Patricia _____________ otro billete de lotería.

4 Completa la entrevista con el pretérito indefinido de los verbos entre paréntesis.
괄호 안의 동사들을 단순과거형으로 바꾸어 인터뷰 내용을 완성해 보세요.

TV1: A usted le (1)_<u>tocó</u>_ (tocar) la lotería el año pasado. ¿Cómo lo (2)__________ (celebrar)?

PATRICIA: Primero (3)__________ (llamar) a mi amiga Marisa.

TV1: ¿Cómo (4)__________ (gastar) el dinero?

PATRICIA: Me (5)__________ (ir) de compras y (6)__________ (comprar) regalos para todos mis amigos. Y la semana siguiente la (7)__________ (pasar) todos en una playa del Caribe.

5 Elige el adjetivo correcto de cada pareja.
다음 중 알맞은 형용사를 선택해 보세요.

> serio/a • alegre
> tacaño/a • generoso/a
> hablador/a • callado/a
> antipático/a • simpático/a
> maleducado/a • educado/a

1 Ricardo gasta muy poco dinero. Nunca invita a sus amigos. Es un __________.

2 Nadie quiere ser su amigo. Es muy __________.

3 Nunca se ríe. Siempre está __________.

4 Manuel nunca saluda por la mañana. Es un __________.

5 Pilar no para de hablar. Es muy __________.

6 A mi hermana le gusta ayudar a los demás. Es muy __________.

7 Siempre cuenta cosas divertidas. Es muy __________.

8 Habla muy poco. Es muy __________.

9 Alejandro siempre da las gracias. Es un chico muy __________.

6 Escribe los contrarios. 반대말을 써 보세요.
1 pelo largo / pelo __________
2 ojos oscuros / ojos __________
3 mayor / __________
4 delgado / __________
5 baja / __________
6 pelo rizado / pelo __________

7 Mira el mapa del tiempo de América del Sur y di qué tiempo hace en cada una de las capitales numeradas.
남미의 날씨 지도를 보고 번호대로 수도의 날씨를 말해 보세요.

1 _En Caracas hace calor._
2 __________
3 __________
4 __________
5 __________
6 __________

8 Encuentra los doce meses del año en esta sopa de letras.
알파벳 박스에서 일 년 열두 달의 명칭을 찾아 보세요.

A	M	A	R	Z	O	B	F	C	O
B	A	C	L	I	S	E	D	L	C
N	Y	Z	O	Q	B	A	A	M	T
A	O	R	T	R	A	N	G	J	U
B	P	V	E	N	E	R	O	U	B
R	S	R	I	T	F	U	S	N	R
I	O	S	V	E	X	N	T	I	E
L	N	P	R	D	M	P	O	O	T
D	I	C	I	E	M	B	R	E	F
S	E	P	T	I	E	M	B	R	E
U	A	C	J	U	L	I	O	E	H
N	O	V	I	E	M	B	R	E	O

A ¿Cuánto cuestan estos zapatos?

1 Completa estas conversaciones con las palabras que faltan.

빈칸을 채워 대화를 완성해 보세요.

1

A ¿Puedo ayudarla?

B Sí, ¿(1) *cuánto* cuestan estos pendientes?

A 20 euros.

B ¿Y esos de ahí, los azules?

A Esos están rebajados, (2)_________ 15 euros.

B Me los (3)_________.

A ¿Va a pagar en efectivo o (4)_________?

2

A Buenos días. ¿Cuánto (1)_________ la falda roja del escaparate?

B (2)_________ 40 euros.

A ¿Puedo (3)_________?

B Sí, claro, los probadores están al final del pasillo.(…)

B ¿Qué tal le (4)_________?

A Pues no me (5)_________ mucho, lo siento, no me la (6)_________.

3

A Mira esa camiseta verde, solo (1)_________ 10 euros.

B Me (2)_________ más esta, ¿por qué no te la pruebas?

A Vale… A ver… ¿Cómo me (3)_________?

B Fenomenal.

A ¿(4)_________ cuesta?

B Da igual, yo te la regalo.

2 🎧 (012) Escucha y comprueba tus respuestas.

듣고 답을 확인해 보세요.

3 Haz preguntas como en el ejemplo con los pronombres *la, lo, las, los.*

보기처럼 목적격대명사 *la, lo, las, los*를 사용하여 질문해 보세요.

1 Yo no traigo el diccionario.
¿Tú lo traes?

2 Yo no veo esas películas.
¿Tú _________________________________?

3 Yo no compro esos libros.
¿Tú _________________________________?

4 Yo no conozco a la tía de David.
¿Tú _________________________________?

5 Yo no leo el periódico.
¿Tú _________________________________?

6 Yo no uso el ordenador de la escuela.
¿Tú _________________________________?

7 Yo no utilizo el transporte público.
¿Tú _________________________________?

4 Completa las frases con los pronombres del recuadro.

박스 안의 대명사들을 사용하여 문장을 완성해 보세요.

> *me*   *te*   *lo (x 2)*   *la*   *os (x 2)*   *nos*   *los*   *las*

1 ¿Por qué no *me* escuchas?

2 Allí está María, ¿_______ ves?

3 ¿Dónde están mis zapatos? No _______ veo.

4 **A** ¿Conoces al profesor nuevo?
   B No, no _______ conozco.

5 **A** ¿Dónde están los niños?
   B No _______ sé.

6 ¿Venís a la cafetería? Yo _______ invito.

7 Isabel, _______ (a ti) espero en la puerta del cine.

8 **A** ¿_______ (a nosotros) invitas a tu cumpleaños?
   B Sí, _______ espero a las 7.

9 **A** ¿Cómo están tus hermanas?
   B Muy bien, _______ vi ayer.

B   Mi novio lleva corbata

1 Busca el nombre de esta ropa en la sopa de letras. 알파벳 박스에서 의류 명칭을 찾아 보세요.

R	W	J	E	R	S	E	Y	P	O
R	P	O	Y	N	B	N	S	A	Z
E	C	V	B	E	R	T	D	N	M
A	S	C	A	M	I	S	E	T	A
S	O	P	B	F	A	L	D	A	N
I	T	V	M	S	W	C	X	L	X
M	A	X	A	B	R	I	G	O	M
A	P	X	W	E	T	R	Y	N	U
C	A	L	C	E	T	I	N	E	S
B	Z	B	R	E	T	G	H	S	M

2 Completa. 다음을 완성해 보세요.

En el departamento de objetos perdidos de estos grandes almacenes tenemos:

1 un moneder __ marrón,

2 una carpet__ negr__,

3 unos guantes gris__ __,

4 unas gaf__ __ roj__ __, muy modern__ __,

5 una pelot__ amarill__ .

6 unos bolígrafos azul__ __.

7 un paraguas ros__,

8 unos calcetines verd__ __ y

9 una bufand__ naranj__.

3 Escribe los adjetivos contrarios. 반대되는 형용사를 써 보세요.

1 barato _________   **3** corto _________   **5** sucio _________   **7** oscuro _________

2 antiguo _________   **4** cómodo _________   **6** ancho _________   **8** grande _________

4 Completa con las palabras del recuadro. 박스 안의 단어들을 사용하여 빈칸을 채워 보세요.

> *vaqueros*   *gasta*   **favorito**   *cómoda*   **compras**   *zapatos*   *elegante*   *bonitos*

Carmen tiene 46 años y es funcionaria, trabaja en el Ministerio de Asuntos Exteriores. No (1) _________ mucho dinero en comprar ropa. Suele ir de (2) _________ dos veces al año, una antes de las vacaciones de verano y otra al principio del invierno. Le gusta la ropa (3) _________ y moderna, no muy formal. Prefiere llevar pantalones (4) _________, camisetas o camisas de algodón y (5) _________ muy cómodos. Cuando va a una fiesta o a un sitio especial prefiere algo más (6) _________: un vestido o unos pantalones (7) _________. Su color (8) _________ es el negro, aunque también le gustan mucho el rojo y el naranja.

C Buenos Aires es más grande que Toledo

1 Escribe una frase con el mismo significado.
같은 의미의 문장을 써 보세요.

1 Estos vaqueros son más caros que aquellos.
   Aquellos vaqueros son más baratos que estos.

2 Juanjo es mayor que yo.
   ____

3 El coche de Ramón es peor que el de Miguel.
   ____

4 El sillón es más cómodo que la silla.
   ____

5 Lleva la falda más larga que el abrigo.
   ____

6 Raquel tiene menos libros que nosotras.
   ____

7 Mi coche es más viejo que el tuyo.

2 Completa las frases. 다음 문장을 완성해 보세요.

1 Est_e_ vestido es muy cort___.

2 Es___ clase es pequeñ___.

3 Es___ coches son nuev___.

4 Aquell___ chicas están cansad___.

5 ¿Cuánto cuesta est___ falda roj___?

6 ¿De quién es est___ libro?

7 **A** ¿Es___ botas son car___?
   B Sí, pero mira, aquell___ son más barat___.

8 **A** Es___ pantalones son muy lar___.
   B Sí, aquell___ son más cort___.

9 Est___ pendientes están rebajad___.

10 Es___ bolso es bonit___ y barat_____, pero aquel es car___ y bastante más fe___.

3 Completa este texto utilizando los comparativos del recuadro.

박스 안의 비교급을 사용하여 대화를 완성해 보세요.

> *menos* *tan* *mayor* *~~mejor~~* *más (x 2)*

¿Dónde te gusta ir de vacaciones?

ÁNGEL: Es (1) <u>mejor</u> ir a la playa que a la montaña.

SUSANA: ¿Por qué? Yo prefiero la montaña, así las vacaciones son (2)__________ tranquilas.

ÁNGEL: Sí, en la montaña hay (3)__________ gente pero también es mucho (4)__________ aburrido. ¿Adónde vas por las noches? ¿Y qué haces durante el día? No hay nada (5)__________ relajante como tumbarse un día entero al sol y bañarse en el mar de vez en cuando.

SUSANA: Dormir poco y tomar mucho el sol es muy malo para la piel. ¿Sabes?, creo que por eso tú pareces mucho (6)__________ que yo. Mira, no tengo ni una arruga.

4 ¿Dónde prefieres ir tú de vacaciones? Escribe unas líneas y explica qué razones tienes.

여러분은 휴가 때 어디를 가고 싶어요? 그 이유를 설명해 보세요.

A mí me gusta mucho ir a la playa porque…
Yo prefiero ir a la montaña…

5 Lee el texto y completa los huecos con las palabras del recuadro.

지문을 읽고 박스 안의 단어들을 사용하여 빈칸을 채워 보세요.

> lugar • después • ~~noroeste~~ • empezó
> catedral • es • mirar
> ambiente • postre • hay • encontrar • que

SANTIAGO DE COMPOSTELA

Es la capital de la comunidad autónoma de Galicia. Es el final del "Camino de Santiago".

Santiago de Compostela, capital de la comunidad autónoma de Galicia, es el final del "Camino de Santiago". Situada en el (1)<u>noroeste</u> de España, en la Edad Media fue un (2)__________ muy famoso, fue la tercera ciudad de la cristiandad, (3)__________ de Jerusalén y Roma.

En la plaza del Obradoiro se encuentra la (4)__________, una obra maestra que se (5)__________ a construir en el siglo XII (pórtico de la Gloria) y se reformó en el siglo XVII (fachada barroca del Obradoiro). (6)__________ un placer pasear por la parte antigua, tomar tapas y vinos, (7)__________ las tiendas de artesanía o de dulces típicos.

La ciudad tiene un (8)__________ muy animado, gracias a los turistas y, sobre todo, a los estudiantes (9)__________ estudian en su famosa universidad. Es fácil (10)__________ alojamiento en hoteles, pensiones, hostales, etc., y también (11)__________muchas posibilidades de disfrutar la comida gallega. Los platos más típicos son el caldo gallego, el pulpo "a feira", la empanada gallega rellena de carne o pescado, los pimientos de Padrón y, de (12)__________, la rica tarta de Santiago.

A La salud

1 Mira el dibujo y escribe el nombre de las distintas partes del cuerpo.

그림을 보고 신체 부위의 명칭을 써 보세요.

pecho • cuello • pelo • oreja • ojos
cara • hombro • brazo • mano • dedos
rodilla • pie • pierna

1 *rodilla*   8
2   9
3   10
4   11
5   12
6   13
7

2 ¿Qué palabra no pertenece a su grupo?

같은 부류에 속하지 않는 단어는 무엇인가요?

1 ojos, dientes, bigote, *dedos.*
2 hombro, mano, oreja, dedos.
3 rodilla, cara, pierna, pie.
4 pie, cara, cuello, pelo.
5 brazo, mano, dedos, ojos.
6 pecho, hombro, rodilla, cuello.

3 Escribe las respuestas. La número 1 es la palabra vertical.

답을 써 보세요. 1번은 세로 문제입니다.

CRUCIGRAMA

1 Oyes con ellas: _______________
2 Te lo puedes afeitar: _______________
3 Los usas para abrazar: _______________
4 Te los lavas después de comer: _______________
5 Los cierras cuando duermes: _______________
6 Te las lavas antes de comer: _______________
7 En ellos te pones los anillos: _______________

4 Ordena la siguiente conversación entre Sonia y Alfonso.

소니아와 알폰소의 대화를 순서대로 나열해 보세요.

SONIA: Seguro que mañana estás mejor. ☐
SONIA: ¿Estás tomando algo? ☐
SONIA: ¿Qué te pasa Alfonso? ¿Te encuentras bien? ☐1
SONIA: ¿Por qué no te tomas una aspirina y descansas? ☐
ALFONSO: Sí, es lo mejor, porque mañana tengo mucho trabajo. ☐
ALFONSO: No, no muy bien. Tengo fiebre. ☐
ALFONSO: No, de momento no. ☐

5 013 Escucha y comprueba. 듣고 확인해 보세요.

6 Completa las siguientes frases con el verbo *doler*. doler 동사를 사용하여 다음 문장을 완성해 보세요.

1 ¡Baja la música! A papá _le duele_ la cabeza.

2 A Juan y a Carmen ______________ la espalda.

3 No puedo cenar porque ______________ el estómago.

4 Mi hermana va mañana al dentista porque ______________ las muelas.

5 ¿Y a ti qué ______________?

6 Hemos caminado mucho y ahora ______________ las piernas.

B Antes salíamos con los amigos

1 Relaciona las frases y completa con el pretérito imperfecto. 다음 문장을 알맞게 연결하고 불완료 과거형을 사용하여 빈칸을 채워 보세요.

1 Ahora trabajo en una oficina, ☑ *d*

2 Ahora vamos al cine, ☐

3 Ahora Juan viene los martes a clase, ☐

4 Ahora compro el periódico, ☐

5 Ahora me gusta la música clásica, ☐

6 Ahora haces la comida, ☐

a antes ______________ los jueves.

b antes ______________ la cena.

c antes ______________ revistas.

d antes _trabajaba_ en un restaurante.

e antes ______________ el rock.

f antes ______________ al teatro.

2 Completa las frases con el pretérito imperfecto de los verbos del recuadro. 주어진 동사들의 불완료과거형을 사용하여 문장을 완성해 보세요.

> ~~vivir~~   tener (x 2)   ir (x 2)   trabajar   tocar (x 2)
> ser (x 2)   escalar   leer   existir

1 Antes de venir a Madrid, _vivíamos_ en Vigo.

2 Cuando Mercedes ______________ 14 años, siempre ______________ en bicicleta.

3 Ahora es recepcionista, antes ______________ como camarero.

4 Antes ______________ muy mal la guitarra, ahora tengo un profesor particular y lo hago mejor.

5 Julia y Jorge, cuando ______________ jóvenes, ______________ el piano.

6 De pequeño ______________ a la escuela en el autobús con otros niños.

7 Cuando ______________ jóvenes, mi marido y yo ______________ con un grupo de montaña.

8 Antes, mi hijo ______________ una moto y ______________ muchas revistas de motociclismo.

9 Hace cincuenta años no ______________ los teléfonos móviles.

3 Completa la siguiente entrevista con el pretérito imperfecto de los verbos entre paréntesis.

괄호 속 동사들의 불완료과거형을 사용하여 다음 인터뷰를 완성해 보세요.

MARCOS CURIEL cumple 95 años el próximo 14 de noviembre.

ENTREVISTADOR: ¿Tiene amigos de su edad?

MARCOS: Tengo algunos amigos más jóvenes. (1) _Tenía_ (tener) uno de mi edad, pero murió a los 90 años.

ENTREVISTADOR: ¿Es el mundo ahora muy diferente?

MARCOS: Todo está muy cambiado. Antes todos nosotros (2)________ (vivir) más tranquilos y ahora la gente corre demasiado.

ENTREVISTADOR: Cuando (3)________ (ser) niño no (4)________ (haber) televisión, ni radio…

MARCOS: No, nosotros no (5)________ (tener) nada de eso.

ENTREVISTADOR: ¿Qué es lo que más recuerda de su infancia?

MARCOS: Me acuerdo de cuando yo (6)________ (ir) a ayudar a mi padre. Él (7)________ (ser) barbero y (8)________ (atender) a mucha gente.

ENTREVISTADOR: ¿Cuál es el secreto para llegar a los noventa y cinco años?

MARCOS: Cuando mi familia y yo (9)________ (vivir) en Trujillo (10)________ (tomar) muchos alimentos naturales, leche recién ordeñada y patatas recogidas del campo.

4 Vuelve a leer la entrevista con Marcos y contesta a las preguntas.
마르코스와의 인터뷰를 다시 읽고 질문에 답해 보세요.

1 ¿Cuántos años tenía su amigo cuando murió?

____

2 Según Marcos, ¿cómo vivía la gente antes?

____

3 ¿Qué cosas no tenía Marcos cuando era niño?

____

4 ¿Dónde vivía Marcos con su familia?

____

5 ¿En qué trabajaba el padre de Marcos?

____

6 ¿Qué comían Marcos y su familia?

____

C Voy a trabajar en un hotel

1 Relaciona las siguientes preguntas con sus respuestas. 다음 질문들과 알맞은 대답을 연결해 보세요.

1 ¿Para qué vas a aprender español? `c`
2 ¿Cuándo se va a casar Pedro? ☐
3 ¿Cuántos días van a estar? ☐
4 ¿A qué hora vamos a quedar? ☐
5 ¿Qué carrera vas a estudiar? ☐
6 ¿Adónde vais a ir de viaje de novios? ☐

a A las ocho y media.
b En abril.
c Porque quiero viajar a España.
d A la isla de Fuerteventura.
e Tres o cuatro.
f Medicina.

2 ¿Qué planes tienen los siguientes personajes para el fin de semana?
다음 인물들은 어떤 주말 계획을 갖고 있나요?

1 Juan / lavar el coche.
Juan va a lavar el coche.

2 Yo / llamar a mis amigos.

____

3 Ana / cenar con Pedro.

____

4 María y Alberto / pintar su casa.

____

5 Tomás y yo / arreglar nuestras bicicletas.

____

6 ¿(Tú) / ir a la piscina?

____

7 ¿(Vosotros) / venir a comer?

____

8 ¿Tu hermano / correr la maratón de Atenas?

____

9 Mis amigos / no ver el partido en casa. (ellos) / ver en un bar.

____

10 ¿(Tú) / hacer obra en la cocina?

____

3 Completa la conversación. 대화를 완성해 보세요.

ROSA: ¡Hola, Pablo! Soy Rosa. ¿Qué vas a hacer este sábado?

PABLO: Tenemos un examen el lunes, y Elena (1)___________ (venir) a estudiar a mi casa.

ROSA: ¿Y el domingo?

PABLO: El domingo por la mañana Ángel y yo (2)___________ (ver) una exposición y por la tarde (3)___________ (jugar) a los bolos. ¿Te vienes?

ROSA: El domingo por la mañana yo no (4)___________ (poder) porque (5)___________ (lavar) el coche, pero nos vemos por la tarde.

PABLO: ¡Estupendo! ¡Hasta el domingo!

4 Relaciona cada país o ciudad con una actividad.
각 나라 혹은 도시를 알맞은 활동과 연결해 보세요.

1 Estados Unidos ☐
2 Moscú ☐
3 Egipto ☐
4 España ☐
5 Río de Janeiro ☐
6 Kenia ☐
7 Grecia ☐
8 París ☐
9 Roma ☐
10 Londres ☐

a Escuchar flamenco.
b Visitar las pirámides.
c Pasear por la plaza Roja.
d Bañarse en las playas de Copacabana.
e Hacer fotos a los leones.
f Navegar por el Támesis.
g Volar sobre el Gran Cañón.
h Conocer las islas griegas.
i Conocer el Coliseo.
j Admirar la Gioconda.

5 Di qué van a hacer las siguientes personas en sus vacaciones.

다음 인물들이 휴가 때 무엇을 할지 말해 보세요.

1 David / Kenia
David va a hacer fotos a los leones.

2 Pedro / Estados Unidos.

3 Alberto y Pablo / Moscú

4 Yo / Egipto

5 Tú / España

6 Tu novia y tú / Río de Janeiro

7 Nosotros / Grecia

8 Mis padres / París

9 Pablo y María / Roma

10 Tu amigo Pedro / Londres

6 Lee el texto y di si las frases siguientes son verdaderas o falsas.

지문을 읽고 다음 문장이 참(V)인지 거짓(F)인지 말해 보세요.

¡REFORME SU CASA!

¿Necesita su casa una reforma? Todas las semanas la revista *Su Casa al Día* va a sortear un premio de 10 000 euros entre nuestros lectores para reformar su casa y su mobiliario. Esta semana la ganadora es la señora Ruiz, que nos va a contar sus planes de reforma.

ENTREVISTADORA: ¿Qué va a hacer con el dinero, señora Ruiz?

SRA. RUIZ: Lo primero que voy a hacer es pintar toda la casa. Voy a poner distintos colores en cada habitación.

ENTREVISTADORA: ¿Qué piensa su familia?

SRA. RUIZ: Están todos de acuerdo. Ellos van a elegir el color de cada habitación.

ENTREVISTADORA: ¿Y qué va a hacer con los muebles?

SRA. RUIZ: Voy a cambiar los muebles viejos y también uno o dos electrodomésticos.

ENTREVISTADORA: ¿Va a hacer algo más?

SRA. RUIZ: Si me sobra dinero, vamos a comprar un televisor con una pantalla muy grande, como de cine.

ENTREVISTADORA: Es una idea excelente. ¡Que lo disfruten, Sra. Ruiz!

1 La Sra. Ruiz va a recibir una herencia de 10 000 euros. ☐ F

2 Se va a gastar el dinero en un viaje. ☐

3 Va a pintar las paredes de colores. ☐

4 La familia no está de acuerdo con la reforma. ☐

5 Los hijos van a elegir los colores de las habitaciones. ☐

6 Con el dinero restante van a comprar una televisión. ☐

Practica más 5

Unidades 9 y 10

1 Sustituye el nombre por el pronombre objeto, como en el ejemplo.
보기와 같이 목적격대명사로 바꿔 보세요.

Dame *el libro*. / Dámelo.

1 El domingo vi el partido por la televisión.
_______ vi con mis amigos.

2 Ayer me compré unos zapatos.
Me _______ compré en mi barrio.

3 Leí las revistas que compraste.
_______ leí ayer por la tarde.

4 Enviaron las cartas a sus familiares.
_______ enviaron por correo urgente.

5 Todos los días llevo corbata.
_______ llevo para trabajar.

6 Me compré unos pantalones cortos.
_______ compré para ir al campo.

2 Elige el adjetivo correcto de cada pareja.
알맞은 형용사를 골라 보세요.

> claro/a ● oscuro/a
> moderno/a ● antiguo/a
> largo/a ● corto/a
> caro/a ● barato/a
> ancho/a ● estrecho/a
> grande ● pequeño/a
> limpio/a ● sucio/a

1 Ese niño no sabe andar.
Es muy *pequeño.*

2 No me lo puedo comprar.
Es muy ___________.

3 Esa camisa azul es casi negra.
Es muy ___________.

4 No tengo tiempo de limpiar.
La casa está muy ___________.

5 La película duró demasiado.
Fue muy ___________.

6 El armario tiene más de cien años.
Es muy ___________.

7 Mi coche no cabe en ese aparcamiento.
Es muy ___________.

3 Elige la opción correcta. 알맞은 것을 골라 보세요.

Andrés es más alto *que* su hermano.

(a) ~~que~~   (b) más   (c) tan

1 Mi coche nuevo es _______ que el antiguo.
(a) tan   (b) como   (c) mejor

2 Las habitaciones de Elena y Rosa son iguales. La habitación de Elena es _______ grande como la de Rosa.
(a) tan   (b) que   (c) más

3 La silla es _______ cómoda que el sillón.
(a) tan   (b) menos   (c) menor

4 Elisa es más simpática _______ su compañera.
(a) como   (b) peor   (c) que

5 La mesa de madera no es tan antigua _______ la de hierro.
(a) como   (b) que   (c) menos

6 Luis tiene tres años menos que Nacho. Nacho es _______ que Luis. Luis es _______ que Nacho.
(a) mayor   (b) menor   (c) como

7 Las notas de Carlos son muy malas. Son _______ que las de su hermana.
(a) mejor   (b) peor   (c) peores

8 La película del sábado es muy aburrida. Es _______ que la de la semana pasada.
(a) mala   (b) peor   (c) más

9 Juan tiene mucho tiempo libre. Está _______ ocupado que yo.
(a) tan   (b) menos   (c) como

10 Esta tienda es muy barata. Tiene _______ precios que las otras.
(a) buenos   (b) malos   (c) mejores

11 Mi amigo ha ganado la Olimpiada de Matemáticas. Es el _______ .
(a) más   (b) mayo   (c) mejor

4 Completa las tablas con el pretérito imperfecto de los verbos.

동사의 불완료과거형으로 빈칸을 채워 보세요.

	DIBUJAR	COMER	DECIR
Yo	dibujaba		
Tú		comías	
Él			decía
Nosotros			
Vosotros			
Ellos			

	IR	SER
Yo		
Tú		
Él		
Nosotros		éramos
Vosotros	ibais	
Ellos		

5 Completa las siguientes frases con el pretérito imperfecto de los verbos del recuadro.

주어진 동사들의 불완료과거형으로 다음 문장을 완성해 보세요.

> *beber conducir ir (x 2) venir estar*
> *jugar ser tener montar salir vivir*

1 Luis y Antonio antes *vivían* en Alemania.

2 Cuando Juan ______ pequeño ______ al colegio conmigo.

3 Nosotros antes ______ mucho café.

4 Cuando no ______ hijos, Elena y Emilio ______ mucho con sus amigos.

5 De pequeños mi hermano y yo ______ a la playa con nuestros padres.

6 Cuando mi abuelo ______ a mi casa, ______ conmigo al dominó.

7 Cuando nosotros ______ en el pueblo, ______ en bicicleta.

8 Antes ______ muy deprisa, pero ahora voy más tranquilo por la carretera.

6 Ordena las preguntas y contéstalas mirando los planes de Juanjo para el próximo curso.

후앙호의 다음 학기 계획을 보면서 질문을 만들고 답해 보세요.

Mis planes para el próximo curso

- Conocer Argentina y Uruguay.
- Ir al gimnasio martes y jueves.
- Comprar un coche nuevo.
- Vacaciones con Nieves y Lucía.
- Fiesta de cumpleaños (28 de febrero).
- Tenis con Miguel en la Casa de Campo.
- Pasar la Semana Santa en Londres.

1 ¿va / Juanjo / a / qué / conocer / países?
¿Qué países va a conocer Juanjo?
Juanjo va a conocer Argentina y Uruguay.

2 ¿a / amigos / al / Juanjo / y / gimnasio / cuándo ir / van / sus?
____
____

3 ¿comprar / va / se / qué / a?
____
____

4 ¿va / pasar / quién / vacaciones / con / a / las?
____
____

5 ¿organizar / qué / va / fiesta / a / una / día?
____
____

6 ¿tenis / a / dónde / jugar / al / van / Juanjo y Miguel?
____
____

7 ¿Semana / va / a / la / Santa / pasar / dónde?
____
____

Transcripciones

UNIDAD 1

C ¿Cuál es tu número de móvil?

듣기

4 Pista 1

1
A	¿Su nombre, por favor?
B	Manuel González Romero.
A	Muy bien. ¿De dónde es usted, señor González?
B	Soy español, de Valencia.
A	¿Vive en Valencia?
B	No, ahora vivo y trabajo en Madrid.
A	¿A qué se dedica usted?
B	Soy economista.
A	Muy bien. ¿Y cuál es su número de teléfono?
B	Es el 9 1 6 5 4 3 2 0 1.
A	Muchas gracias.

A 성함을 말씀해 주세요.
B 마누엘 곤살레스 로메로예요.
A 좋습니다. 어디 출신이시죠, 곤살레스 씨?
B 스페인, 발렌시아 사람이에요.
A 발렌시아에 사시나요?
B 아니요. 지금은 마드리드에 살고 거기서 일해요.
A 어떤 일을 하시나요?
B 경제 관련 일을 합니다.
A 좋습니다. 전화번호가 어떻게 되시죠?
B 9 1 6 5 4 3 2 0 1이에요.
A 감사합니다.

2
A	Isabel, ¿cómo te llamas de apellido?
B	Jiménez Díaz.
A	¿Jiménez con g o con j?
B	Con jota.
A	¿Y en qué trabajas?
B	Soy profesora de alemán.
A	¿Eres española?
B	No, soy argentina, pero ahora vivo acá en Madrid.
A	Muy bien, ¿me dices tu número de teléfono?
B	Sí, es el 6 5 6 7 8 9 8 2 3.
A	¿Y tu correo electrónico?
B	Isabel.j@yahoo.com
A	Gracias.

A 이사벨, 성이 뭐지요?
B 히메네스 디아스예요.
A 히메네스 스펠링을 g로 쓰나요? j로 쓰나요?
B j로 써요.
A 무슨 일을 하지요?
B 독일어 선생님이에요.
A 스페인 사람인가요?
B 아니요. 아르헨티나 사람이에요. 하지만 지금은 여기 마드리드에
　살아요.

A 좋아요, 전화번호 말해 줄래요?
B 네, 6 5 6 7 8 9 8 2 3이에요.
A 이메일 주소는요?
B Isabel.j@yahoo.com이에요.
A 감사합니다.

UNIDAD 2

C ¿Qué hora es?

듣기

3 Pista 2

En mi país la gente desayuna a las siete o siete y media,
muy temprano. Luego, en el trabajo o en la escuela
almuerzan una torta y comen en casa a las dos y media
o las tres. La cena normalmente es a las 9 de la noche.
Los niños empiezan las clases a las ocho de la mañana
y terminan a las doce y media. Luego, por la tarde, hay
otros turnos desde las doce y media hasta las cinco.
En cuanto a los bancos, normalmente abren desde las
ocho hasta las dos. Algunos bancos abren también los
jueves por la tarde.
Las tiendas de comida están abiertas desde las siete y
media de la mañana hasta las diez de la noche.

우리 나라에서 사람들은 아주 이른 일곱 시나 일곱 시 반에 아침 식사를 한다.
그런 다음 직장이나 학교에서 파이로 간식을 먹고 집에서는 두 시 반이나 세
시에 점심을 먹는다. 저녁 식사는 보통 밤 아홉 시에 먹는다. 아이들은 수업을
오전 여덟 시에 시작해서 열두 시 반에 마친다. 그리고 오후에는 열두 시
반부터 다섯 시까지 다른 반이 열린다.
은행은 보통 여덟 시에 열고 두 시에 닫는다. 어떤 은행들은 목요일 오후에도
연다.
음식 관련 가게들은 아침 일곱 시 반부터 밤 열 시까지 연다.

읽기

5

입양아
마놀로와 누리아는 갈리시아 사람이고 산타아고 데 콤포스텔라에서 산다.
마놀로는 행정 관련 일을 하고 36세이다. 아내인 누리아는 34세이며
미용사이다. 이들은 마르코스와 베니토라 불리는 자녀가 두 명 있다. 하지만
자녀들은 갈리시아 사람도 스페인 사람도 아니다. 여덟 살 마르코스는
에콰도르, 일곱 살 베니토는 콜롬비아 출신이다. 두 아이는 입양되었다.
지금은 행복한 가족을 이루고 있다.

듣기

7 Pista 3

Salidas:
- El vuelo de Aeroperú número 23848 (dos, tres, ocho, cuatro, ocho) tiene la salida prevista a las siete cincuenta y cinco.
- Los pasajeros del vuelo de Lanchile número cero sesenta y cuatro con salida a las doce cero cinco deben dirigirse a la puerta de embarque 9D.
- Los pasajeros del vuelo de Aerolíneas Argentinas 1289 (uno, dos, ocho, nueve) con destino a Buenos Aires y salida a las quince veinte salen de la puerta de embarque 5B.
- El vuelo de Iberia 576 (cinco, siete, seis) con destino a México sale con una demora de quince minutos y, por tanto, la salida es a las dieciocho treinta y cinco. Pasajeros, diríjanse a la puerta de embarque 7F.
- El vuelo de Alitalia 027 (cero, dos, siete) con destino a Roma tiene su salida a las veintitrés diez.

출발

- 아에로페루 항공 23848편은 7시 55분에 출발할 예정입니다.
- 12시 05분에 출발하는 란칠레 항공 064편을 이용하실 승객 분들은 탑승구 9D로 가셔야 합니다.
- 부에노스아이레스로 15시 20분에 떠나는 아에로리네아스 아르헨티나 항공 1289편을 이용하실 승객 분들은 탑승구 5B로 가시기 바랍니다.
- 멕시코로 떠나는 이베리아 항공 576편은 15분 지연되어 18시 35분에 출발합니다. 승객 분들은 탑승구 7F로 가시기 바랍니다.
- 로마로 향하는 알이탈리아 항공 027편은 23시 10분에 출발합니다.

UNIDAD 3

C ¿Qué desayunas?

듣기

1 Pista 4

A CAMARERO: Buenos días, ¿qué toman?
 SEÑOR: Yo quiero un café con leche y una tostada.
 SEÑORA: ¿Tiene zumo de naranja natural?
 CAMARERO: Sí, claro.
 SEÑORA: Yo un zumo de naranja y una tostada con mantequilla y mermelada.

B CAMARERO: Buenos días, ¿qué desea?
 SEÑOR: Quiero dos huevos fritos con beicon.
 CAMARERO: Lo siento, no tenemos. ¿Quiere un bocadillo?
 SEÑOR: Sí, por favor, un bocadillo de queso y un café con leche.

C CAMARERO: Buenos días, ¿qué desea?
 SEÑORA: Buenos días, quiero un té con leche, una magdalena y un zumo de naranja.
 CAMARERO: Muy bien, ahora mismo.

A 웨이터: 안녕하세요, 뭐 드실래요?
 남자: 저는 카페라테랑 토스트요.
 여자: 생과일 오렌지 주스 있나요?
 웨이터: 그럼요, 물론이죠.
 남자: 나는 오렌지 주스랑 버터와 잼을 바른 토스트 주세요.

B 웨이터: 안녕하세요, 뭐 드릴까요?
 남자: 베이컨이랑 계란 프라이 두 개요.

 웨이터: 죄송합니다, 지금 계란이 없어요. 보카디요는 어떠세요?
 남자: 그래요, 그럼 부탁해요. 치즈 보카디요랑 카페라테요.

C 웨이터: 안녕하세요, 뭐 드릴까요?
 여자: 안녕하세요, 우유 넣은 차, 막달레나 빵, 오렌지 주스요.
 웨이터: 좋습니다, 지금 바로 드릴게요.

UNIDAD 4

A ¿Dónde vives?

읽기

3

아파트 판매
- **헤네랄 리카르도스:**
 방 2개, 부엌과 욕실 장비 완비: 190,000유로
- **살라망카:**
 90㎡, 방 3개, 볕이 많이 듦: 450,000유로
- **우르헬:**
 70㎡, 방 2개, 주차장, 전철과 가까움: 180,000유로
- **차마르틴:**
 방 3개, 1층, 작은 정원: 250,000유로
- **피라미데스:**
 원룸, 60㎡, 방 1개, 거실이 매우 큼, 국철 가까움: 200,000유로

B Interiores

듣기

7 Pista 5

Mi casa de campo es muy bonita. Tiene tres dormitorios con vistas al jardín. El más grande tiene un pequeño cuarto de baño. Tiene otro cuarto de baño grande al final del pasillo. El salón es muy amplio, con dos grandes ventanas y una chimenea para hacer fuego en invierno. Junto al salón está el comedor y una cocina pequeña donde cocinamos mi marido y yo. Hay un garaje a la entrada. La casa tiene un jardín muy grande, con muchos árboles y flores.
Tenemos una piscina para bañarnos en verano. Nos gusta mucho ir a nuestra casa en vacaciones.

내 별장은 아주 예쁘다. 정원 쪽을 바라보는 방이 세 개 있다. 가장 큰 방에는 욕실이 하나 있다. 복도 끝에 커다란 욕실이 따로 있다. 거실은 매우 크고 커다란 창문이 두 개 있으며 겨울에 쓸 벽난로도 있다. 거실 옆에는 식당과 작은 부엌이 있어서 남편이랑 내가 요리한다. 입구에는 주차장이 있다. 정원은 아주 크고 나무와 꽃이 많다.
여름에 물놀이할 수 있는 수영장이 있다. 우리는 휴가 때 이 별장에 가는 것을 아주 좋아한다.

C   Visita a Córdoba

읽기

3

보고 싶은 로베르토,
코르도바 호텔 방에서 이 편지를 쓰는 거야. 친구들이랑 나는 안달루시아를
여행하고 있어.
호텔이 너무 좋아. 모든 게 다 있어. 식당, 수영장, 테니스장…… 그리고
전망이 너무 좋아.
내일 우리는 유대인 지역에 가 보고 메스키타도 방문할 거야.
그 다음 날에는 세비야에 가고 호텔 식당에서 마지막 만찬을 하고.
돌아가서 보자.
안녕.
마리아

UNIDAD 5

C   Receta del Caribe

듣기 & 읽기

5 Pista 6

La dieta mediterránea

¿En qué se basa esta cultura gastronómica?
Se basa, principalmente, en el aceite de oliva, el pan y el
vino. Con estos productos básicos se alimentan los
pueblos mediterráneos desde hace más de cinco mil
años.
Los países mediterráneos consumen como grasa
principal el aceite de oliva, que favorece la disminución
del colesterol. También consumen gran cantidad de
pescados azules, legumbres y frutas, y menos carne.
Las primeras investigaciones sobre esta dieta se centran
en Grecia y en España, donde se estudian las
características de su cocina, sus ingredientes, técnicas
de cocción, etc., y se llega a la conclusión de que la
dieta de estos países es la ideal para mantener una
buena salud.

지중해 식사

이 음식 문화는 무엇을 기본으로 하고 있나요? 바로, 올리브 오일과 빵,
포도주를 기본으로 하고 있습니다. 이 기본 재료를 사용하여 지중해 사람들은
오천 년 전부터 음식을 섭취해 왔습니다.
지중해 지역의 나라들은 올리브유를 주로 사용하는데 이 기름은 콜레스테롤
수치를 낮추는 데 도움을 줍니다. 또한, 푸른 생선, 콩류, 과일을 아주 많이
사용하고 고기류는 덜 사용합니다.
이런 식사에 대한 초기 연구는 그리스와 스페인을 중심으로 이루어졌는데,
요리의 특징, 재료, 요리 기술 등에 대한 연구에 따르면, 이런 나라들의
식사가 건강을 유지하는 데 가장 이상적이라는 결론에 이르게 되었습니다.

UNIDAD 6

A   ¿Cómo se va a Goya?

듣기

3 y 4 Pista 7

■ Dígame.
• ¿Marta? Soy Beatriz.
■ ¡Hola! ¿Ya estáis en Madrid?
• Sí, estamos en el hotel de la plaza de España.
■ Estupendo, ¿comemos juntas? Mi trabajo está cerca
  del hotel, si quieres puedes venir andando, tardas
  unos veinte minutos.
• No, no, dime mejor cómo voy en metro, tengo un
  plano en la mano.
■ Mira, estoy en Gran Vía, en la línea 5, solo hay dos
  estaciones desde Plaza de España, ¿lo ves?
• Pues no.
■ Coge la línea tres, y en la primera estación cambia a la
  línea 5.
• ¿En Ventura Rodríguez?
■ No, en la otra dirección, en Callao, ¿lo ves?
• Sí, sí.

■ 여보세요?
• 마르타? 나 베아트리스야.
■ 안녕! 벌써 마드리드에 왔어?
• 응. 우리는 스페인 광장 호텔에 있어.
■ 잘됐다, 같이 점심 먹는 거지? 직장이 호텔 근처에 있어, 네가 원하면
  걸어서 와도 돼, 이십 분 정도 걸려.
• 아니야, 아냐, 지하철로 어떻게 가는지 말해 주는 게 더 좋아, 지도를
  손에 갖고 있거든.
■ 봐 봐, 난 5호선, 그란 비아에 있어, 스페인 광장부터 두 정거장인데,
  보여?
• 아니.
■ 3호선을 타고 첫 번째 정류장에서 5호선으로 바꿔 타.
• 벤투라 로드리게스에서?
■ 아니, 다른 방향인 카야오에서, 보여?
• 응, 그래.

C   Mi barrio es tranquilo

듣기

7 Pista 8

Música de salsa, flamenco, tango y ranchera.

살사, 플라멩코, 탱고, 란체라 음악

UNIDAD 7

A ¿Dónde quedamos?

듣기

1 Pista 9

1

MARÍA: ¿Por qué no vamos a tomar algo después de trabajar?

RICARDO: Lo siento, hoy no puedo, tengo que ir de compras con mi hermano. ¿Te parece bien mañana?

MARÍA: ¿A qué hora te viene bien?

RICARDO: ¿A las seis?

MARÍA: No, mejor a las seis y media.

RICARDO: De acuerdo. ¡Hasta mañana!

마리아: 일 마치고 우리는 한잔하러 가지 않을래?

리카르도: 미안해, 오늘은 못 가. 동생이랑 뭘 사러 가야 돼. 넌 내일 어때?

마리아: 너는 몇 시가 좋은데?

리카르도: 여섯 시?

마리아: 아니, 여섯 시 반이 좋겠어.

리카르도: 좋아, 내일 보자!

2

DANIEL: ¿Vamos al cine esta noche?

CARMEN: No puedo, lo siento. Voy a cenar con unos amigos.

DANIEL: ¿Y si nos tomamos un café antes?

CARMEN: Bueno, de acuerdo. ¿Vamos al Café Central?

DANIEL: Estupendo. Nos vemos allí a las cinco.

다니엘: 오늘 밤에 영화관에 갈까?

카르멘: 못 가, 미안해. 친구들이랑 저녁 먹기로 했어.

다니엘: 그럼, 그 전에 카페에서 한잔할래?

카르멘: 좋아, 가능해. 카페 센트럴로 갈까?

다니엘: 아주 좋아. 거기서 다섯 시에 보자.

3 Pista 10

ENTREV: Radio Centro FM. Esta noche en nuestra sección de "Espectáculos" vamos a hablar con Carolina y Pedro, una joven pareja de madrileños que nos van a comentar sus preferencias cuando salen de noche los fines de semana.

ENTREV: ¿Adónde vais normalmente?

PEDRO: Yo prefiero ir a un concierto. Me gusta mucho ir a conciertos de rock, pero Carolina ya está un poco harta. A ella le gusta más ir al teatro. Después, nos gusta mucho ir a tomar unas tapas y volver a casa dando un paseo.

ENTREV: ¿Y tú, Carolina, qué dices?

CAROL: Me gusta mucho ir al teatro. También me gustan los conciertos de música clásica, excepto la ópera; es demasiado larga. A Pedro le gusta ir a todo tipo de espectáculos musicales, aunque son muy caros. Pero lo que más nos gusta hacer a los dos juntos es ir al cine.

진행자: FM 라디오 센트로입니다. 오늘밤 '공연' 코너에서 저희는 카롤리나와 페드로랑 이야기를 나눌 겁니다. 두 사람은 마드리드에 사는 젊은 커플인데 주말 밤에 밖에서 즐겨 하는 것들에 대해 저희한테 들려줄 겁니다.

진행자: 보통 어디를 가나요?

페드로: 저는 콘서트 가는 걸 좋아합니다. 락 콘서트에 가는 걸 엄청 좋아해요. 하지만 카롤리나가 지금은 별로래요. 카롤리나는 연극을 보러 가는 걸 더 좋아해요. 그 다음에는 타파스(술과 곁들어 먹는 간단한 요리)를 먹으러 가는 걸 좋아해요. 그리고는 산책하면서 집으로 돌아오죠.

진행자: 카롤리나는요?

카롤리나: 저는 연극 보러 가는 걸 많이 좋아해요. 클래식 음악회도 좋아하고요. 오페라는 빼고요, 너무 길어서요. 페드로는 아무리 비싸도 모든 종류의 음악 공연을 보러 가는 걸 좋아해요. 하지만 우리 둘이 제일 좋아하는 건 영화관에 가는 거예요.

읽기

7

마드리드의 밤

우리는 푸에르타 델 솔 근처, 마드리드에서 가장 대중적인 지역들 중 하나에 있습니다. 산타 아나 광장과 우에르타스 거리입니다. 세르반테스, 로페 데 베가, 케베도 같은 작가들의 동네이자, 현재는 극장, 맥주 집, 타파스 바, 식당, 술집 등이 밤늦은 시간까지 열려 있는 곳입니다.

연령과 출신이 뒤섞여 있는 분위기이며 마드리드의 밤을 즐기기 원한다면 탁월한 선택입니다.

산타 아나 광장은 아주 많은 사람들이 만나는 장소이며, 사람들은 (이곳에서) 만난 다음 우에르타스 거리와 근처로 흩어집니다.

UNIDAD 8

A Por favor, ¿para ir a la catedral?

읽기

5

그 광장에는 탑이 하나 있네
그 탑에는 발코니가 있고
그 발코니에는 한 여인이 있네
그 여인은 하얀색 꽃을 들고 있네
어떤 기사가 지나갔네
그가 왜 지나갔는지 누가 알까?
그는 그 광장을 가져가 버렸네
그 탑과 함께
그 발코니와 함께
그 여인과 함께
그 하얀색 꽃과 함께
안토니오 마차도

C ¿Qué tiempo hace hoy?

듣기

1 Pista 11

> Desde niña, siempre deseé conocer la selva. Este verano estuve en Perú, un país maravilloso.
> Al día siguiente de mi llegada a Lima, cogí un avión a Iquitos, preciosa ciudad tropical, como sacada de una película: los mototaxis, los mercados de fruta, las casas… y el río Amazonas.
> Después entramos en la selva, dispuestos a pescar pirañas, bañarme en el Amazonas, comer plátano frito… Más tarde, paramos en un pueblo en medio de la selva. En unos segundos un montón de niños salieron de sus casas y me rodearon con sus rostros sonrientes. Finalmente, me hice unas fotos con ellos y me despedí muy contenta de llevarme un recuerdo auténtico del Amazonas.

난 어려서부터 늘 밀림에 가 보고 싶었다. 이번 여름에는 페루에 갔었다. 환상적인 나라였다.
리마에 도착한 다음 날 나는 열대 지방의 아름다운 도시 이키토스를 향해 비행기를 탔다. 영화에서 튀어나온 것 같은 풍경이었다. 모토택시, 과일 시장, 집들…… 그리고 아마존 강.
그리고 나서 우리는 밀림에 들어갔다. 피라냐를 잡고, 아마존에서 물놀이를 하고, 튀긴 바나나를 먹을 준비를 한 상태로.
그런 다음 우리는 밀림 한가운데 있는 마을에 잠시 머물렀다. 몇 초 만에 엄청나게 많은 아이들이 집에서 튀어나와 웃는 얼굴로 우리를 둘러쌌다. 마침내, 나는 아이들과 사진을 몇 장 찍고 아마존에서만 경험할 수 있는 추억을 가지고 가는 것에 만족하며 작별 인사를 했다.

읽기

4

멕시코 여행

기본 정보

인구: 약 1억 1천 8백만
화폐: 멕시코 페소
구비 서류: 여권

관광 시기

10월부터 5월까지가 일 년 중 가장 좋다.

가는 방법

이베리아 항공편과 아에로멕시코 항공편이 매일 있다.

주요 관광지

멕시코시티: 국립박물관, 테오티우아칸 피라미드
오악사카: 알반 산 유적
치아파스: 마야 피라미드
칸쿤 해변
정보: www.visitmexico.com

UNIDAD 9

A ¿Cuánto cuestan estos zapatos?

듣기

2 Pista 12

1
> DEPEND: ¿Puedo ayudarla?
> SEÑORA: Sí, ¿cuánto cuestan estos pendientes?
> DEPEND: 20 euros.
> SEÑORA: ¿Y esos de ahí, los azules?
> DEPEND: Esos están rebajados, cuestan 15 euros.
> SEÑORA: Me los llevo.
> DEPEND: ¿Va a pagar en efectivo o con tarjeta?

점원: 도와드릴까요?
부인: 네, 이 귀걸이 얼마예요?
점원: 20유로예요.
부인: 거기 있는 파란색은요?
점원: 그건 세일이라 15유로예요.
부인: 가져갈게요.
점원: 현금으로 내시나요? 아니면 카드로요?

2
> SEÑORA: Buenos días. ¿Cuánto cuesta la falda roja del escaparate?
> DEPEND: Son 40 euros.
> SEÑORA: ¿Puedo probármela?
> DEPEND: Sí, claro, los probadores están al final del pasillo.
> DEPEND: ¿Qué tal le queda?
> SEÑORA: Pues no me gusta mucho, lo siento, no me la llevo.

부인: 안녕하세요. 진열장에 있는 빨간색 치마 얼마예요?
점원: 40유로예요.
부인: 입어 볼 수 있어요?
점원: 네, 물론이죠. 피팅룸은 복도 끝에 있어요.
점원: 어떠세요?
부인: 그다지 마음에 들지 않네요. 미안해요, 안 살래요.

3
> SEÑORA: Mira esa camiseta verde, solo cuesta 10 euros.
> CHICA: Me gusta más esta, ¿por qué no te la pruebas?
> SEÑORA: Vale… a ver… ¿Cómo me queda?
> CHICA: Fenomenal.
> SEÑORA: ¿Cuánto cuesta?
> CHICA: Da igual, yo te la regalo.

부인: 그 초록색 셔츠 봐 봐, 10유로밖에 안 해.
소녀: 이게 더 좋은데, 왜 안 입어 봐요?
부인: 좋아…… 보자…… 어때?
소녀: 너무 잘 어울려요.
부인: 얼마야?
소녀: 상관없어요, 내가 선물할게요.

C Buenos Aires es más grande que Toledo

읽기

5

'산티아고데콤포스텔라'는 는 갈리시아 자치주의 수도이다. '산티아고
순례길'의 종착지이기도 하다. 스페인의 북서쪽에 위치한 이 도시는 중세
기독교도들에게 예루살렘과 로마 다음으로 세 번째로 유명한 도시였다.

오브라도이로 광장에는 12세기에(영광의 문) 건설을 시작하고 17세기에
(오브라도이로의 바로크 파사드를) 재건한 위대한 작품인 성당이 있다.
구 시가지를 산책하고 타파스를 먹고 포도주를 마시고 수공예품 가게와
그 도시의 특색 있는 달콤한 것들을 파는 가게에 돌아다니는 것은 즐거운
일이다.

관광객들과 이 도시의 유명한 대학에서 공부하는 학생들 덕분에 도시
분위기는 매우 활기차다. 호텔, 펜션, 작은 호텔 등에서 숙소를 찾기는 쉬우며
갈리시아 음식을 즐길 수 있는 기회가 많다. 가장 대표적인 음식은 갈리시아
스프, '아 페이라' 문어, 고기나 생선을 넣은 갈리시아식 만두, 파드론 피망과
산티아고의 맛있는 디저트 케이크도 있다.

UNIDAD 10

A La salud

듣기

5 Pista 13

SONIA:　¿Qué te pasa Alfonso? ¿Te encuentras bien?

ALFONSO: No, no muy bien. Tengo fiebre.

SONIA:　¿Estás tomando algo?

ALFONSO: No, de momento no.

SONIA:　¿Por qué no te tomas una aspirina y descansas?

ALFONSO: Sí, es lo mejor porque mañana tengo mucho
trabajo.

SONIA:　Seguro que mañana estás mejor.

소니아: 알폰소, 무슨 일이야? 몸 괜찮아?

알폰소: 아니, 좋지 않아. 열이 있어.

소니아: 뭐 먹고 있어?

알폰소: 아니, 당장은 먹고 있는 게 없어.

소니아: 아스피린을 먹고 쉬지 않을래?

알폰소: 그래, 그게 더 좋겠다. 왜냐하면 내일은 내가 일이 많거든.

소니아: 내일은 확실히 좋아질 거야.

B Antes salíamos con los amigos

읽기

3

마르코스 쿠리엘은 오는 11월 14일에 95세를 맞이한다.

진행자:　또래 친구가 있으세요?

마르코스:　나보다 더 젊은 친구들이지요. 내 나이와 비슷한 또래가 한 명
있었지만 90살에 죽었어요.

진행자:　요즘 세상이 많이 달라졌나요?

마르코스:　모든 게 변했어요. 전에 우리는 더 차분했고 지금 사람들은 너무
조급해요.

진행자:　젊으셨을 때는 TV도 없고 라디오도 없고…….

마르코스:　우리는 그런 건 전혀 없었어요.

진행자:　유년 시절 중에 뭐가 가장 기억에 남으세요?

마르코스:　아버지를 도와드리러 갔던 기억이 나요. 아버지는 이발사였는데
손님이 많았어요.

진행자:　95세까지 사시게 된 비결이 뭘까요?

마르코스:　가족이랑 내가 트루히요에 살았을 때 갓 짜온 우유, 밭에서 가져온
감자 같은 자연 그대로의 먹거리들을 많이 먹었어요.

C Voy a trabajar en un hotel

읽기

6

당신의 집을 고치세요!

집을 고칠 필요가 있으신가요? 잡지 〈하루 만에 당신 집을〉에서는 매주
독자들 중 추첨을 통해 10,000유로의 상금을 주고 그 돈으로 집을 수리하고
가구를 바꾸도록 하고 있습니다. 이번 주에는 루이스 부인이 당첨됐습니다.
이제 루이스 부인이 집수리 계획에 대해 이야기해 주실 겁니다.

진행자:　이 돈으로 무엇을 하실 겁니까, 루이스 부인?

루이스 부인: 우선 집 전체를 칠할 거예요. 방마다 다른 색으로 할 거예요.

진행자:　가족은 어떻게 생각하시나요?

루이스 부인: 모두들 다 동의해요. 식구들이 방마다 색을 고를 거예요.

진행자:　가구는 어떻게 하실 건가요?

루이스 부인: 낡은 가구는 바꾸고 가전제품도 한두 개 바꿀 거예요.

진행자:　뭘 더 하실 건가요?

루이스 부인: 돈이 남으면 영화관처럼 화면이 큰 텔레비전을 살 거예요.

진행자:　멋진 생각이십니다. 잘 즐기시길 바랍니다, 루이스 부인!

S Soluciones

UNIDAD 1

A ¡Encantado!

1 1 d 2 b 3 c 4 e 5 a 6 f

2 1 A ¿De dónde eres?
2 A ¡Hola!, ¿qué tal?
3 A ¿Eres española?
4 A ¿De dónde eres?
5 A ¿Cómo te llamas?

3 ¿De dónde eres? / ¿Cómo está usted?

4 1 A Hola, ¿cómo te llamas? /
B ¿Eres francesa? /
A No, soy nigeriana. ¿Y tú?
2 PABLO: María, mira, esta es Susanne. /
SUSANNE: Bien, gracias. /
MARÍA: ¿De dónde eres? /
SUSANNE: Soy francesa, pero ahora vivo en Madrid.
3 SUSANA: Buenos días, Sr. López.
SR. LÓPEZ: Buenos días, Susana.
SUSANA: Mire, le presento a la nueva directora, Julia Linares
SR. LÓPEZ: Encantado de conocerla.
JULIA: Gracias, igualmente.

5 **País:** Perú; Alemania; Irlanda.
Nacionalidad masculino: portugués; marroquí; peruano; bielorruso; mexicano.
Nacionalidad femenino: brasileña; canadiense; alemana; polaca; irlandesa; mexicana.

6 1 Sánchez 2 Rodríguez 3 Zorrilla
4 Martínez 5 Huerta 6 Bogotá
7 Valencia 8 Varsovia 9 Túnez
10 Ancara

B ¿A qué te dedicas?

1 Profesor/a, médica, cartero, taxista, actriz, camarero, abogada, peluquera.

2 1 Él llama por teléfono todos los días.
2 Rosa tiene tres hijos.
3 Ignacio habla inglés y francés.
4 Nosotros comemos en casa los domingos.
5 ¿Usted habla ruso?
6 ¿Vosotros vivís en España?
7 Ellos viven en París.
8 Layla estudia en la universidad.
9 Yo no trabajo ni estudio.
10 ¿Usted trabaja aquí?

3 **SER:** soy, eres, es, somos, sois, son

TENER: tengo, tienes, tiene, tenemos, tenéis, tienen

4 1 Elena tiene dos hijos.
2 Roberto es de Buenos Aires.
3 ¿De dónde son Jorge y Claudia?
4 A ¿Son ustedes americanos?
B No, somos ingleses.
5 Yo tengo un novio español.
6 Mi amiga Gisela es brasileña.
7 A ¿Tenéis novio?
B Ella sí, pero yo no tengo.
8 A ¿Tú eres peruana?
B No, soy boliviana.
9 A Julia es mi hermana, es profesora.
B Yo también soy profesora.
10 Mi hija tiene una casa en Mallorca.
11 A Somos argentinos, y vosotros, ¿de dónde sois?
B Somos chilenos.
12 A ¿Tienes hijos?
B No, no tengo hijos.

5 **Posibles respuestas:**
1 Luis y yo estudiamos Derecho.
2 Renate es traductora.
3 Yo trabajo en un restaurante.
4 Ángel y Rosa tienen dos hijos.

C ¿Cuál es tu número de móvil?

1 a 4 b 6 c 1 d 2 e 5 f 3

2 **a:** nueve, uno, tres; cinco, seis, siete; ocho, dos, seis.
b: nueve, dos, cinco; cero, siete, tres; nueve, cuatro, uno.
c: seis, dos, seis, dos, cinco, cuatro; seis, ocho, cinco.
d: seis, dos, cero; seis, cinco, cuatro; tres, nueve, dos.
e: nueve, cinco, tres; nueve, ocho, uno; ocho, cinco, seis.

3 once, doce, trece, catorce, quince, dieciséis, diecisiete, dieciocho, diecinueve, veinte

4 1 **NOMBRE:** Manuel. **APELLIDOS:** González Romero.
NACIONALIDAD: Español.
PROFESIÓN: Economista.
CIUDAD: Madrid. **TEL:** 916543201.
2 **NOMBRE:** Isabel. **APELLIDOS:** Jiménez Díaz.
NACIONALIDAD: Argentina.
PROFESIÓN: Profesora.
CIUDAD: Madrid. **TEL:** 656789823.
CORREO ELECTRÓNICO: isabel.j@yahoo.com.

5 **Actividad libre.**

6 1 Se llama José Martínez López. Es secretario. Vive en Sevilla y es español.
2 Se llama Noelia Montoro Ruiz. Es pianista. Vive en Cáceres y es cubana.

7 **A** (1) me llamo (2) soy (3) Vivo
(4) tengo (5) se llama (6) es
(7) trabaja (8) estudia (9) es
(10) vive (11) es

B (12) me llamo (13) soy (14) soy
(15) vivo (16) Trabajo (17) Estoy
(18) viven

C (19) es (20) Tiene (21) es
(22) trabaja (23) Habla (24) es

UNIDAD 2

A ¿Estás casado?

1 1 f   2 a   3 e   4 b   5 c   6 d
7 h   8 g   9 i   10 j

2 Laura:
(1) se llama (2) es (3) tiene
(4) es (5) es (6) es
(7) tiene (8) tengo (9) Se llaman
(10) Son

Pablo:
(1) Tengo (2) es (3) tiene
(4) es (5) tiene (6) tienen
(7) se llama (8) es (9) se llama
(10) es

3 **Mercedes:** abuela **Miguel:** marido **Jorge:** yerno
Jorge: tío **Marisa:** madre **Marisa:** mujer
José Luis: abuelo **Miguel y Marisa:** padres
José Luis y Mercedes: abuelos **Celia:** sobrina

4 1 Rosa y María son colombianas.
2 Mis padres son <u>profesores</u>.
3 Nosotros <u>tenemos gatos</u>.
4 Ellos <u>están casados</u>.
5 Estos <u>hoteles son caros</u>.
6 ¿Tus <u>compañeros son españoles</u>?
7 Estos <u>chicos son estudiantes</u>.
8 ¿<u>Tus bolígrafos son nuevos</u>?
9 <u>Las ventanas están abiertas</u>.
10 <u>Estas son las amigas de mis hermanas</u>.

B ¿Dónde están mis gafas?

1 mapa, libro, coche, móvil, reloj, sofá, gafas, silla, diccionario, paraguas, ordenador.

2 1 al lado de   2 encima de   3 entre
4 debajo de   5 encima de   6 al lado
7 detrás   8 en   9 encima de
10 delante

3 1 Este es mi hermano.
2 Estos son mis padres.
3 ¿Esta es tu madre?
4 Estos son sus tíos.
5 Estos son tus libros.
6 Estas son mis hermanas.
7 Estos son sus abuelos.
8 ¿Este es su teléfono?
9 Este es mi móvil.
10 ¿Este es su coche?

C ¿Qué hora es?

1 1 la una y media   2 las nueve menos veinte
3 las nueve y diez   4 las doce en punto
5 las diez y cuarto   6 las tres y veinticinco
7 las seis menos diez   8 las once menos cuarto

2 a veinticinco
b ochenta y siete
c noventa y cuatro
d ciento tres
e ciento quince
f doscientos treinta
g trescientos veintiuno
h cuatrocientos cuarenta y seis
i quinientos treinta y cinco
j mil doscientos doce
k mil novecientos treinta y seis
l mil novecientos noventa y ocho
ll dos mil quinientos cincuenta.

3 **Desayuno:** Desayunan a las <u>siete o siete y media</u>.
Comida: A las <u>dos y media o tres</u>.
Cena: <u>nueve de la noche</u>.
Los niños empiezan las clases a las <u>ocho</u>.
Los bancos abren a las <u>ocho</u> y cierran a las <u>dos</u>.
Las tiendas abren a las <u>siete y media</u> y cierran a las <u>diez de la noche</u>.

4 Actividad libre.

5 1 F   2 V   3 V   4 F   5 V

6 1 Mi hermana es muy simpática.
2 ¿Tú vives con tus padres?
3 ¿Dónde viven tus padres?
4 Mi hermano mayor es médico.
5 Mi marido trabaja en una empresa alemana.
6 Mi abuelo vive con mis padres.
7 ¿Tus hijos estudian en la universidad?

7 **Lima:** 23848. / **Santiago:** 9D. / **Buenos Aires:** 15.20.
México: 7F. / **Roma:** 027.

8 1 Mis padres son italianos.
2 ¿Dónde están mis lápices?
3 Enrique tiene dos relojes.
4 El diccionario está encima de la mesa.
5 Mi hermano estudia Medicina.
6 Es la una y cuarto.
7 Este sofá es muy cómodo.
8 En mi país la gente cena a las diez.

9 1 Esta   2 Mi   3 tu
4 estos, tus   5 sus   6 Estas
7 vuestro   8 Este   9 esta, mis

PRACTICA MÁS 1

1 A yo, trabajo, como, vivo;
tú, trabajas, comes, vives;
él, trabaja, come, vive;
nosotros, trabajamos, comemos, vivimos;
vosotros, trabajáis, coméis, vivís;
ellos, trabajan, comen, viven.
   B tengo, tienes, tiene, tenemos, tenéis, tienen;
soy, eres, es, somos, sois, son

2 1 tienen   2 es, es, trabaja   3 comemos
4 vive   5 Tiene   6 son, trabajan
7 es, vive   8 trabajan   9 tenemos
10 son, viven

3 Masculino: ordenador, mapa, sofá, diccionario, libro, móvil, cuaderno, hotel, chico
Femenino: silla, gafas, televisión, mesa, ventana

4 1 ¿De dónde eres?   2 ¿Eres español?
3 ¿Dónde vivís?   4 ¿A qué te dedicas?
5 ¿Dónde trabajas?   6 ¿Cómo te llamas?
7 ¿Sois madrileñas?   8 ¿Estás casada?
9 ¿Tienes hijos?

5 1 las mesas   2 los relojes   3 los hombres
4 las mujeres   5 los paraguas   6 los estudiantes
7 las abuelas   8 las madres   9 los autobuses
10 los móviles   11 las hijas

6 1 tu   2 mis   3 tu   4 tus   5 sus   6 su
7 su   8 mi

7 1 diez, once, doce, trece, catorce, quince, dieciséis, diecisiete, dieciocho, diecinueve
2 veinte, treinta, cuarenta, cincuenta, sesenta, setenta, ochenta, noventa
3 cien, doscientos, trescientos, cuatrocientos, quinientos, seiscientos, setecientos, ochocientos, novecientos, mil

8 1 buenos   2 inglesa   3 viven
4 trabajo   5 peluquera   6 son
7 tienen   8 es   9 italianas
10 come   11 El   12 Este

UNIDAD 3

A Rosa se levanta a las siete

1 1 María se baña por la mañana.
2 Jorge se levanta muy tarde.
3 ¿Tú te acuestas antes de las 12?
4 Mi novio no se afeita todos los días.
5 Clarita se peina sola.
6 Yo me acuesto antes que mi mujer.
7 Mis padres se levantan temprano.
8 Peter se sienta en la última fila.

2 1 a   2 desde, de, hasta, de
3 de, a   4 a, en, a   5 A
6 de, a   7 por, al   8 de
9 por, por   10 en   11 a, desde

3 1 c   2 a   3 f   4 b   5 e   6 d

4 Acostarse: Me acuesto, te acuestas, se acuesta, nos acostamos, os acostáis, se acuestan.
Volver: Vuelvo, vuelves, vuelve, volvemos, volvéis, vuelven.
ir: Voy, vas, va, vamos, vais, van.

5 voy, cierra, empezamos, salgo, venís, cierro, vengo, empieza, salen

6 1 A Hola, María, ¿de dónde vienes?
   B Vengo de comprar unos regalos y voy ahora mismo al supermercado, que cierran a las 9.
2 A ¿Vamos mañana a la playa?
   B Si nos acostamos pronto hoy, sí.
3 A ¿A qué hora empieza la película?
   B A las 12, pero yo me acuesto ya, estoy muy cansada.
4 A Es tarde, ¿volvemos a casa?
   B Sí, ¿vamos en metro o en taxi?
5 ¿Tú te levantas muy temprano?

B ¿Estudias o trabajas?

1 1 LUNES   2 MARTES   3 MIÉRCOLES
4 JUEVES   5 VIERNES   6 SÁBADO
7 DOMINGO

2 1 f   2 a   3 c   4 e   5 g
6 b   7 d

3 1 c   2 e   3 d   4 f   5 g
6 b   7 a

4 1 el aeropuerto.
2 trabaja en un supermercado.
3 son enfermeras y trabajan en un hospital.
4 es secretaria y trabaja en una oficina.
5 trabajan en un restaurante.

5 1 se levanta   2 se ducha a las 7.15
3 desayuna   4 Lleva al colegio
5 Trabaja   6 Recoge
7 Va a nadar   8 Cena
9 Lee

6 de / soy / Trabajo / muy / porque / cantantes / semanas / y / fines / salgo / el / cine

C ¿Qué desayunas?

1 A Café con leche y tostada.

B <u>Zumo de naranja y tostada con mantequilla y mermelada.</u> /
<u>Bocadillo</u> de queso y <u>un café con leche</u>. /
<u>Té con leche</u> una magdalena y <u>un zumo de naranja</u>.

2 1 h   2 a, f   3 c   4 d   5 b, g   6 c, e

3 Respuesta libre.

4 1 guitarra   2 paraguayo   3 regalo
4 goma   5 Uruguay   6 colegio
7 guerra   8 domingo   9 pagar
10 Noruega

UNIDAD 4

A ¿Dónde vives?

1 1 jardín   2 garaje   3 salón
4 cuarto de baño   5 dormitorio   6 cocina
7 comedor

2 1 En el primero izquierda.
2 En el cuarto derecha.
3 En el tercero C.
4 En el segundo izquierda.
5 En el décimo derecha.
6 En el primero derecha.

3 1 baño, cocina   2 dormitorios   3 garaje
4 jardín   5 salón

B Interiores

1 **Cocina:** armarios, lavavajillas, mesa, microondas.
Cuarto de baño: lavabo, espejo, bañera.
Salón: sillones, equipo de música, mesa, espejo.

2 1 el   2 La   3 Los   4 el   5 las
6 El, la   7 El   8 los, el   9 las, el   10 La, las, el

3 1 una   2 una   3 un   4 unos   5 un
6 unos   7 un   8 un   9 un   10 un
11 un   12 un, una   13 unas, una

4 1 El, las   2 un   3 La, la   4 Los   5 la
6 las   7 un   8 una   9 el, una

5 1 Cerca de mi casa hay dos restaurantes.
2 El Museo Picasso está en Barcelona.
3 Bilbao está cerca de Santander.
4 Hay una estación junto a mi casa.
5 Encima del espejo está el lavabo.
6 El ordenador está en la habitación de mi hermano.
7 ¿Dónde hay un banco cerca de aquí?
8 Andres está en el cine con los niños.

6 1 está   2 Hay   3 están   4 hay   5 está
6 Hay   7 tienen   8 está   9 Tiene   10 está

7 1 Falso: La casa de Carmen está en el campo.
2 Verdadera.
3 Verdadera.
4 Falso: El salón tiene chimenea.
5 Verdadera.
6 Falso: La casa tiene garaje.
7 Falso: El jardín es muy grande.
8 Verdadera.
9 Falso: En la casa hay una piscina.

8 (1) grande   (2) Está   (3) en
(4) quinta   (5) hay   (6) dormitorios
(7) cocina   (8) el   (9) porque
(10) televisión   (11) librería

C Visita a Córdoba

1 1 e   2 b   3 d   4 c   5 f
6 a   7 g

2 1 ¿Puede decirme si hay habitaciones libres para el próximo fin de semana?
2 ¿Qué precio tiene?
3 ¿El uso de la piscina está incluido en el precio?
4 ¿El IVA está incluido en el precio?
5 ¿Se puede pagar con tarjeta de crédito?

3 1 En Córdoba.
2 Que es estupendo.
3 Restaurante, piscina, pistas de tenis, etcétera.
4 Sevilla.

PRACTICA MÁS 2

1 1 c   2 a   3 e   4 g   5 b
6 d   7 f

2 1 se acuesta   2 empiezo   3 vuelves
4 me levanto   5 se sienta   6 vamos
7 vengo   8 salgo   9 volvemos
10 va   11 empiezan   12 me acuesto
13 duerme   14 viene   15 me siento
16 se duchan   17 vuelvo.   18 vivís
19 es   20 se despiertan   21 desayunas
22 tengo   23 comemos   24 practicáis

3 (1) Viven   (2) es   (3) Se levanta
(4) desayuna   (5) sale   (6) Va
(7) se levanta   (8) empieza   (9) Va
(10) come   (11) va   (12) sale
(13) vuelve   (14) practican   (15) cenan
(16) ven   (17) leen   (18) se acuestan

4 (1) a   (2) de   (3) de   (4) a   (5) en
(6) de   (7) a   (8) en   (9) a   (10) hasta

5 Actividad libre.

6 1 g   2 a   3 b   4 e   5 c   6 h
7 d   8 f

7 **2** el dependiente   **3** el presidente
   4 la recepcionista   **5** la cocinera
   6 el médico   **7** la estudiante
   8 el periodista.

8 ¿Dónde está el cuarto de baño? /
¿Dónde hay un supermercado? /
¿Dónde está la parada del autobús n.º 5? /
¿Dónde hay una silla para sentarme? /
¿Dónde está la casa de Miguel? /
¿Dónde hay una estación de metro? /
¿Dónde están los libros de Julia?

9 • Hotel Medina. ¿Dígame?
- ■ Hola, buenos días, ¿puede decirme si tiene <u>habitaciones libres</u> para Semana Santa?
- • Sí, ¿qué desea, <u>doble</u> o individual?
- ■ Dos individuales, si es posible, pero ¿qué <u>precio</u> tienen?
- • Son 60 euros <u>por noche</u> y por <u>habitación</u>.
- ■ Muy bien, quiero hacer la <u>reserva</u>.

UNIDAD 5

A Comer fuera de casa

1 **Amalia:**
   1 judías verdes   **2** arroz   **3** huevos   **4** fruta

   Juan:
   1 pescado   **2** carne   **3** pollo asado   **4** queso

2 **1** merluza   **2** flan   **3** judías
   4 espárragos   **5** escalope

3 **1** De postre, fruta del tiempo para los dos.
   2 Yo quiero sopa de fideos de primero.
   3 De segundo quiero merluza.
   4 Y yo ensalada.
   5 Pues yo pollo asado.
   6 Para beber, agua, por favor.

   Camarero: Buenas, ¿qué van a tomar de primero?
   Jorge: <u>Yo quiero sopa de fideos de primero.</u>
   Ana: <u>Y yo ensalada.</u>
   Camarero: ¿Y de segundo?
   Jorge: <u>De segundo quiero merluza.</u>
   Ana: <u>Pues yo pollo asado.</u>
   Camarero: ¿Qué quieren para beber?
   Jorge: <u>Para beber, agua, por favor.</u>
   Camarero: ¿Y de postre?
   Ana: <u>De postre fruta del tiempo para los dos.</u>
   Camarero: Gracias, señores.

B ¿Te gusta el cine?

1 **1** A Carmen le gusta la música clásica.
   2 A Pablo <u>le gusta navegar por internet</u>.
   3 A los dos <u>les gustan las plantas</u>.
   4 A Carmen le gusta la fotografía.

   5 A Pablo le gusta el cine.
   6 A Carmen le gusta leer.
   7 A Pablo le gusta el rock.
   8 A Carmen le gusta esquiar.
   9 A Pablo le gusta montar en bicicleta.
   10 A Carmen le gustan los animales.
   11 A Pablo le gusta ver la televisión.

2 **Actividad libre.**

3 **1** ¿A tus amigos les gusta la informática?
   2 ¿A ti y a tu compañero os gusta el ciclismo?
   3 ¿Te gustan los animales?
   4 ¿A tu amigo le gusta ver la televisión?
   5 ¿Te gusta el cine de terror?
   6 ¿Te gusta la paella?

4 **1** Me gusta / no me gusta el zumo de naranja.
   2 Me gustan mucho / no me gustan nada los plátanos.
   3 Me gustan / no me gustan las verduras.
   4 Me gusta / no me gusta la leche.
   5 Me gustan / no me gustan los cacahuetes.
   6 Me gustan / no me gustan las patatas.
   7 Me gusta / no me gusta el café.
   8 Me gusta / no me gusta el té.

5 **Actividad libre.**

C Receta del Caribe

1 trabaja, trabaje
come, coma
abre, abra
bebe, beba

2 **1** Lava   **2** Corta   **3** Añade
   4 Mezcla   **5** Sirve

3 **1** Prepara   **2** Compra   **3** Elabora
   4 Usa   **5** Añade   **6** Recoge

4 **Primer plato:** sopa de fideos, ensalada mixta, gazpacho, judías verdes con jamón.
   Segundo plato: merluza a la plancha, escalope de ternera, pollo asado, chuletas de cordero.
   Postre: helado, fruta, flan.
   Bebidas: vino blanco, agua mineral, vino tinto, cerveza.

5 **1** Aceite de oliva, pan y vino
   2 Desde hace más de cinco mil años.
   3 Porque disminuye el colesterol.
   4 Los pescados azules, las legumbres y las frutas.
   5 En Grecia y en España.

UNIDAD 6

A ¿Cómo se va a Goya?

1 1 A Perdona, ¿cómo se **va** de Moncloa a Goya?
  B Mira, <u>toma</u> la línea 3 en dirección
    Legazpi, <u>baja</u> en la primera estación,
    Argüelles, y allí <u>cambia</u> a la línea 4.
  2 A Perdone, ¿cómo <u>se va</u> de Sol a Nuevos Ministerios?
  B <u>Tome</u> la línea 2 en dirección Cuatro Caminos, allí
    <u>cambie</u> a la línea 6, es la primera estación.
  3 A Perdona, ¿cómo se **va** de Goya a Argüelles?
  B Es muy fácil, <u>toma</u> la línea 4 y <u>baja</u> en la última
    estación.

2 1 de, a, de   2 de   3 a
  4 De, a   5 de, al, en   6 a, en
  7 a   8 de, a   9 hasta, de
  10 De, a

3 1 V   2 F   3 V

B Cierra la ventana, por favor

1 1 g   2 a   3 f   4 h   5 d
  6 b   7 c   8 i   9 j   10 e

2 1 ¿Puedes poner la televisión?
  2 ¿Puedes hablar más despacio?
  3 ¿Puedes venir aquí?
  4 ¿Puedes hacer los ejercicios?
  5 ¿Puedes cerrar la puerta?
  6 ¿Puedes pedir la cuenta?
  7 ¿Puedes encender la luz?
  8 ¿Puedes recoger la mesa?
  9 ¿Puedes torcer a la derecha?
  10 ¿Puedes seguir todo recto?

3 empiezo, empieza
  enciendo, enciende
  pido, pide
  guarda

4 1 Cierra el libro.   2 Empieza a trabajar.
  3 Enciende el ordenador.   4 Christian, siéntate allí.
  5 Siga por aquí.   6 Pide dinero a tus padres.
  7 Acuéstate pronto.   8 Levántate ya, son las diez.
  9 Dame un vaso de agua.   10 Déjame tu coche.
  11 Deme su pasaporte.

5 1 Guarda la ropa limpia en el armario.
  2 Pon la ropa sucia en la lavadora.
  3 Haz la cama.
  4 Coloca los libros en la estantería.
  5 Pon los CD en su sitio.

C Mi barrio es tranquilo

1 1 a   2 c   3 b   4 d

2 (1) es   (2) es   (3) está
  (4) Está   (5) es   (6) es
  (7) es   (8) está

3 1 corto   2 lento   3 bajo
  4 pequeño   5 difícil   6 tranquilo
  7 caro   8 feo   9 estrecho
  10 oscuro   11 gordo

4 1 está → es   2 es → está
  3 O   4 está rubio → es rubio
  5 está → es   6 es al lado → está al lado
  7 son → están   8 O
  9 son → están   10 Es → Está
  11 es → está   12 es → está
  13 es, es → está, está   14 es → está
  15 está → es

5 a – avión – aeropuerto   b – tren – estación
  c – barco – puerto   d – taxi – parada

6 Actividad libre.

7 1 salsa   2 flamenco   3 tango
  4 ranchera

8 (1) cultura   (2) ritmos   (3) salsa
  (4) baila   (5) popular   (6) canciones
  (7) cantantes

9 1 F   2 F   3 V   4 F

PRACTICA MÁS 3

1 lechuga, huevo, tomate, naranja, pollo, plátano, limón,
  queso, jamón, patata.

2 1 f   2 a, c   3 e   4 d   5 d, b   6 c
  7 a   8 b, c, d

3 1 Pasear por la playa.   2 Ver la televisión.
  3 Jugar al fútbol.   4 Esquiar.
  5 Montar en bicicleta.   6 Escuchar música.
  7 Navegar por internet.   8 Hacer fotografías.
  9 Cuidar las plantas.   10 Bailar.

4 1 A Ana y a Raúl les gusta el cine.
  2 A Ana le gusta ir de compras, pero a Raúl no.
  3 A Ana no le gusta la música clásica, pero a Raúl sí.
  4 A Ana no le gusta nadar, pero a Raúl sí.
  5 A Ana y a Raúl les gusta leer.
  6 A Ana no le gusta andar, pero a Raúl sí.
  7 A Ana y a Raúl les gusta viajar.
  8 A los dos les gusta bailar.
  9 A Ana le gusta navegar por internet, pero a Raúl no.
  10 A Ana y a Raúl no les gustan las motos.
  11 A Ana no le gustan las plantas, pero a Raúl sí.
  12 A Ana no le gusta el fútbol, pero a Raúl sí.

5 Regulares:

terminar / termina	hablar / habla
abrir / abre	mirar / mira
pasar / pasa	coger / coge
tomar / toma	escribir / escribe
comer / come	

Irregulares:

venir / ven	hacer / haz
poner / pon	cerrar / cierra
dar / da	sentarse / siéntate
decir / di	volver / vuelve

6 Yo vivo en una ciudad muy pequeña y silenciosa. Los edificios son muy antiguos y bajos. Las calles son estrechas y hay pocos coches. El piso donde vivo es grande, y el alquiler barato, porque está lejos del centro. Hay pocas tiendas, pero son baratas para mí.

7
1 es	**2** es, está	**3** son
4 está	**5** es	**6** A están, B son
7 A estás	**8** está	**9** son
10 está		

8
1 e	**2** h	**3** a	**4** b	**5** f
6 g	**7** c	**8** d		

UNIDAD 7

A ¿Dónde quedamos?

1 1 María: ¿Por qué no vamos a tomar algo después de trabajar?

Ricardo: Lo siento, hoy no puedo, tengo que ir de compras con mi hermano. ¿Te parece bien mañana?

María: ¿A qué hora te viene bien?

Ricardo: ¿A las seis?

María: No, mejor a las seis y media.

Ricardo: De acuerdo. ¡Hasta mañana!

2 Daniel: ¿Vamos al cine esta noche?

Carmen: No puedo, lo siento. Voy a cenar con unos amigos.

Daniel: ¿Y si nos tomamos un café antes?

Carmen: Bueno, de acuerdo. ¿Vamos al Café Central?

Daniel: Estupendo. Nos vemos allí a las cinco.

2 Actividad libre.

3 1 V   2 F   3 F   4 V   5 V   6 F

4 (1) ¿De parte de quién?
(2) Ahora se pone.
(3) No está en este momento.

5 1 f   2 e   3 a   4 b   5 c   6 d

6 1 ¿Está Pilar?
2 ¿A qué hora puedo llamarla?

3 ¿Quieres ir al cine mañana?
4 ¿Quedamos a las seis?
5 ¿A qué hora quedamos?
6 ¿Dónde quedamos?

7 1 V   2 V   3 F   4 F   5 V   6 V

B ¿Qué estás haciendo?

1
1 está pintando	2 están jugando
3 está mirando	4 está descansando
5 están viendo	6 está saliendo

2
1 como	2 Está haciendo
3 lees	4 hago
5 no hablo	6 tienes
7 está durmiendo	8 Está trabajando
9 Está estudiando	

3
(1) vive	(2) está pasando
(3) están visitando	(4) están bañándose
(5) tiene	(6) le gusta
(7) están viendo	(8) cenan

4 1 Me estoy preparando para un examen.
2 ¿Qué estás haciendo ahora?
3 Están comiendo un bocadillo.
4 Estamos haciendo la cena.
5 Mi marido está trabajando.
6 Esta semana está lloviendo mucho.
7 Mis amigos están viendo una película.
8 Claudia y yo estamos trabajando en un nuevo proyecto.
9 Las niñas están bañándose en el cuarto de baño grande.
10 ¿Qué están haciendo los niños en su habitación?

5 1 María se está lavando la cara.
2 Luis se está afeitando.
3 Mi hermano se está duchando.
4 Me estoy peinando.
5 Susana y Rosa se están pintando los labios.
6 Miguel se está banando.
7 Mi hijo se está peinando.
8 Él se está cepillando los dientes.
9 Mi madre se está secando el pelo en el cuarto de baño.
10 Mis hermanos se están vistiendo para ir al concierto.

C ¿Cómo es?

1 1 F   2 F   3 F   4 V   5 V
6 F   7 F

2 **Velázquez:** pelo largo, barba, pelo moreno, bigote, mayor, alto.
Infanta Margarita: pelo largo, pelo rubio, joven.
Meninas: pelo largo, pelo moreno, jóvenes.

3 1 generoso   2 callado   3 antipático
4 alegre   5 maleducado

4 Actividad libre.

UNIDAD 8

A Por favor, ¿para ir a la catedral?

1 1 e   2 a   3 c   4 f   5 d   6 b

2 1 B primera a la izquierda.
2 B la segunda a la derecha.
3 B la tercera calle a la izquierda y después la primera a la derecha.

3 1 A ¿Puede decirme cómo se va al parque?
B Gire la primera a la derecha y después la segunda a la izquierda.
2 A ¿Puede decirme cómo se va al teatro?
B Si, la primera calle a la izquierda y después la primera a la derecha.
3 A ¿Puede decirme cómo se va al restaurante?
B Sí, todo recto y después la tercera calle a la derecha.

4 1 en   2 hasta, de   3 a
4 de   5 en, a   6 En, de
7 al, de, de   8 a   9 por, de, hasta, al
10 por, a

5 a 3   b 5   c 1   d 2   e 4

B ¿Qué hizo Rosa ayer?

1 fue
comer, comí
escuché, escuchó
leer, leyó
empecé, empezó
estar, estuvo
jugar, jugó
salí, salió
vivir, vivió
nací, nació
trabajar, trabajé

2 1 c (trabajo / empecé)   2 e (va / fue)
3 f (ve / escuchó)   4 b (van / jugaron)
5 d (llueve / nevó)   6 a (vamos / estuvimos).

3 (1) estuviste   (2) Fui
(3) comisteis   (4) pedimos
(5) pasasteis   (6) pasamos
(7) reímos   (8) Fue

4 1 ¿A quién llamó por teléfono el jueves? A Tomás.
2 ¿Quá día tomó el tren? El viernes.
3 ¿A qué hora salió el tren? A las 11:30.
4 ¿De quién fue el sábado el cumpleaños? De María.
5 ¿A qué hora quedaron? A las 5.
6 ¿Con quién fue el domingo al cine? Con Tomás.
7 ¿Cuándo vio la nota del examen? El lunes.
8 ¿Adónde fue el martes? Al gimnasio.

C ¿Qué tiempo hace hoy?

1 (1) estuve   (2) cogí   (3) avión
(4) río   (5) Después   (6) Más tarde
(7) salieron   (8) Finalmente   (9) hice
(10) despedí

2 1 Siempre deseé conocer la selva.
2 Al día siguiente me fui a Iquitos.
3 En Iquitos vimos el río Amazonas.
4 En el Amazonas se pescan pirañas.
5 En la selva nos bañamos en el Amazonas.
6 En el pueblo de la selva conocí a un grupo de niños.
7 Me llevé un auténtico recuerdo del Amazonas.
8 Me hice fotos con los niños.

3 1 Ayer en México hizo calor y estuvo nublado. Hoy llueve.
2 Ayer en Argentina hizo frío. Hoy hace viento.
3 Ayer en Brasil estuvo nublado y llovió. Hoy hace frío y viento.

4 1 Unos 118 millones de habitantes.
2 5100 pesos.
3 Iberia y Aeroméxico.
4 Octubre, noviembre, diciembre, enero, febrero, marzo.
5 Las pirámides de Teotihuacán están en Ciudad de México y las pirámides mayas están en Chiapas.
6 Tienes que llevarte bañador para bañarte en las playas de Cancún.

PRACTICA MÁS 4

1 1 estoy viendo   2 está estudiando
3 estoy haciendo   4 juegan / Están jugando
5 está leyendo   6 está haciendo.
7 está durmiendo.   8 está duchándose

2 (1) está comprando   (2) está hablando
(3) está preguntando   (4) está enseñando
(5) van   (6) comentan
(7) están   (8) le gusta

3 1 tocó   2 ganó   3 se fueron
4 viajaron   5 estuvieron   6 se alojaron
7 vivieron   8 volvió   9 dejó
10 compró

4 (1) tocó   (2) celebró   (3) llamé
(4) gastó   (5) fui   (6) compré
(7) pasamos

5 1 tacaño   2 antipático   3 serio
4 maleducado   5 habladora   6 generosa
7 simpático/a   8 callado/a   9 educado

6 1 pelo corto   2 ojos claros   3 menor
4 gordo   5 alta   6 pelo liso

7 1 En Caracas hace calor.
2 En Lima está nublado.
3 En Santiago de Chile está nevando.

4 En Asunción hace frío.
5 En Brasilia hace viento.
6 En Bogotá no hace mucho calor.

8 enero, febrero, marzo, abril, mayo, junio, julio, agosto, septiembre, octubre, noviembre, diciembre

UNIDAD 9

A ¿Cuánto cuestan estos zapatos?

1 1 (1) cuánto (2) cuestan (3) llevo
(4) con tarjeta

2 (1) cuesta (2) Son (3) probármela
(4) queda (5) gusta (6) llevo

3 (1) cuesta (2) gusta (3) queda
(4) Cuánto

3 1 ¿Tú lo traes? 2 ¿Tú las ves?
3 ¿Tú los compras? 4 ¿Tú la conoces?
5 ¿Tú lo lees? 6 ¿Tú lo usas?
7 ¿Tú lo utilizas?

4 1 me 2 la 3 los 4 lo 5 lo
6 os 7 te 8 Nos, os 9 las

B Mi novio lleva corbata

1 Jersey, pantalones, falda, camiseta, calcetines, abrigo, camisa, zapatos.

2 1 monedero 2 carpeta negra
3 grises 4 gafas rojas, modernas
5 pelota amarilla 6 azules
7 rosa 8 verdes
9 bufanda naranja

3 1 caro 2 moderno 3 largo
4 incómodo 5 limpio 6 estrecho
7 claro 8 pequeño

4 1 gasta 2 compras 3 cómoda
4 vaqueros 5 zapatos 6 elegante
7 bonitos 8 favorito

C Buenos Aires es más grande que Toledo

1 1 Aquellos vaqueros son más baratos que estos.
2 Yo soy menor que Juanjo.
3 El coche de Miguel es mejor que el de Ramón.
4 La silla es más incómoda que el sillón.
5 El abrigo es más corto que la falda.
6 Nosotras tenemos más libros que ella.
7 Tu coche es más moderno que el mío.

2 1 Este, corto 2 Esa, pequeña
3 Esos, nuevos 4 Aquellas, cansadas
5 esta, roja 6 este
7 Estas, caras, aquellas, baratas
8 Esos, largos, aquellos, cortos
9 Estos, rebajados
10 Ese, bonito, barato, caro, feo

3 (1) mejor (2) más (3) menos
(4) más (5) tan (6) mayor

4 Actividad libre.

5 (1) noroeste (2) lugar (3) después
(4) catedral (5) empezó (6) Es
(7) mirar (8) ambiente (9) que
(10) encontrar (11) hay (12) postre

UNIDAD 10

A La salud

1 1 rodilla 2 dedos 3 mano
4 brazo 5 hombro 6 cara
7 ojo 8 oreja 9 pelo
10 cuello 11 pecho 12 pierna
13 pie

2 1 dedos 2 oreja 3 cara
4 pie 5 ojos 6 rodilla

3 1 orejas 2 bigote 3 brazos
4 dientes 5 ojos 6 manos
7 dedos

4 7-3-1-5-6-2-4
Sonia: ¿Qué te pasa Alfonso? ¿Te encuentras bien?
Alfonso: No, no muy bien. Tengo fiebre.
Sonia: ¿Estás tomando algo?
Alfonso: No, de momento no.
Sonia: ¿Por qué no te tomas una aspirina y descansas?
Alfonso: Sí, es lo mejor, porque mañana tengo mucho trabajo.
Sonia: Seguro que mañana estás mejor.

5 1 le duele 2 les duele 3 me duele
4 le duelen 5 te duele 6 nos duelen

B Antes salíamos con los amigos

1 1 d. trabajaba 2 f. íbamos
3 a. venía 4 c. compraba
5 e. me gustaba 6 b. hacías

2 1 vivíamos 2 tenía, iba
3 trabajaba 4 tocaba
5 eran, tocaban 6 iba
7 éramos, escalábamos 8 tenía, leía
9 existían

3 (1) tenía (2) vivíamos (3) era
(4) había (5) teníamos (6) iba
(7) era (8) atendía (9) vivíamos
(10) tomábamos

4 1 Tenía 90 años.
2 Vivían más tranquilos.
3 No tenían ni televisión ni radio.
4 En Trujillo.
5 Era barbero.
6 Comían muchos alimentos naturales, leche recién ordeñada y patatas recogidas del campo.

C Voy a trabajar en un hotel

1 1 c 2 b 3 e 4 a 5 f 6 d

2 1 Juan va a lavar el coche.
2 Yo voy a llamar a mis amigos.
3 Ana va a cenar con Pedro.
4 María y Alberto van a pintar su casa.
5 Tomás y yo vamos a arreglar nuestras bicicletas.
6 ¿Vas a ir a la piscina?
7 ¿Vais a venir a comer?
8 ¿Tu hermano va a correr la maratón de Atenas?
9 Mis amigos no van a ver el partido en casa. Lo van a ver en un bar.
10 ¿Vas a hacer obra en la cocina?

3 (1) va a venir (2) vamos a ver (3) vamos a jugar
(4) puedo (5) voy a lavar

4 1 g 2 c 3 b 4 a 5 d 6 e
7 h 8 j 9 i 10 f

5 1 David va a hacer fotos a los leones.
2 Pedro va a volar sobre el Gran Cañón.
3 Alberto y Pablo van a pasear por la plaza Roja.
4 Yo voy a visitar las pirámides.
5 Tú vas a escuchar flamenco.
6 Mi novio y yo nos vamos a bañar en las playas de Copacabana.
7 Nosotros vamos a conocer las islas griegas.
8 Mis padres van a admirar la Gioconda.
9 Pablo y María van a conocer el Coliseo.
10 Tu amigo Pedro va a navegar por el Támesis.

6 1 F 2 F 3 V 4 F 5 V 6 V

PRACTICA MÁS 5

1 1 Lo 2 los 3 Las 4 Las 5 La 6 Los

2 1 pequeño 2 caro 3 oscura
4 sucia 5 larga 6 antiguo
7 grande

3 1 mejor 2 tan 3 menos
4 que 5 como 6 mayor, menor
7 peores 8 peor 9 menos
10 mejores 11 mejor

4 comía, decía / dibujabas, decías / dibujaba, comía / dibujábamos, comíamos, decíamos / dibujabais, comíais, decíais / dibujaban, comían, decían.
iba, era / ibas, eras / iba, era / íbamos / erais / iban, eran.

5 1 vivían 2 era, iba 3 bebíamos
4 tenían, salían 5 íbamos 6 venía, jugaba
7 estábamos, montábamos 8 conducía

6 2 ¿Cuándo van a ir Juanjo y sus amigos al gimnasio?
Van a ir al gimnasio el martes y el jueves.
3 ¿Qué se va a comprar?
Se va a comprar un coche nuevo.
4 ¿Con quién va a pasar las vacaciones?
Va a pasar las vacaciones con Nieves y Lucía.
5 ¿Qué día va a organizar una fiesta?
El día de su cumpleaños, el 28 de febrero.
6 ¿Dónde van a jugar Juanjo y Miguel al tenis?
Van a jugar en la Casa de Campo.
7 ¿Dónde va a pasar la Semana Santa?
Va a pasar la Semana Santa en Londres.

Vocabulario

Repasa las palabras más importantes de cada unidad y tradúcelas a tu idioma.

단원별 필수 어휘를 복습하고 뜻을 써 보세요.

UNIDAD 0

abrir (v.)
alumno/a (n.)
bolígrafo (n. m.)
buenas noches
buenas tardes
buenos días
compañero/a (n.)
completar (v.)
cuaderno (n. m.)
diccionario (n. m.)
empezar (v.)
escribir (v.)
escuchar (v.)
estudiante (n.)
estudiar (v.)
hablar (v.)
hola
lápiz (n. m.)
leer (v.)
libro (v.)
llamarse (v. r.)
mirar (v.)
muy bien
palabra (n. f.)
practicar (v.)
preguntar (v.)
profesor/a (n.)
repetir (v.)
responder (v.)
ser (v.)
y (conj.)

UNIDAD 1

actriz (n. f.)
ama de casa (n.)
bailar (v.)
cafetería (n. f.)
calle (n. f.)
camarero/a (n.)
cantante (n.)
cartero/a (n.)
casado/a (adj.)
ciclista (n.)
clase (n. f.)
comer (v.)
conocer (v.)
de (prep.)
dedicarse (v. r.)
dirección (n. f.)
en (prep.)
encantado/a (adj.)
escritor/a (n.)

escuela (n. f.)
este/esta (pron.)
flamenco (n. m.)
frase (n. f.)
futbolista (n.)
gimnasio (n. m.)
gracias (n.)
hospital (n. m.)
instituto (n. m.)
jugar (v.)
médico/a (n.)
ministro/a (n.)
mucho gusto
novio/a (n.)
nuevo/a (adj.)
número (n. m.)
peluquero/a (n.)
pero (conj.)
policía (n.)
presentar (v.)
presidente/a (n.)
restaurante (n. m.)
secretario/a (n.)
soltero/a (adj.)
taxista (n.)
teléfono (n. m.)
tener (v.)
torero (n.)
trabajar (v.)
urgencias (n.)
vivir (v.)

UNIDAD 2

abuelo/a (n.)
amigo/a (n.)
año (n. m.)
banco (n. m.)
casa (n. f)
cenar (v.)
chico/a (n.)
coche (n. m.)
cuadro (n. m.)
cuánto/a/os/as (pron.)
debajo (adv.)
delante (adv.)
detrás (adv.)
dibujar (v.)
encima (adv.)
entre (prep.)
familia (n. f.)
foto (n. f.)
gafas (n. f. p)
gato/a (n.)

gente (n. f.)
guitarra (n. f.)
hacer (v.)
hermano/a (n.)
hijo/a (n.)
hora (n. f.)
horario (n. m.)
hotel (n. m.)
madre (n. f.)
mapa (n. m.)
más (adv.)
mesa (n. f.)
mi/mis (adj.)
minuto (n. m.)
mujer (n. f.)
ordenador (n. m.)
padre (n. m.)
país (n. m.)
paraguas (n. m.)
pequeño/a (adj.)
por (prep.)
primo/a (n.)
reloj (n. m.)
segundo (adj.)
semana (n. f.)
silla (n. f.)
sofá (n. m.)
tarde (n. f.)
televisión (n. f.)
tienda (n. f.)
tío/a (n.)
tu/tus (adj.)
ventana (n. f.)
zapatilla (n. f.)

UNIDAD 3

acostarse (v. r.)
afeitarse (v. r.)
alguno/a (pron.)
asignatura (n. f.)
autobús (n. m.)
azafata (n. f.)
baile (n. m.)
ballet (n. m.)
beber (v.)
bombero (n.)
bueno/a (adj.)
café (n. m.)
casarse (v. r.)
cocinero/a (n.)
colegio (n. m.)
comida (n. f.)
dependiente/a (n.)

desayunar (v.) _______________
desde (prep.) _______________
desear (v.) _______________
después (adv.) _______________
domingo (n. m.) _______________
dormir (v.) _______________
ducharse (v. r.) _______________
edad (n. f.) _______________
enfermero/a (n.) _______________
entrar (v.) _______________
fiesta (n. f.) _______________
gustar (v.) _______________
hasta (prep.) _______________
huevo (n. m.) _______________
ir (v.) _______________
jueves (n. m.) _______________
leche (n. f.) _______________
levantarse (v.) _______________
lunes (n. m.) _______________
madrugada (n. f) _______________
magdalena (n. f.) _______________
mantequilla (n. f.) _______________
mañana (n. f.) _______________
martes (n. m.) _______________
menos (adv.) _______________
mermelada (n. f.) _______________
miércoles (n. m.) _______________
naranja (n. f.) _______________
queso (n. m.) _______________
sábado (n. m.) _______________
semana (n. f.) _______________
siempre (adv.) _______________
también (adv.) _______________
té (n. m.) _______________
temprano (adv.) _______________
terminar (v.) _______________
todo/a (adj.) _______________
tomar (v.) _______________
tomate (n. m.) _______________
tostada (n. f.) _______________
tren (n. m.) _______________
vacaciones (n. f. p.) _______________
vecino/a (n.) _______________
ver (v.) _______________
viernes (n. m.) _______________
volver (v.) _______________
zumo (n. m.) _______________

UNIDAD 4

aparcar (v.) _______________
armario (n. m.) _______________
arriba (adv.) _______________
ascensor (n. m.) _______________
bajo/a (adj.) _______________
bañera (n. f.) _______________
baño (n. m.) _______________
chalé (n. m.) _______________
cine (n. m.) _______________
ciudad (n. f.) _______________
cocina (n. f.) _______________
comedor (n. m.) _______________

cuarto (n. m.) _______________
derecha (n. f.) _______________
doble (adj.) _______________
dormitorio (n. m.) _______________
espejo (n. m.) _______________
fin de semana (n. m.) _______________
frigorífico (n. m.) _______________
garaje (n. m.) _______________
grande (adj.) _______________
habitación (n. f.) _______________
hay (v. haber) _______________
izquierda (n. f.) _______________
jardín (n. m.) _______________
lámpara (n. f.) _______________
lavabo (n. m.) _______________
llave (n. f.) _______________
microondas (n. m.) _______________
nevera (n. f.) _______________
patio (n. m.) _______________
piscina (n. f.) _______________
plano (n. m.) _______________
planta (n. f.) _______________
salón (n. m.) _______________
sillón (n. m.) _______________
simpático/a (adj.) _______________
supermercado (n. m.) _______________
tarjeta de crédito (n. f.) _______________

UNIDAD 5

agua (n. f.) _______________
andar (v.) _______________
animal (n. m.) _______________
arroz (n. m.) _______________
azúcar (n.) _______________
bicicleta (n. f) _______________
caminar (v.) _______________
carne (n. f.) _______________
carta (n. f.) _______________
cerveza (n. f.) _______________
chuleta (n. f.) _______________
cine (n. m.) _______________
comedia (n. f.) _______________
cordero (n. m.) _______________
deporte (n. m.) _______________
discoteca (n. f.) _______________
ensalada (n. f.) _______________
flan (n. m.) _______________
fruta (n. f.) _______________
fútbol (n. m.) _______________
gazpacho (n. m.) _______________
hielo (n. m.) _______________
jamón (n. m.) _______________
judías verdes (n.) _______________
limón (n. m.) _______________
merluza (n. f.) _______________
montar (v.) _______________
música (n. f.) _______________
nadar (v.) _______________
partido (n.m) _______________
patata (n. f.) _______________
plátano (n. m.) _______________

plato (n. m.) _______________
playa (n. f.) _______________
película (n. f.) _______________
pescado (n. m.) _______________
pollo (n. m.) _______________
postre (n. m.) _______________
receta (n. f.) _______________
sopa (n. f.) _______________
ternera (n. f.) _______________
tortilla (n. f.) _______________
viajar (v.) _______________
vino (n. m.) _______________

UNIDAD 6

alquilar (v.) _______________
antes (adv.) _______________
apagar (v.) _______________
aquí (adv.) _______________
barrio (n. m.) _______________
billete (n. m.) _______________
cambiar (v.) _______________
céntrico (adj.) _______________
cerca (adv.) _______________
coger (v.) _______________
comunicado (adj.) _______________
dato (n. m.) _______________
deberes (n.pl.) _______________
encender (v.) _______________
enfrente (adv.) _______________
enseguida (adv.) _______________
estación (n. f.) _______________
extraña (adj.) _______________
frío (adj.) _______________
informe (n. m.) _______________
lejos (adv.) _______________
lento (adj.) _______________
línea (n. f.) _______________
mal (adv.) _______________
malo (adj.) _______________
metro (n. m.) _______________
necesitar (v.) _______________
nota (n. f.) _______________
parada (n. f.) _______________
perdonar (v.) _______________
plaza (n. f.) _______________
poder (v.) _______________
preparar (v.) _______________
prestar (v.) _______________
rápido/a (adj.) _______________
recto/a (adj.) _______________
reunión (n. f.) _______________
ruido (n. m.) _______________
ruidoso/a (adj.) _______________
seguir (v.) _______________
sencillo/a (adj.) _______________
sentarse (v. r.) _______________
taxi (n. m.) _______________
tomar (v.) _______________
torcer (v.) _______________
tranquilo/a (adj.) _______________
vale _______________

UNIDAD 7

alegre (adj) ___________
amarillo/a (adj.) ___________
antipático (adj.) ___________
azul (adj.) ___________
bañador (n. m.) ___________
barba (n. f.) ___________
bigote (n. m.) ___________
blanco/a (adj.) ___________
cabeza (n. f.) ___________
callado/a (adj.) ___________
calvo/a (adj.) ___________
claro/a (adj.) ___________
conmigo ___________
corto/a (adj.) ___________
de acuerdo ___________
dejar (v.) ___________
delgado/a (adj.) ___________
dígame (v.) ___________
educado/a (adj.) ___________
estupendo ___________
generoso/a (adj.) ___________
gordo/a (adj.) ___________
hablador/a (adj.) ___________
largo/a (adj.) ___________
lavarse (v. r.) ___________
lo siento ___________
mejor (adj.) ___________
momento (n. m.) ___________
moreno/a (adj.) ___________
ojo (n. m.) ___________
oscuro/a (adj.) ___________
peinarse (v. r.) ___________
pelo (n. m.) ___________
pelota (n. f.) ___________
periódico (n. m.) ___________
piel (n. f.) ___________
puerta (n. f.) ___________
quedar (v.) ___________
recado (n. m.) ___________
rojo/a (adj.) ___________
rubio/a (adj.) ___________
secarse (v. r.) ___________
señor/a (n.) ___________
simpático/a (adj.) ___________
sol (n. m.) ___________
sombrero (n. m.) ___________
sombrilla (n. m.) ___________
toalla (n. f.) ___________
tumbona (n. f.) ___________
último/a (adj.) ___________
venga ___________
verde (adj.) ___________

UNIDAD 8

acabar (v.) ___________
así es ___________
atender (v.) ___________
ayer (adv.) ___________
calor (n. m.) ___________
cansado/a (adj.) ___________

concierto (n. m.) ___________
correos (n.) ___________
cumpleaños (n. m) ___________
diferente (adj.) ___________
encontrar(se) (v.) ___________
enfermo/a (adj.) ___________
farmacia (n. f.) ___________
final (n. m.) ___________
girar (v.) ___________
iglesia (n. f.) ___________
invierno (n. m.) ___________
llegar (v.) ___________
llover (v.) ___________
nevar (v.) ___________
nublado (adj.) ___________
otoño (n. m.) ___________
primavera (n. f.) ___________
tiempo (n. m.) ___________
verano (n. m.) ___________
viento (n. m.) ___________
visitar (v.) ___________

UNIDAD 9

aburrido/a (adj.) ___________
ancho/a (adj.) ___________
anillo (n. m.) ___________
antiguo/a (n. m.) ___________
ayudar (v.) ___________
barato/a (adj.) ___________
bolso (n. m.) ___________
camisa (n. f.) ___________
camiseta (n. f.) ___________
caro/a (adj.) ___________
chaqueta (n. f.) ___________
cliente/a (n.) ___________
collar (n. m.) ___________
conocer (v.) ___________
contaminado/a (adj.) ___________
corbata (n. f.) ___________
costar (v.) ___________
divertido/a (adj.) ___________
efectivo (adj.) ___________
estrecho/a (adj.) ___________
estresante (adj.) ___________
falda (n. f.) ___________
habitante (n. m.) ___________
limpio/a (adj.) ___________
llevar (v.) ___________
marrón/ones (adj.) ___________
mayor (adj.) ___________
medias (n. f. pl.) ___________
mejor (adj.) ___________
menor (adj.) ___________
moderno/a (adj.) ___________
montaña (n. f.) ___________
morado/a (adj.) ___________
negro/a (adj.) ___________
pantalones (n. m. pl.) ___________
pendientes (n. m.) ___________
peor (adj.) ___________
playeras (n. f. pl) ___________

precioso/a (adj.) ___________
rebajado/a (adj.) ___________
rico/a (adj.) ___________
ropa (n .f.) ___________
rosa (adj.) ___________
seguro/a (adj.) ___________
sucio/a (adj.) ___________
tienda (n. f.) ___________
vaqueros (n. pl.) ___________
zapato (n. m.) ___________

UNIDAD 10

aconsejar (v.) ___________
ahorrar (v.) ___________
aspirina (n. f.) ___________
autocar (n. m.) ___________
brazo (n. m.) ___________
cabeza (n. f.) ___________
campo (n. m) ___________
cara (n. f.) ___________
cuello (n. m.) ___________
de repente ___________
dedo (n. m.) ___________
dentista (n.) ___________
descansar (v.) ___________
doler (v.) ___________
entrenar (v.) ___________
espalda (n. f.) ___________
estómago (n. m) ___________
feliz (adj.) ___________
fiebre (n. f.) ___________
garganta (n. f.) ___________
gripe (n. f.) ___________
hombro (n. m) ___________
jugador (n. m.) ___________
mano (n. f.) ___________
mejorar (v.) ___________
mercadillo (n .m.) ___________
miel (n. f.) ___________
muela (n. f.) ___________
oído (n. m.) ___________
oreja (n. f.) ___________
pecho (n. m.) ___________
pie (n. m.) ___________
pierna (n. f.) ___________
plan (n. m.) ___________
rodilla (n. f.) ___________
social (adj.) ___________
vida (n. f.) ___________
vuelta (n. f.) ___________

NUEVO ESPAÑOL EN MARCHA
한국어판
1

▸ NUEVO ESPAÑOL EN MARCHA 1: 본책 + 워크북 + MP3 무료 다운로드
▸ NUEVO ESPAÑOL EN MARCHA 2: 본책 + 워크북 + MP3 무료 다운로드
▸ NUEVO ESPAÑOL EN MARCHA 3: 본책 + 워크북 + MP3 무료 다운로드
▸ NUEVO ESPAÑOL EN MARCHA 4: 본책 + 워크북 + MP3 CD

값 **18,000**원
(본책 + 워크북 + MP3 무료 다운로드)

ISBN 978-89-277-3195-5
978-89-277-3194-8(set)